L'ALSACE

POUR LES NULS

L'ALSACE

POUR

LES NULS

Pierre KRETZ • Astrid RUFF

Un ouvrage dirigé par Jean-Joseph Julaud

FIRST
Editions

Note à l'attention des lecteurs

La présente édition de l'ouvrage *L'Alsace pour les Nuls* constitue une nouvelle édition abrégée de l'ouvrage d'origine paru dans la collection «pour les Nuls» en 2010. Ont été retirés de l'édition poche les chapitres suivants: «L'Alsace vue du ciel», «Par monts et par vaux», «Comment ça, des lois spéciales en Alsace?», «Un carrefour d'idées», «L'Alsace hors les murs», «Dix dates de l'histoire d'Alsace» et «Dix Alsaciens célèbres». Vous pouvez retrouver l'intégralité du texte de Pierre Kretz et Astrid Ruff dans la première édition de *L'Alsace pour les Nuls* parue en grand format.

L'Alsace pour les Nuls

ISBN : 978-2-7540-8501-4
Dépôt légal : avril 2016

Imprimé en Italie par La Tipografica Varese Srl, Varese

Édition : Lisa Marie
Mise en page : Soft Office
Illustrations : Marc Chalvin

Éditions First, un département d'Édi8
12, avenue d'Italie
75013 Paris – France
Tél. : 01 44 16 09 00
Fax : 01 44 16 09 01
E-mail : firstinfo@efirst.com
Internet : www.pourlesnuls.fr

Avant-propos

La version initiale de *L'Alsace pour les Nuls* a été publiée en 2010. Plusieurs rééditions sont intervenues depuis pour répondre à l'intérêt que de nombreux lecteurs ont manifesté pour l'ouvrage. C'est donc très naturellement qu'il est à présent publié en version poche, avec un contenu légèrement allégé.

S'il est indispensable de faire précéder cette édition d'une note spécifique, c'est en raison de la loi du 25 novembre 2014 portant sur la création de nouvelles régions qui a supprimé l'Alsace en tant que collectivité territoriale. Depuis le 1er janvier 2016, la Région Alsace n'existe plus. Elle est intégrée à deux autres régions : la Lorraine et la Champagne-Ardenne. On ignore encore quel sera le nom de cette nouvelle région et où siégeront ses conseillers. La loi a fixé à Strasbourg le siège de la Préfecture de Région. Les directions régionales de l'État sont réparties dans différentes villes de la nouvelle région. Les pages 139 à 143 sont donc à lire dorénavant comme des pages d'histoire.

On pourra néanmoins s'y reporter pour comprendre l'évolution de la situation entre 2010 et le 1er janvier 2016. On y lira en particulier une tentative de répondre à une question qui n'est pas propre à l'Alsace : « Faut-il supprimer les départements ? »

Le 7 avril 2013 la question a été posée par référendum aux habitants des deux départements alsaciens de manière très claire : « Approuvez-vous le projet de création, en Alsace, d'une collectivité territoriale d'Alsace, par la fusion du Conseil régional d'Alsace, du Conseil général du Bas-Rhin et du Conseil général du Haut-Rhin ? » Plus de 57 % des électeurs qui se sont exprimés se sont prononcés en faveur de la collectivité unique. Mais les conditions légales pour que ce changement institutionnel se réalise n'étaient pas remplies, car plus de la moitié des électeurs haut-rhinois ont répondu négativement à la question, et dans le Bas-Rhin, où seuls 23 % des électeurs se sont exprimés, le seuil minimum de participation n'a pas été atteint. L'histoire retiendra avant tout de cette séquence la confusion politique totale dans laquelle elle s'est déroulée, à droite comme à gauche. Et nombreux sont les observateurs qui estiment à présent que les Alsaciens se seraient probablement plus mobilisés s'ils avaient su ce qui les attendait…

En effet, avant le projet de loi prévoyant de réduire de 22 à 13 le nombre de régions, personne n'avait eu l'idée saugrenue de fusionner l'Alsace, la Lorraine et la Champagne-Ardenne en une seule région, grande comme deux fois la Belgique, s'étendant de Mulhouse à Sedan ! L'immense majorité des élus de la région se sont opposés à cette fusion. Aucun élu ne s'est exprimé en sa faveur. Seuls quelques élus socialistes se sont abstenus de prendre position.

Il faut dire ici un mot du rôle clé joué dans toute cette affaire par Philippe Richert, qui nous avait fait l'honneur de contribuer à l'édition initiale de cet ouvrage. Il venait alors d'être élu président (UMP) de la région Alsace. On y lit notamment sous sa plume « En Alsace, l'échelle régionale est celle où s'expriment la cohérence économique, la cohésion sociale ainsi que la visibilité nationale et internationale. »

Après avoir dénoncé avec force l'incohérence de cette fusion et avoir dirigé un fort mouvement de protestation, il a fini par prendre la tête de la liste des Républicains quand la loi est devenue définitive. Sa liste l'a emporté le 13 décembre 2015 dans le cadre d'une triangulaire dont on retiendra notamment que le FN est arrivé en tête au premier tour et qu'en Alsace le 3e parti est à présent le parti autonomiste *Unser Land*, devant le Parti socialiste et Europe écologie les verts.

Remerciements

Nos remerciements vont à l'ensemble des personnes qui nous ont soutenus, encouragés, aidés dans la rédaction de cet ouvrage.

Ils vont en premier lieu à Jean-Joseph Julaud, directeur de collection, et à Karine Bailly, directrice éditoriale. Leur enthousiasme communicatif, leur sens de la rigueur, leur souci constant du plaisir du lecteur nous ont éclairés et stimulés durant tout le temps de la rédaction.

Nos remerciements vont également à la communauté de celles et de ceux qui ont écrit et qui continuent d'écrire sur l'Alsace : journalistes de la presse régionale, universitaires, responsables associatifs, poètes, œnologues, botanistes, gastronomes…

Nous tenons à souligner tout particulièrement l'importance de deux aventures éditoriales dont nous avons profité pleinement :

– *l'Encyclopédie de l'Alsace* en 13 volumes, Éditions Publitotal, Strasbourg 1982-1986, dans laquelle de nombreux spécialistes ont versé leurs précieuses contributions chacun dans son domaine.

– les éditions de la Nuée Bleue qui ont publié au fil des ans sous la direction de Bernard Reumaux des alsatiques indispensables, et qui ont assuré pendant des années l'édition de la revue « Saisons d'Alsace », dont la collection constitue une mine d'informations et d'analyses.

Il nous est malheureusement impossible de citer l'ensemble des auteurs qui ont alimenté notre travail.

Qu'il nous soit cependant permis d'en citer quelques uns, auxquels nos lecteurs pourront se référer s'ils le souhaitent :

Georges Bischof, Gabriel Braeuner, Marguerite Dorflinger, Philippe Dollinger, Adrien Finck, Marc Grodwohl, Frédéric Hartweg, Madeleine Horst, Richard Kleinschmager, Gérard Leser, Raymond Matzen, Simone Morgenthaler, Charles Muller, Freddy Raphaël, Roland Recht, Jean-Claude Richez, Freddy Sarg, Jean-Paul Sorg, Maryse Staiber, Jean-Claude Streicher, Gérard Traband, Bernard Vogler, Jean-Laurent Vonau, Alfred Wahl.

Nous tenons également à remercier toutes celles et ceux qui nous ont accompagnés par leurs conseils, leurs relectures ou leurs avis éclairés :

Richard Aboaf, Jean-Michel Abt, Driss Ayachour, Nina Christensen, Léon Daul, Jean-Pierre Drischel, Pauline Egret-Zimmermann, Alexis Engel, Jean-Yves Groz, Bénédicte Keck, Nathan Kretz, Véronique Kretz, Irène Kuhn, Gilles Laffon, Jean-Pierre Lambert, Daniel Lorthiois, Pierre Marchant, Flore Poindron, Charles Putz, Ute Ruf, Joseph Sonnendrucker, Marcel Spiesser, Cécile Verdet, Michel Weckel, Maurice Wintz.

Un grand merci enfin à celles et ceux qui nous ont fait le plaisir et l'honneur de contribuer à la diversité de notre ouvrage en nous confiant un texte :

Charles Fichter, Richard Kleinschmager, Philippe Richert, Roger Siffer, Jean-Paul Sorg(texte sur Albert Schweitzer dans la 6ème partie), Catherine Trautmann.

À propos des auteurs

Pierre Kretz est né en 1950. Il a été très impliqué dans le monde du théâtre dialectal et a écrit plusieurs pièces en alsacien. Il a également publié des ouvrages en français aux éditions la Nuée Bleue : un essai (*La langue perdue des Alsaciens : dialecte et schizophrénie*, 1995), et deux romans. Son premier roman (*Quand j'étais petit, j'étais catholique*, 2005) est traduit en allemand et publié par les éditions Klöpfer und Meyer. Le second (*Le Gardien des Âmes*, 2009) est adapté au théâtre dans une version française et dans une version dialectale.

Pierre Kretz est avocat honoraire du barreau de Strasbourg, où il a exercé pendant vingt-cinq ans.

Astrid Ruff est née en 1952. Après des études de lettres, elle a été danseuse aux ballets de Strasbourg et de Fribourg (Allemagne). Elle a également enseigné la guitare classique, avant de devenir chanteuse, d'abord dans un répertoire français et allemand, puis dans le répertoire yiddish dans lequel elle s'est spécialisée. Elle a été membre du groupe « les Yiddishe Mamas et Papas » avec lequel elle a enregistré deux CD. Puis elle a mené une carrière en solo et a enregistré deux autres albums. Elle est également très impliquée en tant que comédienne dans les spectacles de l'Association « le Théâtre en l'Air », dont le répertoire est centré sur le théâtre yiddish.

Elle a publié en 2010 avec Doris Engel, aux éditions Edwige, un texte qui aborde la question de la maladie d'Alzheimer : *Autour d'Elle*.

Sommaire

Introduction

Quand les Alsaciens parlent des Français non alsaciens, ils emploient cette expression qui étonne franchement leurs compatriotes : « les Français de l'intérieur ». Les Alsaciens seraient-ils donc des Français *de l'extérieur* ? Pourtant l'Alsace n'est pas une île et les Vosges se traversent sans difficulté. Mais il faut dresser ce constat : si chaque région française est fière de revendiquer sa singularité au sein de l'Hexagone, aucune ne va jusqu'à s'autoproclamer « région de l'extérieur ». Et, disons-le immédiatement, cette revendication d'une spécificité forte ne se traduit que rarement en termes de micronationalisme politique.

Les principales explications de cette forte personnalité régionale sont à chercher dans trois directions. En premier lieu, la situation géographique de l'Alsace entre les Vosges (ah ! la « ligne bleue des Vosges », ça ne vous dit rien ?), et la frontière sur le Rhin qui a cristallisé durant des siècles tant de haines nationalistes.

Autre particularité : l'Alsace est une région germanique en terre latine. Il en existe une seule autre dans ce cas, le Tyrol du Sud, région italienne de langue allemande. Et cette réalité a marqué la région en profondeur, depuis que Louis XIV l'a conquise militairement au XVIIe siècle.

Enfin, l'Alsace s'est trouvée au cœur des turbulences de l'histoire – en particulier entre 1870 et 1945 –, qui ont marqué profondément la psychologie de ses habitants. Prenons le cas d'Odile, une Alsacienne née sous Napoléon III en 1868 et décédée en 1948 à l'âge de 80 ans. Odile aura changé quatre fois de nationalité : née sous le Second Empire français, elle aura connu le IIe Reich allemand et Bismarck, pour retrouver sa première nationalité française en 1918 sous la IIIe République et redevenir allemande en 1940, Hitler ayant annexé de fait l'Alsace en 1940. Ce n'est qu'en 1945 qu'elle finira par retrouver sa nationalité de « naissance » ! L'itinéraire d'Odile est celui de toute une région, qui se trouve soit en haut à droite des cartes nationales quand elle est française, soit en bas à gauche quand elle est allemande. La plus germanique des régions françaises était aussi la plus latine des régions allemandes chaque fois que le sort des armes en a décidé ainsi.

Le « Français de l'intérieur » qui vient tout juste de découvrir qu'il en était un, à l'instar de Monsieur Jourdain qui faisait de la prose sans le savoir, est peut-être en train de s'impatienter : « L'Alsace, il n'en a que pour elle, et l'Alsace-Lorraine, jamais il n'en parle ! »

À ce lecteur impatient, il convient avant toute chose d'apporter une précision fondamentale : il y a, bien sûr, « Vous n'aurez pas l'Alsace et la Lorraine », mais la Lorraine, c'est une chose et l'Alsace, c'en est une autre. Il faut le savoir : du côté lorrain des Vosges, de nombreux enfants ont des oreilles anormalement allongées vers le haut. Les Alsaciens en connaissent la raison. C'est parce que les pères lorrains saisissent parfois leurs enfants par les oreilles, et leur ordonnent de regarder au-delà des Vosges, en Alsace : « Regarde…, leur disent-ils, regarde comme c'est beau de l'autre côté… »

Lorsque Louis XIV vit pour la première fois depuis le col de Saverne la plaine d'Alsace s'étendant à ses pieds, il se serait écrié : « Quel beau jardin ! »

C'est dans ce jardin que nous vous proposons de nous suivre à présent.

À propos de ce livre…

Ce jardin, nous pourrions vous y guider à l'aide d'un traité universitaire très abouti sur le plan scientifique, mais qui risquerait de vous lasser au bout de quelques pages. Ou alors, nous pourrions vous proposer un ouvrage plus léger à la manière des guides touristiques comme il en existe suffisamment. Mais *L'Alsace pour les Nuls* n'est ni l'un ni l'autre. Il s'agit ici de partir sérieusement, tout en s'amusant, à la rencontre d'une région très marquée mais souvent méconnue.

Pour commencer, vous n'échapperez pas à un voyage dans le temps, car peu de régions ont été chahutées par l'histoire comme l'Alsace. Mais nous vous emmènerons également, entre autres promenades, goûter un gewurztraminer vendange tardive quelque part entre Marlenheim et Thann, sur la Route des vins d'Alsace, et nous vous ferons visiter des sites sublimes ou insolites. Un soir, nous vous emmènerons dans une *winstub* à Strasbourg et vous expliquerons que la langue parlée par la patronne, c'est de l'alsacien, que nos voisins de table germanophones habitent à dix minutes, mais en Allemagne, de l'autre côté du pont de l'Europe, et que les messieurs en cravate un peu plus loin qui parlent une langue slave sont probablement des députés en session au Parlement européen. Nous nous réjouissons déjà de la tête que vous ferez quand vous nous demanderez, effaré(e) : « Comment ça, les curés, les pasteurs et rabbins sont des fonctionnaires, ici ? » ou encore : « Il y a des lois spéciales pour l'Alsace-Moselle ? Mais c'est ahurissant ! »

Comment ce livre est organisé

Cet ouvrage est divisé en dix-sept chapitres. Cinq grandes parties, portant chacune sur un aspect essentiel de ce qui fait la singularité de l'Alsace, sont complétées par une sixième partie qui viendra clôturer l'ouvrage, et qui est bien connue des lecteurs de cette collection : la partie des Dix.

Première partie : Quelle histoire !

Le traité de Westphalie, fut-ce une folie ? Lothaire en terre d'Alsace, Gutenberg à Strasbourg, la guerre des Paysans, celle de Trente Ans, et puis, beaucoup plus tard, l'intégration au Reich allemand en 1870… Et la vie, la vie commune qui reprend avec la France en 1918, avant tant d'autres tragédies. Voilà le parcours qui vous est proposé en cette première partie afin que vous n'ignoriez plus rien de ce que fut l'Alsace dans son passé le plus lointain, ses blessures récentes, son présent aujourd'hui serein.

Deuxième partie : Un patchwork de territoires

« De plaines en forêts, de vallons en collines »... Ce début de la chanson de Jean Ferrat, « Ma France » (1969), convient parfaitement au contenu de la deuxième partie de ce livre : nous allons vous guider dans une promenade en Haute et Basse-Alsace, faire halte dans trois grandes villes, gambader par monts et par vaux dans le Massif vosgien, et sillonner l'Alsace des vins, avant de côtoyer la Bossue... Cela vous intrigue ? Soyez le(a) bienvenu(e)...

Troisième partie : Une forte identité régionale

Savez-vous qu'il n'est pas rare que des Alsaciens se fassent traiter de Boches ? Sur des stades de football, mais pas exclusivement ! Quand les Alsaciens prennent le parti de répondre, ils rappellent parfois que la France les a abandonnés à deux reprises, en 1870 et en 1940... Vous découvrirez également qu'il y a beaucoup à apprendre de l'art de vivre rhénan qui se pratique entre Vosges et Rhin. À force de passer d'un côté à l'autre comme une balle de ping-pong (sans que jamais on ne leur demande leur avis...), les Alsaciens ont fini par garder ce qu'il y avait de meilleur de chaque côté !

Quatrième partie : Une culture tournée vers l'Europe

Lorsque Hitler a annexé de fait l'Alsace en 1940, une des premières mesures qu'il a prises a été de transformer Colmar en Kolmar ! On a pendant longtemps assisté en Alsace à une véritable « guerre des langues », conséquence des guerres tout court. Mais aussi, saviez-vous que c'est à Strasbourg que Gutenberg aurait inventé l'imprimerie, que le premier texte en langue française a été rédigé dans la capitale alsacienne, que son quartier allemand sera bientôt classé patrimoine mondial par l'Unesco, que son université est à présent la première de France ? Et encore, aviez-vous remarqué que dans le domaine du théâtre ou de la musique contemporaine, les manifestations et institutions alsaciennes sont en pôle position nationale et internationale ?

Cinquième partie : La partie des Dix

Les lecteurs qui aiment cette partie seront comblés. Si vous avez prévu de voyager en Alsace, vous aurez l'embarras du choix des destinations après la découverte des dix hauts lieux à voir absolument au chapitre 16. Et au chapitre des alsaticônes (chapitre 17), vous saurez tout sur le grand mystère du *Hans em Schnokeloch*…

Les icônes utilisées dans ce livre

Ces icônes jalonnent le texte pour vous simplifier la lecture. D'un simple coup d'œil, vous pouvez ainsi suivre les légendes ou les anecdotes, rencontrer les personnages et connaître les événements importants de l'Alsace.

Cette icône dévoile les petites histoires en marge de la grande, historiques ou non, que renferme l'Alsace dans ses tiroirs…

Quantité de choses sont à découvrir en Alsace et qui n'existent nulle part ailleurs ! Cette icône vous signale tout ce qui sort de l'ordinaire ou qui fait l'identité alsacienne, comme la Route des vins, les Ballons d'Alsace ou le mur païen du mont Sainte-Odile.

L'histoire de l'Alsace est mouvementée ! Cette icône indique les grandes dates et faits majeurs, des origines à aujourd'hui, qui permettent de comprendre l'Alsace d'aujourd'hui.

Pourriez-vous répondre à un quiz de culture générale sur l'Alsace ? Même quand on croit connaître une région, il y a toujours des choses à apprendre ; suivez cette icône pour le constater !

Une région aussi typée que l'est l'Alsace, avec un passé aussi chargé, ne manque pas de légendes… Cette icône vous les signale au fil du texte.

Parlez-vous l'alsacien ? Sans doute le comprendrez-vous mieux en suivant cette icône qui repère les termes et expressions alsaciens qui jalonnent le texte. Cette icône signale aussi les passages où il est question des nombreux dialectes d'Alsace, de leur histoire et de leur répartition géographique.

Nombreux sont les personnages qui ont fait et font encore l'histoire de l'Alsace ; cette icône vous invite à les rencontrer.

Par où commencer ?

Nos voisins immédiats, Suisses et Allemands, ont probablement le sentiment, en arrivant en Alsace et en traversant ce qui reste de frontières nationales, d'arriver en France. Un « Français de l'intérieur », quant à lui, saura qu'il est toujours en France, mais éprouvera d'abord un sentiment d'étrangeté, en lisant les noms de localités sur les panneaux de sortie d'autoroute : Pfaffenhoffen, Voegtlinshoffen, Krautergersheim… Puis il s'arrêtera dans un café, dans lequel les habitués parlent une langue qu'il ne comprend pas. La serveuse s'adressera à lui sans complexes, avec un accent alsacien très prononcé. Et, en pénétrant dans les premières localités, il sera frappé par la spécificité de l'architecture : l'ancienne a très souvent un caractère nettement germanique, et dans les lotissements qui ceinturent tous les villages, les maisons récentes ne sont pas du style « Île-de-France » et ont presque toutes des caves.

Ce livre est organisé pour permettre à tout un chacun d'aller au-delà de ces premières impressions, de comprendre pourquoi cette région, malgré les grandes vagues de mondialisation que ni les Vosges ni le Rhin ne retiennent, a su garder ce caractère si trempé. Nous avons distribué, de chapitre en chapitre, les nombreuses clés qui vous permettront de pénétrer dans les différentes facettes de la réalité alsacienne. L'ouvrage peut se lire dans l'ordre des parties et des chapitres. On peut aussi s'y promener et faire son choix d'articles, comme quand on choisit ses vins dans la cave d'un viticulteur de la Route des vins d'Alsace.

Première partie

Quelle histoire !

Dans cette partie...

De quoi vous donner le vertige, une histoire pareille ! Tantôt au centre de l'espace celtique, tantôt à l'ouest de l'univers germanique, tantôt sur les marches du royaume de France, mais jamais maître de son destin...

De quoi rêver à des périodes idylliques de cités prospères et démocratiques, de vins chatoyants, de belles châtelaines posant leur regard sur les plaines fertiles de la vallée du Rhin. De quoi frémir aussi à l'évocation des innombrables guerres qui ont ravagé l'Alsace depuis la nuit des temps, la pire de toutes étant celle qui dura trente ans au début du siècle de Louis XIV.

Mais c'est quand l'Alsace devient un enjeu entre deux voisins qui se l'arrachent comme des chiffonniers, et que l'histoire s'emballe autour de son sort jusqu'à la folie, que se joue son destin. C'est cette part contemporaine de son histoire qui est la plus utile à la compréhension de l'Alsace d'aujourd'hui.

Chapitre 1

De la nuit des temps à Sedan

Dans ce chapitre :

- D'abord des mammouths, puis des Celtes et des Romains
- Développement médiéval, prospérité des villes
- La pire de toutes les guerres, celle de Trente Ans
- La déchirure de 1870

Il y a quelque chose de très stratifié dans l'histoire de l'Alsace. Les civilisations s'y empilent au fil des siècles. Chacune y laisse sa marque. Dans ce chapitre, nous balayons un grand nombre de siècles et de civilisations où les Romains prennent la place des Celtes, les Germains celle des Romains, pour marquer profondément la province jusqu'à l'arrivée d'un certain roi dit Soleil. L'Alsace va alors petit à petit se franciser, en particulier avec 1789 et Napoléon. Mais, patatras ! Débâcle à Sedan. On décroche le wagon Alsace du train de la France pour l'accrocher à celui de la Prusse.

Des glaciers à la fin de la pax romana

Il est toujours bon de rêver au tout début du début. Un bon support de ces rêves : les cornes de mammouths extraites des gravières du Ried. On sait aussi que l'agriculture se pratiquait en Alsace dès 5300 ans avant notre ère. Lorsque les Romains sont arrivés au début de notre ère, ils ont rencontré des Celtes, sédentarisés en Alsace depuis quinze siècles et qui devaient avoir l'air de vrais ploucs face à ces conquérants !

Glaciers des Vosges et mammouths de la plaine

Longtemps, durant toute la période dite des glaciations (entre 500 000 et 10 000 ans avant notre ère), un énorme glacier recouvrait le Massif vosgien. Dans la plaine d'Alsace régnait alors un climat périglaciaire… Des vents d'est, du genre blizzard, déposaient sur le sol une poussière provenant de… Chine et résultant de la destruction des roches par les gels et les dégels. Ces poussières ont fini par donner le lœss, qui recouvre aujourd'hui une grande partie de la plaine.

La plaine d'Alsace est alors une immense forêt de conifères. Les ossements de bêtes sauvages qu'on y a déterrés attestent la présence d'animaux de pays chauds (lions, éléphants, hippopotames) et de pays froids (ours, mammouths, rennes).

On compte encore peu d'habitants, et ceux-ci ne forment pas une véritable communauté. Les ossements humains de cette période font apparaître que ces premiers Alsaciens sont alternativement de grande ou de petite taille. Certains ont posé la question : et si cette présence d'hommes successivement petits et grands dans la nuit des temps était à l'origine des nains et des géants qui peuplent les légendes populaires d'Alsace ?

On a regroupé ces premiers habitants à partir des objets qu'ils nous ont laissés, en qualifiant les civilisations de la période néolithique (ou période de la pierre polie) de civilisation de la céramique rubanée et de civilisation de la céramique poinçonnée.

Berceau du monde celtique

C'est à partir de 1500 avant notre ère, à l'âge du bronze, que l'Alsace s'inscrit pour la première fois dans un ensemble plus vaste. Archéologues et linguistes s'accordent en effet pour considérer qu'à partir de cette période et jusqu'aux invasions romaines, l'Alsace se trouve au cœur du monde celtique.

L'Eckenbach ou le Landgraben

Il s'agit d'un minuscule ruisseau, voire même d'un *graben*, d'un fossé, qui prend sa source au milieu du massif, traverse paisiblement la plaine et se jette dans l'Ill. Il coupe l'Alsace en deux parties, le Nord et le Sud. Certains historiens considèrent que c'est à partir de cette époque que commence à se dessiner un clivage entre la partie septentrionale (futur département du Bas-Rhin), qui serait dominé par l'agriculture, et la partie méridionale (futur département du Haut-Rhin), qui se définirait plutôt comme un grand carrefour.

En tout cas, une chose est sûre : ce clivage est toujours d'actualité, nous aurons l'occasion d'y revenir, et nous savons bien que les « 67 » trouveront que *L'Alsace pour les Nuls* fait la part trop belle aux « 68 ». Nous vous laissons deviner ce que les « 68 » penseront de la part réservée aux « 67 »...

LE SAVIEZ-VOUS ?

Ce sont les Celtes qui ont fondé Strasbourg (*Argentorate*), créé les premières voies de communication, construit des forteresses (Frankenbourg, Donon, Hartmannswillerkopf). On leur attribue également le fameux mur païen du mont Sainte-Odile (voir chapitre 16). Mais les bases du travail des historiens sur la période celtique sont minces, car cette civilisation, sûrement passionnante à bien des égards, ignorait l'écriture.

Veni, vidi, etceteri...

Nous sommes vers 58 av. J.-C. Un certain Jules César, auréolé de sa victoire sur les Helvètes (pour en savoir plus, lire ou relire *Astérix chez les Helvètes*), lance ses légions contre les Germains qui viennent de franchir le Rhin et d'envahir la plaine d'Alsace. Il les repousse de l'autre côté du fleuve. C'est le début de l'ère romaine en Alsace. Elle va durer près de cinq siècles.

Les Romains n'ont pas laissé en Alsace de monuments remarquables comme dans d'autres régions de Gaule. Ils ont pourtant marqué profondément l'évolution de la province : Strasbourg, *Argentoratum*, devient l'un des principaux camps de l'armée romaine en Alsace, les vieilles pistes gauloises sont transformées en voies « consulaires », genre d'autoroutes pour chars dont on peut encore repérer les traces à de nombreux endroits. On construit des ponts, des établissements thermaux, des villas romaines décorées de mosaïques. Dans la région de Niederbronn et la vallée de Munster, on travaille le fer, le bronze et le cuivre.

Trinquons à Probus Imperator (232-282) !

Cet empereur tenait à ce que les sols des territoires conquis soient mis en valeur. C'est lui qui autorisa la culture de la vigne en Gaule durant son règne entre 276 et 282. Dès son introduction en Alsace, la vigne prospère, en particulier dans les collines sous-vosgiennes. Gloire donc à Probus Imperator, sans qui il n'y aurait peut-être ni riesling ni gewurztraminer ni pinot noir ! Mais n'oublions pas Bacchus dans cette histoire, car le culte rendu à ce dieu a progressé en même temps que la culture de la vigne…

Les Celtes continuent pendant longtemps à parler leur langue, qui cohabite avec la langue latine, écrite et désormais officielle. Sur le plan religieux également, ils adorent toujours leurs dieux ; les Romains introduisent les leurs, et l'on tend peu à peu vers une sorte de syncrétisme religieux.

On suppose que les premiers pas du christianisme dans cette ambiance de paganisme partagé entre Celtes et Romains sont difficiles. Les tout premiers chrétiens sont persécutés. Ce n'est qu'à partir du IVe siècle que le christianisme parviendra à s'implanter véritablement.

À partir du IIIe siècle, l'empire est fragilisé et menacé par des tribus barbares. Les Alamans, une nouvelle confédération de tribus d'outre-Rhin, se montrent particulièrement menaçants. À partir de 232, ils traversent plusieurs fois le Rhin, mais sont régulièrement repoussés. C'est finalement en 406 qu'ils parviennent à s'installer définitivement en Alsace. C'est la fin de l'Alsace romaine.

Du Moyen Âge à la pire de toutes les guerres, celle de Trente Ans

Nous entrons enfin dans une période de l'histoire qui a laissé des traces. Dans la langue d'abord : le dialecte alsacien est apparu avec les invasions. Et les traces dans la pierre ! Toutes ces ruines au sommet des Vosges, ces églises abbatiales, ces villes fortifiées nous parlent du Moyen Âge !

Apparition d'un dialecte, naissance d'une langue

Les Alamans ne représentent qu'un tiers de la population, mais les Gallo-Romains vont petit à petit adopter leurs us et coutumes. La germanisation de l'Alsace se fera donc très rapidement. C'est depuis cette époque que se parle en Alsace le dialecte alsacien, pour partie alémanique, pour partie francique.

Le *welche*, langue romane parlée au fond de certaines vallées vosgiennes, est une survivance d'une langue parlée par des Gallo-Romains qui sont restés dans la région au moment des invasions. Pour en savoir plus sur cette question des langues, nous vous donnons rendez-vous au chapitre 10.

Cette période qui suit l'effondrement de l'Empire romain est relativement obscure. L'Alsace se trouve rattachée au royaume franc d'Austrasie et, au début du VIIe siècle, les rois francs décident de la doter d'une organisation plus cohérente et plus efficace. Ainsi naît, aux environs de 640, le duché d'Alsace. C'est à ce moment-là qu'apparaît le nom « Alsace ».

LE SAVIEZ-VOUS ?

Origine du nom

Il y a traditionnellement trois explications sur l'origine du nom « Alsace ». En ce qui nous concerne, nous privilégions la troisième :

- Pour certains, l'origine serait germanique : *ali-lauti-sat*, qui aurait signifié « établissement en pays étranger ».
- Pour d'autres, l'origine serait celtique : *alis-atia*, qui signifierait « pays au pied de la montagne ».
- Pour d'autres encore, « Alsace » viendrait de *Illsass*, du nom de l'Ill, la rivière qui traverse la province du sud au nord.

ÉVÉNEMENT

Le serment de Strasbourg

Le monde carolingien connaît son apogée quand Charlemagne devient empereur en 800. C'est sous son fils, Louis le Pieux (814-840), que s'amorce la décadence. Douze ans après la fin de son règne, ses fils s'entredéchirent pour la succession : d'un côté Lothaire, de l'autre Charles le Chauve et Louis le Germanique. C'est à Strasbourg que les deux derniers se rencontrent et qu'ils échangent, le 14 février 842, sous une terrible tempête de neige, le fameux serment de Strasbourg. Louis lit le serment rédigé en langue tudesque, c'est-à-dire en vieil allemand, et Charles lit le même serment traduit en langue romane. Ce dernier texte est considéré comme un prototype du français actuel, le premier écrit dans notre langue. Vous pourrez en lire des extraits dans les deux langues au chapitre 10.

Unis par ce serment, ils poursuivent leur frère, qui demande grâce, et, en août 843, les trois frères et petits-fils de Charlemagne signent le traité de Verdun par lequel ils se partagent l'Empire carolingien. Charles le Chauve récupère la *Francia occidentalis*, d'où est né le mot « France », et Lothaire, la Lotharingie dont l'Alsace fait partie.

Verdun et Strasbourg, deux villes que l'on retrouvera quand notre voyage nous conduira aux pages les plus tragiques du XXe siècle. Deux villes qui, dès le IXe siècle, auront donné leur nom à des tournants majeurs de l'histoire européenne. Deux villes qui ont joué un rôle clé dans les rapports entre le monde germanique et le monde latin. Vous croyez aux hasards, vous ?

La christianisation en marche

« L'Alsace, terre de foi »… de foi chrétienne bien sûr. Nous verrons dans le chapitre 12, consacré aux religions en Alsace, que celles-ci y ont de tout temps joué un rôle considérable. Mais cette histoire a bien débuté un jour…

C'est le baptême de Clovis en 496 et sa victoire sur les Alamans à Tolbiac qui ont marqué le point de départ de la conversion massive d'une population alsacienne composée majoritairement d'Alamans païens. Ces hommes venus de l'Est sont convertis par des missionnaires arrivés de l'Ouest : Gaule, Écosse, Irlande. Dès le VIe siècle, la foi chrétienne se répand et, bientôt, l'espace alsacien, géographique et social, sera profondément marqué par ce succès du christianisme.

PORTRAIT

Le seul pape alsacien de l'histoire

Il s'agit de Léon IX, qui a été pape de 1048 à 1054. Il passe pour avoir été l'un des premiers papes réformateurs. À Rome, il a déployé une grande activité, multipliant les synodes et les conciles. Mais il est aussi menacé en tant que chef des états de l'Église, donc obligé de se battre. Son intransigeance provoque, en 1054, le schisme avec l'Église orthodoxe. Il est fait prisonnier et ne s'en remettra pas. Pas facile comme job en ces temps-là !

Le problème avec ce pape alsacien, c'est que les Lorrains vous diront qu'il était lorrain. Il faut se souvenir ici que les propos des Lorrains sur l'Alsace et les Alsaciens sont toujours empreints d'une certaine jalousie. Mais la vérité historique sur cette histoire, quelle est-elle ?

Léon IX était issu d'une famille noble qui dépassa au XIe siècle toutes les autres familles nobles d'Alsace par sa richesse et sa puissance, les comtes d'Eguisheim. Or, le père de notre pape avait épousé une Lorraine, l'héritière du comté de Dabo. La branche alsacienne s'éteignit au début du XIIe siècle. Quant à la branche de Dabo, elle disparut un siècle plus tard, avec la comtesse Gertrude, à qui nul ne saurait reprocher de ne pas avoir tenté l'impossible pour pérenniser son prestigieux patronyme. Celle-ci a en effet épousé successivement le duc Thiébaud de Lorraine, le comte Thibaut de Champagne et le comte Sigismond de Linange !

Une multitude de monastères

On assiste, dès l'époque mérovingienne, à un véritable quadrillage du territoire par des monastères : Marmoutier, Ebersmunster, Murbach, Surbourg, Neuwiller… Nous retrouverons ces monastères dans la partie consacrée à l'art roman, car ces ordres monastiques étaient de grands bâtisseurs qui nous ont légué de véritables trésors architecturaux.

Si les moines exercent une grande influence morale sur les populations, c'est en raison de leur science et de leur culture. Mais, jusqu'au xe siècle, ce sont principalement des ordres bénédictins qui sont présents en Alsace. Or, la règle bénédictine donne une large place au travail manuel, règle qu'ils mettent en pratique en défrichant, endiguant des cours d'eau, assainissant des marécages, etc.

À partir de l'an 1000, des ordres nouveaux, comme les Cisterciens, s'installent en Alsace. Ils représentent souvent un véritable pouvoir économique et politique. L'abbaye cistercienne de Lucelle dans le Sundgau, par exemple, qui comptera jusqu'à 200 moines, sera un propriétaire foncier très opulent. Ses terres s'étendront sur une quarantaine de villages !

La puissance du clergé séculier

Les évêques de Bâle et de Strasbourg se sont partagé la province, globalement selon le schéma habituel Haute et Basse-Alsace. Leur puissance dépasse celle de toutes les seigneuries laïques.

Leur pouvoir est d'abord économique. Les richesses inouïes de ces prélats proviennent des libéralités de certains souverains ou d'héritages ; par exemple, quand la prestigieuse et richissime lignée des Dabo s'éteint, ses biens reviennent à l'évêque de Strasbourg. Mais ces saints hommes n'hésitent pas à l'occasion à usurper des droits, voire à pratiquer des exactions. Le pouvoir économique de l'évêque de Strasbourg est tel qu'il obtiendra des exemptions douanières et sera même autorisé à battre monnaie ! Cette dimension matérialiste et financière de l'Église séculière contraste singulièrement avec l'évangélisme souvent mystique des premiers temps de l'Église en Alsace. Il y eut néanmoins des évêques qui étaient de grands intellectuels et qui avaient le souci d'un certain développement artistique et culturel. C'est à cette époque qu'a commencé la construction de la cathédrale, en 1190 (voir chapitre 12).

Une mosaïque de pouvoirs

À côté de la place considérable de l'Église, on assiste durant toute cette période à un éparpillement très important de territoires et d'espaces de pouvoir. Il convient cependant de bien distinguer villes et campagnes.

Féodalité et guerre des Paysans

À partir du XIe siècle, la population des campagnes est en progression constante. On continue de défricher, d'améliorer les cultures et l'élevage. Le pouvoir est aux mains de seigneurs locaux qui résident dans les nombreux châteaux forts, dont les ruines (que nous évoquons au chapitre 16) parsèment les sommets vosgiens. Quand les serfs contestent les abus du pouvoir féodal, il arrive que les seigneurs leur concèdent des terres moyennant redevances.

Cette période est également marquée par des pages sombres : procès en sorcellerie, épidémies de peste, pogroms antisémites…

La guerre des Paysans de 1525 a profondément marqué les mémoires en Alsace. On visite encore aujourd'hui, près de Scherwiller, un ossuaire où sont rassemblés les restes de paysans massacrés. Il faut savoir que les épisodes de la guerre des Paysans en Alsace s'inscrivent dans un mouvement de révoltes qui s'était manifesté dans de nombreuses contrées de l'Empire germanique.

C'est autour de Pâques 1525 que se rassemblent cinq grandes bandes paysannes dans différentes régions de la province (Altorf, Neubourg, Itterswiller, Cleebourg, Eschentzwiller). Chacune d'entre elles compte entre 5 000 et 8 000 hommes. Leur bannière : un soulier à lacets (un *Bundschuh*, qui a donné le nom à leur mouvement), par opposition à la botte du seigneur. Elles ont pour objectif de s'en prendre au pouvoir féodal. L'évêque de Strasbourg appelle à son secours le duc de Lorraine. Les paysans sont massacrés par milliers. La botte de la féodalité ne s'est pas contentée d'écraser dans le sang la révolte des gueux en chaussures à lacets : elle a exigé des paysans qu'ils renouvellent leur serment d'obéissance et qu'ils reconstruisent les châteaux qu'ils avaient détruits. Au final, on assiste à un renforcement du pouvoir féodal.

« Vivre en véritable fidélité et amour fraternel »

C'était l'un des objectifs du *Bundschuh* consignés dans « Les six articles de Neubourg », un texte commun à tous les insurgés.

Cette révolte paysanne s'inscrit dans le mouvement de la Réforme dont nous parlons au chapitre 15. C'est ce qui explique que les revendications sociales des insurgés sont intimement mêlées à des considérations théologiques et religieuses. Ainsi exigent-ils, par exemple, « un prêtre qui prêche exclusivement l'Évangile d'une façon claire et honnête » et refusent-ils de payer la dîme, « car nous ne devons rien si nous nous en rapportons à l'Écriture ». Ils demandent à ce qu'il soit mis fin aux corvées insupportables qui leur sont imposées, et veulent être libres, « mais avec une autorité chrétienne ».

C'est dans ces années-là, à partir de 1520, que va se situer cette véritable révolution appelée la Réforme. Nous avons choisi de traiter cet événement dans le chapitre 15, avec l'invention de l'imprimerie et l'humanisme rhénan.

Pouvoirs des villes, pouvoirs dans les villes

La République strasbourgeoise

À partir de 1420, Strasbourg dispose d'une véritable Constitution municipale, les *Schwoerbriefe*. Chaque année, en janvier, et ce jusqu'en 1789, les Strasbourgeois vont jurer de respecter leur Constitution. Le conseil de la ville est composé de trente membres, dont un tiers de patriciens élus par le conseil sortant. Les vingt autres sont désignés par chacune des vingt corporations. Ce conseil est renouvelé par moitié tous les ans. Il était alors difficile de s'accrocher au pouvoir municipal, aucun des membres sortants n'étant rééligible. Néanmoins, quelques grandes familles tirent les ficelles du pouvoir municipal, en particulier les Zorn et les Mullenheim.

L'harmonie parfaite !

Voilà ce qu'écrit Érasme de Rotterdam, de passage à Strasbourg en 1517, à propos de cette Constitution : « *J'ai vu à Strasbourg une monarchie sans tyrannie, une aristocratie sans factions, une démocratie sans désordre, la richesse sans luxe. Pourrait-on concevoir bonheur plus réel que cette harmonie ?* » Qui dit mieux ?

Les villes impériales ou villes de la Décapole

Dans de nombreuses contrées de l'empire, des villes se regroupent en ligues urbaines défensives. C'est dans ce contexte qu'est née en Alsace, au début du XIVe siècle, la Décapole, regroupement de dix villes qui entendaient fédérer leurs forces pour se défendre contre les seigneurs-brigands. C'est l'empereur Charles IV lui-même qui a rédigé, en 1354, le code de leur alliance, les plaçant sous la protection du *Landvogt* impérial qui résidait à Haguenau. Quel intérêt l'empereur pouvait-il bien trouver à fédérer ainsi ces dix villes importantes qui relevaient de son autorité directe ? C'est que l'ensemble de ces cités, prospères et bien à l'abri derrière leurs murailles, allaient représenter un réel contrepoids face aux grands féodaux de la région !

Dix villes (parfois un peu plus !) unies par un seul pacte

Les villes de la Décapole : Haguenau, Colmar, Sélestat, Wissembourg, Mulhouse, Obernai, Rosheim, Seltz (de 1358 à 1414), Kaysersberg, Munster, Turckheim, Landau (à partir de 1515).

Le pacte réaffirme l'appartenance des villes de la Décapole à l'empire. En cas d'attaque par un autre seigneur, elles « se porteront toutes un secours réciproque et aucune ville en particulier n'aura le droit de contracter des engagements privés sans l'agrément des autres villes ». Si l'une ou l'autre ville est injustement attaquée, les membres de l'alliance « prendront fait et cause pour elle ». Ce pacte, signé par les villes en 1379, restera en vigueur pendant près de trois siècles, jusqu'à l'arrivée de Louis XIV en 1673.

Les villes seigneuriales

Elles dépendent directement de seigneurs locaux, laïcs ou religieux, membres de l'Empire allemand. Voyant que les villes impériales de la Décapole étaient toutes fortifiées, ces seigneurs demandent à l'empereur, seul détenteur du droit de fortifier, d'en faire autant. Mais les bourgeois et les corporations de ces villes ne disposent pas des mêmes pouvoirs que leurs confrères des villes impériales de la Décapole. Les seigneurs veulent bien que leurs villes soient entourées de murailles comme les villes d'empire, mais pas question de céder une parcelle de pouvoir à leurs habitants ! À titre d'exemple, quelques villes soumises à ce régime : Altkirch, Saverne, Soultz, Guebwiller, Lichtenberg. Les partisans d'une juste répartition entre Haute et Basse-Alsace devraient être satisfaits par cette liste parfaitement équitable !

Les corporations ou *Zunft*

Elles sont très bien organisées et représentent un pouvoir considérable, essentiellement à Strasbourg et dans les villes impériales de la Décapole. D'inspiration chrétienne, elles avaient pour fonction de garantir à chacun de leurs membres de vivre dignement de son travail. Des réglementations précises et minutieuses fixent leur mode de fonctionnement, ainsi que des règles techniques de fabrication. Chaque corporation dispose également d'un système de protection sociale des veuves et des orphelins et possède une maison (*Zunft* ou « poêle ») pour ses réunions et ses banquets.

Les historiens s'accordent pour constater qu'à partir du XVe siècle, ces corporations se sont peu à peu transformées en aristocraties artisanales fermées et qu'elles sont apparues à la veille de la Révolution de 1789 comme des structures de protection de privilégiés, soit comme un frein réel à l'essor des techniques nouvelles et des modes de production préindustriels.

De la guerre de Trente Ans à celle de 1870...

C'est le grand écart entre deux guerres européennes qui ont ceci de commun pour l'Alsace que chacune d'elles s'achève par le rattachement à une entité nouvelle : après le traité de Westphalie, l'Alsace est rattachée au royaume de France ; après celui de Francfort, elle est annexée par la Prusse.

La guerre de Trente Ans

Elle éclate en 1618 en Bohême à partir d'un conflit entre catholiques et protestants puis, telle la peste, se répand à tout l'empire pour arriver en Alsace en 1621. Ses causes sont extrêmement complexes. Le destin de l'Alsace sera profondément marqué par cette guerre dévastatrice, qui se solde par le rattachement de la province au royaume de France.

Depuis la nuit des temps, l'Alsace a souvent été transformée en champ de bataille et va encore l'être à maintes reprises jusqu'à la moitié du xxe siècle. Mais cette guerre-là mérite tous les superlatifs : la plus longue, la plus meurtrière, la plus dévastatrice. Le général Mansfeld et ses troupes au service des protestants commencent par piller et saccager les églises et les abbayes, maltraitant les paysans, brûlant les villages. Puis ce sont les troupes de l'empereur Ferdinand II qui expulsent les protestants de Haguenau et de Colmar. Entre 1632 et 1634, c'est au tour des Suédois de voler au secours des protestants allemands. Leurs exactions ont profondément marqué la mémoire collective des Alsaciens. Des siècles plus tard, on disait encore aux petits enfants : « Si tu ne manges pas ta soupe, les Suédois vont venir te chercher ! »

Les troupes du roi de France, Louis XIII, qui n'a pas pour projet, au départ, de s'installer définitivement en Alsace, prennent le relais des Suédois. Elles recherchent un passage sûr vers l'Allemagne, passage qui ne passe d'ailleurs pas inaperçu : ses armées pillent et détruisent tout ce qui leur tombe sous la main !

Les conséquences de la guerre en Alsace sont dramatiques : on estime qu'au moins la moitié, sinon bien davantage, des populations rurales ont disparu. Tous les récits qui nous sont parvenus parlent de survivants qui se nourrissent de souris et de rats, de cas d'anthropophagie. De nombreuses villes et villages sont détruits et vidés de leurs habitants. Un bénédictin suisse, qui a traversé la région en 1643, raconte qu'entre Rouffach et Strasbourg, distantes de 80 kilomètres, il n'a rencontré aucun habitant dans les nombreux villages de la plaine. Les villes qui ne sont pas complètement détruites sont envahies par des hordes de malades et d'affamés. Partout, les terres sont en friche.

Seules deux villes réussissent à garantir leur neutralité : Strasbourg et Mulhouse. Cette dernière ne s'est d'ailleurs pas contentée d'ignorer le conflit, elle s'est beaucoup enrichie en fournissant des armes aux différents belligérants. Nous verrons, au chapitre 18 consacré à l'histoire économique, que ce trésor de guerre, si bien nommé, que la ville a ainsi pu se constituer, sera très utile à son développement manufacturier.

Traités de Westphalie et libertés religieuses

Ce sont les tensions religieuses qui sont à l'origine de la guerre de Trente Ans. Il n'est donc pas surprenant de retrouver la question religieuse dans les traités de Westphalie. Celui de Munster stipule en son article 47 concernant les biens ecclésiastiques et la liberté d'exercice de la religion : « On a trouvé bon de confirmer et ratifier par ce présent traité le même accord comme aussi celui dont on est convenu à l'égard de ceux qu'on nomme réformés. » Concrètement : le roi de France s'engage à respecter la liberté religieuse des protestants d'Alsace.

Westphalie, une folie ?

Dans les chronologies rapides de l'histoire d'Alsace, on n'échappe jamais au raccourci suivant : 1648, traité de Westphalie, rattachement de l'Alsace au royaume de France. Mais la réalité est beaucoup plus complexe… Parce qu'il n'y a pas eu un seul traité de Westphalie, parce qu'à la place de l'Alsace telle que nous la connaissons aujourd'hui, existait une mosaïque de territoires aux régimes très différents, parce que le traité de Westphalie, s'il a mis un terme à la guerre de Trente Ans, n'a pas pacifié l'Europe pour autant et que le rattachement complet au royaume de France ne s'est fait qu'au bout de plusieurs décennies et n'a été mené à son terme qu'en 1798, avec le rattachement de Mulhouse à la France.

La révocation de l'édit de Nantes ne pouvait donc s'appliquer en Alsace. Voilà pourquoi, aujourd'hui, 20 % des Alsaciens sont protestants, ce qui représente près d'un tiers des protestants de France.

Strasbourg conquise au forceps

Louis XIV a renoncé à annexer Mulhouse, qui faisait partie de la Confédération helvétique avec laquelle il tenait à garder de bons rapports. La ville ne demandera finalement son rattachement à la France qu'en 1798.

Les Strasbourgeois, quant à eux, sentent que les jours de leur république libre sont comptés. Le 28 septembre 1681, la ville est encerclée par 30 000 hommes commandés par Louvois, le ministre de la Guerre. Les ponts sur le Rhin et les forts qui les gardent sont occupés pour prévenir toute intervention en provenance de la rive droite. Face à cette armée, les 3 000 bourgeois de la ville qui prennent les armes ne pèsent pas grand-chose…

Le 29 mars, une délégation du Conseil vient trouver Louvois à son camp d'Illkirch pour s'entendre dire : « Soit vous vous rendez avant demain matin à 7 heures, soit nous prenons la ville d'assaut et la détruisons. » Après une nuit de discussion, le Conseil choisit la capitulation, qui est signée à Illkirch le 30 septembre. Le même jour, l'armée du roi pénètre dans une ville muette. Les volets des maisons sont clos. La population est atterrée.

La cathédrale sera à nouveau dévolue au culte de l'Église romaine du très catholique roi de France après avoir été réformée pendant 152 ans. Louis XIV marquera le coup en pénétrant dans la cathédrale… à cheval !

Louis XIV récupère alors toute une série de terres en Haute-Alsace et devient grand bailli de la Décapole. Il installe son Conseil souverain d'Alsace à Ensisheim, siège de l'ancienne régence autrichienne dont il vient de récupérer les possessions alsaciennes par le traité des Pyrénées.

Il ne faut surtout pas s'imaginer que le roi de France est accueilli à bras ouverts par les populations locales. Les villes de la Décapole ne veulent pas renoncer à leur statut de villes d'empire qui leur garantit les libertés municipales. Strasbourg et Mulhouse entendent conserver leur neutralité et leur autonomie. Le roi va finir par suivre les conseils de Mazarin, qui a écrit en 1673 : « Je crois que le roi devrait mettre Colmar et Haguenau à la raison. » En août 1673, il pénètre à Colmar, fait éventrer les tours de la ville, démonter les murailles par des milliers de paysans réquisitionnés dans le Sundgau et désarmer tous les bourgeois.

La plupart des villes de la Décapole connaissent le même sort. Les trente-deux tours et les murailles de Haguenau seront démolies un peu plus tard, en 1677, et la ville complètement incendiée. Cette destruction a évidemment un caractère très symbolique si l'on se souvient que la ville impériale abritait le siège de la Décapole. Enfin, Turenne parachève le tout en battant les impériaux à Turckheim, le 5 janvier 1675. Et voilà comment l'Alsace devint française ! Et voilà pourquoi Turenne est resté la bête noire de quelques groupuscules autonomistes !

Le XVIIIe siècle sera bien plus serein que le précédent. On assiste à une lente intégration au royaume de France. La vie quotidienne des Alsaciens, leur langue ne seront pas bouleversés. Mais leur condition sociale et les mauvaises récoltes feront d'eux des opposants à l'Ancien Régime, comme des millions d'autres sujets du très grand roi de France.

Révolution, Napoléon et patapon

L'Europe entière est bouleversée par les événements qui se déroulent en France entre le début de la période révolutionnaire et la fin définitive de l'aventure napoléonienne. Les historiens s'accordent aussi pour admettre que ces deux pages d'histoire ont largement contribué au sentiment d'identité nationale des Alsaciens

Ah ! ça ira, ça ira, ça ira... (ou pas ?)

Quand éclate la révolution de 1789, l'Alsace est française depuis plus d'un siècle. Les campagnes se sont repeuplées, du fait notamment d'une importante immigration, et l'administration royale s'est peu à peu imposée à travers l'activité juridictionnelle du Conseil souverain d'Alsace, installé à Colmar, dans un édifice où se rend toujours la justice, non plus au nom du roi, mais au nom du peuple français.

Le contexte prérévolutionnaire est identique à celui que l'on connaît dans le reste du royaume : grandes chaleurs durant l'été 1789, mauvaises récoltes après un hiver très rigoureux, fort mécontentement dans le monde rural.

Un peu partout en Alsace, mais plus particulièrement dans le Sud de la province, des bandes de paysans attaquent et pillent couvents, abbayes, maisons juives. Quand la nouvelle de la prise de la Bastille parvient en Alsace, on assiste à un phénomène de contagion : à Strasbourg, saccage de l'hôtel de ville (actuelle chambre de commerce) et, dans de nombreuses villes, émeutes contre les conseils municipaux.

« Ici commence le pays de la liberté »

Le visiteur qui traversait le Rhin à Strasbourg en venant d'Allemagne tombait dès son arrivée en France révolutionnaire sur un panneau portant cette inscription.

En fait, on assiste durant cette période à un curieux chassé croisé entre les deux rives du Rhin : la plupart des nobles locaux émigrent en Allemagne et, à l'inverse, de nombreux révolutionnaires allemands viennent à Strasbourg, qui est devenue un centre actif de propagande des idées nouvelles. Certains Allemands y jouent un rôle important.

Euloge Schneider est le plus célèbre d'entre eux : intellectuel et orateur brillant, ce prêtre franc-maçon se fera nommer à la chaire de « théologie populaire » de l'université de Strasbourg, où le maire, Philippe-Frédéric de Dietrich, l'accueille à bras ouverts. Il s'affirme rapidement comme un jacobin résolu et devient le Robespierre des bords du Rhin, où on le nomme accusateur public du Tribunal révolutionnaire.

Son tribunal ambulant et sa guillotine sèment la terreur d'Obernai jusqu'aux villages du Kochersberg. En l'espace de quelques semaines, il obtient trente-trois condamnations à mort. Peu de chose par rapport aux massacres de la capitale, mais assez pour refroidir les sympathies populaires pour les idées nouvelles. Il sera lui-même guillotiné à Paris le 1er avril 1794, après avoir eu la très mauvaise idée de critiquer ouvertement Saint-Just qui lui reprochait… ses excès ! Voir aussi chapitre 13.

Comme partout en France, les bouleversements sont considérables : le terme « Alsace » disparaît des appellations officielles, on crée nos deux fameux départements séparés par le Landgraben, le 67 et le 68, le Bas-Rhin et le Haut-Rhin. Corporations et frontières douanières intérieures sont supprimées. L'égalité civique et professionnelle est accordée aux protestants, puis aux Juifs.

La majorité des Alsaciens adhèrent aux innovations révolutionnaires (même si de nombreux prêtres refusent de prêter serment à la Constitution), et la fête de la Fédération rassemble des milliers de personnes à Strasbourg le 13 juin 1790.

Bien mal nommée, la *Marseillaise* !

Il serait beaucoup plus juste de la nommer la *Strasbourgeoise*. Son auteur, Claude-Joseph Rouget de Lisle, est un capitaine de l'armée révolutionnaire stationnée à Strasbourg. Musicien, il compose à ses heures perdues. Un soir, le 26 avril 1792, dans les salons du maire de Dietrich (celui-là même qui sera guillotiné à Paris quelques mois plus tard…), il suscite l'enthousiasme de l'assistance avec un « Chant de guerre de l'armée du Rhin » qu'il vient de composer.

Le 10 août suivant, le chant est adopté par un corps de volontaires marseillais qui, de manière tout à fait fortuite, lui donne son nom définitif. Ce sont les Parisiens qui, voyant les Marseillais arriver en chantant ce chant nouveau, vont l'appeler la *Marseillaise*.

Le 4 janvier 1980, Gainsbourg donne à Strasbourg sa version reggae de la *Marseillaise*, au palais des Fêtes, à deux pas d'une salle portant le nom de l'hymne national. Des paras et des militants d'extrême droite sont venus en force troubler le concert. La police intervient dans une situation de grande tension.

Ah, si Rouget de Lisle avait pu imaginer cette chaude soirée de 1980 en composant son œuvre un soir de printemps 1792 !

Si les choses se gâtent par la suite, c'est en particulier pour trois raisons :

- La Révolution est menacée par l'extérieur. L'armée autrichienne occupe le Nord de l'Alsace à partir de 1793. L'armée de la jeune république stationnera de manière permanente en Alsace jusqu'en 1801 et l'effort de guerre (perquisitions, réquisitions…) pèsera très lourdement sur les populations rurales ;

- Les excès de la Terreur émoussent le sentiment révolutionnaire des populations. Même le maire de Strasbourg, Philippe-Frédéric de Dietrich, partisan enthousiaste de la Révolution en 1789, est guillotiné à Paris en décembre 1793 ;
- Sous la Terreur, on veut éradiquer la langue régionale, car « l'habitant de nos campagnes parle la langue de nos ennemis », comme le soulignait Barère dans un discours à la Convention.

Et, comble du comble : on oblige les femmes d'Alsace à rendre leur coiffe alors que la flèche de la cathédrale est coiffée… du bonnet phrygien !

D'r Napi

C'est par ce nom affectueux que les Alsaciens nommaient et continuent de nommer Napoléon Bonaparte.

Le plus beau cadeau de *Napi* à l'Alsace, c'est probablement d'avoir enfin réglé les problèmes religieux ! La Révolution avait certes donné les mêmes droits à tout le monde, mais encore fallait-il organiser cette situation inédite. C'est ce qui a été fait par le Concordat signé avec le pape en 1801 (et qui s'applique toujours en Alsace !), les articles organiques de 1802 pour les deux cultes protestants et trois décrets de 1808 règlent l'organisation de la religion juive (voir chapitre 9).

« Laissez-les parler leur langue, pourvu qu'ils sabrent à la française »

Ces paroles de *Napi*, prononcées lors d'une réception officielle permettent de comprendre l'adhésion des Alsaciens à la personne et au mythe napoléoniens. Enfin quelqu'un qui les laisse parler dans leur langue et qui valorise leur bravoure de soldats !

Voilà qui permet également de comprendre qu'il y ait eu environ soixante-dix généraux alsaciens sous Napoléon. Un nombre impressionnant d'entre eux figurent d'ailleurs sur l'arc de triomphe de l'Étoile. On a souvent fait observer à propos de ce chiffre qu'il n'y aurait jamais eu de général allemand d'origine alsacienne…

Après sa victoire à Austerlitz, « Napi » est accueilli à Strasbourg par une foule enthousiaste. L'impératrice Joséphine et, plus tard, la nouvelle impératrice Marie-Louise sont également reçues dans une grande ferveur.

LE SAVIEZ-VOUS ?

On peut parler, en Alsace, d'un réel culte de Napoléon Ier. La paix religieuse, une relative prospérité matérielle, la gloire des armées ont pesé plus lourd dans la mémoire populaire que l'autoritarisme du régime, le coût des guerres napoléoniennes en vies humaines et autres ponctions sur les populations. Il faut également évoquer Adrien de Lezay-Marnésia, préfet du Bas-Rhin de 1810 à 1814, qui joua un grand rôle dans le culte impérial en Alsace. Parfaitement bilingue et ami du pasteur Oberlin, il impressionna les Alsaciens tant pas son charisme que par ses réalisations concrètes.

Vers la France à petits pas

C'est par les armes que l'Alsace est devenue française. Mais c'est le partage de pages importantes de l'histoire nationale qui a fait que, pas à pas, les Alsaciens sont devenus des Français… presque comme les autres.

La Restauration et la monarchie de Juillet sont accueillies fraîchement par les Alsaciens. Difficile de s'extasier devant un scrutin censitaire pour désigner les représentants à l'Assemblée nationale (environ 600 électeurs dans chaque département !) alors que vos ancêtres ont géré démocratiquement les villes de la Décapole ou la République libre de Strasbourg ou de Mulhouse… En 1848, l'Alsace est la région la plus à gauche de France : dix-neuf des vingt et un députés sont des « rouges ». Mais dès que les Alsaciens ont l'occasion de donner une large majorité au nouveau « Napi » après son coup d'État en 1852, ils ne se refusent pas le plaisir d'un tel voyage dans le temps et dans les mythes.

Mais le XIXe siècle alsacien est avant tout celui des très grands bouleversements économiques et sociaux (voir chapitre 14). Et, alors que les chevaux à vapeur remplacent les chevaux (Mulhouse n'est plus qu'à deux heures de train de Strasbourg, un progrès considérable en comparaison des douze heures en malle-poste !), que l'on creuse des canaux qui vont relier le Rhin à la Seine d'une part et au Rhône d'autre part, les Alsaciens se sentent et se disent français sans état d'âme particulier.

Des Français qui restent de culture et, très massivement, de langue germanique, mais dont « le glaive est français », comme le dit Stoeber que nous retrouverons plus tard (voir chapitre 10).

Le grand tournant de 1870

La Prusse de Bismarck est en train de réaliser l'unité entre l'Allemagne du Nord et les États du Sud, ce qui pourrait correspondre à la naissance d'une grande puissance voisine de la France, au cœur de l'Europe. Napoléon III veut aller à l'encontre de ce projet, et déclare la guerre à la Prusse. Une guerre n'est pas faite pour déplaire à Bismarck : rien de tel qu'un peu de sang pour cimenter l'unité d'une jeune nation !

Cette guerre, les Alsaciens la redoutent depuis longtemps ; ils savent qu'en cas de victoire allemande, l'opinion publique d'outre-Rhin revendiquerait l'annexion de l'Alsace, qui faisait partie de l'Empire germanique jusqu'à la paix de Westphalie et qui est restée culturellement germanique.

Le scénario de la guerre de 1870 ressemble à une répétition générale de la débâcle de 1940. L'impréparation de l'armée française face à une armée allemande cinq fois supérieure en nombre et disposant d'une artillerie à plus grande portée est flagrante. Le résultat ne se fait pas attendre. Tous les historiens parlent de débâcle incontrôlée dès le début de la guerre (en particulier à Wissembourg et à Froeschwiller-Woerth), de batailles désastreuses, de déroutes hallucinantes. Napoléon III a déclaré la guerre à la Prusse le 19 juillet et l'armée française est définitivement vaincue à Sedan le 2 septembre…

« La bataille de Reichshoffen »

« C'était un soir, la bataille de Reichshoffen

Il fallait voir les cavaliers charger

Attention, cavaliers, chargez, d'un pied, de l'autre, d'une main, de l'autre… »

Il faudrait la réécrire, cette chanson. Parce que la bataille de Reichshoffen s'est déroulée à… Morsbronn ! Seul le télégraphe qui annonça la nouvelle à la capitale se trouvait à Reichshoffen…

Le siège de Strasbourg

Strasbourg détient le triste privilège d'avoir été la première ville à être bombardée de manière systématique depuis que les hommes se font la guerre. Il y en eut, hélas, bien d'autres depuis...

Le 8 août, le général von Werder (que les Alsaciens débaptiseront rapidement en *Mörder*, « meurtrier ») et ses 50 000 hommes commencent un siège d'une grande férocité. Leurs forces sont bien supérieures. À Strasbourg, on manque d'armes et de vivres. Mais les autorités ne veulent pas entendre parler de reddition. Commence alors, à partir du 13 août, le bombardement systématique de la ville. Durant un mois et demi, près de 200 000 obus vont s'abattre sur la capitale alsacienne. Quand la ville, en ruine et affamée, finit par se rendre, on dénombre des centaines de victimes civiles et militaires.

Sur le plan culturel, ce bombardement aura été une véritable tragédie. La magnifique bibliothèque du Temple-Neuf est détruite par le feu avec tous ses trésors : 300 000 volumes anéantis, des incunables et des éditions uniques envolées en fumée, le célèbre *Hortus deliciarum* datant du XIIe siècle perdu à tout jamais ! Dans la nuit du 24 au 25 août sont également partis en fumée dans le musée de la ville des chefs-d'œuvre de Véronèse, du Tintoret, du Corrège, de Schœngauer et de bien d'autres...

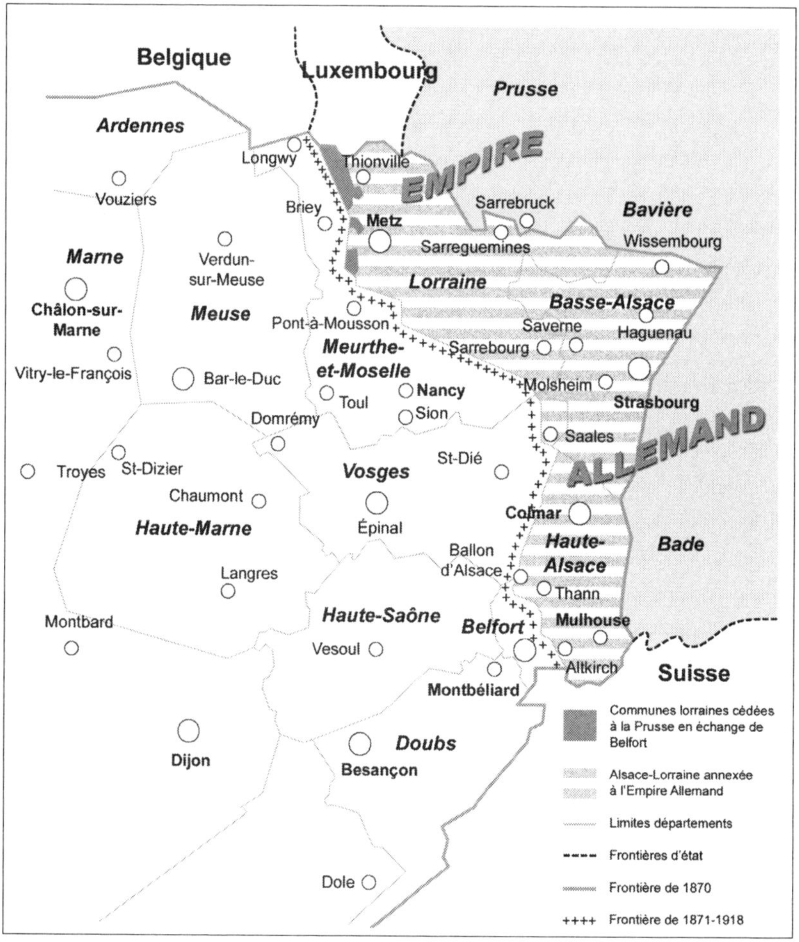

Carte 1-1 : L'Alsace en 1870.

Chapitre 2

1870 : la « province perdue » devient *Reichsland*

Dans ce chapitre :

- Abandonnée par la France
- L'Alsace proteste en vain
- La vie continue malgré tout
- Singularité du *Reichsland*

La débâcle militaire, le siège et le bombardement de Strasbourg et, en prime, la cession de la quasi-totalité de l'Alsace-Moselle à la Prusse… Les Alsaciens ont eu le sentiment, en 1870, d'être complètement abandonnés. *Jezt wàs màche ?* (« Que faire à présent ? »).

Malgré les protestations qui s'élèvent de chaque côté, l'Alsace est intégrée au Reich et la « province perdue » de la France devient un *Reichsland*.

Protester !

La protestation, c'est l'arme des faibles quand il n'y a plus rien à faire… Et il n'y a plus rien à faire. Et vous, qu'auriez-vous fait à la place des Alsaciens de 1870 ?

Les protestations à Bordeaux

Le 10 mai 1871, le traité de Francfort cède aux vainqueurs la quasi-totalité de l'Alsace (à l'exception de Belfort, ce qui a entraîné la création du plus petit des départements français), ainsi qu'une partie de la Lorraine. Mais l'armistice du

28 janvier autorise la France à organiser – même en Alsace – l'élection d'une assemblée qui siégerait à Bordeaux.

Tous les candidats, élus facilement dans les deux départements, sont opposés à l'annexion. Quoique modérés, ils s'inscrivent, à Bordeaux, au groupe de la Gauche républicaine. Ce positionnement politique peut surprendre, beaucoup de ces élus étant des cléricaux. Explication : au niveau national, c'est la droite conservatrice et royaliste qui l'emporte. Et de manière quelque peu surprenante, c'est cette droite qui est d'avis de traiter avec l'Allemagne. Nouvelle explication : cette droite vit dans la crainte d'une révolution sociale. Nous sommes en pleine Commune de Paris ! Quitte à transiger avec un ennemi, on préfère que ce soit avec celui de l'extérieur qu'avec celui de l'intérieur, et tant pis pour l'Alsace-Lorraine !

PORTRAIT

Le maire Kuss à Bordeaux

Beaucoup d'Alsaciens connaissent la rue du Maire-Kuss à Strasbourg car elle relie la gare au centre-ville. Mais combien savent qui était ce maire de Strasbourg ? Émile Kuss était le chef des socialistes strasbourgeois sous la IIe République, puis un opposant implacable à Napoléon III.

Premier magistrat de la ville pendant le terrible bombardement, il dépense une énergie considérable pour défendre sa ville jusqu'à la capitulation. Puis il est élu député avec plus de 96 % des suffrages ! À Bordeaux, il est l'un des députés protestataires les plus célèbres. Mais il rentrera à Strasbourg dans un cercueil : il décède en effet d'une crise cardiaque le 1er mars 1871, après l'abandon de l'Alsace par ses collègues de l'Assemblée nationale. Ses funérailles solennelles rassembleront une foule considérable à Strasbourg. De partout fuseront des « Vive la France ! » qui se perdront dans le vide…

La ville de Bordeaux est étrangement en lien, bien malgré elle, avec deux pages tragiques de l'histoire de l'Alsace. D'abord avec celle de la protestation unanime et vaine en 1871 de l'ensemble des représentants de son peuple. Et, plus de soixante-dix ans plus tard, avec le procès dit « de Bordeaux » où l'on jugeait les Alsaciens impliqués en tant que soldats allemands dans le massacre d'Oradour-sur-Glane. Nous verrons plus loin à quel point ce procès a eu l'effet d'un séisme politique et social après la dernière guerre (voir chapitre 5)…

Le 17 février, Keller, le député de Belfort (seul député alsacien qui continuera à siéger plus tard à Paris) lit la protestation qu'a rédigée Gambetta : « L'Alsace et la Lorraine protestent contre toute cession, la France ne peut la consentir et l'Europe ne peut la sanctionner. » La déclaration est purement symbolique. Après sa lecture, les députés alsaciens quittent l'Assemblée, rentrent chez eux et refusent de participer à toute vie politique. Mais ce symbole est profond. Peut-être faut-il chercher là un sentiment diffus qui a longtemps habité les consciences des Alsaciens : nous n'existons que comme effet collatéral de victoires et de défaites militaires… Et ce sentiment est probablement l'un des éléments de l'identité alsacienne. Et courons le risque de franchir quelques pas de plus : peut-on véritablement avoir foi dans le ou la politique quand le cri du cœur de tous les élus d'un petit peuple est ravalé au rang d'une simple pétition de principe ?

La protestation de Bordeaux était une tentative désespérée de refuser les conséquences d'une défaite militaire. Mais le texte contenait également une phrase tristement prophétique : « La paix faite au prix d'une cession de territoire ne sera qu'une trêve ruineuse et non une paix définitive. » La génération des petits-fils de ces députés vérifiera un jour, du fond des tranchées, la justesse de cette prédiction, et en paiera très chèrement le prix.

Les protestations à Berlin

Dès le 8 juin 1871, l'Alsace et la Lorraine annexées deviennent un *Reichsland*, une « terre d'empire » administrée directement et sans contrôle par l'empereur et son chancelier. Après les militaires, c'est une armée de fonctionnaires prussiens qui envahit la province avec comme ordre de mission de germaniser l'Alsace. Les fonctionnaires dépendant de Paris (ils sont environ 500) sont expulsés avec leur famille. La législation allemande remplace petit à petit la législation française.

En septembre 1871, Berlin nomme un *Oberpraesidium*, genre de superpréfet qui n'a de comptes à rendre qu'à Bismarck, et qui dispose de pouvoirs exceptionnels : « Droit de perquisition jour et nuit, interdiction de toute réunion et publication. Le français est interdit dans les établissements publics, sur les enseignes et dans la presse. » Cette loi dictatoriale du

30 décembre 1871 restera en vigueur jusqu'au 1er janvier 1874, date d'introduction de la Constitution de l'empire dans le nouveau *Reichsland*.

En juillet 1871, Strasbourg élit à la mairie un radical-protestataire, Lauth. Celui-ci est immédiatement révoqué et remplacé par un Allemand. Aux élections cantonales de mai 1873, le mouvement protestataire la Ligue d'Alsace appelle au boycott. À Colmar et à Mulhouse, l'abstention est de 95 % !

Aux premières élections pour le *Reichstag* de février 1874, les quinze élus alsaciens sont protestataires. Parmi eux se trouvent sept ecclésiastiques, dont l'évêque de Strasbourg lui-même. Le clergé vient en partie combler la saignée dans la société civile après le départ des optants. Mais le clergé alsacien a aussi de très bonnes raisons de craindre la politique anticléricale (le fameux *Kulturkampf* – « combat pour la culture ») de Bismarck.

Les protestations en Alsace

L'armée française est certes écrasée à Sedan dès le 2 septembre 1870, mais l'armistice n'est signé que le 28 janvier 1871. Et, jusqu'en décembre, on espère que la France pourra se ressaisir. Alors, on défile dans les rues de Strasbourg, on arbore des cocardes tricolores, on fait dérailler un train à Mulhouse, on s'en prend aux premiers représentants de l'autorité prussienne présents en Alsace.

De jeunes Alsaciens s'engagent dans les armées de Gambetta et, quand le service militaire dans les armées du *Kaiser* devient obligatoire en décembre 1872, ils sont nombreux à déserter et à émigrer. Sur les 33 000 premiers conscrits, seuls 7 500 ont rejoint une caserne. On a estimé à 160 000 le nombre de jeunes Alsaciens qui ont émigré en vingt ans pour échapper à la conscription.

Et après ? On part ou on reste ?

« Les sujets français originaires des territoires cédés, domiciliés actuellement sur ce territoire, qui entendront conserver la nationalité française, jouiront, jusqu'au 1er octobre 1872, et moyennant une déclaration préalable faite à l'autorité compétente, de la faculté de transporter leur domicile en France et de s'y fixer [...] auquel cas la qualité de citoyen français leur sera maintenue [...]. »

Cet article 2 du traité de paix signé à Francfort le 10 mai 1871 permet aux Alsaciens qui le souhaitent d'opter pour la nationalité française. Mais attention : il ne faut pas prendre le terme « option » au sens où on l'entendrait de nos jours, c'est-à-dire un choix de nationalité plutôt théorique qui ne changerait pas grand-chose à la vie de tous les jours.

Non, opter pour la nationalité française signifie alors faire ses valises et quitter la terre de ses ancêtres pour habiter en dehors du *Reichsland*. Ainsi des artisans sont-ils partis avec leurs outils, des industriels avec leurs machines et parfois leurs ouvriers... L'Alsace était à l'époque très majoritairement rurale. C'est parmi les agriculteurs qu'il y eut proportionnellement le moins d'optants, les champs et les étables se déménageant difficilement !

Option et mouvements de populations

Quelques chiffres :

- L'Alsace compte, au moment de l'Annexion, 1 059 000 habitants (chiffres 2008 : 1 815 000) ;
- Les chiffres donnés par les historiens varient entre 132 239 et 159 000 optants, soit entre 12,5 % et 15 % de la population.
- Les optants sont très majoritairement issus de l'élite intellectuelle et sociale de la région, ce qui réjouit l'Allemagne, qui mise sur une germanisation irréversible du *Reichsland*.
- Les optants vont se disperser entre la France d'outre-Vosges (Paris, Territoire de Belfort, Nancy...), l'Algérie, les États-Unis (Castroville), la Nouvelle-Calédonie...
- Cette émigration d'une partie importante de l'élite est compensée par une arrivée massive de « vieux Allemands » (*Altdeutsche*). On estime que l'immigration allemande, jusque vers 1910, a pu s'élever à 400 000 individus, parmi lesquels un grand nombre de fonctionnaires et de militaires.

Vent d'est : l'intégration au Reich allemand

Des dizaines de milliers d'optants ont traversé les Vosges, les protestations de l'ensemble des députés alsaciens devant l'Assemblée nationale comme devant le *Reichstag* n'ont servi à rien. Il est donc temps de faire preuve de réalisme face à l'occupant... Durant les années du Reichsland, le peuple alsacien se voit soumis à un nouveau pouvoir et, peu à peu, émerge une nouvelle génération sous le signe du développement économique et social.

Un nouveau pouvoir

En 1875, Bismarck met en place l'amorce d'un pouvoir local, le *Landesausschuss*, qui n'a qu'un pouvoir consultatif. On a compris, à Berlin, qu'il serait extrêmement risqué de permettre aux Alsaciens de s'exprimer librement sur leur sort.

Le mouvement protestataire évolue vers l'autonomisme sur la base du raisonnement suivant : si la séparation d'avec la France est irréversible, obtenons pour le moins la création d'un État autonome rattaché à l'un des États voisins ou alors que l'Alsace devienne une région dotée d'un parlement propre, à l'instar des autres régions du *Reich*. Aux élections pour le *Reichstag* de 1877, les autonomistes obtiennent cinq sièges dans le Bas-Rhin, les protestataires enlevant les sièges dans le Haut-Rhin. Mais les autorités du *Reich* étendent progressivement les compétences du *Landesausschuss*, dont la langue doit obligatoirement être l'allemand, que ses membres parlent à peine. Ce n'est qu'en 1902, un peu plus de trente ans après sa promulgation, que Guillaume II supprimera le fameux « paragraphe des dictatures » qui s'appliquait depuis l'Annexion et qui donnait toute latitude au pouvoir central.

Et une nouvelle génération

La génération montante du début du siècle est déjà née allemande. Même si, dans les sphères aisées, on parle toujours le français, une grande partie de la population est coupée de la langue française depuis trois décennies. Les mouvements protestataires se sont essoufflés... De plus, il existe en Alsace une importante population venue d'Allemagne.

LE SAVIEZ-VOUS ?

À Berlin, on considère que l'on peut à présent lâcher un peu de lest et accorder à l'Alsace une sorte d'autonomie d'un État confédéré. De nombreux Alsaciens jugent cette Constitution du 31 mai 1911 insuffisante. Mais le parlement qu'elle a instauré est resté pour beaucoup le symbole d'un rare moment d'autonomie régionale. Ironie de l'histoire : ce parlement régional siégeait dans l'actuel Théâtre national de Strasbourg, place de la République, alors appelée *Kaiserplatz*, « place de l'Empereur »…

La Constitution de 1911

Elle dote l'Alsace d'un *Landtag* (« parlement »), qui se compose de deux chambres :

- La Chambre haute (*Erste Kammer*) de quarante et un membres. La moitié de ces membres sont nommés par l'empereur. Certains fonctionnaires et dignitaires des Églises en sont membres de droit ;
- La Chambre basse (*Zweite Kammer*) de soixante membres, dont quarante Alsaciens élus au suffrage universel. Cette chambre vote le budget du *Land*. Elle a l'initiative législative dans de nombreux domaines, comme la justice, les travaux publics, les cultes.

Mais, à la différence des autres États de la fédération, les Alsaciens n'obtiennent pas le droit à une « nationalité alsacienne ».

Après le boum militaire, le boom économique et social !

La séparation de l'Alsace d'avec la France et le marché français a des répercussions profondes sur le plan économique que nous détaillons au chapitre 18. Mais les Allemands veulent se faire pardonner le bombardement de Strasbourg et prouver la supériorité de leur culture.

Une société en ébullition

La période du *Reichsland* en Alsace correspond à celle du développement de l'industrie dans une grande partie des pays européens. En Alsace, le paysage économique et social est profondément bouleversé et la société se transforme en profondeur…

Désormais, le pourcentage d'ouvriers dans la population active dépasse celui des agriculteurs. Les législations sociales allemandes introduites dans le *Reichsland* sont d'avant-garde pour l'époque : elles reconnaissent un réel pouvoir syndical, favorisent des formes de cogestion dont l'Alsace a conservé des traces (voir le chapitre 11 consacré au droit local).

Le prestige par l'Université et des chantiers tous azimuts !

La Prusse conquérante se devait aussi de démontrer sa supériorité sur la France dans le domaine des idées : l'université de Strasbourg, installée en grande pompe au Palais universitaire en 1884, où l'on a nommé de grands savants de l'époque, est devenue l'une des plus prestigieuses de la jeune Allemagne.

Si la réussite d'un empire se mesure à sa capacité de laisser des marques dans la pierre, l'urbanisme et l'architecture, nul doute que les empereurs allemands du IIe Reich ont été de grands empereurs ! Le visiteur qui se rend en Alsace a de bonnes chances d'arriver dans une gare construite durant cette période (celles de Colmar et de Strasbourg étant les plus emblématiques). Il sera immédiatement frappé par l'allure germanique, nettement *Mitteleuropa* (« Europe centrale »), de quartiers entiers et de bâtiments officiels. Il aura parfois le sentiment d'être dans une ville allemande ou à Vienne. Quant à la personne qui a toujours vécu en Alsace, elle aura forcément fréquenté une école, nagé dans une piscine, divorcé, vu un spectacle dans un bâtiment construit durant l'époque du *Reichsland* !

CURIOSITÉ

Chaque ville a son « quartier allemand », ses « bâtiments allemands » (voir chapitre 6). On peut citer en particulier la cour d'Appel de Colmar, la place de la République à Strasbourg avec le palais du Rhin (ex-*Kaiserpalast*, « palais de l'Empereur »). Ces quartiers, qui présentent toujours une belle unité urbanistique, ont souvent été dévalorisés par une sorte de « germanophobie architecturale ». Ils sont aujourd'hui réhabilités à tous les sens du terme. Il est d'ailleurs très sérieusement question d'un classement Unesco du quartier allemand de Strasbourg. À cela, il faut ajouter que l'habitat populaire urbain, souvent insalubre, a été réhabilité et qu'en périphérie des villes, on a construit des logements sociaux qui survivront longtemps à nos barres des années 1960 !

C'est également durant cette période qu'est réhabilité le château du Haut-Koenigsbourg, dont nous vous parlons longuement dans le chapitre 16 consacré aux châteaux forts et dans la partie des Dix (chapitre 23).

Que sont nos Alsaciens devenus ?

Les Alsaciens nés dans les années 1870 sont déjà eux-mêmes pères de famille à la fin du *Reichsland*, de jeunes garçons en particulier, qui serviront dans les armées du *Kaiser*. Et, à part quelques vieillards, qui se souvient de l'époque où l'Alsace relevait d'un empereur français du nom de Napoléon III ?

En quête d'identité

Ils s'y sont faits, nos Alsaciens, à cette vie nouvelle qui présentait bien des avantages, en particulier sur le plan social. Mais ils ne sont pas devenus des Allemands pour autant. Les artistes alsaciens de cette époque reflètent probablement ce que la population devait éprouver profondément (voir chapitre 11). Entre le réalisme de l'appartenance au Reich de Guillaume Ier puis de Guillaume II, son petit-fils, et un souvenir idéalisé de la France, on assiste à la naissance d'un espace public et à une volonté de se réapproprier une histoire, une culture, une langue.

Le réveil des nationalismes

Mais une fois de plus, ce n'est pas à eux de décider de leur destin. De part et d'autre du Rhin, les sirènes nationalistes se remettent à hurler. La guerre est proche, tout le monde le sait. Nos Alsaciens ont compris qu'une nouvelle fois, ils seront pris en étau entre les deux ennemis héréditaires. Il y a eu des signes avant-coureurs à la grande boucherie. En Alsace, on cite classiquement l'affaire dite de Graffenstaden en 1912 et l'incident de Saverne en 1913, qui illustrent bien ce climat de tension, mais qui permettent aussi de mesurer à quel point la greffe de l'Alsace au IIe Reich allemand n'avait pas pris…

L'affaire de Graffenstaden

L'économie alsacienne ne s'est jamais véritablement intégrée à celle de l'empire. L'affaire de Graffenstaden, plus de quarante ans après l'Annexion, en est une illustration.

C'est une campagne de presse de la *Rheinische-Westfälische Zeitung*, un journal pangermaniste proche des milieux industriels de la Ruhr, qui en est à l'origine, visant la direction de l'usine de locomotives SACM (Société alsacienne de constructions mécaniques) de Graffenstaden, en 1912. On reproche à cette dernière d'être francophile. À la suite de cette campagne, l'usine risque de perdre des commandes de locomotives, dont les deux tiers sont destinées à l'État prussien. L'affaire se termine par… la démission de la direction de la SACM.

L'incident de Saverne

Saverne, novembre 1913. Un jeune lieutenant, le baron Günter von Forstner, traite des recrues alsaciennes de « *Wackes* » (« voyous »). L'affaire est relayée par la presse locale puis par les journaux de Paris et de Berlin. La tension monte à Saverne. Des centaines de Savernois se rassemblent à plusieurs reprises. On va jusqu'à proclamer l'état de siège !

À Berlin, les socialistes et les libéraux s'en prennent au chancelier. La presse parisienne s'enflamme quand Forstner déclare devant des recrues qu'elles peuvent « *scheissen* » (« déféquer ») sur le drapeau français.

Cette histoire fera le bonheur des caricaturistes. Tout le monde connaît la gravure de Hansi montrant le jeune lieutenant dans les rues de Saverne se faire escorter par quatre soldats pour acheter un petit pain sous le regard hilare de toute la population. On pense aussi à celle d'un caricaturiste allemand, où l'on voit Poincaré en train de remettre la Légion d'honneur à von Forstner, pour services rendus à la France.

Chez les historiens, « l'incident de Saverne » est généralement analysé comme un signe avant-coureur de la Première Guerre mondiale.

En novembre 1918, les troupes françaises sont accueillies dans la Grand-Rue de Saverne par une banderole sur laquelle on peut lire : « Novembre 1913 : affaire de Saverne – Novembre 1918 : délivrance. »

Chapitre 3

La période chaotique de l'entre-deux-guerres

Dans ce chapitre :

- La guerre de 14 en Alsace
- L'euphorie suivie du malaise
- L'autonomie de l'entre-deux-guerres
- Catastrophe en vue

L'Alsace est directement concernée par la Grande Guerre : stationnement de nombreuses unités sur son sol, proximité de la frontière, incorporation de ses hommes dans l'armée du *Kaiser*. Elle sait aussi que son sort est lié, une fois de plus, à celui des armes. Les retrouvailles avec la mère patrie se font dans la liesse. Mais, bientôt, le ciel va se couvrir. C'est le « malaise alsacien », avec en particulier le mouvement autonomiste. À partir des années 1930, de gros nuages sombres commencent à s'accumuler dans le ciel alsacien…

D'abord la guerre, puis les retrouvailles

Le 31 juillet 1914, le *Reichsland* est déclaré en état de danger de guerre : les libertés sont supprimées, les réunions publiques interdites, les journaux censurés, le courrier doit être posté enveloppe ouverte. L'administration civile perd toute autonomie. Elle est mise sous la tutelle des militaires.

On mobilise !

Deux jours avant la déclaration officielle de la guerre à la France, l'ordre de mobilisation est affiché dans toutes les communes d'Alsace, comme dans des milliers de villes et de villages en Europe. Pour beaucoup d'Européens de l'Ouest de la France ou du fin fond de l'Empire austro-hongrois, cette guerre pouvait avoir un caractère lointain et irréel.

Le quotidien des Alsaciens durant la Grande Guerre

Des hommes absents. Ils sont enrôlés dans l'armée du *Kaiser*. La plupart sur le front russe, pour éviter les désertions. Beaucoup sur des navires de guerre en mer du Nord, d'où les évasions sont impossibles…

L'économie tourne au ralenti : des usines à participation française sont mises sous séquestre, les machines des usines de Mulhouse sont déménagées outre-Rhin pour éviter qu'elles ne tombent aux mains des Français. Des listes noires sont dressées de part et d'autre du front : les Alsaciens peu fiables sont expulsés ou placés en détention préventive par les Allemands. Les Alsaciens de nationalité allemande qui se trouvaient en France au moment du déclenchement des hostilités sont arrêtés et internés dans des camps avec les ressortissants des autres pays ennemis (Allemands, Austro-Hongrois…).

L'état de siège, le contrôle par les militaires, donnent aux Alsaciens le sentiment que l'on veut encore accentuer la pression dans le sens d'une germanisation de la province.

En Alsace, la guerre on connaît…

Le souvenir de la dernière guerre franco-allemande reste très vivace. On s'est battu sur le sol alsacien en 1870. Rappelez-vous : Reichshoffen, Froeschwiller, le siège de Strasbourg (voir chapitre 1)… Et, depuis l'Annexion, la Prusse y a construit d'imposantes casernes et fortifications dans de nombreuses villes (Strasbourg, Colmar, Haguenau, Mutzig…) ; les militaires allemands représentent d'ailleurs une part non négligeable des immigrés allemands.

LE SAVIEZ-VOUS ?

Les forts défensifs construits par les Allemands (tous orientés vers l'ouest, évidemment !) sont très sophistiqués pour l'époque. Ces fortifications constituent un étrange pendant aux forteresses de Vauban, qui subsistent à la citadelle de Strasbourg ou à Neuf-Brisach et qui, elles, sont orientées vers l'est, comme le seront les futurs forts de… la ligne Maginot !

Mais il y a surtout la proximité de la frontière entre la République française et l'Empire allemand. Les postes frontières de la Schlucht ou du col de Sainte-Marie-aux-Mines sont à un jet de pierre de Munster ou de Sainte-Marie !

C'est dans les Vosges que se livrent les premières batailles début août 1914. À deux reprises, les Français occupent Mulhouse. Mais ils ne conserveront, durant toutes les hostilités, que la région de Dannemarie, à l'extrême sud, et les vallées de Thann, de Masevaux et de Saint-Amarin. De dures batailles sont encore livrées en 1915, mais, par la suite, le centre de gravité de la guerre se déplace sur la Marne et la Meuse. Plusieurs sommets vosgiens sont définitivement liés à la Première Guerre mondiale : Hartmannswillerkopf, le Linge, la Tête des Faux…

Quel scénario de sortie de guerre pour l'Alsace ?

Lorsque l'Allemagne comprend qu'elle va perdre la guerre, elle a une véritable hantise : que le *Reichsland* redevienne français. Pour empêcher son retour à la France, elle ira jusqu'à proposer à l'Alsace des formules allant de l'autonomie à l'indépendance en passant par différentes formes de neutralité. Mais, côté français, l'opinion publique n'attend qu'une chose : voir à nouveau le drapeau tricolore flotter sur la cathédrale de Strasbourg !

Les Américains et les Britanniques sont d'avis qu'il faudrait consulter la population par plébiscite. Les Allemands refusent, par crainte d'une victoire des votes favorables au rattachement, ce qui rendrait impossible toute prétention ultérieure de leur part. Les Français refusent eux aussi, parce qu'ils redoutent le vote des Allemands fixés sur place et qu'ils ne veulent entendre parler ni d'autonomie ni de neutralité. Quant aux Alsaciens, personne ne leur a demandé ce qu'ils pensaient de l'idée qu'on pourrait éventuellement leur demander leur avis !

1918 : l'euphorie des retrouvailles

Après une période de troubles prérévolutionnaires, comme dans l'ensemble du Reich allemand en déroute, l'Alsace se jette dans les bras de la mère patrie retrouvée. Dans toutes les villes résonnent des scènes de liesse mémorables !

D'abord le drapeau rouge flotte sur la cathédrale !

L'Allemagne savait la guerre perdue. En mer du Nord, quelques généraux veulent livrer une ultime bataille, pour la gloire. Les marins se mutinent et constituent des soviets de soldats. Ils se rendent dans les villes avoisinantes, drapeau rouge en tête, pour conquérir les populations à leur cause. Parmi eux se trouvent 16 000 Alsaciens-Lorrains.

Pendant ce temps, à Strasbourg, des manifestations de rue se multiplient à partir du 7 novembre. Deux jours plus tard, on apprend que des marins révolutionnaires sont en route vers la capitale alsacienne. À la gare centrale campent des milliers de soldats en transit. Avec le soutien de l'autorité militaire se crée un conseil d'ouvriers et de soldats. Mais, pour contrer ce mouvement de tendance germanophile, le député et conseiller municipal, Jacques Peirotes, se proclame maire dans la nuit du 9 au 10 novembre ; il est confirmé dans ses fonctions par le conseil municipal…

Ainsi, pendant quelques jours, deux autorités cohabitent : le comité exécutif des conseils d'ouvriers et de soldats, qui siège au palais de justice, et le maire. Les deux pouvoirs siégeront sans discontinuer. Ils veilleront conjointement au maintien de l'ordre dans un contexte d'une grande confusion.

Le drapeau rouge flottera sur la cathédrale du 13 au 19 novembre. Le 14 ou le 15 novembre, 180 marins arrivent à Strasbourg avec, à leur tête, un certain Thomas, qui se prétend alsacien mais qui est originaire du Palatinat. Quant à la population locale, elle est avant tout préoccupée par des soucis de vie quotidienne et par la préparation de l'arrivée des troupes françaises.

Le 20 novembre 1918, les dernières troupes allemandes se retirent de Strasbourg, alors que, sur la place de la République, qui s'appelle encore *Kaiserplatz*, des manifestants déboulonnent la statue de Guillaume Ier et traînent sa tête au pied de celle de Kléber. C'en est fini de la révolution des soviets à Strasbourg, c'en est fini du *Reichsland*.

« Le plébiscite est fait ! »

Cette phrase choc est restée célèbre. Elle est extraite du discours prononcé à Strasbourg par Raymond Poincaré, le 9 décembre 1918, en présence d'une foule innombrable en délire. Et nul doute qu'elle correspondait à ce que la grande majorité des Alsaciens ressentaient. Dans toutes les villes, des rues noires de monde et inondées de drapeaux tricolores donnent à voir une immense allégresse collective. Dans les campagnes, les esprits sont bien plus calmes.

Dans la presse locale...

« La réception des troupes françaises a été le plus éclatant des plébiscites. »
Oberelsässische Landeszeitung

« Nous avons vécu un moment historique ! On ne nous a pas laissé voter. L'histoire de l'humanité suit des lois qui sont au-dessus de l'entendement humain. Ce qu'il nous restait, c'était de faire savoir par notre adhésion comment nous aurions voté. Nous nous sommes prononcés clairement. »
Volksfreund

Et les Allemands vivant en Alsace ?

Souvenez-vous du traité de Francfort en 1871 : les Alsaciens qui le souhaitaient pouvaient opter pour la France à condition de quitter la province (voir chapitre 2). Allait-on procéder de la même manière avec les Allemands immigrés en Alsace depuis 1871 ? Il faut savoir, par exemple, qu'en 1918, le tiers de la population strasbourgeoise était composé de *Altdeutsche*, de « vieux Allemands ».

Cette fois-ci, il n'y a pas de choix à faire. Les autorités françaises estiment que c'est à elles de désigner ceux qui feront leurs valises. On crée des « commissions de triage » et on renvoie immédiatement de l'autre côté du Rhin plus de 200 fonctionnaires, qui ne peuvent emporter que 40 kilos de bagages et une somme d'argent limitée. Au pont de Kehl, ils doivent supporter les huées d'une population surexcitée.

Pieds-noirs avant la lettre ?

Le départ contraint et forcé des Allemands après l'armistice fait penser par bien des aspects au départ des Français d'Algérie en 1962. Sauf qu'en Algérie, il était aisé de distinguer un Arabe d'un pied-noir. Alors que, pour faire le distinguo entre Alsaciens de souche et Allemands immigrés ou fils d'immigrés, c'est un peu plus compliqué… On instaure alors un étrange système de cartes d'identité. On vous en explique le mécanisme dans l'encadré ci-dessous. Avouez que cela ressemble furieusement à ce qu'on appellerait aujourd'hui une purification ethnique !

Résultat chiffré de l'opération : de novembre 1918 à septembre 1920, 112 000 personnes doivent quitter l'Alsace. En Allemagne, ils vont constituer des cercles d'Alsaciens-Lorrains qui entretiendront le culte de la province perdue. Exactement comme les optants qui ont choisi la France en 1871. Certains d'entre eux seront des cadres nazis en Alsace à partir de 1940… Ah ! l'Histoire… quand on vous disait que c'était toute une histoire !

Quatre identités possibles

À chaque « identité » sa carte !

LA CARTE A : barrée de tricolore, elle est réservée aux Alsaciens et à leurs descendants qui ne sont devenus allemands qu'en raison de la défaite de 1870.

LA CARTE B : barrée de deux traits rouges, elle est attribuée aux habitants dont un membre de la famille est d'origine étrangère, c'est-à-dire ni alsacienne-lorraine, ni française.

LA CARTE C : barrée de deux traits bleus, elle est destinée aux Alsaciens-Lorrains dont les deux branches familiales proviennent des pays alliés à la France ou restés neutres pendant la guerre.

LA CARTE D : sans aucune barre. C'est la carte réservée aux « étrangers des pays ennemis », concrètement aux Allemands et aux Autrichiens.

Y aurait pas comme un malaise ?

Imaginons un homme et une femme séparés contre leur gré par les aléas de la vie. Ils vivent avec des souvenirs, s'écrivent, fantasment l'un sur l'autre. Ils évoluent dans deux mondes différents, avec des valeurs qui ne prennent pas les mêmes directions… mais chacun est persuadé d'être resté proche de l'autre par simple fidélité à des images du passé. Et voilà qu'un beau jour, ils se retrouvent et se jettent dans les bras l'un de l'autre : « Le plébiscite est fait ! »… autrement dit, les ennuis commencent ! De la même manière se créent, de part et d'autre des Vosges, des images d'Épinal.

Images d'Épinal de part et d'autre des Vosges

Une partie des élites alsaciennes a gardé un lien avec la France et est restée francophone. Mais c'est une minorité. La grande majorité des Alsaciens, qui ne parlent pas un mot de français, ont une représentation de la France qui n'est qu'une superposition d'images d'Épinal : le souvenir d'un passé commun, lointain déjà, dans lequel la révolution de 1789 et Napoléon occupaient une place centrale. Et, avec l'incident de Saverne (voir chapitre 2) et le régime militaire imposé pendant la guerre aux populations civiles, l'image de la France, pays de la liberté, a repris du lustre.

L'Alsace est, par ailleurs, restée extérieure aux deux grands événements qui ont agité la France pendant la période du *Reichsland* : l'affaire Dreyfus et la séparation de l'Église et de l'État en 1905. Or, cette dernière « révolution française » ne pouvait laisser indifférentes les populations d'une région dans laquelle le fait religieux est essentiel.

Côté français, on a de la province perdue une vision romantique et idéalisée, entretenue par le nationalisme français et une certaine littérature, dont *Les Oberlé* de René Bazin paru en 1901. Tout le monde se souvient que l'Alsace a été arrachée à la mère patrie dans les pleurs de ses habitants et les protestations de ses parlementaires. On les retrouvera donc tels quels, ces braves Alsaciens ! À part les quelques

Allemands immigrés, rien ou presque n'aura changé. Et il faut bien reconnaître que la liesse populaire avec laquelle les armées françaises sont accueillies vont dans le sens d'une telle vision simpliste !

Deux Alsaciens au cœur de l'Affaire

Le capitaine Dreyfus, vous en avez entendu causer ? Mais peut-être pas de Scheurer-Kestner...

L'Alsace faisait partie du *Reichsland* au moment de l'Affaire. Elle en était très éloignée. Pourtant, deux de ses protagonistes étaient des Mulhousiens ! La famille Dreyfus, juive alsacienne, avait opté pour la France, comme la famille protestante Scheurer-Kestner.

Scheurer-Kestner sera vice-président du Sénat au moment de l'Affaire. Il sera un des premiers à douter de la culpabilité du capitaine. La presse d'extrême droite, *La Libre Parole* de Drumont, va se déchaîner contre ce « huguenot, allemand d'origine, et en relation avec toutes sortes de Juifs... ». C'est que Scheurer-Kestner avait gardé des relations et de la famille à Mulhouse, où il se rendait parfois. Et puis, il y avait des conversations de bistrot du style : « Bizarre, quand même, ces Alsaciens qui continuent à parler la langue de l'ennemi... Ils ont vraiment tout pour jouer aux espions, vous ne trouvez pas ? »

Scheurer-Kestner est mort le jour où la grâce de Dreyfus a été prononcée. Il existait entre ces deux hommes-là une solidarité d'honnêtes hommes. Mais probablement aussi une solidarité alsacienne...

Premiers couacs

Le *Landtag* est supprimé. Le pouvoir est aux mains d'un commissaire général, assisté d'un Conseil supérieur d'Alsace-Lorraine dont les membres sont nommés par le gouvernement. À la tête de chaque département, on nomme un commissaire de la République. Ces hauts fonctionnaires sont tous originaires d'outre-Vosges. Ils ne connaissent rien à la réalité du terrain et n'ont aucune crédibilité. Quant aux fonctionnaires alsaciens, qui ne maîtrisent pas la langue nationale, ils voient leur traitement diminuer et leurs possibilités d'avancement réduites à zéro.

À l'école, la situation est ubuesque : la langue française devient langue unique alors que ni les maîtres ni les élèves ne la parlent ! On décide alors de nommer en Alsace des instituteurs venant de tout le pays. Quant aux instituteurs alsaciens, on les expédie « à l'intérieur », en stage linguistique…

Et pourtant, Alexandre Millerand, commissaire général de mars 1919 à janvier 1920, se déclarait partisan « d'une administration respectueuse des croyances et des mœurs, attentive à ne pas froisser les individus, résolue à procéder par paliers » !

Aux élections de 1919 et 1920, tous les députés et sénateurs sortants sont issus des deux partis à implantation purement régionale, et revendiquent le maintien du particularisme local :

- L'Union populaire et républicaine (UPR), héritière du parti catholique d'avant-1914 ;
- Le Parti républicain démocrate (PDR), descendant du parti libéral d'avant-guerre, à coloration plus protestante.

Ce signal électoral a-t-il été entendu par Paris ? En tout cas, entre 1920 et 1924, on nomme un nouveau commissaire de la République plus souple, qui travaille en lien avec un conseil consultatif formé d'élus et de personnes qualifiées pour l'Alsace et qui semble conscient de la nécessité de prendre en compte le fait régional.

« Effacer les dernières différences »

Le modèle républicain et jacobin n'a cessé de se développer en France entre 1870 et 1914. La République a même séparé l'Église de l'État ! Pendant ce temps, la religion continue d'occuper une place essentielle dans un *Reichsland* qui finit par obtenir une relative autonomie au sein du IIe Reich allemand.

L'union sacrée des trois cultes

Aux élections de mai 1924, c'est le cartel des gauches qui l'emporte au niveau national. Herriot devient président du Conseil. Il annonce très vite la couleur en ce qui concerne l'Alsace-Lorraine ! Dans son discours du 17 juin 1924, Édouard Herriot déclare : « Le gouvernement est persuadé qu'il interprétera fidèlement le vœu des chères populations enfin rendues à la France, en hâtant la venue du jour où seront effacées les dernières différences de législation entre les départements recouvrés et l'ensemble du territoire de la République. Dans cette vue, il réalisera la suppression du commissariat général et préparera les mesures qui permettront, en respectant les situations acquises, en ménageant les intérêts matériels et moraux de la population, d'introduire en Alsace et en Lorraine l'ensemble de la législation républicaine. »

Devinette : que font alors les treize députés alsaciens de l'UPR et du PRD ? Ils râlent, bien sûr ! Vous l'avez compris : pour être un bon élu du peuple alsacien durant toutes ces périodes, il faut avoir une certaine aptitude à la protestation ! Mais les trois députés de gauche, un communiste et deux socialistes, ne se joignent pas à cette protestation.

Au secours, Napi !

Ce qui est en jeu, c'est le statut scolaire. « La République va-t-elle nous enlever ce que nous avons hérité de Napoléon et que même Bismarck nous avait laissé ? » Voilà la question qui sous-tend le mouvement de défense du statut religieux, en particulier au niveau scolaire.

Pour comprendre toutes les implications de ce qu'il se joue là, vous pouvez faire un petit tour dans les chapitres consacrés à la religion (chapitre 12), et à l'identité alsacienne (chapitre 14). Mais, pour le moment, retournons aux projets unificateurs du gouvernement Herriot.

Mgr Ruch, qui, en tant qu'évêque de Strasbourg, se trouve à la tête de la première religion concordataire, déclare une véritable guerre sainte : « L'Alsace catholique est en danger. Des adversaires impitoyables lui ont déclaré une guerre acharnée. Ils veulent détruire notre sainte religion et, pour y parvenir, ils ont résolu de faire élever l'enfant, malgré la volonté des parents, dans les écoles sans Dieu. »

Les protestants et les Juifs se joignent au mouvement. Des pétitions recueillent des centaines de milliers de signatures. Dans les villes, des foules immenses, comme on n'en avait plus vues depuis 1918, se rassemblent. Le 20 juillet 1924, place

Kléber à Strasbourg, il y aurait eu 50 000 manifestants. Point fort de la « manif' » : le chant successif du *Te deum* et de la *Marseillaise* !

Un pieux mensonge pour contenter le bon Dieu

Édouard Herriot, qui avait annoncé que l'ensemble de la législation républicaine – incluant la séparation de l'Église et de l'État – serait introduite en Alsace-Moselle, fait marche arrière.

Courageux mais pas téméraire, ce cher Édouard !

Devant la vague de protestations, il adresse une lettre circulaire à tous les maires, dans laquelle il explique qu'en fait, toutes ces histoires selon lesquelles le gouvernement aurait le projet de réduire la liberté religieuse des Alsaciens ne seraient qu'une rumeur répandue par des « gens mal informés ou mal intentionnés », mais que, de toute façon, « l'autorité républicaine est et reste la protectrice légale des droits de conscience individuelle. Le gouvernement actuel ne touchera pas à ce droit ».

Curés, pasteurs et rabbins ont dû pousser un « ouf ! » de soulagement et remercier chacun à sa manière le Très-Haut !

Où l'on commence à parler d'autonomie...

François Mitterrand s'est certainement souvenu de cette reculade spectaculaire d'Édouard Herriot lorsqu'il a lui-même fait marche arrière sur le projet Savary de financement des écoles privées en 1984... Avouez que les similitudes entre les deux affaires séparées de près de soixante ans sont très frappantes !

Ces maladresses successives du pouvoir central ont fait resurgir l'idée d'autonomie qui était apparue d'abord en 1911, lorsque des Alsaciens avaient estimé que la nouvelle Constitution du *Reichsland* devrait donner plus d'autonomie (voir chapitre 2), puis durant la période trouble de la fin de la guerre.

Autonomie ou révolution ?

Et maintenant, attachez vos ceintures, car nous entrons dans une zone de très très fortes turbulences. Elles s'inscrivent dans un contexte mondial lui-même extrêmement perturbé. Car la révolution russe entraîne dans son sillage des scissions dans l'ensemble du mouvement ouvrier international.

Scissions de toutes parts

« Scission » : voilà un mot sur lequel l'observateur de cette période en Alsace butte dès l'instant où il s'intéresse aux communistes, aux catholiques ou aux autonomistes…

Dis-moi avec qui tu t'allies et je te dirai qui tu es

Tout d'abord, scissions à la suite du congrès de Tours entre parti communiste et parti socialiste bien sûr, mais aussi scissions à l'intérieur de celles-ci sur la question des alliances régionales, de l'autonomisme, qui amèneront au final certains communistes à devenir nazis… Scissions également au sein du parti catholique : certains n'y accepteront pas de faire alliance avec des communistes, c'est-à-dire des ennemis de Dieu, pour défendre l'identité régionale. Scissions enfin au sein du mouvement autonomiste, en particulier lorsqu'il s'agira de se situer par rapport au national socialisme, d'abord comme « modèle politique » d'outre-Rhin, puis comme parti au pouvoir en Alsace à partir de 1940.

Paris n'y comprend rien !

Pas toujours évident d'y voir clair, même avec le recul du temps. Le pouvoir central a d'ailleurs beaucoup de mal à s'en sortir lui aussi, coincé avec un discours rigide d'unité républicaine complètement décalé par rapport à la réalité d'une région qu'il ne comprend pas. C'est en tout cas la conclusion que l'on peut tirer du fameux procès de Colmar contre les autonomistes en mai 1928 (voir l'encadré plus bas).

Du Heimatbund aux partis autonomistes

Le 24 mai 1926 est créé le *Heimatbund* (« Ligue de la patrie ») par les fondateurs de *Die Zukunft* (*L'Avenir*), un hebdomadaire satirique et autonomisant, qui a vu le jour en mai 1925. Ce journal, qui est la conséquence directe des errements du gouvernement Herriot, connaît immédiatement un très grand succès.

Ah ! la Heimat...

Le terme *Heimat*, *Heimet* en alsacien, est difficile à traduire. Les dictionnaires donnent en général en équivalent français « pays natal » ou « patrie ». Ce qui n'est pas faux mais qui ne rend pas le côté affectif du mot allemand. Parce que *Heim*, d'*heim* signifient également le domicile, le foyer, le chez-soi. Le terme renferme donc un subtil mélange entre l'appartenance d'un individu à un pays, une collectivité et ses attaches plus intimes, son village, sa maison, sa famille. De nombreuses localités alsaciennes se terminent d'ailleurs par « *–heim* ».

Après la guerre, en Allemagne, on a manié le terme avec beaucoup de précaution, tant il avait été galvaudé et détourné par les nazis !

Les droits de la Heimat

Le manifeste du *Heimatbund* signé par une centaine de notables, d'élus, de fonctionnaires, d'industriels s'adresse à tous les Alsaciens « restés fidèles à la *Heimat* ». Il revendique l'égalité des langues françaises et allemandes dans l'administration et les tribunaux. On parle ici de la langue allemande, et non de dialecte alsacien, car la langue allemande n'est rien d'autre que la forme écrite et littéraire des dialectes comme nous le verrons dans le chapitre 10 consacré aux langues d'Alsace.

Ce manifeste évoque, pour la première fois à notre connaissance, les *Heimatrechte*, les « droits de la *Heimat* », notion que certains auteurs traduisent par « droits séculaires ». Ils proposent un projet politique et social : propriété régionale du sous-sol (suivez notre regard qui vous mène au pétrole de Pechelbronn et à la potasse mulhousienne...) et droit de vote aux femmes (qui ne leur sera accordé en France qu'en 1946…). Et, tenez-vous bien, ils réclament aussi, juste comme ça en passant, vraiment pas gênés du tout, « l'autonomie complète dans le cadre de la France » !

Tous des Boches !

La presse parisienne se déchaîne, traitant les signataires de ce manifeste de « Boches », « d'anti-français », de « traîtres », ce qui n'empêche pas Hueber, le député communiste de Strasbourg, d'intervenir en alsacien à la Chambre. Pierre Laval est alors ministre de la Justice. Il fait immédiatement prendre des sanctions : les signataires du manifeste qui dépendent de l'État sont suspendus avec effet immédiat. La mesure concerne de nombreux cheminots, maires, notaires…

À l'origine, ce *Heimatbund* a pour ambition de regrouper des hommes de toutes obédiences politiques et confessionnelles en vue de la constitution d'un front exigeant une autonomie régionale. Il appelle dans un premier temps à soutenir tout candidat qui inscrirait les *Heimatrechte* dans son programme.

Faucille, marteau et goupillon, main dans la main ?

Assez rapidement, ces premiers autonomistes vont se rapprocher des communistes. En août 1926, à Colmar, des échauffourées opposent autonomistes (parmi eux, de nombreux catholiques) et communistes d'un côté, royalistes et nationalistes de l'autre. Ce jour-là, les autonomistes et leurs amis finissent par se retrouver au Cercle catholique, puis au local colmarien du PCF ! Mais une telle alliance contre nature ne saurait durer. Fin 1926, Mgr Ruch, l'évêque de Strasbourg, demande aux catholiques de ne plus lire le journal du *Heimatbund*, qui invite les catholiques à s'allier aux communistes. Ouf ! On a eu chaud ! « *D'kerich bliit em dorf* » (« L'église reste dans le village »), comme dit une expression alsacienne signifiant que les choses sont rentrées dans l'ordre…

En septembre 1927, le *Heimatbund* se transforme en parti, la *Landespartei* (« parti du pays »). Le chef en est Karl Roos et son journal sera désormais la *Volksstimme* (*La Voix du peuple*).

Mais l'idée d'autonomie a fait son chemin. C'est autour d'elle que vont se construire les programmes des partis traditionnels, c'est elle qui va entraîner ces fameuses scissions dont nous parlions plus haut.

Les communistes à la croisée du social, du national… et du clérical !

Ajoutons à cela que de nombreux communistes estiment que la question essentielle n'est pas celle du rattachement de l'Alsace à telle ou telle grande nation, mais qu'il s'agit d'enclencher un processus de révolution internationale. Lénine a décrété le mouvement irréversible dans un éditorial de la *Pravda*.

Prolétaires de tous les pays…

Pour Lénine, la question de l'Alsace-Lorraine se réglerait automatiquement par la révolution, que ne manqueront pas de faire les ouvriers et les travailleurs français et allemands.

À la fin du *Reichsland*, il existe en Alsace une classe ouvrière, relativement organisée du fait du droit accordé aux syndicats par la législation sociale de l'Empire allemand. De nombreux Alsaciens ont participé aux soulèvements de marins en mer du Nord avant la fin de la guerre, et ces marins sont arrivés à Strasbourg pendant les conseils ouvriers alors que le drapeau rouge flottait sur la cathédrale (voir chapitre 2).

Le PC n'a pas participé aux grèves scolaires de 1924, ce qui en aurait fait sourire plus d'un : un parti marxiste et athée qui se battrait pour le maintien de l'enseignement religieux dans les écoles publiques ! En revanche, à partir d'avril 1924, reprenant la théorie léniniste, le PC définit l'Alsace comme une colonie. En septembre 1925, lors d'un congrès à Strasbourg, il exige le départ des autorités civiles et militaires françaises d'Alsace et de Lorraine, ainsi qu'un plébiscite qui permettrait à l'ancien *Reichsland* de recouvrer son autonomie politique.

Plusieurs tendances dans la mouvance autonomiste…

- Les partisans de la séparation complète d'avec la France : relativement peu nombreux, ils se rencontrent principalement dans des cantons ruraux luthériens et ont des liens avec l'Allemagne dès avant 1940. Rappel : jusqu'en 1935, le PCF n'était pas opposé à une séparation d'avec la France.
- Les autonomistes proprement dits : parmi eux se trouvent des laïcs (Dahlet) et une partie des catholiques de l'UPR. Ils se battent pour l'égalité des deux langues et le maintien du statut religieux et scolaire.
- Les régionalistes : ce sont les plus nombreux. Ils sont partisans d'une décentralisation et du maintien des traditions alsaciennes, en particulier dans le domaine religieux.

L'alliance du goupillon, de la faucille et du marteau !

Aux municipales de 1929, le PC, grâce à l'alliance avec les autonomistes et le parti catholique UPR, arrache neuf sièges au conseil municipal de Colmar. À Strasbourg, c'est un communiste, Hueber, qui deviendra maire ! Mais la direction nationale du parti n'avale pas la pilule d'une alliance avec les cléricaux : d'accord, c'est l'Alsace, d'accord, ces drôles de population qui pleurent de joie en redevenant françaises et qui après ont des comportements d'enfants gâtés sont difficiles à comprendre. Mais quand même, l'Alsace vaut-elle vraiment une messe ? Les élus municipaux et de nombreux militants sont exclus du parti. Scission donc. Il y aura dorénavant deux PC en Alsace : le PCO et le PCO. Oui, vous avez bien lu, il s'agit du PC orthodoxe opposé au PC opposition…

À noter que le PC orthodoxe plaidera jusqu'en 1935 pour un « droit à la libre disposition » du peuple d'Alsace-Lorraine, avec séparation de la France si nécessaire. Il ne changera finalement de position qu'avec la montée du péril nazi.

Quant à l'autre PCO (dont le journal est soutenu financièrement par… l'abbé Haegy, proche des autonomistes, décédé en 1932), il mènera une stratégie de *Volksfront* (« front populaire ») avec les autonomistes de la *Landespartei*, les autonomistes cléricaux de l'UPR et le parti progressiste de Camille Dahlet, un parti autonomiste laïc né d'une scission (une de plus !) du parti radical autour de la question autonomiste.

Les cathos y perdent leur latin !

Il faut bien avoir à l'esprit que la tonalité dominante du catholicisme des années 1920 n'est pas dans un registre de catholicisme social. On n'a pas encore inventé les prêtres ouvriers et le centre de gravité idéologique penche plutôt du côté de l'Action française…

Pas très orthodoxe, cette alliance avec des athées !

Faire alliance avec des communistes, ennemis déclarés de Dieu, et des autonomistes qui veulent séparer l'Alsace de la France, qui, il faut le rappeler ici, est tout de même « fille aînée de l'Église », c'était quand même aller un peu loin pour de nombreux membres de l'UPR, parti catholique et en partie autonomisant…

Alors, on vous le donne en mille, que se passe-t-il à l'UPR ? Eh bien, l'UPR s'offre également sa petite scission ! L'aile nationale et anticommuniste va fonder l'APNA (Action populaire nationale d'Alsace). L'évêque donne sa bénédiction politique. Ouf ! Il y a des catholiques qui ont eu chaud ! Mais, à partir de 1928, ils pourront voter pour un parti catholique sans faire alliance avec des communistes antéchrists et des autonomistes séparatistes, et sans pour autant flirter avec les partis nationaux et assimilationnistes du type SFIO (Section française de l'Internationale ouvrière).

À y perdre son latin…

Mais si toutes ces scissions sont révélatrices de la grande diversité des sensibilités politiques et religieuses, elles n'en rendent pas pour autant le paysage plus lisible. Comme le relève l'historien Philippe Dollinger : « La distinction est difficile à opérer entre ceux qui demeurent sur le terrain national et les autres, entre ceux qui ne veulent pas de l'appui extérieur, c'est-à-dire allemand, et ceux qui ne vivent que par lui. Difficile à faire sur place, elle est impossible depuis Paris. »

Conclusion provisoire en ce qui nous concerne : si même un historien reconnu a du mal à clarifier la situation, et si toute cette période continue à vous paraître confuse, ce n'est pas du tout une preuve de votre nullité. Bien au contraire. C'est le signe de votre grande intelligence des situations historiques complexes. Et c'est surtout la preuve que vous avez beaucoup plus de finesse que le pouvoir central de l'époque.

Car, que fait Paris après la montée en puissance du *Heimatbund* ? Courageux mais pas téméraire, il renonce d'abord à appliquer les lois de séparation de l'Église et de l'État, pour s'éviter une nouvelle humiliation du type de celle infligée à Herriot en 1924. Puis, ne sachant plus à quel saint se vouer entre toutes ces chapelles et paroisses autonomisantes qui ont fini par toucher toutes les couches de la société, il décide de frapper un grand coup. Ce sera le fameux procès de Colmar !

Le procès de Colmar en mai 1928

Nous sommes le 24 décembre 1924. Noël en Alsace. Paix sur la Terre aux hommes de bonne volonté. Les familles sont rassemblées autour du sapin. Dans les familles des milieux autonomistes, les « *Ô Tannenbaum* » et « *Stille Nacht, Heilige Nacht* » sont soudain interrompus par des « Toc toc, police ! Perquisition ! » Une semaine plus tard, de nombreux autonomistes sont arrêtés. Quinze d'entre eux sont emprisonnés. Chefs d'accusation : complot contre la sûreté de l'État, incitation à la révolte armée…

Le procès démarre le 30 avril devant la cour d'assises du Haut-Rhin. On compte vingt-deux accusés, dont quinze détenus. Le procès s'enlise très rapidement du fait notamment de la confusion entre des militants de sensibilités très différentes et aux objectifs très variés. Le résultat judiciaire est dérisoire au regard des passions soulevées : quelques sanctions légères qui seront toutes infirmées par la cour d'appel de Besançon ! Politiquement, les autonomistes ont augmenté leur influence aux élections législatives qui se sont déroulées la veille du procès de Colmar et qui ont vu la victoire électorale de plusieurs candidats incarcérés.

Karl Roos, chef du *Heimatbund*, est condamné par contumace à quinze ans de prison. En novembre, à l'issue d'un meeting commun entre catholiques et communistes, il se livre à la justice. Il sera acquitté à Besançon, comme l'ensemble des prévenus…

Le procès de Colmar peut faire songer à la formule bien connue : « Mieux vaut un mauvais arrangement qu'un bon procès », mais il conviendrait ici d'inverser la proposition. Car ce procès était tout sauf un « bon procès » ! Et, d'ailleurs, quel aurait été le « mauvais arrangement » ? Nul (!) ne saurait l'affirmer…

Années 1930, ça sent le roussi… Évacuons !

À partir de 1933, la tension internationale monte rapidement. Nous verrons un peu plus loin que les revendications à peine voilées de Hitler sur l'ancien *Reichsland* ont entraîné de nouvelles scissions dans la mouvance autonomiste. On entend à la radio les hurlements du *Führer* qui n'annoncent rien de bon. Les Alsaciens ont dans leurs gènes une longue expérience des guerres, qui leur fait pressentir un avenir plutôt noir. Par les accords de Munich du 30 septembre 1938, Anglais et Français livrent de fait la Tchécoslovaquie à Hitler, qui est désormais persuadé que tout lui est permis.

La saga des « ja ja »

Hitler envahit la Pologne le 1er septembre 1939. Dans 181 mairies de village situées à moins de 10 kilomètres des frontières allemande et suisse a été déposé, depuis un certain temps déjà, un dossier ultrasecret contenant les instructions en cas d'évacuation des populations. Le 2 décembre, le gouvernement ordonne l'évacuation sans délai. Il s'agit, en l'espace de quelques jours, d'évacuer vers le Sud-Ouest de la France près de 400 000 personnes. Les chiffres sont incomplets et contradictoires, mais cela revient presque au tiers de la population alsacienne ! Strasbourg se trouvant à proximité immédiate du Rhin, ses habitants sont également concernés.

LE SAVIEZ-VOUS ?

Cinq départements de « l'intérieur » ont été retenus pour l'accueil des évacués : l'Indre, la Haute-Vienne, la Dordogne, les Landes et le Gers. L'administration de la ville de Strasbourg se fixe à Périgueux et l'université déménage à Clermont-Ferrand !

Incorrigibles, ces « ja ja » !

- Vous pensez bien que nos réfugiés n'allaient pas laisser Dieu d'*heim* à la maison, dans les églises et les temples abandonnés ! Ils l'ont bien sûr fait monter dans les wagons de marchandises et débarqué dans les plus petites gares de ces départements du Sud-Ouest, où le pauvre n'a plus vraiment la cote depuis fort longtemps. Commentaire d'un journal du Périgord : « Du jour au lendemain, nos cathédrales, nos églises et nos temples du Périgord ne désemplirent plus. Nos curés et nos pasteurs connurent la joie de constater que leurs nefs étaient devenues trop petites pour contenir une telle affluence de fidèles [...] Ce renouveau de piété dans nos régions du Sud-Ouest, jadis tièdes, souvent froides dans les pratiques religieuses, pourra devenir communicatif aux natifs de notre sol. »
- Noël en Alsace, tout le monde connaît. Mais Noël en Périgord ? D'abord, il n'y a pas de sapins dans ces régions ! La municipalité de Strasbourg, consciente de la gravité de la situation, a trouvé la solution : couper des centaines de sapins dans ses forêts du Hohwald et les expédier dans les départements d'accueil. Rien que pour la Dordogne, on a vu arriver ainsi cinq wagons contenant 600 sapins !
- Le régime local d'assurance maladie est maintenu ; grand « ouf ! » de soulagement !

Strasbourg, ville morte

Chaque évacué n'a droit qu'à 30 kilos de bagages. Les départs se font dans une ambiance de panique généralisée. Beaucoup d'hommes sont absents, car ils viennent d'être appelés sous les drapeaux. On évacue tout le monde : familles nombreuses, vieillards, infirmes... Strasbourg ressemble à une ville morte où n'errent plus que des centaines de chats affamés et les animaux du zoo qu'on n'a pas abattus. Dans les campagnes, le bétail, qu'on a détaché, divague en pleine nature. Plus de 120 000 hectares seront en friche...

Le voyage se fait le plus souvent dans des wagons de troisième classe, parfois même de marchandises sur un peu de paille. Le choc est souvent rude à l'arrivée. Les Alsaciens trouvent ces régions de la France profonde plutôt arriérées : pas de toilettes dans les maisons, des sols en terre battue, pas de cuisinières mais des cheminées à feu ouvert dans lesquelles on accroche les casseroles comme au Moyen Âge…

Raymond Poulidor et les « ja ja »…

Les habitants de Drusenheim dans le Bas-Rhin ont été évacués à Saint-Léonard-de-Noblat dans le Limousin. Drusenheim a été détruit à 80 % en janvier 1945. À la fin des années 1960, le village est reconstruit. Il peut à nouveau se tourner vers son passé et sceller, comme d'autres villages alsaciens, un jumelage avec sa commune d'accueil de 1939. Plus de 300 habitants des bords du Rhin font d'abord le pèlerinage du Sud-Ouest. La musique municipale de Drusenheim obtient un immense succès ; elle attire notamment les nombreux Alsaciens qui ont fait souche définitivement dans le Sud-Ouest. Puis, ce sont plus de 300 habitants de Saint-Léonard-de-Noblat qui font, en train spécial, le voyage jusqu'à Drusenheim. On raconte qu'il n'y a jamais autant eu de monde rassemblé à Drusenheim que lorsque ce train-là est entré en gare.

Et Raymond Poulidor dans tout cela ? Mais, voyons, nul n'ignore que Poupou est un habitant de Saint-Léonard-de-Noblat ! Hélas ! le jour où ses compatriotes se sont rendus si nombreux à Drusenheim, il ne put être du voyage. Il s'en est excusé dans une très belle lettre à la gloire de l'amitié alsaco-limousine. Nous étions en 1970. Il lui fallait s'entraîner dur et non se goinfrer de choucroute et de riesling, car il avait alors encore une chance de gagner le Tour. Au moins une seule fois…

Un dépaysement total

Le choc est rude également sur le plan linguistique. La grande majorité des Alsaciens sont exclusivement dialectophones et, dans les campagnes du Sud-Ouest, on parle encore beaucoup occitan à cette époque. La population locale les nomme les « ja ja », et les « ja ja » se font parfois traiter de « Boches ». Le 8 juin 1940, le préfet fait placarder un avis en français et en allemand, sur lequel on peut lire notamment : « Je tiens à ce qu'on ne traite pas de Boches les Alsaciens. »

La grande évacuation de septembre en direction du Sud-Ouest ne doit pas faire oublier les deux autres qui suivent : en 1940, on évacue vers les vallées vosgiennes des populations civiles qui se trouvent à proximité de la ligne Maginot et, en janvier 1945, lors de la contre-offensive de la *Wehrmacht*, les populations de très nombreux villages ont dû fuir les bombardements.

Cette mémoire de l'évacuation reste vive dans les localités concernées. Nombre d'entre elles sont à présent jumelées avec les localités dans lesquelles leurs habitants ont été évacués. Il ne faut donc pas s'étonner de trouver un peu partout en Alsace des ponts de la Dordogne, des avenues de Périgueux, des rues des Landes, d'Ambazac à Soufflenheim ou de Cabriac à Artolsheim.

Et à part les « ja ja » ?

Le Front populaire en Alsace

Nous verrons au chapitre 18 consacré à l'histoire économique que les années 1930 sont marquées par une dépression due aux effets de la crise de 1929, accentués en Alsace par la tension internationale : qui serait assez fou pour investir si près d'une frontière à nouveau menacée ? La tendance générale est au contraire au déménagement d'industries locales vers le Centre de la France ou même l'Algérie, comme l'usine de Dietrich de Niederbronn. Conséquence sur le plan social : de grandes grèves éclatent dans la région en 1933 et 1934. En août 1933, des heurts violents opposent des grévistes aux gardes mobiles et font près de 150 blessés.

Alors que l'Italie fasciste et l'Allemagne nazie se montrent de plus en plus arrogantes, la France met à la tête de son gouvernement de Front populaire le « Juif Blum ». L'Alsace envoie un seul député Front populaire à Paris. L'échec d'une gauche unie était prévisible dans une région où elle n'a cessé de se diviser en chapelles depuis le retour à la France. La défense du particularisme, avec toutes les scissions qu'elle a générées dans tous les camps, rendait peu probable un vote de classe dans le sens du Front populaire.

Curieusement, c'est après les accords de Matignon qu'un mouvement de grève se déclenche. Le patronat local prétend en effet que les conquêtes sociales du Front populaire ne sauraient s'appliquer en Alsace en raison du droit local…

Encore une guerre religieuse ?

Puis Léon Blum prend le risque de déclarer à nouveau la guerre religieuse et scolaire. Son idée : prolonger d'un an la scolarité obligatoire des jeunes Alsaciens pour leur permettre « d'acquérir une connaissance plus approfondie de la langue nationale » et de compenser ainsi les heures consacrées à l'enseignement de l'allemand et de la religion. Nous sommes persuadés que le(la) lecteur(rice) un peu attentif(ve) imaginera sans difficulté le scénario qui s'est alors rejoué pour la énième fois depuis 1918 : indignations, protestations, manifestations… et reculade du gouvernement, bien content, au fond, de l'annulation de son décret par le Conseil d'État.

Financement et répression des autonomistes germanophiles

Les mouvements autonomistes pro-nazis sont financés, *via* la Suisse, par l'Institut des Alsaciens-Lorrains siégeant à Francfort et composé de « vieux Allemands » et d'Alsaciens-Lorrains refoulés en 1918.

La tension internationale de fin 1938 amène la France à interdire deux mouvements de jeunes nazis alsaciens, Le *Bund Erwin von Steinbach* et la *Jungmannschaft*. En 1939, d'autres organisations germanophiles sont également dissoutes. En septembre, au moment de la déclaration de la guerre, Karl Roos et seize autres autonomistes germanophiles sont arrêtés et jugés par le tribunal militaire de Nancy. Après quatre jours de débats à huis clos, il est condamné à mort le 26 septembre 1939 et sera exécuté le 7 février 1940. Les nazis en feront un héros de la cause allemande en Alsace.

Heure de vérité dans la mouvance autonomiste…

Le triomphe du national-socialisme de l'autre côté de la frontière réveille en Alsace des énergies jusque-là endormies. On voit apparaître des mouvements ouvertement fascistes, comme la *Jungmannschaft* de l'avocat strasbourgeois Bickler, forte de plusieurs centaines de militants, qui parade à la manière *Hitlerjugend*. Hueber (l'ancien maire de Strasbourg et ancien député communiste) commence par exclure, dès 1934, de son Parti communiste opposition les membres de son aile gauche qui dénonçaient l'alliance avec des mouvements ouvertement fascistes. Puis il glorifie, dans son journal *Die Neue Welt* (*Le Monde nouveau*), l'Allemagne nouvelle, « un authentique État prolétarien où n'existe plus le chômage », pour finir par développer les thèmes xénophobes et antisémites du nazisme. La boucle sera bouclée avec la fusion de son journal et de celui de la *Landespartei*, désormais ouvertement pro-hitlérienne.

À présent, les choses sont claires. L'UPR, qui occupera désormais une position centrale sur l'échiquier politique alsacien, défend des valeurs religieuses et une certaine identité régionale, et se désolidarise des mouvements germanophiles. Les autonomistes progressistes comme Dahlet coupent également les ponts avec la *Landespartei* d'obédience nazie et ses alliés du PC opposition, qui accueilleront les nazis à bras ouverts en 1940 et s'empresseront de se mettre à leur service.

Lorsque la vie démocratique reprendra, en 1945, ce tableau politique de la fin de la IIIe République en Alsace laissera deux marques profondes :

- La compromission d'une partie des autonomistes avec les nazis va discréditer ce courant politique après la guerre. Les quelques tentatives de faire renaître un mouvement autonomiste alsacien n'auront jamais de réels prolongements électoraux. Voilà pourquoi l'on entend parler d'autonomistes, de nationalistes corses, bretons ou basques, mais très peu de nationalistes ou d'autonomistes alsaciens ;
- L'espace politique de l'UPR, à la veille de la guerre, sera occupé après 1945 par le MRP (Mouvement républicain populaire), qui jouera un rôle important dans la vie publique alsacienne.

Chapitre 4

Les pages sombres : 1940-1945

Dans ce chapitre :

- Capitulation française, l'Alsace et la Moselle sont rattachées de fait à l'Allemagne nazie
- Un régime national-socialiste sous le signe de la terreur
- Les camps de Schirmeck-Vorbrück et de Struthof
- Le « crime de guerre » de l'incorporation de force

Impossible de comprendre l'Alsace d'aujourd'hui si l'on ignore le traumatisme qu'a été pour elle la dernière guerre. Doublement abandonnée par Vichy, au moment de l'armistice et de l'incorporation de force en août 1942, l'Alsace s'est trouvée livrée pieds et poings liés à l'Allemagne nazie. Une Allemagne nazie qui considérait qu'il fallait enfin et définitivement faire de ces *Wackes* (« voyous ») des Allemands comme les autres !

Le coup de massue de juin 1940

Le 14 juin 1940, la *Wehrmacht* entre dans Paris et, le lendemain, l'armée de Hitler franchit le Rhin entre Neuf-Brisach et Marckolsheim. Les trois villes alsaciennes vont tomber sans résistance comme dans un jeu de quilles : Colmar le 17, Mulhouse le 18 et Strasbourg le 19 juin.

Inutile d'évoquer son sort dans le traité de paix !

Pauvre ligne Maginot !

Depuis la percée des Allemands dans les Ardennes en mai, tout le monde avait compris que la ligne Maginot ne servirait plus à rien. La 8e armée française qui tient le secteur du Rhin risque l'encerclement et, dès le 13 juin, elle reçoit l'ordre de se replier sur les Vosges.

L'armistice de juin 1940 ne fait aucune mention de l'Alsace. Parfaitement inutile pour les nazis. Pour eux, le traité de Versailles, cette infamie, n'a jamais existé. On va revenir *de facto* au traité de Francfort de 1871 (voir chapitre 2). Concrètement : l'ancien *Reichsland* redevient allemand sans qu'il soit nécessaire d'en discuter plus avant.

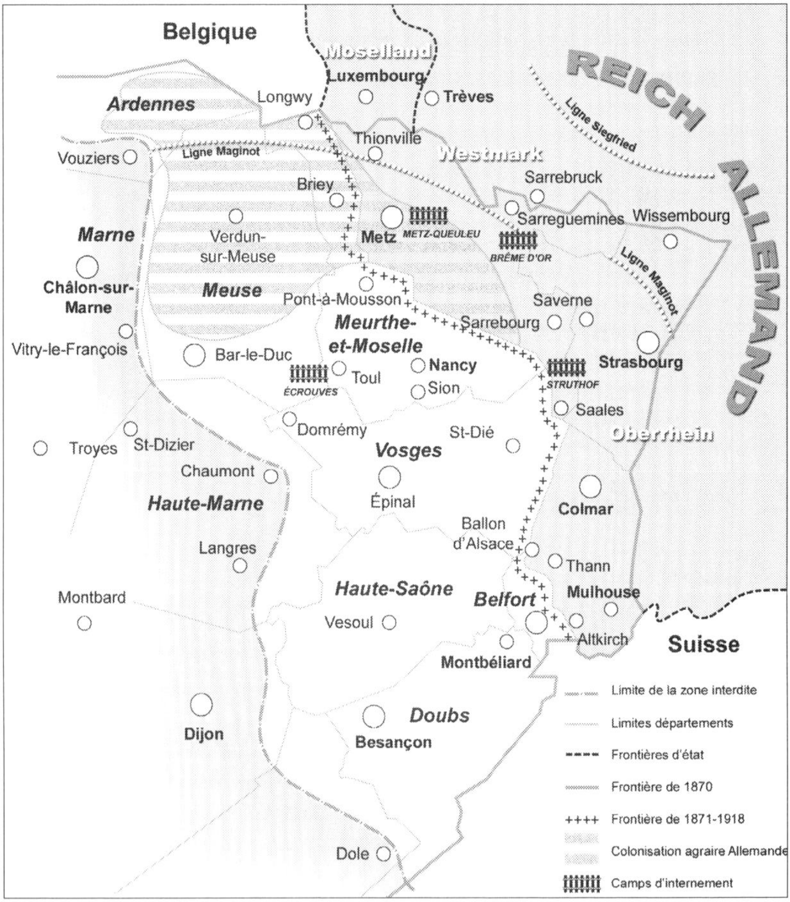

Carte 4-1 : L'Alsace en 1940.

Vichy ? Pas si terrible vu d'Alsace...

Mais il n'est bien sûr plus question ni de *Reichsland* ni de Constitution de 1911 ! Du jour au lendemain, on bascule dans la pire dictature que l'on puisse imaginer. Les « Français de l'intérieur » l'ignorent souvent : ce que les Alsaciens ont vécu, durant la dernière guerre, ce n'était pas le régime de Pétain. Celui-ci, vu des bords du Rhin, semblait plutôt vivable par rapport à la dictature nazie qui s'est abattue sur eux. Si, durant toute la guerre, des filières de passeurs ont fonctionné en direction du département des Vosges, c'est bien que la France de Pétain était perçue comme un pays où l'on pouvait respirer, ce qui en dit long... Une France qui, en 1940, est complètement anéantie et ne compte pour rien dans le nouveau rapport de force européen. Ses protestations courtoises et platoniques contre l'annexion de l'Alsace ont dû tout au plus faire sourire les nouveaux maîtres du continent...

Mais une chose qu'il faut bien avoir à l'esprit si l'on veut comprendre le ressenti des Alsaciens à ce moment-là, c'est qu'ils se sont sentis lâchés, une fois de plus, comme en 1870, par la « mère patrie ».

« Devons-nous rendre ce joyau aux Français ? »

La cathédrale, tout un symbole

Hitler s'empresse de venir dans un Strasbourg désert dès le 19 juin 1940, date anniversaire du... traité de Versailles ! C'est ce jour-là qu'est prise la photo qui aura marqué si profondément les esprits : Hitler sortant de la cathédrale de Strasbourg. On raconte qu'il aurait demandé à ce moment-là à des soldats en leur montrant la flèche : « Qu'en pensez-vous, devons-nous rendre ce joyau aux Français ? » et que les soldats auraient répondu comme un seul homme : « Non, jamais ! »

Hitler et les nazis sont persuadés que si les Alsaciens ne sont pas devenus de vrais Allemands après 1870, c'est uniquement parce que l'Allemagne s'est montrée trop laxiste avec eux. Cette fois-ci, on va voir ce qu'on va voir ! Pour commencer, l'Alsace est rattachée au *Reichsgau Oberrhein* et Strasbourg devient capitale d'un ensemble inédit formé de l'Alsace et du pays de Bade et dirigé par le *Gauleiter* Wagner.

« Plus les mêmes Allemands... »

Les deux guerres mondiales ne sont finalement séparées que d'une vingtaine d'années. Cela signifie qu'en Alsace, la plupart des habitants se souviennent de la période allemande d'avant 1918. La mémoire de cette période est constituée d'un mélange de souvenirs positifs et d'autres qui le sont moins. Dans le registre négatif, on se remémore surtout le raidissement des autorités impériales pendant la guerre.

Mais les populations comprennent rapidement que, cette fois, on est dans un autre registre, que ce ne sont « plus les mêmes Allemands ». Il ne sera pas simplement question de raidissement en vue de germaniser une région qui fait parfois penser à un immense village d'Astérix, mais bien d'une mise au pas sous la terreur... Les affiches qu'ils découvrent sur les murs ne les rassurent pas franchement : « N'ayez pas peur de nous, nous ne venons pas en ennemis, mais en libérateurs. Soyez heureux d'être de nouveau allemands ! »

Colmar devient Kolmar...

LE SAVIEZ-VOUS ?

Pour permettre aux Alsaciens de jouir pleinement et dans des délais très courts de ce « bonheur d'être à nouveau allemands », on commence par extirper de l'univers alsacien tout ce qui peut évoquer la France ou le passé français. Les statues de la Marseillaise, de Pasteur, des généraux alsaciens de Napoléon sont déboulonnées alors qu'on n'y a pas touché durant le *Reichsland*. Le port du béret basque est interdit car, selon le *Gauleiter* Wagner, il ramollit le cerveau ! On germanise les prénoms, les noms de famille, les noms des localités. Colmar, qui s'est toujours écrit, y compris durant le *Reichsland*, avec un « C » (comme plusieurs villes allemandes dont les noms ont une origine latine), devient Kolmar par un magique coup de trique germanique. C'est ce que les nazis appellent la *Entwelschung*, littéralement « la défrancisation ».

Coup de balai !

Partout sur les murs apparaît une affiche qui proclame : « *Hinaus mit dem welschen Plunder !* » (littéralement : « Dehors, le fatras français ! »). À l'arrière-plan de l'affiche, la flèche de la cathédrale et, au premier plan, un balai qui, dans un nuage de poussière, débarrasse le plancher de tout le bric-à-brac français : coq tricolore, casque militaire français, effigie de Marianne. On distingue aussi dans ce bric-à-brac plusieurs ouvrages, dont *Les Oberlé* de Bazin et *Mon village* de Hansi. Et, bien sûr, en bonne place, celui qu'il est indispensable de supprimer en priorité, car c'est lui le principal responsable de l'abrutissement des Alsaciens : le béret basque !

Mais il ne sert à rien de donner ce coup de balai aux signes extérieurs de « francitude », si l'on autorise à vivre sur place ceux qui sont suspects à un titre ou à un autre. En premier lieu, bien sûr, les Juifs alsaciens. Les nazis les expulsent en « France de l'intérieur » dans des conditions qui, selon le journal de Marie-Joseph Bopp, choquent même les antisémites locaux. Et puis, on chasse aussi tous les francophiles revendiqués, les titulaires de la Légion d'honneur, ceux qui se sont élevés contre les dérives germanophiles des autonomistes. Dès les premières semaines de la présence nazie en Alsace, près de 20 000 « éléments indésirables » sont ainsi expulsés, leurs biens confisqués au profit du Reich et parfois mis aux enchères.

L'instauration d'un régime de terreur

L'Alsace a connu au fil des siècles un nombre impressionnant de régimes politiques : royautés, empires, républiques. Mais cette période comprise entre juin 1940 et la fin de la guerre est probablement, avec la guerre de Trente Ans, la plus sombre de son histoire…

Un Reich, un Führer, une langue !

Nous parlerons un peu plus loin de l'histoire linguistique de la région, faite de ruptures, d'incompréhensions, de maladresses (voir chapitre 8). Mais, pour qualifier la politique linguistique des nazis, on a beau chercher dans tous les sens, un seul terme convient : délire total !

Interdiction absolue d'user du français

Ceux qui ont travaillé leur alsacien dans l'excellent ouvrage *L'Alsacien pour les Nuls* de Léon Daul et Bénédicte Keck le savent déjà : en alsacien, on dit « bonjour », « au revoir », « adieu », « merci », « salut ». Eh bien, dès juin 1940, l'usage du français est interdit. Et l'emploi d'un seul mot de français, y compris des termes assimilés par le dialecte comme ceux que nous venons de citer, tombe sous le coup de la loi pénale !

Hitler pensait qu'en dix ans, il serait possible de germaniser totalement l'Alsace. Et comme il n'y avait pas une minute à perdre, on prit, sur-le-champ, des mesures radicales :

- Destruction ou autodafé de tous les ouvrages français des bibliothèques ;
- Interdiction absolue d'enseigner le français, même en seconde langue (à la différence du reste de l'Allemagne !) ;
- Suppression des cours sur l'histoire régionale à tous les niveaux de l'enseignement.

Et l'alsacien dans tout cela ?

Il n'intéresse pas les nazis, bien au contraire. D'ailleurs, de manière générale les références à l'Alsace sont inexistantes. Il ne s'agit pas de se sentir alsacien, mais allemand. Tout est dorénavant *deutsch* ! Les slogans n'invitent pas à parler le dialecte : « *Elsässer sprecht Eure deutsche Muttersprache* » (« Alsaciens, parlez votre langue maternelle allemande »). Or, la langue maternelle des Alsaciens, ce n'est pas l'allemand, mais un dialecte alémanique. Un dialecte dont on se méfie comme on se méfie de tout ce qui est alsacien.

On ne peut s'empêcher de sourire en évoquant ce délire linguistique et culturel nazi, si l'on se souvient que certains autonomistes germanophiles se sont tournés vers l'Allemagne de Hitler dans le but de… défendre l'identité alsacienne (voir chapitre 3) !

Quels enseignants ?

La grande question est évidemment celle des enseignants. Va-t-on laisser en place à la rentrée de 1940 les enseignants d'avant-guerre ? Un grand nombre d'entre eux (en fait, ceux qui ont été formés après 1918) sont mutés en Allemagne où, après une période d'*Umschulung*, de recyclage linguistique et idéologique, on leur confie des classes de jeunes Allemands. Et, en Alsace, pour compenser ces départs, on fait venir en grand nombre des enseignants d'outre-Rhin. Parmi eux se trouvent beaucoup de nazis convaincus, très fiers de participer à cette noble mission de germanisation définitive de l'Alsace.

Une pyramide d'autorités dans tout le Reich

Tout en haut, bien sûr, comme dans tout le Reich : le *Führer*.

À la tête de chaque territoire, pour l'Alsace, le *Gau Elsass-Baden*, un chef de *Gau*. En Alsace, il s'agit du *Gauleiter* Wagner, de très sinistre mémoire.

Un peu plus bas dans la hiérarchie, on trouve le *Kreisleiter*, genre de sous-préfet. Plusieurs *Kreisleiter* sont d'anciens autonomistes convertis au nazisme. Ils ont sous leur ordre des *Ortsgruppenleiter*, qui font office de maires dans les villages et contrôlent environ 1 500 ménages dans les secteurs urbains.

Mais comme il s'agit d'exercer un contrôle absolu sur les individus et les cellules familiales, on va, dans les villes, jusqu'au *Blockleiter*, un « chef de bloc » qui contrôle quarante à soixante ménages, lequel est lui-même sous le contrôle d'un *Zellenleiter*, « chef de cellule », qui, lui, est responsable de quatre à huit blocs…

Si, avec une telle attention, les Alsaciens ne deviennent pas de parfaits petits nazis dans les délais fixés par le grand chef, ce serait vraiment à désespérer…

Un contrôle social redoutable

Le système de maillage de la société fondé sur la peur et la répression est en place dans l'Allemagne hitlérienne depuis 1933. Il suffit donc de le transposer purement et simplement dans ce nouveau territoire du IIIe Reich. On commence par le B.A.BA : suppression de toutes les institutions émanant d'élections et retrait de leurs mandats à tous les maires qui ne sont pas « fiables ». Puis on met en place l'organisation nationale-socialiste, hiérarchisée à outrance, sous contrôle exclusif du parti.

Le pouvoir nazi ne peut envisager un quelconque contre-pouvoir, même religieux. C'est ainsi que la cathédrale de Strasbourg est interdite de culte, que le Concordat, le fameux Concordat si cher aux Alsaciens, est supprimé, ainsi que les écoles confessionnelles.

Une pression constante finit par arracher des adhésions aux diverses organisations nationales-socialistes. Dans certains cas, l'adhésion aux mouvements de Jeunesses hitlériennes est inévitable. Il y a bien sûr des collaborateurs, en particulier dans les régions luthériennes du Bas-Rhin, mais seule une minorité s'est effectivement engagée.

Combien de collaborateurs ?...

« Même pour les 30 000 membres du parti, allemands d'origine compris, combien de doubles jeux, d'adhésions contraintes ou circonstanciées ? Les rapports des correspondants du *Sicherheitsdienst* [« service de sécurité »] se plaignent régulièrement du manque d'enthousiasme des Alsaciens. La majorité a dû opposer un attentisme, de moins en moins favorable à l'occupant, surtout après 1942 », Pierre Vonau, *L'Alsace*

Bernard Reumaux et Alfred Wahl, dans l'introduction à l'un des *Saisons d'Alsace* consacrés à la guerre (celui de l'année 1942), ouvrages incontournables pour cette période, demandent à leurs lecteurs de ne pas leur tenir rigueur de l'absence d'étude sur les Alsaciens ralliés au régime nazi : « Comme au niveau national, il existe ici divers blocages. L'inaccessibilité des sources n'est pas seule en cause. L'amnistie interdit d'évoquer certains noms et certains faits. La tendance est ainsi à la dénonciation du rôle de quelques personnalités, les anciens autonomistes devenus nazis. On les jette en pâture pour ensuite minimiser le nombres des ralliés à l'Alsace nazie C'est la tendance dominante chez les témoins qui demeurent attachés, coûte que coûte, à cette idée bien enracinée ici d'une communauté alsacienne unie. »

Difficile de résister

Pour l'historien Philippe Dollinger, il était difficile de résister : « Dans une atmosphère lourde de police, de méfiance et de peur, sans espérance raisonnable et sans moyens, la résistance alsacienne eut un mérite exceptionnel. Elle fut avant tout morale, faite d'obstination, de fidélité et même de mythe : on croyait, on voulait croire à l'entente secrète entre Pétain et de Gaulle… »

Vers la fin de l'occupation allemande, des maquis se constituent dans les Vosges du Nord et dans la région de Thann, et l'organisation de FFI (Forces françaises de l'intérieur) prépare l'arrivée des libérateurs. Mais, durant toute la guerre, on assiste également à des initiatives individuelles, dispersées sur le territoire, sans lien les unes avec les autres : réseaux de passeurs dans les localités de montagnes, Front de la jeunesse catholique de Mgr Neppel, 7e colonne de Paul Dungler.

On peut souligner l'action de deux réseaux, dont les animateurs ont été exécutés dans des conditions horribles :

- **La Main noire** est créée par de très jeunes garçons (ils ont entre 14 et 16 ans !). Ils sont une vingtaine, fonctionnent par petits groupes cloisonnés. Leurs parents ignorent tout de leurs activités clandestines. Beaucoup d'entre eux se verront pour la première fois au moment de leur arrestation. Pendant plus d'un an, ils sabotent des installations de la *Reichsbahn*, des transmissions de la *Wehrmacht*, diffusent des tracts. Leur coup de maître : le 8 mai 1941, ils réduisent en ferraille au moyen de deux grenades la Mercedes blindée du *Gauleiter* Wagner garée devant le restaurant où il était en train de dîner. Marcel Weinum, leur meneur, sera guillotiné à Stuttgart en avril 1942. Les autres membres du groupe seront internés au camp de Schirmeck, où l'un d'entre eux, un jeune apprenti boulanger d'origine polonaise, Ceslav Sieradzki, le casse-cou de la bande, sera également exécuté après des heures de torture auxquelles ses camarades ont dû assister.
- **Georges Wodli** est un responsable alsacien du Parti communiste français en Alsace dans les années 1930. Il est également membre du comité central de ce parti. En septembre 1939, Daladier interdit le PCF pour cause de

pacte germano-soviétique. Ses dirigeants nationaux, dont Georges Wodli, sont internés. Celui-ci s'évade et reprend des contacts avec ses camarades dès septembre 1940. Ces communistes n'ont donc pas attendu la rupture entre Staline et Hitler pour détruire des affiches et des drapeaux, organiser du sabotage industriel, rédiger et tirer tracts et journaux. Dans son journal clandestin rédigé en allemand, *Heimatfront*, il rêve d'une Alsace où l'on pourra à la fois parler allemand et chanter « l'immortelle *Marseillaise* ». Cette Alsace-là, il ne la connaîtra pas. Georges Wodli mourra sous les tortures de la Gestapo, rue Sellénick, à Strasbourg, dans le sous-sol d'un immeuble qui abrite depuis la guerre une école juive…

ANECDOTE

L'affaire de Hochfelden

L'affaire qui s'est déroulée dans ce petit chef-lieu de canton à l'ouest de Strasbourg permet de comprendre à quel point il était risqué d'exprimer simplement son attachement à la France. Nous sommes en juillet 1941. Une mystérieuse consigne court dans la petite ville depuis quelques jours (initiée par un vicaire de la paroisse ?). Entre cercle catholique, club de foot et les *stâmmtisch* (« table d'habitués ») des cafés, il se chuchote qu'il y aurait un rendez-vous le 13 juillet à 23 heures devant le restaurant À la bonne fontaine… En effet, près de 200 personnes, jeunes pour la plupart, s'y retrouvent la veille de la fête nationale et forment un cortège qui s'engage dans la rue principale. Le défilé grossit à vue d'œil au fur et à mesure qu'il traverse le bourg. On chante la *Marseillaise*, *Sambre et Meuse*. Des volets et des fenêtres s'entrouvrent. Applaudissements dans la nuit. Puis, dépôt d'un bouquet de fleurs bleues, blanches et rouges au monument aux morts avant la dispersion.

Résultat des courses : la Gestapo débarque en force le 15 juillet et ce sont alors des rafles et des interrogatoires musclés pendant plusieurs jours. Le lendemain, on assiste au début des transferts au camp de Schirmeck. Le 19 juillet, c'est la proclamation de l'état de siège : 300 policiers prennent position tous les 30 mètres. Plus de 100 personnes vont se retrouver internées au camp de Schirmeck, où elles seront menacées, torturées. On veut connaître les meneurs, on veut savoir qui a applaudi au passage du cortège, mais on ne saura rien… L'un des internés passera toute la guerre à Schirmeck (on a trouvé chez lui des blagues contre Hitler…). Les autres seront libérés au bout de deux, quatre ou onze mois.

Le retour des réfugiés

« Heim in's Reich ? »

Rentrer ou pas ? L'Allemagne, devenue l'amie et « protectrice » de la France de Vichy, invite les Alsaciens, à part des indésirables comme l'évêque de Strasbourg, à rentrer chez eux, « *Heim in's Reich* » (« Chez nous, dans le Reich »). Le problème, c'est que le *Heim* dont nous avons parlé au chapitre 3 est à présent lié au Reich… Mais, d'un autre côté, ce concept si essentiel de *Heim* se conjugue aussi avec le *Heimweh* (« mal du pays »). Et l'horizon, en ce milieu de l'année 1940, semble complètement bouché dans une Europe sous la complète domination de l'Allemagne de Hitler.

Le 15 janvier 1941, 134 800 Strasbourgeois rentrent en Alsace, 55 000 préfèrent rester en zone libre. La proportion « d'optants pour le retour » est plus élevée dans le monde rural, car, chez le paysan, le *Heimweh* se double d'une angoisse de terrien : dans quel état seront les terres de mes ancêtres qui sont à l'abandon depuis près d'un an ?

« O Strassburg, du wunderschöne Stadt ! »

Avant de retrouver leurs maisons souvent pillées et les étables vides de leurs fermes, les Alsaciens qui reviennent au pays sont accueillis en grande pompe dans des gares ornées de guirlandes, de drapeaux nazis et de banderoles qui leur souhaitent la bienvenue dans la « patrie allemande ». Des orchestres jouent « *O Strassburg, o Strassburg, du wunderschöne Stadt* » (« Ô Strasbourg, ô Strasbourg, ville si merveilleuse »), une vieille chanson populaire que les nazis ont détournée pour en faire une sorte d'hymne nazi alsacien.

À peine arrivés, on leur sert des repas délicieux. Des infirmières toutes souriantes les prennent en charge et de très gentils docteurs leur demandent si tout va bien. Des membres du parti s'empressent de porter leurs valises.
Le contraste avec les wagons à bestiaux et la panique du départ, les conditions de vie difficiles dans le Sud-Ouest est saisissant. Ah ! Cette Allemagne-là est décidément supérieure à tout ce que l'on peut imaginer ! Les caméras du Dr Goebbels sont là pour filmer la preuve matérielle de telles évidences. *Propaganda* ne jamais oublier la *Propaganda* !

Mais ces réfugiés vont rapidement découvrir la vie quotidienne dans le climat de terreur nationale-socialiste et les privations dont ils seront bientôt victimes. Le pire viendra en 1942, lorsque éclatera la tragédie dans la tragédie : l'incorporation des Alsaciens dans la *Wehrmacht*. Mais, en 1940, personne n'envisage une telle chose, les Allemands n'ont-ils pas promis que, jamais, les Alsaciens ne seraient enrôlés dans l'armée ? D'ailleurs, le Führer en personne a dit des Alsaciens-Mosellans qu'ils sont tous « des lâches, d'éventuels déserteurs, indignes de revêtir l'uniforme de la *Wehrmacht* »…

L'Alsace des camps

Les deux camps nazis en Alsace se trouvaient dans la vallée de la Bruche, à proximité de Schirmeck. L'étymologie du nom de cette ville – « coin protégé » – ne la prédestinait pas à accueillir des établissements aussi sinistres… Et pourtant, c'est au fond de cette vallée que la barbarie nazie a anéanti, dès 1940, des dizaines de milliers de vies humaines.

CURIOSITÉ

Mémorial d'Alsace-Moselle

Créé à Schirmeck à l'initiative du Haut-Rhin, du Bas-Rhin et de la Moselle, ce mémorial a été inauguré le 18 juin 2005. La visite dure deux heures environ et vous transporte dans les méandres du destin de l'Alsace-Moselle de 1870 à nos jours, avec un espace consacré à la réconciliation franco-allemande et à la construction européenne.

Pour les concepteurs de ce musée, « l'ambition du Mémorial d'Alsace-Moselle de Schirmeck est d'effectuer le travail de mémoire tout en favorisant également un travail d'histoire. Il ne s'agit pas seulement de faire de ce mémorial un lieu retraçant l'histoire régionale de 1870 au milieu des années 1950, mais aussi d'en faire un lieu d'histoire générale, un lieu de sens et de pédagogie et un lieu résolument ouvert sur l'Europe ».

À signaler que, parallèlement au mémorial, a été créée une Association des amis du mémorial. Celle-ci est présidée par un historien, ancien inspecteur d'académie en histoire, Marcel Spisser, qui anime également à Strasbourg un lieu très couru : le Café d'histoire. Car, s'il est important de créer des lieux consacrés à la mémoire, il est encore plus important de les faire vivre, et de mettre concrètement en œuvre leur fonction de transmission.

Des endroits discrets dans une vallée desservie par le rail

Pourquoi cette localisation ? La ville de Schirmeck se trouve à une cinquantaine de kilomètres seulement de Strasbourg, et les endroits choisis pour l'implantation des deux camps sont relativement discrets. De plus, la vallée est desservie par la ligne de chemin de fer Strasbourg–Saint-Dié. Et ici, comme dans toute l'Europe des camps de la mort, l'industrie concentrationnaire est directement liée au réseau ferroviaire.

La seule évocation de « Schirmeck » à partir de 1940 faisait froid dans le dos à tous les Alsaciens. On en avait vu revenir de là-bas dans un sale état. La phrase « *Ar kommt uf Schirmeck* » (« On l'emmène à Schirmeck ») suffisait à faire frémir de Wissembourg à Saint-Louis… Mais il y avait pire que le camp de Schirmeck : quelques encablures plus loin, à hauteur de Rothau, on avait établi dès 1941 le seul camp de concentration en territoire français, le camp du Struthof.

« L'un était le purgatoire, l'autre l'enfer… »

C'est ce que Jacques Granier a écrit à propos de ces deux camps. Pendant la guerre, et même par la suite, on a souvent confondu les deux camps de cette vallée, qui, pourtant, sont très différents, aussi bien dans leur fonctionnement que dans leurs objectifs.

S'il est des lieux en Alsace qui imposent une obligation morale et citoyenne de mémoire, ce sont bien ces deux camps de la vallée de Schirmeck. Celui du Struthof et le musée qui se trouve dans un ancien baraquement du camp se visitent ainsi que le mémorial construit sur place. En revanche, il ne reste pas de traces du camp de Schirmeck-Vorbrück.

Le camp de rééducation de Schirmeck-Vorbrück

Les premiers détenus, des politiques allemands

Deux semaines à peine après leur arrivée, les nazis ordonnent la construction d'un camp destiné aux Allemands qui se sont battus avec les Brigades internationales, ainsi qu'aux personnes susceptibles « d'entraver l'œuvre d'édification entreprise par les Allemands », ou encore à celles qui se seraient livrées à « des voies de fait sur des troupes allemandes ou sur des ressortissants du peuple allemand ». Le camp de Vorbrück s'apparente plus à un camp de travail qu'à un camp de concentration. Les Allemands parlent tantôt d'un « camp de rééducation » ou de « discipline » ou encore d'un « camp de sûreté ».

Un camp pour « Alsaciens difficiles à éduquer »

Pour le *Gauleiter* Wagner, il s'agit « d'inculquer aux Alsaciens difficiles à éduquer l'attitude qu'il convient d'avoir face au travail et à l'organisation politique du grand Reich allemand ». Et il y croit ! On rassemble par exemple une soixantaine d'hommes connus pour leurs opinions anti-allemandes ou anciens déserteurs de la guerre de 1914, on les isole dans une baraque du camp et ils doivent, après une période de rééducation de six semaines, être transformés en nazis convaincus !

Wagner est persuadé que son système fonctionne. En 1944, il écrit encore ceci : « Les preuves sont là, le camp de rééducation de Vorbrück a atteint ses objectifs à tous égards », car, dit-il dans la même lettre : « Les faiblesses de caractère que présentent souvent les Alsaciens ne sont pas dues, chez des sujets normaux, à des tares héréditaires mais à un manque d'éducation. »

Cet extrait du livre de Pierre Seel, *Moi, Pierre Seel, déporté homosexuel*, en est un témoignage bouleversant. Mais, comme l'a écrit Lothar Kettenacker, historien allemand, grand spécialiste de la politique de nazification en Alsace, à propos des internés dans ce camp : « Rares étaient ceux qui soupçonnaient qu'ils avaient été bien mieux traités que leurs compagnons d'infortune dans les camps de concentration du Reich. »

Pierre Seel, déporté homosexuel

Pierre Seel est un jeune homosexuel mulhousien fiché par la police française avant-guerre. Les nazis mettent la main sur ces fiches à leur arrivée. Pierre Seel décrit son séjour à Schirmeck-Vorbrück dans son ouvrage *Moi, Pierre Seel, déporté homosexuel*, en particulier la mort de Jo, de Mulhouse également, son « tendre ami de 18 ans » :

« Puis les haut-parleurs diffusèrent une bruyante musique classique tandis que les SS le mettaient à nu. Puis ils lui enfoncèrent violemment sur la tête un seau en fer-blanc. Ils lâchèrent sur lui les féroces chiens de garde du camp, des bergers allemands qui le mordirent d'abord au bas-ventre et aux cuisses avant de le dévorer sous nos yeux. »

Le camp de concentration du Struthof-Natzwiller

L'enfer !

Même si des dizaines de milliers de détenus sont morts au Struthof, et si le camp était équipé d'une chambre à gaz et d'un four crématoire, le camp du Struthof n'était pas un camp d'extermination destiné à œuvrer à la réalisation de la Solution finale comme Treblinka ou Sobibor.

Le camp du Struthof était un camp de travail forcé. Mais les conditions de vie et de travail étaient telles que l'on peut parler de « camp d'extermination par le travail », pour reprendre la formule de Robert Steegmann, historien strasbourgeois qui a passé des années de sa vie à faire des recherches sur ce camp et dont les travaux sont publiés aux éditions La Nuée Bleue.

Avant la guerre, les Strasbourgeois amateurs de sports d'hiver fréquentaient ce secteur. Il y avait là un hôtel, une ferme et la villa d'un banquier de Strasbourg. Le tout fut réquisitionné. À l'endroit qui servait de salle de bal de l'hôtel, on construisit la chambre à gaz en 1943. Le camp est aménagé par des détenus (au départ, des détenus de Schirmeck-Vorbrück) sur un terrain en très forte pente (20 % !), sur lequel sont construits, de part et d'autre d'un axe central délimité par des escaliers, quinze blocs, dont quatre sont conservés et classés monuments historiques. Tout en bas du site se trouve le local des bastonnades, celui des expérimentations médicales, le four crématoire…

La fonction économique du camp

L'emplacement précis du camp a été déterminé à la suite de la découverte par un « SS géologue », à 800 mètres du site du futur camp, d'un très beau granit rose. Or, Hitler et son architecte Speer avaient des projets mégalomaniaques : immortaliser dans la pierre, à Berlin et dans les grandes villes allemandes, la grandeur du Reich millénaire. Il fallait donc des pierres, des pierres, et encore des pierres. Et qui d'autre que les concentrationnaires, ces « âmes d'esclaves », pour reprendre la formule de Himmler, pour travailler dans les carrières ?

Cette fonction économique a été amplifiée par la création de *Kommandos* extérieurs au camp de base. Ces *Kommandos* relevaient administrativement du Struthof, mais de nombreux internés qui s'y trouvaient embrigadés n'ont jamais mis les pieds au camp proprement dit. Le camp du Struthof a compté jusqu'à soixante-dix *Kommandos* extérieurs de part et d'autre du Rhin.

Un camp en fonction même après sa libération !

À partir de la libération du camp souche en septembre 1944, le camp du Struthof-Natzwiller continue de fonctionner administrativement à travers ses *Kommandos* en pays de Bade. Ceux-ci sont au service des SS, de l'industrie de guerre ou de l'aviation. Leur organisation est copiée sur celle des camps souches. La mortalité y est considérable.

Les *Kommandos* étaient installés dans les localités mêmes, comme par exemple à Sainte-Marie-aux-Mines, où les détenus traversaient la ville pour se rendre à leur travail dans le tunnel. Un informateur de la police sur la rive droite du Rhin signale que la population ne peut ignorer « ces détenus anormalement maigres, les yeux tout enfoncés » et cite une femme allemande disant « qu'on doit avoir honte d'être allemand quand de telles choses se passent chez nous. C'est une ignominie ».

Un sou est un sou !

L'inhumanité du traitement des « âmes d'esclaves » allait de pair avec une grande rigueur de gestion économique :

- La SS est rémunérée pour le travail de cette main-d'œuvre gratuite par la société à qui sont destinées les pierres extraites ;
- On coupe tous les cheveux et tous les poils des détenus à leur arrivée au camp. Les cheveux sont achetés par des firmes allemandes qui les utilisaient pour en faire du crin ;
- Les dents en or et bridges sont également récupérés dans les cendres à la sortie du four crématoire.

Le Struthof, une machine à broyer des hommes

Entre mai 1941 et avril 1945, le camp du Struthof a accueilli près de 52 000 détenus, dont 35 000 à 38 000 ne sont jamais passés par le camp souche. Au départ, le camp accueille uniquement des détenus en provenance d'autres camps, puis, pendant une période, à partir de l'automne 1943 et jusqu'en août 1944, il reçoit des détenus politiques marqués, « NN », « *Nacht und Nebel* » (« Nuit et Brouillard »), provenant de toute l'Europe, mais majoritairement de France. Les trois quarts des détenus politiques décédés en 1943 sont français. À partir de janvier 1944, l'augmentation de la répression et de la demande de l'économie entraîne une surpopulation du camp souche : prévu pour un maximum de 3 000 hommes, il en abritera plus de 6 000 dans des conditions d'hygiène et de malnutrition indescriptibles.

Un camp de mort rapide

« La durée moyenne de vie ne dépasse pas six mois. Natzwiller est un camp de mort rapide », selon Robert Steegmann, qui évalue à plus de 20 000 le nombre de décès, dont 3 000 au camp souche. D'après ce chercheur, la mortalité y dépasse 40 % des détenus, ce qui en fait un des camps allemands les plus meurtriers.

Le Struthof est aussi le lieu où la Gestapo charge les SS d'exécuter plus de 250 personnes, qui disparaîtront sans laisser la moindre trace. Chaque exécution sera facturée à la Gestapo 127,05 Reichsmark. Robert Steegmann cite en particulier :

- Une augmentation des exécutions liée aux refus de l'incorporation de force en 1943, dont les treize jeunes de Ballersdorf (voir encadré plus bas) ;
- Les exécutions massives de résistants français dans la nuit du 1er au 2 septembre 1944, 142 au total. Cette nuit-là, écrit-il, « la cheminée du crématoire est rouge et les flammes s'élèvent dans le ciel ».

Les expériences médicales

Il nous serait agréable ainsi qu'au lecteur de pouvoir nous arrêter là et de nous éloigner en silence de ce lieu. Mais il nous faut encore évoquer « les effrayantes expérimentations médicales de savants dévoyés », pour reprendre la formule de Robert Steegmann. Le camp de concentration de Natzwiller est en effet devenu un lieu d'expérimentations sur des êtres humains sous la direction d'August Hirt, un éminent anatomiste nazi, proche de Himmler. Les descriptions de ces expériences faites sur des êtres vivants, sans anesthésie, rapportées par des témoins visuels, sont insoutenables.

Des scientifiques collectionneurs et… nobelisables !

C'est Hirt qui fait construire la chambre à gaz qui sera opérationnelle en 1943. Objectif « scientifique » : constituer une collection anatomique du type judéo-bolchevique… Les modèles sont sélectionnés à Auschwitz-Birkenau et amenés début août 1943 au Struthof. Ces cinquante-sept hommes et trente femmes, tous juifs, seront gazés au Struthof, leurs corps emmenés à l'institut d'anatomie de la faculté de médecine.

Les noms de ces victimes ne sont connus que depuis 2003. Une plaque à leur mémoire a été apposée à la faculté de médecine de Strasbourg à l'initiative du Dr Georges Federmann, qui anime le Cercle Menachem Taffel, du nom de l'une de ces victimes.

Deux autres « savants », Otto Bickenbach et Eugen Haagen, pratiqueront des expériences, en particulier sur des droits communs et des Tsiganes. Ils seront tous deux libérés en 1955 et poursuivront leur carrière médicale en Allemagne. Hirt s'est suicidé avant d'être capturé. Avant la guerre, Haagen était un bactériologue de renommée mondiale. Depuis la prison, il avait écrit à son épouse : « Sans ces maudits Français qui me retiennent enfermé, je serais prix Nobel. »

« J'ai été élevé comme ça… »

Josef Kramer a été l'un des commandants du camp. Il n'a jamais été jugé par les Français pour ses activités au Struthof ; ce sont les Britanniques qui l'ont condamné à mort et exécuté dans le cadre du procès de Bergen-Belsen. C'est lui qui a gazé personnellement les Juifs venus de Birkenau. Après avoir décrit minutieusement l'opération à un juge d'instruction militaire français qui l'entend dans sa prison en Allemagne, il a ces paroles terribles : « Je n'ai éprouvé aucune émotion en accomplissant ces actes, car j'avais reçu l'ordre d'exécuter de la façon dont je vous ai indiqué les quatre-vingts internés. J'ai d'ailleurs été élevé comme ça. »

SAVIEZ-VOUS ?

Une seule évasion du camp souche réussie, celle du 4 août 1942

Ce jour-là, cinq détenus (un Allemand, un Tchèque, un Autrichien, un Polonais et un Alsacien) volent des uniformes SS, dérobent un véhicule, et franchissent le portail en faisant le salut nazi ! Ils se dispersent au bout de quelques kilomètres. Un seul d'entre eux est repris et pendu dans le camp le 5 novembre devant tous les détenus rassemblés. La plupart des autres évasions ont lieu à partir des *Kommandos*, plus difficiles à surveiller que le camp souche, entouré d'une double rangée de fils de fer et surveillé par des SS sur miradors, assistés de chiens bien mieux nourris que les détenus…

Avant le départ des derniers SS, le 22 novembre 1944, le camp aura encore servi en septembre de position de repli à près de 3 000 miliciens français en fuite vers l'Allemagne, dans cette débandade pitoyable que Céline décrit dans *D'un château l'autre*. Jusqu'en 1949, il accueillera des milliers de collaborateurs alsaciens dans l'attente de leur procès.

Le camp est classé monument historique le 31 janvier 1950.

L'incorporation de force

L'incorporation de force des Alsaciens-Mosellans constitue l'un des grands drames de l'histoire d'Alsace qui n'a épargné aucun village, aucune famille. Des dizaines de milliers d'Alsaciens ont payé de leur vie. La conscience collective alsacienne en a été marquée de manière définitive.

Incorporer des déserteurs en puissance

L'occupant a compris que les campagnes invitant les Alsaciens à s'engager dans l'armée du Reich ne rencontraient que très peu d'échos. Est-ce bien raisonnable de les incorporer de force quand on pense à leur peu d'enthousiasme à se battre comme soldats allemands lors de la guerre de 1914 (voir chapitre 3) ?

Les volontaires, levez le doigt !

Les jeunes Alsaciens de 17 à 25 ans ont été mis dans le bain de l'ambiance militaire nazie à travers le RAD, le *Reichsarbeitsdienst* (« service du travail du Reich »), à partir de mai 1941. Ils ont de bonnes raisons de craindre que cet embrigadement par le travail, bien plus dur que le STO (Service du travail obligatoire) que connaissent les autres Français, ne soit que l'antichambre d'une incorporation militaire complète. On sait en effet que l'invasion en Russie commence à s'enliser sérieusement.

Mais la possibilité d'incorporer les Alsaciens-Mosellans pose un grave problème aux responsables de la *Wehrmacht* : peut-on transformer en bons soldats allemands ces têtes de linotte alsaciennes qui témoignent de si peu d'enthousiasme pour le nouveau régime ? N'est-on pas obligé de faire venir à Strasbourg, pour les grandes parades du régime, des « figurants » du pays de Bade ?

Hitler pas très chaud...

Hitler lui-même se méfie des Alsaciens. Il s'est fait son idée durant la première guerre ; affecté un temps en 1917 à Hochstatt, dans le Sundgau, il a, durant ce séjour et pendant le reste de la guerre, côtoyé suffisamment d'Alsaciens pour se faire son opinion : on ne peut pas faire confiance à ces gens-là… Il sait qu'ils ont été nombreux à déserter vers la France durant la première guerre et que c'est pour cette raison qu'on les a affectés sur le front russe durant le premier conflit mondial.

Ce sentiment de défiance à l'égard des Alsaciens est partagé par le corps des officiers supérieurs de la *Wehrmacht*, qui ont tous exercé des fonctions de commandement durant la Première Guerre mondiale, et donc eu des Alsaciens sous leurs ordres.

Dictatures et questions juridiques…

- La convention de La Haye interdit d'incorporer la population d'un territoire occupé et de contraindre celle-ci à prêter serment à la puissance occupante. Question à un euro : combien de hauts responsables nazis ont eu des insomnies à l'idée de transgresser cette convention internationale ?
- Une autre question juridique a, en revanche, beaucoup préoccupé les responsables nazis. Pour la régler, il aura fallu organiser une rencontre entre Hitler, des dignitaires du régime et les *Gauleiter* concernés. Cette question la voici : mais ces Alsaciens-Lorrains n'ont pas la nationalité allemande, alors comment peuvent-ils servir dans la *Wehrmacht* ? Après différentes réglementations fondées sur des critères raciaux, on a décidé d'accorder la citoyenneté allemande à tous les Alsaciens-Mosellans à compter du 1er août 1943. Pour le *Gauleiter* Wagner : « Être citoyen allemand est un honneur. » Mais, curieusement, on n'a fait aucune publicité au décret de « naturalisation collective »…

Mais quand la chair à canons vient à manquer…

À Berlin, on n'a donc pas spécialement envie d'incorporer dans l'aryenne *Wehrmacht* ces demi- Français pas fiables pour deux sous. Mais le *Gauleiter* Wagner, lui, est partisan depuis longtemps de l'incorporation obligatoire des Alsaciens-Lorrains, car il est persuadé que grâce à la *Wehrmacht*… ils finiront par se sentir véritablement allemands !

Wagner emporte finalement le morceau contre Berlin, car on manque d'hommes et la *Wehrmacht* vient d'enregistrer son premier revers sur le front de l'est au cours de l'hiver 1941-1942. L'ordonnance honnie tombe en août 1942, le 25, pour les Alsaciens qui auront désormais l'insigne honneur, ainsi que les Mosellans, les Luxembourgeois et les Belges germanophones, de porter l'uniforme de la *Wehrmacht*, parfois même celui de la SS !

Schirmeck ne désemplit pas !

Avant même que l'ordonnance ne tombe tel un couperet, des milliers d'Alsaciens fuient vers la Suisse ou vers la France. On renforce les frontières, on tire à balles réelles sur les fuyards. Des familles alsaciennes sont transplantées à l'intérieur du Reich à la suite du départ d'un de leurs fils et font la une des journaux. Dans toute l'Alsace, des incidents émaillent les conseils de révision, des trains en partance vers le front sont vandalisés.

La *Marseillaise* devient un cri de ralliement. Le camp de Schirmeck déborde d'hommes qui ont refusé de signer leur livret militaire et qui, après un séjour de rééducation, seront directement transférés vers des bataillons disciplinaires sans revoir leur famille, souvent de manière définitive.

Pour l'exemple…

- Le Front de la jeunesse alsacienne d'Alphonse Adam distribue des tracts appelant à résister à l'incorporation de force. Adam et cinq de ses amis sont fusillés au fort Desaix, à Strasbourg, le 15 juillet 1943.
- Ballersdorf, petit village du Sundgau. De nombreux Sundgauviens ont déjà franchi la frontière suisse. Dans la nuit du 12 au 13 février 1943, dix-sept conscrits de Ballersdorf et de quelques villages voisins longent sans passeur la voie ferrée entre Dannemarie et la Suisse. Ils sont interceptés par des gardes-frontières. Échange de coups de feu : quatre morts, dont trois parmi les jeunes Alsaciens. Un seul d'entre eux, René Grienenberger, franchit la frontière après trois mois de planque dans une ferme proche. Les autres sont jugés le 16 février à Strasbourg et fusillés au Struthof. Leurs familles sont transplantées dans le Wurtemberg. Le jour de leur exécution, les *Strassburger Neueste Nachrichten* publient un éditorial sous le titre : « L'indulgence n'est plus permise : les traîtres seront décimés ».

Une génération sacrifiée

Quelques chiffres

- 130 000 Alsaciens-Mosellans ont été incorporés dans l'armée de Hitler, soit 100 000 Alsaciens et 30 000 Mosellans, ce qui représente dix divisions ;
- 32 000 sont morts ;
- 10 500 ont disparu, pour la plupart en ex-Union soviétique ;
- 32 000 sont blessés, dont 10 000 très gravement, souvent mutilés ;
- Le total de tous les morts alsaciens (Malgré-nous, soldats français, populations civiles) donne un chiffre environ quatre fois plus élevé que les pertes humaines non juives subies par la France durant la Seconde Guerre mondiale. Quant aux déportés juifs à partir de la France, rappelons qu'ils étaient au nombre de 76 000.

On connaît en France le drame des pertes humaines que représentent les millions de morts de la Grande Guerre. La saignée des Malgré-nous qui ne sont jamais rentrés au pays est en tous points identique, avec cette différence morale considérable qu'ils se sont battus sous l'uniforme de l'armée de Hitler…

Déportés militaires ?

LE SAVIEZ-VOUS ?

Ce sont ces hommes, âgés entre 18 et 38 ans au moment de leur incorporation, qu'on va appeler par la suite les « Malgré-nous ». On a quelquefois fait remarquer, à propos de ce qualificatif, que dans toutes les armées du monde, il y avait des « malgré-eux », qu'un soldat enrôlé pour se battre au risque de sa vie ne le fait jamais de gaieté de cœur. C'est pourquoi des associations de Malgré-nous revendiquent à l'heure actuelle le statut de « déportés militaires ».

Mais il ne faut pas oublier que :

- Les Alsaciens étaient et sont restés français. On demandait donc à ces hommes de combattre sous l'uniforme d'une armée étrangère, d'une armée qu'ils détestaient, car elle avait écrasé celle de leur pays, la France, et importé en Alsace un régime de terreur et de misère ;
- La plupart de ces hommes avaient déjà effectué leur service militaire français. Certains même à deux reprises : pour la période normale, puis comme appelés durant la drôle de guerre ;
- Ces Malgré-nous ont vécu un calvaire, car affectés bien souvent et à dessein dans des secteurs du front particulièrement difficiles, puis internés dans des camps de prisonniers soviétiques où beaucoup ont péri ;
- Sur le plan moral, à leur retour, ils avaient porté l'uniforme de l'armée la plus monstrueuse que l'humanité ait jamais produite. Il fallait expliquer. Se justifier parfois…

Nouveau lâchage par la France

Vichy connaissait les projets des nazis bien avant les Alsaciens. Pétain avait probablement lu ces lignes dans *Mein Kampf* : « Un vainqueur avisé n'imposera ses exigences aux vaincus que par étapes successives… » Il a chargé Laval de protester verbalement auprès de l'ambassadeur du Reich, protestation qui n'a jamais été rendue publique. Courageux mais pas téméraire décidément, ce Laval…

En octobre 1942, un rapport secret des autorités militaires nazies faisait ce commentaire en rapport avec les résistances à l'incorporation de force : « Malgré tous les efforts qui ont été entrepris par le parti et les autorités, la France continue de vivre dans les cœurs des Alsaciens en tant que rêve et souhait. »

« Comparez la lâcheté de Vichy à l'égard des Alsaciens en 1940 et 1942 avec le lâchage de l'Alsace en 1870. » C'est un sujet de dissertation. Vous avez quatre heures pour la rédiger avec autorisation de consulter le présent ouvrage. À vos plumes !

Une génération souvent incomprise

La plupart d'entre eux vivent un véritable calvaire physique et moral sur le front de l'est. Beaucoup se sont murés dans un grand silence à leur retour. Mais il existe un grand nombre de récits d'anciens Malgré-nous qui ont pris la plume pour laisser une trace de leurs souffrances. L'œuvre du poète-écrivain André Weckmann est très marquée par son expérience sur le front russe. En 1961, le romancier Alfred Kern obtient le prix Renaudot pour un roman, *Le Bonheur fragile*, tiré de l'expérience sur le front russe de son ami, le peintre strasbourgeois Camille Claus.

LE SAVIEZ-VOUS ?

Staline a fait balancer des tracts, dont certains rédigés en alsacien, sur les lignes allemandes, invitant les Alsaciens et les Luxembourgeois à déserter. Beaucoup l'ont tenté, mais n'étaient pas toujours accueillis à bras ouverts par les Soviétiques. De nombreux Allemands ont essayé de faire de même et de se faire passer pour Alsaciens. Comment un officier russe peut-il être sûr, par exemple, qu'un dénommé Voltzenlogel Paul, né à Obermodern, est bien un citoyen français ? Et si, en plus, il a été embrigadé dans la SS et en porte la marque sur sa peau ?

Tambov au bout du chemin...

Les Alsaciens-Lorrains et les Luxembourgeois faits prisonniers sont regroupés dans le camp de Tambov, à 419 kilomètres au sud-est de Moscou. Les conditions de détention dans ce camp sont épouvantables : « Nous y tombions comme des mouches. Sans les rats nous serions morts de faim… », écrit un ancien de Tambov. Les retours depuis les camps russes se font au compte-gouttes. Le dernier Malgré-nous rentre en avril 1955…

Il est impossible de comprendre la mentalité des Alsaciens si l'on n'a pas à l'esprit cette page tragique de leur histoire. Faites une halte devant un monument aux morts en « France de l'intérieur », vous serez surpris(e) par le nombre de morts durant la guerre de 1914 dans le plus petit village. Et puis, après 1918, vous verrez quelquefois un nom en 1940, et peut-être un autre, en lien avec une guerre coloniale. Faites la même expérience dans n'importe quel village d'Alsace : vous constaterez qu'il y a en général autant d'hommes morts durant le deuxième conflit mondial que durant le premier alors que leur incorporation n'aura pas duré quatre ans comme en 14-18, mais se sera étalée sur un peu plus de deux ans !

Comme un grand vide

Mais au-delà des pertes humaines qui peuvent se graver dans la pierre, il y a un grand vide, un silence pesant fait de douleur et d'amertume, un sentiment d'injustice : celui d'avoir été non seulement des victimes absolues de l'histoire et des lâchetés françaises, mais aussi d'avoir été incompris. Nous y reviendrons à l'occasion du procès d'Oradour (voir chapitre 5).

Et puis, le saviez-vous ? Les livres d'histoire des collèges et lycées (à l'exception d'un manuel Hachette pour les classes de première édité en 2006 qui y consacre deux pages) n'évoquent le drame des Malgré-nous d'un petit paragraphe que depuis quelques années. C'est franchement nul, vous ne trouvez pas ?

« Un véritable crime de guerre »

« Les Malgré-nous ne furent pas des traîtres. Les menaces de représailles qui pesaient sur leurs familles ne leur laissaient pas le choix. Ce furent des victimes du nazisme, les victimes d'un véritable crime de guerre. »

Ceci est un extrait des paroles que le président de la République Nicolas Sarkozy prononça à Colmar le 9 mai 2010 dans un discours dont les premiers mots étaient les suivants : « Je suis venu aujourd'hui, en Alsace, réparer une injustice. »

Un grand nombre des anciens Malgré-nous ne sont plus de ce monde. Peut-être auraient-ils apprécié d'entendre plus tôt ces paroles dans la bouche d'un président de la République. Mais, après tout, la communauté juive de France a aussi attendu le 53e anniversaire de la rafle du Vel' d'hiv', en 1995, pour entendre un président de la République, Jacques Chirac en l'occurrence, prononcer des paroles sur la responsabilité de l'État français dans la déportation de 76 000 Juifs de France. Certains diront qu'il faut un temps pour tout... Mais ce temps peut parfois sembler long à ceux qui sont directement concernés.

Les chemins de la liberté

Il y a eu Stalingrad, puis le débarquement anglo-américain en Normandie. On sait que la fin de la guerre approche. Mais quel sera le prix à payer, en vies humaines, en destructions ? Ce chemin-là vers la paix ne sera pas un long fleuve tranquille.

Une nouvelle fois champ de bataille... la dernière ?

Pour Hitler, être refoulé de l'autre côté du Rhin, c'est le début de la fin ! Il est donc certain que l'Alsace sera une nouvelle fois un champ de bataille, et que les populations civiles en seront les otages. Car, en 1944, il n'est plus possible d'évacuer les populations civiles comme on l'a fait en 1939...

Les populations civiles prises dans la tourmente

Les bombardements alliés sur les villes allemandes commencent en 1941, mais Mulhouse et Strasbourg ne deviennent des cibles qu'à partir de 1944. On recense 800 morts à Strasbourg et 500 à Mulhouse.

Les cibles sont essentiellement industrielles et ferroviaires, même si les populations civiles ont parfois le sentiment qu'il y a bien des approximations dans les lâchages de bombes...

Ils arrivent !

Mais c'est par terre que les Alliés libèrent l'Alsace. Cette libération se fait par l'action conjointe des troupes des généraux de Lattre et Leclerc, appuyée par l'armée américaine. La 1re armée de de Lattre arrive par le sud, par la Porte de Bourgogne, comme les troupes romaines il y a des siècles de cela (voir chapitre 1), et la 2e division blindée de Leclerc pénètre en Alsace en contournant le col de Saverne par le nord et par le sud.

Leclerc prend Strasbourg par surprise le 23 novembre 1944. Fin décembre 1944, les trois quarts de l'Alsace sont libérés. Ne reste que la fameuse « poche de Colmar ». Seule tête de pont entre l'Allemagne et l'Alsace, elle s'étend sur le Rhin de Kembs à Rhinau, et forme effectivement une poche allant jusqu'à Munster et au centre de laquelle se trouve Colmar.

Vent contraire : l'opération Nordwind

Mais les Allemands lancent une nouvelle offensive dans la nuit du 31 décembre 1944, qu'ils baptisent opération *Nordwind* (« vent du nord »). Ils occupent effectivement le Nord de l'Alsace, les Alliés s'étant repliés sur la Moder. Les Américains prennent même la décision de se replier sur la ligne des Vosges, ce qui signifierait l'abandon de Strasbourg que Leclerc vient de libérer depuis quelques semaines seulement !

C'est là que se situe la fameuse rencontre entre Eisenhower, de Gaulle et Churchill à Versailles que nous évoquerons en détail dans la partie consacrée aux rapports de Charles de Gaulle avec l'Alsace (voir chapitre 5). Au terme de cette rencontre, les Américains continuent à soutenir les unités françaises qui tiennent Strasbourg, mais qui, d'un point de vue logistique, sont complètement dépendantes des Américains.

La poche de Colmar : le début de la fin

Dans le Nord de l'Alsace, les Allemands sont neutralisés le 23 janvier et le dernier soldat allemand quitte le sol alsacien le 18 mars. Reste la poche de Colmar. L'hiver est rigoureux, les troupes sont épuisées et le matériel usé. Stratégiquement, il est difficile d'avancer en terrain plat et soigneusement miné par l'ennemi.

Les Allemands s'accrochent. Pour eux, le symbole est évident. Leur présence dans cette poche est la dernière en terre française, alsacienne de surcroît. Les populations civiles, repliées dans les caves, sont en grande souffrance. La poche ne sera définitivement résorbée que le 8 février. Les batailles de la poche de Colmar auront coûté la vie à un très grand nombre de soldats alliés et allemands.

Les villages reconstruits

Ces deux épisodes militaires du début de l'année 1945 ont laissé des marques très visibles dans l'architecture de nombreux villages. Le visiteur sera frappé au premier coup d'œil en les traversant par l'absence de cachet historique. Inutile, par exemple, d'y chercher des maisons à colombages ! Ces villages, dont certains ont été complètement démolis, ont été reconstruits après la guerre. Cela concerne des localités qui se trouvaient dans la poche de Colmar, du vignoble comme de la plaine. Mais on peut faire exactement le même constat pour des localités du Nord de la région, en particulier le long du Rhin.

Larmes de bonheur et d'angoisse

Le goût étrange des larmes alsaciennes

On a beaucoup pleuré dans les 900 villes et villages d'Alsace quand les cloches se sont mises à sonner à toute volée le 8 mai 1945. Mais, en Alsace, les larmes ont toujours un goût particulier. On pleure de bonheur en voyant cette guerre enfin achevée ; et puis le drapeau français flotte à nouveau dans le ciel alsacien ! Mais on pleure aussi tel proche qui est mort sous l'uniforme de l'armée vaincue, ou alors on est mort d'angoisse car, depuis des mois, on est sans nouvelles de tel autre qu'on sait quelque part sur le front de l'est. Chaque famille d'Alsace est touchée par ce drame !

LE SAVIEZ-VOUS ?

Après l'armistice, les habitants d'Alsace souffrent énormément de pénuries alimentaires, dans les villes en particulier. Les destructions, les voies de communication coupées, la confusion monétaire rendent le rationnement anarchique et aléatoire. C'est la grande époque du marché noir, qui a donné naissance à un néologisme dialectal : « *hamstera* », c'est-à-dire stocker des aliments à l'instar des hamsters !

Après Hitler, définitivement française !

Mais la page la plus sombre de l'histoire de l'Alsace contemporaine est tournée. Les Alsaciens ont souvent relevé par la suite que Hitler avait fait plus que quiconque pour arrimer définitivement l'Alsace à la France !

Mais comment cet arrimage se vivra-t-il dorénavant ?

Le journaliste politique Alphonse Irjud a parfaitement résumé la problématique au moment du retour à la France : « La situation politique d'avant-guerre, encore toute proche, hante les esprits, sous le poids des quatre années d'annexion. Tout le monde est d'accord pour ne pas renouveler les erreurs de la précédente désannexion et éviter les turbulences qu'elles ont engendrées, mais les opinions divergent sur les voies à suivre. »

Chapitre 5

Une région déboussolée après 1945

Dans ce chapitre :

- Des prétoires pour régler ses comptes avec l'histoire ?
- Reconstruire des villes des villages… et une identité
- De Gaulle et l'Alsace : un vrai roman
- L'Europe en ligne de mire dans une société qui bouge
- *Un jezt ?* Et maintenant ? *And now ?*

Pour commencer, vous allez nous suivre dans des salles d'audience de tribunaux. D'abord en Alsace, puis à Bordeaux, la ville qui a donné son nom à un procès historique. Nous irons ensuite faire un tour dans les villes et les villages en train de se reconstruire et dans des esprits en mal de références bien visibles. Il en est une qui s'impose pourtant à l'Alsace pendant quelques décennies, celle d'un homme grand de taille… Et maintenant, au fait, où en sommes-nous ?

Des procès pour juger l'Histoire

Quand les canons se taisent et que l'on compte les morts, on part à la recherche des responsables et des coupables. En Alsace, les collaborateurs ont été traduits devant des juridictions spéciales. Le massacre d'Oradour-sur-Glane jugé à Bordeaux a directement concerné l'Alsace : il y avait en effet des Alsaciens dans la division *Das Reich*…

Les procès d'épuration

Les procès d'épuration ont eu la délicate mission de juger les collaborateurs alsaciens ou allemands que l'on a pu arrêter, de faire la différence entre les vrais collaborateurs, les lâches, les suiveurs, les lampistes et les opportunistes…

Témoignage de René Paira, préfet du Haut-Rhin en juin 1945

« Dans les premiers jours de la Libération, la population s'était fait justice elle-même : femmes tondues, maisons pillées, personnes lynchées. Dans les petites villes, il y avait un certain contrôle par la population, mais dans les grandes agglomérations, les scènes de violence dégénéraient en manifestations hystériques et, au cours de lynchages, des personnes furent littéralement écartelées. Face à ce déchaînement, l'autorité était divisée […] Le résultat : des milliers de personnes incarcérées dans des camps, certainement pas des innocents comme certains ont voulu le faire croire, mais les inculpés allaient du *lèche-bottes*, du lâche au collaborateur qui avait dénoncé des personnes. Ce qui ajoutait au malaise, c'était l'existence de certains *gros bonnets* qui s'étaient enrichis à travers la collaboration, dont tout le monde citait les noms mais auxquels on ne touchait pas. »

Des procès très particuliers

Épuration : action d'épurer, exclusion des membres indignes d'un groupe, nous dit le dictionnaire. Le concept de « procès d'épuration » semble avoir été inventé après 1945. Notons que nous sommes là en présence d'une conception bien particulière du procès pénal. Car, qu'apprend-on depuis des lustres sur les bancs des facultés de droit ? Qu'un procès pénal doit certes sanctionner le comportement délictueux ou criminel d'un individu, mais qu'il doit aussi, au niveau de la peine qui sera prononcée et des modalités de son exécution, veiller à l'intégration future du délinquant dans le tissu social.

Or, les procès d'épuration ont une fonction diamétralement opposée à cette conception classique : ils visent, au-delà de la peine prononcée, à écarter de la vie publique ceux qui ont collaboré avec l'ennemi. Il faut bien reconnaître qu'il y a une forte pression populaire dans ce sens, et que les tensions sont vives au lendemain de la Libération. Il est vrai que le procès pénal a également une fonction plus diffuse de « canaliseur de la vindicte populaire ». Et, un peu partout, ont lieu des lynchages de collaborateurs, qui se sont parfois soldés par des décès, comme celui du maire collaborateur de Dorlisheim dans la vallée de la Bruche.

Différents types de poursuites

LE SAVIEZ-VOUS ?

Les dirigeants nazis ont été traduits devant la justice militaire, les présumés collaborateurs devant des chambres civiques.

Les chiffres sur le nombre de collaborateurs alsaciens internés varient d'un ouvrage à l'autre. Il semblerait qu'il y ait eu 4 000 internés au 15 janvier 1945 et que le chiffre maximum de 8 000 ait été atteint six mois plus tard. Sur ces 8 000 internés, 6 500 étaient bas-rhinois. Certains secteurs étaient particulièrement concernés. Le préfet du Bas-Rhin a même envisagé « l'éloignement » dans le Sud-Ouest de la France des habitants de villages protestants du Nord du Bas-Rhin et d'Alsace Bossue supposés « peu sûrs et germanophiles ».

Avec précaution

« La besogne d'épuration en Alsace appelle de grandes précautions », comme le souligne durant cette période une note au gouvernement du commissaire de la République, qui précise également qu'« un grand nombre de personnes ont dû, sous les pires menaces et les plus fortes pressions, s'inscrire dans des formations du parti nazi [...] De telle sorte qu'à poser des règles rigides on aboutirait à épurer la plus grande partie de la population et à commettre de criantes et irréparables injustices ».

L'épuration finit par agacer. Camille Dahlet, autonomiste des années 1930 qui a pris clairement ses distances avec l'autonomisme germanophile, a été le premier à tirer la sonnette d'alarme quant à certaines dérives de ces procès. Le MRP et les gaullistes du RPF (Rassemblement du peuple français) interviennent également à partir de 1948 dans le débat pour calmer le jeu. La SFIO et le PCF adoptent une position plus intransigeante.

L'épuration en chiffres

Total des condamnations prononcées par les chambres civiques et les cours de justice :

- Nombre total des condamnations prononcées : environ 8 300 ;
- Nombre total des acquittements : 221 ;
- Total des condamnations à mort (dont une grande partie par contumace) : 57 ;
- Ces condamnations ont fait l'objet de lois d'amnistie en 1947, 1951 et 1953.

Le procès de Bordeaux

Nous allons faire un petit saut dans l'espace et dans le temps pour nous rendre au procès de Bordeaux. En février 1953, on y juge les auteurs du massacre d'Oradour-sur-Glane. En quoi l'Alsace est-elle concernée ? Suivez-nous, si vous le voulez bien, vous allez comprendre cette douloureuse affaire…

« La barbarie atteignit son paroxysme »

Cette qualification de « massacre d'Oradour-sur-Glane » vient de Jean-Laurent Vonau, professeur d'histoire du droit à l'université de Strasbourg, dont les recherches tant historiques que juridiques sur le drame font autorité en la matière et ont très largement alimenté les quelques paragraphes qui suivent.

Les faits se sont déroulés le 10 juin 1944, quelques jours après le débarquement allié en Normandie. Des convois militaires de la *Wehrmacht* et des SS remontent de l'ex-zone libre vers le nord pour contrer l'offensive anglo-américaine. Les maquis du sud-ouest, bien organisés, leur tendent des embuscades. Le crime d'Oradour a été perpétré pour semer la terreur auprès de ces maquisards. Il a été préparé la veille, lors d'une rencontre entre le commandant du bataillon SS, la Gestapo, et des miliciens venus de Limoges.

Le sinistre convoi arrive à Oradour en début d'après-midi, encercle le village, en condamne tous les accès. À 15 heures, on sépare les hommes des femmes et des enfants. Un peu plus d'une heure plus tard, il n'y a plus un seul homme en vie. Ils ont tous été alignés contre des granges et fauchés par des mitrailleuses. Les femmes et les enfants, qu'on a enfermés dans l'église du village, périssent asphyxiés par la fumée, brûlés vivants par les flammes ou fauchés par les mitrailleuses pour ceux qui tentent de s'échapper. Une seule femme y parvient.

642 victimes !

Bilan de cet horrible carnage : 642 victimes, dont plus de 200 enfants ! Parmi les victimes figurent des réfugiés alsaciens de Schiltigheim et d'Erstein qui ont choisi de rester dans le Sud-Ouest, ainsi que des expulsés lorrains d'un village proche de Metz qui s'appelait Charly et qui s'appelle à présent Charly-Oradour en hommage aux victimes de ce drame.

Dans l'unité qui a accompli cette horrible besogne, on compte une quarantaine d'Alsaciens, dont un sergent engagé volontaire. Question pertinente du lecteur attentif : « Mais que faisaient-ils donc sur le front de l'ouest, ces Malgré-nous ? On nous a pourtant expliqué que les nazis se méfiaient d'eux et les affectaient systématiquement sur le front de l'est ? » La réponse est simple : la division SS *Das Reich*, dont faisaient partie ces Alsaciens, effectivement stationnée à l'origine sur le front russe, a été transférée ultérieurement sur le front ouest.

Le procès

Il fallait bien un universitaire spécialiste d'histoire du droit pour démêler l'invraisemblable imbroglio juridique, judiciaire et législatif dans lequel baigna l'affaire d'Oradour. Législations d'exception, lois d'amnistie, excuse de minorité, excuse absolutoire, intention criminelle, hiérarchie des textes législatifs… Chacune des nombreuses pages juridiques de ce procès donnerait à elle seule matière à thèse universitaire ! Au final, on assistera au spectacle d'une « justice qui se trouve prise à son propre piège », pour reprendre la formule de Vonau.

Le massacre d'Oradour est un crime de guerre. Mais l'incorporation de force a, elle aussi, été qualifiée de crime de guerre par le Tribunal international de Nuremberg… C'est, bien sûr, l'argumentation centrale des avocats alsaciens, dont certains sont eux-mêmes d'anciens Malgré-nous. Le procès s'ouvre sur un lapsus d'anthologie du président du tribunal militaire de Bordeaux : « Gardes, faites entrer les coupables ! »

Les sept accusés allemands sont séparés des quatorze accusés alsaciens. Mais le tribunal rejette la demande des avocats alsaciens de séparer les deux procédures. À part deux accusés âgés d'un peu plus de 30 ans, tous les accusés alsaciens avaient 17 ou 18 ans au moment des faits. Ils étaient de la classe 26, une classe intégralement versée dans la Waffen SS.

Le verdict tombe le 13 février 1953 : l'engagé volontaire alsacien est condamné à mort, les treize autres à des peines allant de huit ans de travaux forcés à cinq ans de détention. Pour les Allemands, ce sont quarante-quatre condamnations à mort, dont quarante-trois contre des accusés absents, condamnés par contumace. Les autres accusés sont condamnés à des peines de dix à douze ans de travaux forcés.

Son retentissement

La presse nationale s'empare de l'affaire dès avant l'ouverture du procès. Les empoignades par journaux interposés évoquent la division du pays autour de l'affaire Dreyfus ! Il y a un fossé entre les attentes du procès en Limousin et l'indignation alsacienne face aux poursuites. Le Parti communiste français, très implanté dans la région de Limoges, défend avec vigueur les poursuites contre les Alsaciens, ces « soi- disant Malgré-nous ». N'oublions pas que nous sommes en 1953, en pleine guerre froide, et que l'on commence à parler avec beaucoup de passion d'un possible réarmement de l'Allemagne…

En Limousin, on semble plutôt satisfait du jugement contre les « Alsaciens assassins », pour reprendre les termes du tract d'une association.

En Alsace, en revanche, c'est la consternation : a-t-on oublié que les jeunes Malgré-nous ont déserté ultérieurement pour rejoindre l'armée française ? N'est-ce pas grâce à leurs témoignages que le dossier Oradour a pu être monté ? Mais, surtout, une fois de plus, on n'a rien compris à l'Alsace…

Incompris, définitivement ?

C'est la question que s'est posée chaque Alsacien après le verdict de Bordeaux. Dans l'inconscient ou même le conscient collectif, ce jugement venait s'ajouter aux abandons de 1870 et de 1940 et à la lâcheté de Vichy au moment de l'incorporation de force.

Tiens, Vichy, justement... En 1953, la France était bien loin de pouvoir jeter sur son passé récent un regard autocritique. Il fallut encore attendre près de trente ans avant d'accepter certaines vérités contenues dans le film de Marcel Ophuls, *Le Chagrin et la Pitié,* et deux ou trois décennies supplémentaires pour qu'un chef de l'État reconnaisse la responsabilité nationale dans la déportation de 76 000 Juifs. Alors, en 1953, en pleine fabrication du mythe d'une France exclusivement courageuse et résistante, qu'est-ce que c'était que ces histoires d'Alsaciens qui venaient une fois de plus avec leur spécificité ? En plus, ils étaient SS, ces condamnés, c'est bien cela ?

Le 22 février 1953, deux jours après la promulgation de la loi d'amnistie, une grande manifestation hostile à cette loi se déroule à Paris devant l'Arc de Triomphe, à l'appel des associations de résistants. Le début d'une nouvelle crise morale entre l'Alsace et le reste de la France ?

Un verdict qui touche chaque Alsacien

Chaque Alsacien est concerné par ce verdict, car chacun compte un incorporé de force dans sa famille, rentré ou non du front. Partout sonnent les tocsins, fleurissent des affiches d'indignation. La plaque de la place de Bordeaux est maquillée, les drapeaux sont en berne, dans les commissariats de police et dans les sous-préfectures s'entassent des montagnes de livrets militaires et de décorations dont on ne veut plus. La quasi-totalité des partis montent au créneau pour dénoncer le jugement. Une exception de taille : le PCF, dont l'unique député défend les condamnations contre les Alsaciens. Le jour même où la condamnation est connue, la vitrine de *L'Humanité d'Alsace-Lorraine* vole en éclats à la suite d'un jet de briques.

Le dimanche 15 février, d'immenses manifestations s'élèvent partout en Alsace. À Strasbourg, dans un silence impressionnant, des milliers de maires et conseillers municipaux (les journalistes parlent de 5 000 à 6 000) défilent devant le monument aux morts de la place de la République recouvert d'un crêpe noire.

L'indignation est vive dans tous les secteurs de la société : dans le monde du travail, des grèves éclatent spontanément, les représentants de tous les cultes, y compris israélite, condamnent le jugement, la presse fait des gros titres sur les condamnations.

Après un débat parlementaire mouvementé, la proposition de loi d'amnistie faite par des parlementaires non alsaciens est adoptée le 20 février, une semaine après le prononcé du jugement, par 348 voix contre 217.

La loi tombe bien politiquement. On est à la veille d'élections municipales et, déjà, des mouvements autonomistes suscités par ce nouveau divorce avec la mère patrie montrent le bout de leur nez…

Faire passer ce passé…

En Alsace, l'orage s'est calmé. Mais il s'est déplacé vers le Sud-Ouest. L'Association des victimes rend sa Légion d'honneur à la préfecture et la municipalité sa croix de guerre. La présence d'un représentant de l'État lors d'une manifestation à la mémoire des victimes est désormais interdite. On raconte pendant longtemps en Alsace, à tort ou à raison, qu'il n'est pas très recommandé de se rendre à Oradour-sur-Glane avec une voiture immatriculée 67 ou 68… Ce n'est qu'en 1998 que Roland Ries, maire de Strasbourg, se rend officiellement à Oradour à la tête d'une délégation alsacienne, invité par le maire de la commune martyre, pour assister à la cérémonie commémorative du massacre.

Reconstruire

De nombreuses localités sont en ruine. L'économie est sinistrée. Des dizaines de milliers de familles sont en deuil. Et que dire des esprits ébranlés par ces années de terreur et de guerre ?

Reconstruire les villes et les villages

De nombreux villages sont détruits, en particulier dans les zones où se sont livrées les dernières batailles de la fin de la guerre : poche de Colmar et nord du Bas-Rhin. Strasbourg, Mulhouse et Haguenau ont également beaucoup souffert. On relogera provisoirement des dizaines de milliers d'habitants dans des baraquements en bois qui feront pendant un certain temps partie du paysage des régions concernées et que l'on convertira ultérieurement en poulaillers…

La reconstruction va durer une bonne dizaine d'années et donnera, elle aussi, lieu à des batailles judiciaires, certes moins dramatiques que le procès de Bordeaux, autour de la notion de dommages de guerre et du montant des indemnisations.

Reconstruire l'économie

Au lendemain de la guerre, de nombreuses voies de communication sont inutilisables. La plupart des ponts ont été détruits. La vie économique est complètement désorganisée et tous les secteurs traditionnels de l'économie alsacienne sont en crise, comme nous le verrons en détail dans la cinquième partie où nous traitons de l'histoire de l'économie régionale.

Cette reconstitution du tissu économique se fera sur fond de crise d'industries traditionnelles dans la région :

- Effondrement de la production pétrolière de Pechelbronn ;
- Épuisement prévisible des réserves de potasse ;
- Graves menaces sur l'industrie textile concurrencée par la production des pays du tiers-monde.

Reconstruire une identité politique

CURIOSITÉ

Une Alsacienne ou un Alsacien âgé(e) de 75 ans en 1945 aura changé… cinq fois de nationalité dans sa vie ! Et, bien sûr, sans qu'on lui ait jamais demandé son avis sur la question… Difficile de faire mieux ! Quand nous parlerons d'identité alsacienne, vous imaginez bien que cette histoire, probablement unique dans l'histoire des hommes depuis qu'existent les États-nations, vaudra son pesant de saucisses de Strasbourg…

Jean-Claude Streicher a trouvé les mots juste pour décrire, dans son *Histoire des Alsaciens*, l'état d'esprit de la population : les Alsaciens, avance-t-il, ont envie d'être « enfin des hommes comme les autres ». Politiquement, ils ressentent une grande lassitude par rapport aux idées extrémistes, aux *-ismes* de tout bord, aux grandes envolées lyriques. On peut les comprendre, non ?

Ismes de tout bord…

- Le nazisme ? Circulez, y a rien à voir ! Ou si vous y tenez vraiment, faites donc un tour au Struthof. Prenez le train de Saint-Dié, descendez en gare de Rothau. Vous pourrez emprunter à travers la forêt le chemin que suivaient les détenus.
- Le communisme ? Les partis communistes, puisqu'il y en avait deux en Alsace dans les années 1930, étaient puissants avant la guerre. Mais vous savez bien qu'une partie de ces communistes sont devenus nazis… Et les Malgré-nous, ils la connaissaient, la Russie communiste. Ceux qui ont fait les camps de Schirmeck et de Tambov sont unanimes : le pire des deux, c'était Tambov ! Et puis, vous avez vu la position du PCF au procès de Bordeaux ?
- Autonomisme ? Même si tous les autonomistes des années 1930 n'ont pas pactisé avec le diable, comme nous l'avons vu un peu plus haut, l'idée que l'autonomisme était synonyme de connivence avec le nazisme était ancrée dans les mentalités. Pendant des années, les simples défenseurs d'un régionalisme modéré ou d'un bilinguisme inscrit dans l'histoire régionale étaient suspectés de nostalgies germanophiles.
- Légitimisme ! C'est de légitimistes qu'on a souvent qualifié les Alsaciens. Il y a sûrement du vrai là-dedans. Il n'est peut-être que la conséquence d'une grande lassitude après toutes ces histoires avec l'Histoire. Mais faisons un arrêt sur image si vous le voulez bien : c'est qui, ce grand type avec un képi qui se détache au loin ? Mais pardi, c'est la silhouette du général de Gaulle ! N'ayez crainte : nous allons y revenir ! Ce serait vraiment trop nul de ne pas lui consacrer une place de choix !

Nous le constaterons dans les développements qui vont suivre, en particulier ceux sur de Gaulle et l'Alsace, que, sur le plan politique, les trois ou quatre décennies d'après-guerre vont essentiellement se caractériser par l'affrontement entre deux forces politiques :

- **Le centre d'essence démocrate-chrétienne**, qui est l'héritier du *Zentrum* catholique, mais principalement dans sa tendance APNA. Il est incarné pendant des années par le MRP, dont le leader régional incontesté est Pierre Pflimlin. Henri Meck, député maire de Molsheim, en est également une figure très populaire.
- **Le parti gaulliste**, incarné par diverses appellations au cours de son existence. Centré sur la personnalité du général de Gaulle, il se distingue notamment du MRP par son côté beaucoup moins favorable à l'Union européenne. Le Strasbourgeois André Bord, longtemps ministre du général de Gaulle, en est une des figures alsaciennes les plus connues.

Rien ne vous frappe en lisant ces lignes et en les comparant à la période de l'entre-deux-guerres (voir chapitre 3) ? Souvenez-vous des années 1930 : les partis politiques passaient leur temps à se diviser pour être chacun plus régionaliste, plus autonomiste que l'autre. Eh bien, là, c'est fini, terminé. L'Alsace est française. Définitivement. Sa vie politique va désormais se calquer sur la politique nationale et sur les partis nationaux. Quand on vous disait que celui qui avait rendu irréversible le rattachement de l'Alsace à la France, c'était cet artiste peintre raté à petite et ridicule moustache prénommé Adolf…

LE SAVIEZ-VOUS ?

Il faut dire aussi qu'à Paris, on a accepté l'idée qu'il valait peut-être mieux ne plus toucher au statut spécial en ce qui concerne les cultes et les écoles. À partir de 1953, rendez-vous compte, on a même recommencé à enseigner l'allemand dans les écoles primaires…

Comment analyser cette soudaine bienveillance à l'égard du particularisme de l'Alsace-Moselle ? On voulait sûrement éviter à tout prix que ne se rejoue le scénario des grandes manifestations des années qui avaient suivi le retour à la France après 1918. Mais risquons une autre hypothèse. Celle d'un brin de culpabilité de la part de la mère patrie, qui avait quand même quelques raisons de se sentir un peu nulle, même si elle n'osait l'avouer, d'avoir si souvent abandonné l'Alsace. Vous ne trouvez pas ?

Une société en mutation

L'Europe, enfin

Voilà bien longtemps que l'Alsace n'avait plus profité de sa position au cœur de l'Europe, alors que, pourtant, elle est riveraine du Rhin, son fleuve le plus emblématique !

Sur le plan culturel comme sur le plan politique, des générations d'Alsaciens ont souffert des nationalismes européens et de l'injonction qui leur était faite à intervalles réguliers de se conformer à un univers politique et culturel dominant, celui du vainqueur de la dernière bataille militaire. Cette situation au cœur de l'Europe l'a également pénalisée sur le plan économique : nécessité de se tourner vers de nouveaux marchés à chaque changement de nationalité, exode d'industries d'une région qui était perçue comme un glacis et où l'activité principale consistait à ériger la ligne Maginot…

Les différentes étapes de la construction européenne, d'abord économiques puis politiques, permettent à l'Alsace et à ses habitants de souffler enfin. Toute la cinquième partie de notre ouvrage est très logiquement consacrée à l'Europe sous le titre « Le cœur de l'Europe ».

Les trente que l'on dit glorieuses

LE SAVIEZ-VOUS ?

Cette détente sur le « front » européen, fait entrer l'Alsace de plain-pied dans les fameuses Trente Glorieuses bien plus rapidement que d'autres régions de l'Hexagone, comme la Bretagne ou le Sud-Ouest.

Tout d'abord, de nouvelles industries viennent se substituer aux activités traditionnelles en déclin et modifient en profondeur les structures industrielles (voir chapitre 14). D'ailleurs, d'un point de vue géographique, les zones d'implantation et de développement des nouvelles usines se déplacent des vallées vers le Rhin, qui désormais ne fait plus peur.

Quant à l'agriculture alsacienne, c'est écrit en gras et souligné de rouge sur les dossiers du ministère à Paris : « Trop d'agriculteurs en Alsace ! Pas assez rentable ! » Alors, on mécanise, on réduit spectaculairement le nombre d'exploitations, on remembre le Kochersberg où l'on ne voit plus un arbre à l'horizon car les arbres sont un frein à la productivité agricole, on retourne les prés des rieds pour n'y produire plus que du maïs.

Trente ans après la fin de ces Trente Glorieuses, que l'on situe généralement au milieu des années 1970 avec la première crise du pétrole, beaucoup d'Alsaciens commencent à s'interroger sur la pertinence écologique de ces « révolutions agraires ». Nous verrons cela un peu plus loin, quand il sera question d'écologie (voir chapitre 11).

Une société bousculée de toutes parts

De nombreux paysages des villes et des campagnes d'Alsace tels qu'ils nous apparaissent aujourd'hui ont ainsi été façonnés durant ces quelques décennies d'après-guerre. Entre 1947 et 1977, une ville comme Colmar a vu son patrimoine immobilier augmenter d'un tiers. C'est durant cette période que sont apparus sur les panneaux indicateurs les ZI (zones industrielles), les ZA (zones artisanales), les ZUP (zones à urbaniser en priorité) et autres zones commerciales… Et, quelques années plus tard, on a créé les ZEP (zones d'éducation prioritaire).

Mais derrière toutes ces modifications du paysage qui crèvent les yeux, on assiste à de profonds bouleversements du paysage social : à partir du début des années 1960, la scolarité est obligatoire jusqu'à 16 ans, le clivage ville/campagne s'estompe, on commence à assister à une baisse de fréquentation des lieux de culte, la pratique du dialecte, encore très répandue au milieu des années 1970, commence à amorcer un déclin spectaculaire, d'abord dans les villes et de manière plus marquée dans le Haut-Rhin. Et, bien sûr, comme partout, les modes de vie sont révolutionnés par l'équation voiture plus télé !

C'est peut-être la révolution du monde agricole qui est la plus étonnante si l'on se place dans une perspective historique à long terme. Le cheval de trait, qui a joué un rôle essentiel dans la vie rurale, est remplacé par le tracteur en l'espace de quelques années. L'Alsace de Hansi avec ses places de village et ses petites colonies d'oies en vadrouille est bien morte. Il n'y a plus d'oies en Alsace. Cela fait longtemps que les foies gras de Strasbourg sont fabriqués à partir de foies importés d'Europe centrale !

« L'un des lieux où la conscience nationale parle plus haut qu'ailleurs »

Vous l'aurez deviné. Une phrase comme celle-ci ne peut être que de Charles de Gaulle. Chose promise, chose due : voici le plat de résistance consacré aux relations entre le général de Gaulle et l'Alsace.

Une affaire sentimentale

Si, pour comprendre les rapports entre de Gaulle et l'Alsace, vous pensez pouvoir vous en sortir avec les grilles de lecture en usage dans nos instituts d'études politiques, laissez tomber, rangez vos grilles, elles ne vous serviront à rien ! Intéressons-nous plutôt à deux aspects de de Gaulle : sa langue et sa foi chrétienne.

La langue gaullienne

Un conseil : rentrez au cœur même des discours du général et vous comprendrez qu'entre de Gaulle et l'Alsace, il n'y a pas de place pour la raison ! Et, en prime, la langue gaullienne, magnifique à revisiter, nous offre un voyage instantané dans le temps. Prenez l'extrait d'un discours prononcé par de Gaulle en 1961 que nous citons ci-dessus. Vous imaginez un homme politique parler cette langue-là en ce début de XXIe siècle ?

Avant de conclure, en 1958, à Strasbourg l'un des discours prononcés en Alsace au cours de la douzaine de voyages qu'il y fit par le traditionnel « Vive Strasbourg, vive l'Alsace, vive la République, vive la France », de Gaulle a fait cette observation : « Eh bien, voilà, vous m'avez réconforté, si tant est que j'en eusse besoin. » Cet imparfait du subjonctif venait à point nommé, car l'Alsace était alors très majoritairement dialectophone et beaucoup d'élèves devaient se demander en récitant leurs conjugaisons : à quoi ça sert, ce machin ? Eh bien, voilà, il leur suffisait d'écouter les discours du général !

De Gaulle le croyant

Vous verrez au chapitre 12 qu'en Alsace, le religieux continue de jouer un rôle important. Durant la période de l'après-guerre et jusque dans les années 1970, le phénomène était encore bien plus prégnant. En 1948, pendant sa traversée du désert, de Gaulle est reçu à Colmar, où des dizaines de milliers de personnes se pressent pour le voir. On entonne un *Te deum* à la cathédrale, où Mgr Hincky salue « celui que la Providence a choisi pour sauver la France ».

C'est ce contexte qui a permis au général de déclarer à Strasbourg, devant une assemblée de militants gaullistes : « Je vous l'affirme, devant Dieu et devant les hommes, nous referons ensemble la France. » Il n'y a qu'en Alsace que de Gaulle, lui-même profondément chrétien, pouvait tenir de tels propos. Franchement, vous imaginez un instant un tel discours dans le Sud radical-socialiste ou dans une région minière contrôlée par le PCF ?

Une réelle proximité

Les hasards de la vie ont souvent mené de Gaulle en Alsace, comme s'il était écrit que son parcours individuel et le destin de la région devaient régulièrement se croiser. Ses discours ponctuent des pages importantes de l'histoire régionale.

Père ou mère de l'Alsace, le général ?

À la Libération, il annonce : « Le drapeau tricolore flotte sur Metz et Strasbourg. La France, libre à nouveau et toujours glorieuse, recueille maternellement l'Alsace et la Lorraine. » Et, en février 1945, alors que Strasbourg semble définitivement sauvée, Mgr Ruch, l'évêque de Strasbourg, lui déclare : « Par vous, aujourd'hui, la mère patrie reçoit dans ses bras son enfant fidèle qui lui est toujours et plus que jamais uni : l'Alsace. »

De Gaulle est donc à la fois le père et la mère de l'Alsace. Avis aux psychanalystes intéressés par la question… Quand on vous disait qu'il ne fallait pas chercher du côté de la raison ! Et comment s'étonner, dans ce climat de débordements affectifs, que l'on ait souvent parlé de « fidélité aveugle » dans la relation entre les Alsaciens et le « Grand Charles » ?

Pas très drôle, la drôle de guerre à Wangenbourg…

De Gaulle a forcément baigné durant son enfance dans les rêves de reconquête des provinces perdues en 1870. Son père, professeur de lettres, lui a fait découvrir très tôt Maurice Barrès. Puis, entre septembre 1939 et mai 1940, le colonel de Gaulle, alors âgé de 50 ans, est cantonné à Wangenbourg, non loin de Saverne, où est établi le quartier général de la 5e armée. Il y réside chez des habitants du village avec lesquels il noue une amitié fidèle, la famille Rèbre, dont le père a « fait Verdun », en tant que soldat allemand. « C'est vous qui m'avez fait prisonnier ? » lui demande un jour de Gaulle. François Rèbre expliquera plus tard que le colonel de Gaulle l'a beaucoup interrogé sur l'organisation militaire allemande et qu'un jour, il lui a confié : « Nous allons perdre la guerre parce que nous l'avons préparée comme celle de 1870. »

Et c'est parce que la France a perdu la guerre que le colonel, en poste en Alsace durant la drôle de guerre (dont il dira plus tard dans un discours à Saverne qu'elle « n'était pas si drôle que ça… »), est devenu l'homme du 18 juin 1940, deux mois à peine après son départ de Wangenbourg !

Noël 1944 : une messe de minuit historique !

Le 24 décembre 1944, une partie de l'Alsace est libérée. Pour la messe de minuit, la présence du général est annoncée officiellement à Notre-Dame de Paris. Mais c'est finalement à Erstein, à 5 kilomètres du front, dans une église archibondée, qu'il la passera ! À l'émotion collective se mêle la crainte d'un retour de la *Wehrmacht*. L'Alsace n'est pas entièrement libérée et les Allemands viennent de relancer une offensive dans les Ardennes. Et, en effet, le 31 décembre 1944, une heure avant minuit, ils lancent la fameuse opération *Nordwind* (voir chapitre 4).

ANECDOTE

Autant en emporte l'Otan…

Lors de l'un de ses déplacements en Alsace (en 1964 probablement…), de Gaulle doit faire un discours du haut du balcon de l'Aubette, place Kléber. Sur la place se trouve un magasin de vêtements dont l'immense enseigne fait face au balcon : « Otan »… Or, la France vient juste de sortir de l'organisation militaire transatlantique (ce qui a d'ailleurs entraîné le départ des troupes américaines de la toute proche Lorraine). On a donc pris soin de recouvrir soigneusement l'enseigne qui pouvait prêter à confusion ou irriter le général !

Se replier ? Jamais !

Suite à cette offensive d'une grande vigueur, le général Eisenhower ordonne un repli général sur la ligne des Vosges. Concrètement, les Américains veulent renoncer aux avancées obtenues par les armées alliées en Alsace et abandonner Strasbourg.

Laissons de côté un instant ces considérations purement stratégiques et mettons-nous à la place des Schmitt ou des Muller habitant dans une localité libérée par Leclerc ou par les Américains. S'ils ont témoigné leur joie à l'arrivée des armées alliées, ils continuent de vivre dans l'angoisse d'un retour de l'armée allemande et des représailles qui ne manqueraient pas de s'abattre sur eux. Beaucoup de collaborateurs ont été arrêtés mais seraient libérés immédiatement en cas de retour des Allemands. Ajoutez à cela l'angoisse des familles dont les hommes entre 18 et 45 ans se battent sur le front de l'est, dans la mauvaise armée, celle dont on craint précisément le retour en force !

Dans ses *Mémoires*, de Gaulle reconnaît que, sur un plan strictement stratégique, l'évacuation de l'Alsace et de Strasbourg et le repli sur les Vosges semblent logiques. Mais, la France, donc le général de Gaulle, « ne peut l'accepter ». Il en explique ainsi les raisons : « Que les troupes allemandes suivies de Himmler et de sa Gestapo rentrent en triomphe à Strasbourg, à Mulhouse, à Sélestat, voilà une affreuse blessure infligée à l'honneur de la nation et à ses soldats, un affreux motif de désespoir jeté aux Alsaciens à l'égard de la patrie, une profonde atteinte à la confiance que le pays place en de Gaulle. »

Seulement, il y a un hic : le commandant des forces alliées s'appelle Eisenhower et non pas de Gaulle. Le général juge cependant qu'il est des moments où même un militaire doit savoir désobéir. Il s'en explique dans ses *Mémoires* : « Car, si le gouvernement français peut confier ses forces au commandement d'un chef étranger, c'est à la condition formelle que l'emploi qui en est fait soit conforme à l'intérêt du pays. »

Tout le monde sur le pont ou sauve qui peut ?

De Gaulle ordonne donc à Leclerc de défendre Strasbourg coûte que coûte, même en cas de repli de l'armée américaine sur la ligne des Vosges ! Voilà qui est pour le moins téméraire quand on sait que l'armée de Leclerc dépend complètement des Américains pour l'essence et les munitions ! À Strasbourg, c'est la panique. Les FFI réquisitionnent tous les bus disponibles de la CTS (Compagnie des transports strasbourgeois) en vue du ramassage de tous les membres des FFI du Bas-Rhin prêts à se battre pour la défense de la ville. La nouvelle du retrait de l'armée américaine se répand comme une traînée de poudre dans la population, qui tente de fuir par tous les moyens.

Sur tous les murs de la ville, on peut lire une affiche, collée quelques semaines plus tôt, après la libération de Strasbourg le 23 novembre. Il s'agit de la proclamation de Leclerc aux Strasbourgeois. Elle se termine par ces mots : « Habitants de Strasbourg ! La France et ses alliés ne recommenceront plus la faute d'hier. L'envahisseur ne reviendra pas. »

Chacun comprendra que cette belle conclusion n'était pas suffisante pour rassurer tous ceux qui fuyaient à la hâte. Cette promesse-là, ce n'était pas la première fois qu'ils l'entendaient ! D'autant qu'ils entendaient aussi un message de Radio-Stuttgart à faire froid dans le dos, qui assénait à longueur d'émissions : « Nous reviendrons ! »

Thank you, sir Winston Churchill…

Quelques jours plus tard, le 3 janvier 1945, à l'hôtel Trianon Palace à Versailles, a lieu la rencontre historique entre Eisenhower et de Gaulle. Churchill a sauté dans un avion pour être présent, lui aussi. De Gaulle explique à Eisenhower que « l'Alsace lui est sacrée » et que si elle est reprise par l'ennemi, la répression contre les populations qui ont témoigné leur patriotisme depuis la libération de la province, encore partielle à ce moment-là, sera épouvantable. Suivent des considérations sur les rapports entre politique et stratégie militaire qui ont dû faire l'objet depuis de très longues dissertations dans les écoles militaires françaises. Eisenhower écoute et doit se dire que, décidément, ce de Gaulle est un drôle de bonhomme. Churchill tire sur son cigare et ne dit mot.

À un moment, Eisenhower se tourne vers lui et lui demande : « Qu'en pensez-vous ? — Le plus important, c'est ça, répond Churchill, en pointant son cigare sur Strasbourg. »

Pas très gratifiant, le général…

Eisenhower décroche un téléphone : « Arrêtez le mouvement de retraite. Instructions suivront. » Après une tasse de thé partagée entre les trois interlocuteurs, de Gaulle se retire sans un merci. Churchill aurait dit dans un soupir à Eisenhower : « Que voulez-vous, il est comme cela ! »

Le général Juin, son chef d'état-major général qui a assisté à l'entretien, raconte dans ses *Mémoires* : « Une fois monté dans la voiture, je ne pus m'empêcher de dire à de Gaulle que Churchill était en droit d'attendre au moins un remerciement. — Bah ! me fit-il, et il se replongea d'un air sombre dans ses méditations. »

Le général de Gaulle n'a peut-être pas été très gratifiant envers Churchill. Mais les Alsaciens l'ont été très massivement envers le général de Gaulle. Car, cette histoire-là, tout le monde la connaissait en Alsace, où de Gaulle, avant d'être l'homme du 18 Juin, était celui de la fameuse rencontre à l'hôtel Trianon de Versailles.

Pour de Gaulle, c'est l'amour aveugle

Il ne faut pas oublier que l'Alsace avait de bonnes raisons de souffrir d'abandonnite face à une mère patrie qui avait rejoué en 1940 le scénario de 1870. Il est donc aisé de comprendre qu'une figure paternelle comme celle du général de Gaulle, qui dit haut et fort que ce scénario ne sera pas rejoué une troisième fois, ait entraîné une adhésion massive de la population.

Mais cette étonnante relation entre un homme et une région était centrée sur la personne du général de Gaulle et beaucoup moins, par la suite, sur le mouvement et les partis qu'il a dirigés. C'est ce qui explique les raz de marée favorables à de Gaulle lors de chaque référendum. En revanche, aux élections législatives, du moins pendant la traversée du désert entre 1947 et 1958, le RPF, le mouvement qu'il avait fondé, faisait jeu égal avec les autres partis, en particulier avec le MRP. Comme si les Alsaciens, en particulier les catholiques alsaciens, se souvenaient alors que leur région est une vieille terre de démocratie chrétienne, héritière du *Zentrum* de l'époque du *Reichsland*.

Ironie de l'histoire, c'est Pierre Pflimlin, démocrate-chrétien et maire MRP de Strasbourg, qui passera le relais de la présidence du Conseil au général de Gaulle en 1958 pour permettre à celui-ci d'enterrer la IVe République et d'en fonder une nouvelle, celle sous laquelle nous vivons toujours…

Bon à savoir

« Il n'y aurait pas de France sans l'Alsace, il n'y aurait pas d'Alsace sans la France. »

De Gaulle nationaliste ? : « Oui, l'avenir de l'Europe occidentale, il passe ici, il passe à deux pas d'ici, il passe le long du fleuve, du Rhin, il passe par conséquent à Strasbourg ».

Propos de De Gaulle à Strasbourg, le 5 octobre 1945

Baden-Baden ou le mont Sainte-Odile ?

En pleine tourmente de Mai 68, le pouvoir vacille. Que va faire de Gaulle ? Quand, le 29 mai, il monte dans un hélicoptère et met cap sur l'est, personne ne sait qu'il se rend à Baden-Baden, à deux pas de la frontière franco-allemande, pour un entretien ultrasecret avec le général Massu, qui est alors à la tête des Forces françaises en Allemagne. Il aurait d'abord envisagé que cette rencontre se déroule au mont Sainte-Odile, ce qui lui aurait peut-être rappelé Maurice Barrès et les lectures de son enfance. Mais les deux généraux se sentaient probablement plus en sécurité à l'étranger...

Exercice pratique : le 29 mai 1968, l'hélicoptère du général de Gaulle survole les Vosges, les collines du vignoble puis la plaine d'Alsace avant de franchir le Rhin. Il reconnaît tel petit vallon qui faisait partie du secteur du colonel de Gaulle durant la drôle de guerre, telle petite ville où le président de la République Charles de Gaulle a tenu un discours devant une foule enthousiaste. Imaginez les rêveries qui l'habitent alors qu'en Alsace comme ailleurs, l'activité économique est arrêtée et que l'université de Strasbourg est un des hauts lieux de la contestation estudiantine.

L'Alsace, région de droite ?

« C'est simplifier jusqu'à l'inexactitude que considérer que l'Alsacien vote à droite. » Ces lignes ont été écrites par Philippe Dollinger au début des années 1970 à propos du vote gaulliste en Alsace. Pourtant, depuis les dernières élections régionales, l'Alsace est la seule région française gouvernée par la droite, au point d'apparaître comme une sorte de grand village d'Astérix de l'Est de la France. Nous espérons que les chapitres de cette première partie historique vous ont donné quelques clés pour comprendre le positionnement politique de l'Alsace de 2010.

Pour clore cette partie historique, nous vous en proposons une dernière pour la route, à savoir un texte que Richard Kleinschmager, l'un des observateurs les moins nuls de la politique alsacienne, a bien voulu nous confier.

L'Alsace politique, « en haut à droite » par Richard Kleinschmager, politologue

« Autant le Sud-Ouest est réputé pour son cassoulet et sa sensibilité politique marquée à gauche, de Jaurès à Jospin, autant l'Alsace est reconnue pour sa choucroute et ses capacités à décliner toutes les nuances de la droite, dans ses affinités électorales. Aux régionales de 2010, elle pouvait même s'enorgueillir d'être restée seule île bleue au milieu de l'océan rose des régions de l'Hexagone.

La gauche et l'écologie sont pourtant loin d'être absentes de la scène politique régionale. La vie politique fluctue mais peut-être, en Alsace, à d'autres rythmes et autrement qu'ailleurs en France.

La ville de Strasbourg, avec à sa tête Roland Ries, est majoritairement socialiste depuis l'élection de Catherine Trautmann en 1989 avec un intermède de 2001 à 2008 où le tandem de droite, Fabienne Keller, centriste, et Robert Grossmann, gaulliste, s'est partagé la tête de la ville. Mulhouse a eu un maire socialiste de 1981 à 2007. À cette date, son maire, Jean-Marie Bockel, fonde la Gauche moderne et rejoint le gouvernement Sarkozy. En 2008, il n'a conservé qu'avec 168 voix d'avance sur son challenger socialiste une ville qu'il a confiée à son premier adjoint, Jean Rottner, en 2010. Les écologistes ont toujours réalisé dans la région des scores supérieurs à ceux de l'ensemble du pays, allant jusqu'à devancer les socialistes aux Européennes de 2009.

La droite classique a longtemps été dominée par l'affrontement du centrisme d'origine chrétienne, conduit par Pierre Pflimlin, Marcel Rudloff ou Adrien Zeller, avec le gaullisme longtemps marqué par de fortes personnalités comme André Bord et Robert Grossmann dans le Bas-Rhin ou Georges Bourgeois et Hubert Haenel dans le Haut-Rhin. Elle détient la majorité dans les deux conseils généraux et au conseil régional. Elle est enracinée dans les campagnes alsaciennes, où le souci de l'ordre et de la tradition reste plus manifeste qu'en ville. L'antagonisme entre ces deux courants traditionnels a été officiellement dissous par l'intégration dans l'UMP (Union pour un mouvement populaire), qui s'est trouvé un nouveau leader politique en Alsace, en la personne du sénateur centriste Philippe Richert, qui a emporté de haute lutte l'élection régionale de 2010.

Quant à l'extrême droite, même si elle apparaît aujourd'hui émoussée, on aurait tort d'oublier qu'elle a été en Alsace dans une de ses terres de prédilection. Jean-Marie Le Pen est arrivé en tête aux élections présidentielles de 1995 et de 2002 avant que Nicolas Sarkozy ne le devance nettement en 2007.

Deuxième partie

Un patchwork de territoires

Dans cette partie...

« Sur cette terre d'antique civilisation, lieu de passage, théâtre de tant de guerres, les paysages sont chargés d'histoire et signes de mémoire. » C'est Pierre Deyon, historien et recteur de l'académie de Strasbourg entre 1981 et 1991, qui parle. Peut-être nous fera-t-on observer que ce constat pourrait s'appliquer à de nombreuses autres régions d'Europe ou de la planète ? Nous en convenons bien volontiers, mais tenons tout de même à apporter une toute petite précision : « Ici encore plus qu'ailleurs ! »

Mais cette marque de l'histoire n'est pas la seule chose qui va vous frapper au cours de votre promenade dans les différentes pièces du puzzle alsacien. En passant des murailles médiévales d'une petite ville du vignoble au quartier européen de Strasbourg, d'un sommet du Jura alsacien aux paysages en « bosses » de l'Alsace Bossue, ou encore d'une vallée des hautes Vosges à l'immense forêt de Haguenau, vous vous poserez plus d'une fois la question : suis-je bien dans la même région qui ne fait que 8 280 kilomètres carrés ?

Chapitre 6

Trois villes, deux départements, une région

Dans ce chapitre :

- Strasbourg, Colmar, Mulhouse : du Nord au Sud, les trois villes les plus importantes d'Alsace
- Le découpage Haut-Rhin/Bas-Rhin : une réalité historique et psychologique
- Une échelle régionale parfaitement adaptée

Vous serez surpris(e) par l'ambiance différente qui règne dans chacune des trois grandes villes de la région – Strasbourg, Colmar, Mulhouse – et intéressé(e) d'en savoir un peu plus sur ce qui fait battre le cœur des deux départements. Quant à la région Alsace, la seule région française, nous l'avons vu, à être dirigée par la droite après les élections régionales de 2010, elle ambitionne de devenir un laboratoire de la décentralisation. Son président nous fait même le plaisir de nous livrer sa vision des choses…

Trois villes

Une dans le Bas-Rhin, deux dans le Haut-Rhin, les trois grandes villes alsaciennes ont eu par le passé un statut très différent ; des lieues les séparaient, dans les faits et dans les mentalités. Mais finies les rivalités d'antan ! Aujourd'hui, elles montent des projets communs, collaborent, regardent ensemble vers l'avenir. Les inimitiés qui demeurent sont traitées sur le mode de la plaisanterie : on raille les accents particuliers ou les habitudes alimentaires !

Et si on faisait opéra commun ?

Les trois villes d'Alsace ont créé, en 1985, l'Opéra du Rhin, un syndicat intercommunal qu'elles gèrent conjointement depuis plus de trente ans. La présidence en est assurée alternativement par un représentant de chacune des villes. C'est une affaire qui roule, et qui est souvent citée en exemple. Depuis 1997, l'Opéra du Rhin est même devenu, Opéra *national* du Rhin. Excusez du peu ! Les répétitions de l'Opéra se font à Strasbourg, Mulhouse accueille le ballet, et la cellule de formation des chanteurs se trouve à Colmar. En une saison, l'Opéra du Rhin donne environ 140 représentations d'opéra, de ballet, des récitals, des concerts et des spectacles jeune public.

Strasbourg

Commençons par Strasbourg, la plus septentrionale, la capitale, la plus grande, la plus étendue, la plus… Arrêtez, n'en jetez plus, vous allez rendre jalouses les deux autres… On le sait, qu'elle a tendance à éclipser ses rivales, pas la peine d'en rajouter ! Mais, que voulez-vous, sa grandeur est le produit de l'histoire !

Une capitale européenne

Née il y a plus de 2 000 ans sur l'emplacement d'un campement celte, puis d'un camp romain (*Argentoratum*, la « cité de la rivière »), située à la croisée des chemins (*Strassburg*, le « château sur la route »), au bord du Rhin, au contact de plusieurs cultures, Strasbourg a connu un développement largement favorisé par sa situation géographique.

Ville emblème de la douloureuse histoire franco-allemande, Strasbourg assume aujourd'hui son statut de capitale européenne. Elle a su sublimer son tragique destin frontalier : elle est aussi capitale européenne des droits de l'homme et du citoyen, et très souvent courtisée pour cette dimension symbolique (voir chapitre 20). Elle est la deuxième ville de congrès de France, avec plus de 200 manifestations annuelles, nationales et internationales.

Lorsqu'il y a une session au Parlement européen, chaque Strasbourgeois le sait : les hôtels et certains restaurants réputés sont pleins ; les chauffeurs de taxi affichent un sourire radieux, car ils font leur meilleur chiffre pendant ces quatre jours mensuels. Mais, pour le reste, il faut bien reconnaître que la population est coupée de cette présence européenne... C'est peut-être pour cela que, lors des portes ouvertes du Parlement, les Strasbourgeois se précipitent en très grand nombre dans le bâtiment aux lignes futuristes...

Une ville jeune

Strasbourg compte 272 975 habitants, la CUS (communauté urbaine de Strasbourg) 467 376.

Les moins de 20 ans représentent 25 % de la population. 46,2 % des Strasbourgeois ont moins de 30 ans. Ceci est dû au nombre très important d'étudiants à Strasbourg. La zone d'emploi de Strasbourg compte 9,4 % d'immigrés, loin devant les moyennes nationale (5,6 %) et régionale (7,2 %). Ils sont essentiellement d'origine maghrébine (25 %), turque (13 %) et allemande (10 %). Il y a à Strasbourg une importante population turque arrivée dans les années 1970, après avoir transité par l'Allemagne.

Une ville d'histoire et de patrimoine

Le moyen le plus facile de se tremper dans l'ambiance de la ville, c'est d'embarquer sur l'un des bateaux qui en font le tour, sur l'Ill. Vous aurez tout votre temps pour admirer les maisons à colombages de la Petite France pendant que le bateau attendra d'être à niveau dans l'écluse. Il poursuivra alors en direction du musée d'Art moderne, que vous devinerez entre le barrage de Vauban et l'ancienne prison reconvertie en École nationale d'administration. Vous pourrez ensuite admirer les bâtiments de la période du *Reichsland*, comme le palais de justice ou le lycée des Pontonniers. Et, pour finir, vous mettrez le cap sur le quartier des institutions européennes.

Une promenade à pied en cercles concentriques à partir de la cathédrale permet également de suivre l'évolution de la ville, ses différentes appartenances nationales, son statut de capitale du *Reichsland*, son retour à la France, son absorption de nouvelles populations et, enfin, son accession au statut européen.

À Strasbourg, chaque période de l'histoire est inscrite dans la pierre :

- **Les origines médiévales** de la ville, avec son incontournable cathédrale, et ses ruelles qui fleurent bon les noms médiévaux (place du Marché-aux-Cochons-de-Lait, rues du Vieux-Marché-aux-Poissons, aux Vins, aux Grains…). Plus au sud, avec le quartier autrefois populaire de la Krutenau qu'occupaient bateliers, pêcheurs et, plus tard, ouvriers, soldats et prostituées, devenu, depuis la réhabilitation des années 1970, un quartier étudiant, voire même un quartier « branché » ;
- **Le XVIe siècle,** avec sa maison Kammerzell, qui donne sur la place de la Cathédrale, ou ses hôtels particuliers quai des Bateliers ;
- **La conquête de l'Alsace par Louis XIV en 1648** et les fastes du château des Rohan, de l'hôtel de ville et de l'Opéra du Rhin ;
- **La période allemande,** lorsque Strasbourg fut capitale du *Reichsland*, à travers l'imposante présence des bâtiments officiels allemands, la place de la République, l'université, La Poste, etc., mais aussi avec les constructions plus « ondoyantes » de la même époque, dans le quartier art nouveau (rue Schiller, allée de la Robertsau) ;
- **L'arrivée en Alsace des rapatriés d'Algérie, dans les années soixante**, qu'il a fallu très vite loger est marquée par l'Esplanade ;
- **La période contemporaine et l'Europe** avec des réalisations architecturales remarquables : quartier européen (en particulier le Parlement et la Cour européenne des droits de l'homme), ARTE, le MAMCS (musée d'Art moderne et contemporain de Strasbourg), le conseil général, le conseil régional (voir chapitre 15)…

SAVIEZ-VOUS ?

L'architecture wilhelminienne la mieux préservée est… à Strasbourg

On peut apprécier la cohérence d'ensemble de ces quartiers du haut de la plate-forme de la cathédrale ! Ces quartiers étaient appelés la *Neustadt* (« ville nouvelle »).

Les quartiers allemands de Strasbourg constituent un ensemble unique car ils n'ont pas été bombardés en 1944-1945, contrairement à la plupart des grandes villes allemandes. Il n'est pas rare que soient tournés à Strasbourg des films qui se passent dans l'Allemagne d'avant-guerre.

Pendant la période de l'Annexion, l'Alsace a été un véritable chantier ! Extension nécessaire, car cette période cumule exode rural et arrivée massive d'immigrés allemands (la ville passa de 70 000 habitants en 1870 à 180 000 en 1914). Sa surface se développa de 230 à 620 hectares. La propagande présentait les nouveaux territoires conquis comme le « paradis du Sud » ! Eh oui, vu de Prusse, l'Alsace, c'est déjà le Midi !

Deux ensembles coexistaient : l'un réservé à l'habitat collectif et individuel, l'autre, monumental, formé par les bâtiments publics adaptés aux fonctions politiques, administratives et culturelles d'une métropole régionale.

Le clou du spectacle, c'est la place de la République ; la pièce maîtresse en est le Palais impérial (actuel siège de la Drac – Direction régionale des affaires culturelles d'Alsace – et de la CCNR – Commission centrale pour la navigation du Rhin), puis le bâtiment abritant les ministères d'Alsace et de Lorraine (actuelles préfecture et trésorerie générale), la bibliothèque impériale (actuelle bibliothèque nationale et universitaire) et, enfin, la Délégation du pays d'empire *Landesausschuss* (actuellement Théâtre national de Strasbourg). Depuis ce centre politique et administratif rayonnent de larges avenues, dont celle de la Paix (ancienne avenue de l'Empereur-Frédéric), qui ouvre une perspective vers la cathédrale, et celle de la Liberté (ancienne avenue de l'Empereur-Guillaume), qui conduit à la grandiose université. Autres bâtiments de cette période : l'hôtel des Postes, la gare centrale (revêtue récemment d'une grande bulle de verre), les églises Saint-Paul et Saint-Maurice, les hospices civils…

Les appartements de cette période sont très recherchés à Strasbourg : immeubles de quatre ou cinq étages, parquets en chêne, cloisons épaisses, pièces vastes, plafonds hauts, quelquefois frises sculptées, caves et mansardes… mais la plupart du temps sans ascenseur, sauf lorsque les propriétaires l'ont prévu ultérieurement, rognant sur l'escalier, ou réalisant des prodiges architecturaux pour l'installer à l'extérieur, le long de la façade qui donne sur la cour…

À la périphérie, des quartiers populaires

Comme dans toute grande ville, les problèmes sociaux, concentrés dans les « quartiers » ne manquent pas. Deux sortes de quartiers populaires coexistent à Strasbourg :

- Ceux qui datent de l'époque allemande (Koenigshoffen, Neudorf, Cronenbourg), avec des immeubles ne dépassant pas quatre étages ;
- Les tours des années 1960 ou 1970 : au sud, le Neuhof, la Meinau ; à l'ouest, Hautepierre, l'Elsau. Dans certains de ces quartiers (la Meinau), on a procédé à la destruction d'un habitat vétuste, détérioré, au grand regret de certains habitants, qui y vivaient depuis l'enfance…

Les transports à Strasbourg : attention, on est écolos !

« Strasbourg, un vélo d'avance ! » Telle est la devise de cette ville, où, effectivement, 14 % des déplacements urbains se font sur la petite reine ! Bientôt, le « Velhop », le Vélib' local. Mais à Strasbourg, nombreux sont ceux qui ont leur vélo. Les arceaux se multiplient dans tous les quartiers, grignotant patiemment des places de stationnement, au grand regret des « tout bagnole » ! Aux heures de pointe, il y a foule et embouteillage sur les pistes cyclables, mais les relations entre les cyclistes restent amènes ! Les frictions sont plus nombreuses avec les piétons, dans certaines rues qu'ils partagent avec les cyclistes.

Le dimanche, le sport national consiste à faire du vélo le long des canaux, eux aussi surpeuplés au premier rayon… Attention : on peut se faire doubler par des énergumènes montés sur rollers !

Et puis, Strasbourg est fière de son tram, l'un des premiers trams « nouvelle génération » en France, dont d'autres villes se sont inspirées par la suite : en site propre, facilement accessible aux handicapés ! Il date de la première mandature de Catherine Trautmann, en 1989. Depuis, il n'a pas arrêté de s'étendre en réseau et sa réussite est exemplaire…

Colmar

Colmar est la petite ville la plus incroyablement préservée d'Alsace, idéalement située, très appréciée des touristes. Cette image lisse coexiste avec d'autres caractéristiques plus problématiques, que Colmar partage avec toutes les villes qui concentrent une population relativement importante.

Colmar, une ville aimable, une capitale administrative

Son nom est issu du latin *Columbarium*, « pigeonnier », « colombier ». Colmar est une ancienne ville de la Décapole, la ligue des dix villes libres alsaciennes faisant alors partie du Saint-Empire romain germanique (voir chapitre 1). Elle fut, à la fin du XVIIe siècle, le siège du Conseil souverain d'Alsace, et a poursuivi sa carrière dans l'administration.

Paradoxe de l'histoire : Colmar a une fonction administrative importante, alors que sa population est nettement inférieure à celle de Mulhouse. Ceci est dû au fait que, lors du choix des chefs-lieux de département, à la Révolution, la ville de Mulhouse n'était pas française, mais était alliée aux cantons suisses ; le choix s'est donc porté sur Colmar, alors la plus grande ville du département. Elle est le siège de la préfecture et du conseil général du Haut-Rhin. Et aussi de la cour d'appel compétente pour les deux départements.

Colmar compte 70 000 habitants, son aire urbaine autour de 120 000 habitants. Il y réside à peu près 10 000 habitants d'origine étrangère. Les Colmariens d'origine portugaise, qui restent les plus nombreux, sont arrivés les premiers, suivis des populations d'origine italienne, maghrébine, turque.

Chaque année, 3,5 millions de touristes viennent visiter Colmar. La ville regorge de beautés patrimoniales : du XIIIe siècle à nos jours, toutes les époques sont encore présentes et offrent au passant leurs splendeurs : bâtiments de l'époque médiévale, de la Renaissance, du XVIIIe siècle français, etc.

Colmar se visite à pied, le nez en l'air, pour apprécier la richesse architecturale de la ville. Il ne faut bien sûr pas oublier de se perdre le long des canaux de la Petite Venise, de préférence un jour de marché dans la magnifique halle Second

Empire. Colmar compte parmi les villes les plus sèches de France (52 centimètres annuels !), mais aussi probablement parmi les plus belles.

CURIOSITÉ

La maison des Têtes

Elle se trouve à deux pas du musée Unterlinden. La maison des Têtes date de 1609 ; elle constitue un magnifique témoignage de la prospérité marchande de la ville sous la Renaissance. Son oriel est l'un des plus beaux d'Alsace. On pouvait difficilement lui trouver un autre nom, car sa façade est ornée de nombreuses têtes sculptées sous forme de masques grotesques. Tout en haut de la façade, on peut admirer la sculpture d'un tonnelier alsacien : c'est une œuvre de Bartholdi, qui habitait à deux pas et a dû souvent contempler sur cette façade les œuvres de ses ancêtres sculpteurs. La maison des Têtes accueille un restaurant gastronomique et un hôtel.

La rue des Marchands

Pour relier le musée Unterlinden et la maison des Têtes à la Petite Venise, le visiteur pourra faire un crochet par la collégiale Saint-Martin, puis emprunter la rue des Marchands. C'est là que se trouvent les plus belles maisons Renaissance de la ville. Il pourra, l'une fois ou l'autre, pousser un portail et pénétrer dans des cours ou de petits passages couverts : voyage dans le temps garanti ! À l'angle de la rue Mercière se trouve la maison Pfister, qui est à Colmar ce que la maison Kammerzell est à Strasbourg. Chacune des deux pourrait revendiquer légitimement le titre de plus belle maison d'Alsace ! Au bout de la rue, deux bâtiments remarquables ont joué un rôle politique dans l'histoire d'Alsace. En premier lieu, le Koïfhuss, ou ancienne douane, bâti en 1480, qui abritait la douane au rez-de-chaussée et les députés de la Décapole à l'étage. Et, à deux pas, l'actuel bâtiment du tribunal de grande instance (XVIIIe siècle), qui accueillait avant la Révolution le Conseil souverain d'Alsace (voir pour ces deux institutions le chapitre 1).

Grâce à des efforts de restauration et de modernisation, la vieille ville est restée le centre administratif et commercial du Colmar actuel. C'est aussi une ville de culture, avec ses nombreux musées, et son prestigieux Festival international de musique.

Et n'oublions pas : c'est la ville natale de Bartholdi (1834-1904) : artiste sculpteur, auteur notamment de la célèbre statue de la Liberté à New York et du Lion de Belfort. Une statue (identique à celle de New York, mais vingt fois plus petite !) éclaire de sa torche l'un des ronds-points de la cité.

Bien que Colmar ne soit pas située directement sur la Route des vins, la ville s'est autoproclamée « capitale des vins d'Alsace » sans qu'aucune ville du vignoble lui conteste cette appellation. Il faut dire qu'à l'exception de la partie ouest, l'agglomération colmarienne est entourée de vignobles et que la zone des vignobles AOC y est très étendue, y compris dans des territoires de plaine. C'est la culture de la vigne qui rendit la ville prospère du temps de Charlemagne et, pendant des siècles, on buvait du vin de la région dans toute l'Europe sous l'appellation *Rheinwein* (« vin du Rhin »). Certains restaurants de la ville servent exclusivement des vins d'Alsace et, chaque année au mois d'août, la foire aux vins de Colmar draine des foules considérables.

La ville de Hansi

Le génial dessinateur et caricaturiste (voir chapitre 12) a vécu toute sa vie à Colmar, marquant profondément l'image gravée dans les consciences. Les scènes les plus « alsaciennes » de son œuvre se passent à Colmar : les petites filles à coiffe, les cortèges d'enfants amenant les gâteaux à cuire chez le boulanger sous le regard jaloux de l'enfant prussien et bienveillant de quelques cigognes, installées dans leur nid, sur le toit d'une maison à colombages… Lorsqu'on se promène dans les rues piétonnes de la vieille ville, rythmées par de grands bacs de géraniums, aux chaussées impeccablement balayées, bordées alternativement de magasins de poteries de Soufflenheim, de cigognes en peluche et de pâtisseries alléchantes, on croit que le temps est aboli, et qu'on est entré dans un dessin de l'Oncle des Alsaciens !

Une ville bourgeoise ?

En tout cas, une ville qui n'aime pas les changements : elle a le même maire UMP, Gilbert Meyer, depuis 1995, un maire qui n'a pas la réputation d'être un progressiste forcené ! Il fait le bonheur de Roger Siffer, patron de la « Chouc' » et de sa revue annuelle, dont « Chilbert » (Gilbert avec l'accent alsacien) est la vedette indétrônable depuis de longues années (voir chapitre 11) !

Une ville à forte préoccupation sociale

À côté de cette image parfaite d'une ville bénie des dieux, il y a la face cachée de Colmar, où se concentrent aussi les problèmes sociaux.

Il y a un siècle à peine, Colmar était une ville où la prostitution s'étalait au grand jour… La Babylone de l'Alsace ? « *Nach Colmar gehen* » (« Aller à Colmar ») était alors une expression bien connue dans toute l'Alsace…

Colmar et sa région accueillent certes des entreprises internationales, en particulier japonaises, allemandes et américaines. Mais, nous le verrons dans le chapitre 18 consacré à l'économie, des stratégies de retrait total ou partiel sont à l'œuvre, qui ont des conséquences dramatiques sur l'emploi.

Il y a quelques années, Colmar fut éligible au titre de la dotation de solidarité urbaine. Un tiers du parc locatif colmarien est constitué de logements sociaux. Ici comme ailleurs, les enfants issus de l'immigration sont souvent confrontés à des problèmes scolaires ; d'autres minorités également sont en très grande difficulté d'insertion : le « quart-monde alsacien », les gens du voyage… La ville a signé, en 2000, son premier contrat de ville. Comme toute cité moderne, Colmar doit faire face à des tensions, des pressions, des embûches. L'université de Haute-Alsace (UHA), dont une partie des formations se fait à Colmar, va l'aider à faire face à ses difficultés.

Et le tourisme reste une manne financière inépuisable dans cette ville d'une rare beauté !

Mulhouse, le Manchester français

Ce qui marque Mulhouse, depuis 1746, date de la création de la première indiennerie, c'est la prééminence des industries. Malgré les crises successives de son histoire, Mulhouse est restée la ville industrielle de la région (voir chapitre 14). C'est l'incroyable développement industriel au XIXe siècle, à partir de 1815, qui lui a valu la dénomination de « Manchester français ». De grandes usines emploient dès cette époque des centaines d'ouvriers. L'industrie textile entraîne la naissance d'usines de machines textiles et d'une industrie chimique . La ville, qui comptait 4 000 habitants en 1800, approchait les 70 000 à la veille de la guerre de 1870 !

Cette révolution industrielle de Mulhouse s'est faite alors que la ville, qui faisait précédemment partie de la Confédération helvétique, n'est devenue française qu'en 1798. Mulhouse est une ville jeune, comparée à toutes les autres cités alsaciennes. Cette réalité frappe le visiteur, en particulier sur le plan de l'architecture au centre-ville.

Une ville ouvrière

La plus méridionale des grandes villes alsaciennes, la commune de Mulhouse, a une population de 112 000 habitants, son unité urbaine de 238 000 habitants.

Le 4 janvier 2010, 32 communes de la région mulhousienne, représentant plus de 252 000 habitants, se sont rassemblées pour donner naissance à Mulhouse Alsace Agglomération (M2A).

Mulhouse est très cosmopolite : elle affiche le taux d'étrangers le plus important d'Alsace (près de 20 %). Elle reste une ville essentiellement industrielle, bien que son secteur tertiaire se soit également beaucoup développé. Malgré la crise de l'automobile, Peugeot demeure le premier employeur d'Alsace et fait vivre de nombreux sous-traitants de la région. En conséquence, quand le moteur de Peugeot se « grippe », une kyrielle de sociétés tombent malades !

Cette forte industrialisation a attiré des travailleurs étrangers par vagues successives depuis le XIXe siècle, qui aujourd'hui sont souvent fragilisés, comme partout en Europe, par le déclin industriel et la crise mondiale, ce qui entraîne de fortes tensions sociales.

La cité, tout un symbole !

Au XIXe siècle, le patronat mulhousien a voulu répondre de son mieux à la misère ouvrière en créant la « cité ouvrière ». C'est Jean Dollfus, patron de DMC (Dollfus-Mieg et Compagnie), économiste et philanthrope protestant, qui eut l'idée de restaurer la dignité de l'ouvrier et de moraliser la famille ouvrière par l'accession à la propriété. La cité de Mulhouse est constituée de 1 000 maisons, dont chacune est coupée en quatre parts égales, compromis entre l'individuel et le collectif. Au centre se trouve une place avec les services collectifs : boulangerie, bains, lavoirs... Primée à l'Exposition universelle de 1867, elle servit de modèle à de nombreuses autres cités. Elle est encore aujourd'hui un exemple du paternalisme industriel du XIXe siècle. De nombreuses études lui ont été consacrées. Aujourd'hui, les maisons sont souvent occupées par une seule famille.

La capitale européenne des musées techniques

Conséquence de la présence d'un développement industriel si fort, Mulhouse regorge de musées techniques : musée de l'Automobile, MISE (musée de l'Impression sur étoffes), musée du Chemin de fer, musée EDF-Electropolis, musée du Papier peint, etc.

Des milliers de visiteurs se pressent chaque année pour découvrir ces richesses propres à cette ville et à son histoire. Mais les musées ont eux-mêmes besoin d'argent pour rester attractifs…

Une ville très « française »

Paradoxalement, bien que Mulhouse ait été la dernière ville à rejoindre la France en 1798, elle passe pour la plus française des trois grandes villes d'Alsace. C'est celle où le nombre actuel de locuteurs de l'alsacien est le plus faible. Ceci est à mettre en rapport avec la présence de grands industriels du XIXe siècle, calvinistes, donc francophones qui ont régné sur une classe ouvrière catholique et plutôt dialectophone.

Une ville qui se dote de moyens de communication diversifiés

Mulhouse vient de se doter du tram. Côté rail, la ville sera reliée au sud par la première ligne de TGV française ne passant pas par Paris ! La région Alsace travaille également au dossier de raccordement par rail à l'aéroport de Bâle-Mulhouse.

L'aéroport international de Basel-Mulhouse-Freiburg (Euro Airport) est le seul aéroport binational au monde : il comprend une partie suisse et une partie française. C'est là qu'est installée la compagnie aérienne Easy Jet. Tous les Alsaciens connaissent la route vers l'aéroport de Mulhouse, les brumes du petit matin, et le grand parking bondé à toute heure, puisque c'est de là que partent beaucoup de voyages *low cost* !

Mais qu'est-ce qu'ils ont tous, ces maires ?

On remarque que, automatiquement, depuis 1956, tout maire qui prend la mairie de Mulhouse avec une étiquette à gauche retourne sa veste au bout de quelques années et roule à droite. L'air de Mulhouse ?

C'est ce qu'il s'est passé pour :

- Émile Muller (1915-1988), maire de 1956 à 1981 ;
- Joseph Kliffa (1931-2009), maire de 1981 à 1989 ;
- Jean-Marie Bockel (né en 1950), maire de 1989 à 2010.

Et l'avenir ?

Mulhouse n'a ni le rang de chef-lieu de département qui revient à Colmar, ni la richesse de Bâle, ni le prestige universitaire de Fribourg, ni l'aura de capitale européenne de Strasbourg. Il lui faut donc trouver une identité propre en sachant qu'elle a cessé d'être un modèle de développement industriel comme elle a pu l'être au XIXe siècle. Bernard Reumaux relevait dans un numéro spécial de *Saisons d'Alsace* paru en 1997 que « Mulhouse doit savoir se garder de tomber dans une forme d'orgueil très particulière, l'orgueil des déchus, cette valorisation narcissique des échecs ».

Les projets ne manquent pas pour aider Mulhouse à sortir de ses difficultés de reconversion : par exemple, l'université de Haute-Alsace, qui est devenue très attractive, envisage une fusion avec l'université de Strasbourg (UDS). Elle comporte notamment un centre de formation d'apprentis (CFA), en lien avec l'entreprise, qui devrait aider la ville à renouer avec son passé industriel prestigieux.

Deux départements

Les deux départements alsaciens ont chacun leur caractère. Traditionnellement, la différence de dialectes les distinguait de la manière la plus évidente. Mais la baisse du nombre de dialectophones, plus marquée dans le Haut-Rhin que dans le Bas-Rhin, n'empêche pas de se sentir au plus profond de son âme 68 ou 67 !

Le Haut-Rhin

Définition : c'est un rectangle presque parfait qui s'étend de la frontière suisse au fameux Landgraben, et du sommet des Vosges au Rhin. Vous avez sûrement en mémoire la grande diversité de ses paysages découverts au chapitre précédent à bord de notre Cessna 150.

Carte d'identité

- Population : 756 974 habitants. La communauté d'agglomération de Colmar (CAC) en compte 93 415 et Mulhouse Alsace Agglomération 252 267 ;
- Densité : 208,9 habitants au kilomètre carré (moyenne nationale : 112,8) ;
- Le Haut-Rhin compte 6 arrondissements, 31 cantons et 377 communes ;
- Superficie : 3525,17 kilomètres carrés.

Tableau 6-1 : Les onze villes du Haut-Rhin de plus de 10 000 habitants

Ville	*Nombre d'habitants*
Mulhouse	112 002
Rixheim	12 803
Wittelsheim	10 297
Colmar	67 163
Riedisheim	12 369
Saint-Louis	20 321
Kingersheim	12 098
Illzach	15 449
Guebwiller	11 883
Wittenheim	15 159
Cernay	10 790

Un rapide historique

L'ancienne Haute-Alsace, qui est devenue française à partir des traités de Westphalie, était constituée d'une mosaïque de territoires : possessions des Habsbourg, des princes d'empire, des évêques de Bâle et de Strasbourg, Mulhouse (qui n'est devenue française que bien plus tard ; voir chapitre 1). Le puzzle était à peu près unifié en 1680. Cette Haute-Alsace d'Ancien Régime s'étendait d'ailleurs bien au-delà des limites actuelles du Haut-Rhin, puisqu'elle incluait Belfort et Delle vers le sud.

Les révolutionnaires créèrent le « département de Colmar », qui devint Haut-Rhin en 1791 avec Colmar pour chef-lieu.

Pendant une quinzaine d'années faisaient également partie du Haut-Rhin le pays de Montbéliard ainsi que Porrentruy et Délémont en Suisse. Et, durant la période révolutionnaire, il y avait même un évêque du Haut-Rhin !

Le Haut-Rhin a été profondément meurtri par la défaite de 1870 (voir chapitre 1). La Prusse a imposé une nouvelle frontière correspondant *grosso modo* à la frontière linguistique. Concrètement, le Haut-Rhin perdait un septième de son territoire et 106 communes, dont Belfort.

Mais l'Annexion a également entraîné une véritable érosion démographique. 100 000 Haut-Rhinois, dont beaucoup de jeunes, ont choisi l'exode en « France de l'intérieur » ou dans les colonies. De nombreuses usines et capitaux ont traversé les Vosges, contribuant d'ailleurs à dynamiser d'autres régions françaises, en particulier les régions voisines.

Sous le *Reichsland* (voir chapitre 2), le département est devenu *Bezirk Ober-Elsass* et les arrondissements *Kreise*. Le Haut-Rhin a payé un lourd tribut aux deux guerres mondiales. Le Linge et le Vieil-Armand ont été des zones de combat très meurtrières ; de nombreuses localités se trouvant au pied du massif étaient en ruine au moment de l'armistice. Dans la liste des dommages de guerre de la Seconde Guerre mondiale, ce département se trouvait au 6e rang des départements sinistrés. Pour plus de détails, vous pouvez faire un petit retour en arrière au chapitre 5, dans la partie historique concernant les batailles de la poche de Colmar.

Le Haut-Rhin en quelques chiffres clés

- PIB par habitant : 23 927 € (Bas-Rhin : 27 148 €, France : 26 471 € ; chiffres 2005) ;
- Taux de chômage : 9 % (Bas-Rhin : 8,4 %, France : 9,5 % ; chiffres 1er trimestre 2010) ;
- 5 803 exploitations agricoles (chiffres 2005) ;
- 7 811 entreprises artisanales (chiffre 2002) ;
- 25 495 établissements commerciaux et services (chiffres 2007) ;
- 262 hôtels ;
- 3 850 378 millions de passagers à l'aéroport de Bâle-Mulhouse en 2009.

Le Bas-Rhin

Définition : le Bas-Rhin est un rectangle moins parfait que son homologue méridional en raison de la « bosse » de l'Alsace… Bossue. De la même manière que le Haut-Rhin fait frontière avec la Suisse dans sa partie méridionale, le Bas-Rhin lui, fait frontière avec le Palatinat au nord.

Carte d'identité

- Population : 1 079 016 habitants. À noter que la communauté urbaine de Strasbourg compte à elle seule près de la moitié de la population départementale, avec ses 467 376 habitants ;
- Densité démographique : 226,9 habitants au kilomètre carré (moyenne nationale : 112,8) ;
- Le Bas-Rhin compte 7 arrondissements, 44 cantons, et 527 communes ;
- Superficie: 4 755 kilomètres carrés.

Tableau 6-2 : Les douze villes du Bas-Rhin de plus de 10 000 habitants

Ville	*Nombre d'habitants*
Strasbourg	272 975
Lingolsheim	16 784
Haguenau	34 891
Bischwiller	12 880
Schiltigheim	31 239
Saverne	11 907
Illkirch-Graffenstaden	26 368
Obernai	11 009
Sélestat	19 459
Hoenheim	10 666
Bischheim	17 827
Ostwald	10 616

Un rapide historique

Nous l'avons vu à propos du Haut-Rhin : la constitution des départements s'est faite en 1789 sur la base de la division plus ou moins naturelle entre la Haute et la Basse-Alsace. En 1791, le département du nord que l'on avait d'abord qualifié de « département de Strasbourg » est devenu département du Bas-Rhin.

Au départ, l'Alsace Bossue ne faisait pas partie du Bas-Rhin. Elle n'a été incorporée qu'en 1793, date à laquelle le comté de

Nassau-Sarrewerden et la seigneurie de Diemeringen (région qu'on nommait alors *Westricht*) ont été rattachés à la France. Le comté voisin de La Petite-Pierre l'avait été dès 1681.

Nous verrons dans la partie consacrée à l'Alsace Bossue (chapitre 9) que ce rattachement au Bas-Rhin plutôt qu'à la Moselle, ce qui aurait été plus logique, se justifie uniquement par des raisons confessionnelles : les habitants de ces trois cantons, très majoritairement luthériens et calvinistes, préféraient faire partie d'un département alsacien à forte présence protestante.

LE SAVIEZ-VOUS ?

Nous avons vu pour le Haut-Rhin qu'une ville se trouvant en pays de Bade, Breisach, a fait partie des territoires du royaume de France et qu'elle a même été le siège du Conseil souverain d'Alsace. Le Bas-Rhin comptait également trois cantons, qui se trouvent aujourd'hui « outre-Lauter », en Palatinat : Landau, Kandel et Dahn. Ce n'est qu'en 1815, à la fin de l'épopée napoléonienne, que la frontière fut fixée sur la Lauter.

Sous le *Reichsland*, entre 1870 et 1918, le Bas-Rhin fut maintenu dans ses limites (à part dans le secteur du Donon) et baptisé *Bezirk Unter-Elsass*. Les *Kreise* prirent la place des arrondissements, mais leur nombre passa de quatre à sept.

En 1918, le Bas-Rhin retrouva son nom de baptême de 1791 mais il conserva le nombre d'arrondissements qui avaient été créés durant le *Reichsland*.

Le Bas-Rhin en quelques chiffres clés (mai 2010)

- PIB par habitant : 27 148 € (France : 26 471 €) ;
- Taux de chômage : 6,4 % (Alsace : 6,7 %, France: 7,8 %, chiffres au 4e trimestre 2008) ;
- 6 467 exploitations agricoles ;
- 4 916 entreprises artisanales ;
- 34 951 établissements industriels commerciaux et de services ;
- 312 hôtels et 2 432 restaurants ;
- 8 395 087 tonnes de fret pour le port de Strasbourg, deuxième port fluvial français après Paris ;
- 1 329 626 passagers à l'aéroport international de Strasbourg.

Une région

Adrien Zeller, monsieur Région Alsace

Que de mandats !

Adrien Zeller a occupé de nombreuses fonctions électives et politiques :

- Député de la circonscription de Saverne (de 1973 à 1998) ;
- Maire de Saverne (de 1977 à 2001) ;
- Député européen (de 1989 à 1992) ;
- Secrétaire d'État chargé de la sécurité sociale dans le gouvernement Chirac (1986 à 1988) ;
- Président de la Région Alsace de 1996 à son décès en 2009.

Des racines centristes

Adrien Zeller, fils et petit-fils de maire de village, est un héritier du *Zentrum* catholique incarné après la guerre par le MRP. Il a été membre du CDS (Centre des démocrates sociaux) puis de l'UDF (Union pour la démocratie française). Il a d'ailleurs fondé son propre mouvement politique dans les années 1970, Initiatives alsaciennes. Ce mouvement était très nettement d'inspiration antigaulliste à une époque où la relève d'élus locaux gaullistes traditionnels était de plus en plus assurée par une nouvelle génération qu'on a parfois qualifiée de « Zeller boys » !

La présidence de la région en 1996 a été obtenue contre le RPR Hubert Haenel grâce à une alliance avec les verts auxquels il avait concédé l'abandon du projet de LGV Est, projet dont il est devenu par la suite un ardent défenseur. Son ralliement à l'UMP peut s'analyser comme un signe de l'affaiblissement du fameux centrisme alsacien.

Il faut également souligner que Zeller était un Européen convaincu et un opposant sans concession au Front national qui faisait des scores importants dans sa circonscription de Saverne, en particulier durant les années 1980. Il s'était déclaré favorable à une coalition anti-Front national.

Le père de la Région Alsace

Sa brutale disparition en 2009 a suscité des élans de sympathie dans toute l'Alsace, tous partis confondus. La cérémonie d'adieu à Zeller dans la cathédrale de Strasbourg restera dans toutes les mémoires d'Alsaciens. Il aura véritablement incarné l'Alsace durant ses treize années de présidence de la Région. Zeller, c'était la passion de l'Alsace, la passion du contact humain et du débat. Ses proches collaborateurs disaient de lui : « Il est épuisant, il a 100 000 idées à la minute ! »

Rares sont les régions françaises dont l'identité s'impose avec une telle évidence : communauté de destin de ses habitants, culture fortement marquée, cohérence territoriale. Et si l'Alsace devenait un laboratoire national dans le cadre de la réorganisation des collectivités territoriales tant attendues ?

Population et prospérité

La densité de la population alsacienne est sensiblement supérieure à la moyenne nationale. L'Alsace est l'une des régions les plus riches de l'Hexagone. Pourtant, des clignotants économiques inquiétants commencent à s'allumer…

Une région densément peuplée

L'Alsace se place au troisième rang des régions les plus densément peuplées de France après la région Parisienne et le Nord-Pas-de-Calais. Sur l'ensemble de la région, la densité est de 219 habitants au kilomètre carré pour une moyenne de 113 en métropole. Cette densité est également à comparer à celle du Grand Est, qui n'est que de 79 habitants au kilomètre carré. Le rythme de croissance de la population est 2,5 fois plus important en Alsace que dans le Grand Est.

Quelques traits démographiques marquants (chiffres 2006)

- La proportion de jeunes adultes est importante. Les 25-59 ans représentent 49 % de la population contre 47,5 % pour la France métropolitaine ;
- Les ouvriers représentent (encore ?) une part importante de la population active : 29,3 % contre 23,4 % pour l'ensemble du pays ;
- Alors que les naissances hors mariage sont devenues majoritaires en France, elles restent minoritaires en Alsace ;
- Prévisions à l'horizon 2035 : si les tendances démographiques observées dans la période 1990-2005 sont confirmées, l'Alsace devrait passer des 1 815 493 habitants en 2006 à 2 100 000 habitants.

Mais l'environnement de l'Alsace – plus proche du centre de l'Union européenne que de Paris – est européen. C'est donc également à l'aune de cet environnement-là qu'il faut évaluer ces données démographiques. La densité en Suisse du Nord-Ouest est de 519. Elle est de 272 dans la région allemande voisine du Oberrhein et de 300 pour l'ensemble du Bade-Wurtemberg.

Si l'on se place dans une perspective plus large au niveau des 271 régions européennes, l'Alsace occupait, en 2003, le 22e rang pour l'accroissement naturel en 2003.

Les bip-bip du PIB

Le produit intérieur brut, le fameux PIB, est la référence universelle de mesure de la richesse d'un pays ou d'une région, même si ses modes de calcul sont parfois remis en question.

L'Alsace se positionne toujours au-dessus de la moyenne des régions européennes avec ses 24 695 euros par habitant pour une moyenne européenne de 21 741 euros en 2003 (PIB du Bade-Wurtemberg en 2009 : 31 900 par habitant pour un total de 10 750 000 habitants).

Tableau 6-3 : PIB alsacien par tête d'habitant comparé aux régions voisines (chiffres 2003)

Région	*PIB par habitant*
Lorraine	21 192
Franche-Comté	22 621
Rhénanie-Palatinat	24 471
Alsace	24 695
Fribourg	26 125
Karlsruhe	30 362

Mais il n'y pas que le bip du PIB. Il y a aussi le bip de la recherche-développement, qui, lui, donne des indications sur les développements prévisibles d'une économie. Eh bien, là, le bip aurait plutôt tendance à faire « bip bip bip », car la part de cette R&D dans le PIB alsacien est légèrement inférieure à la moyenne de l'Union européenne. Il est de 1,57 % en Alsace (chiffres 2003) alors que le seuil préconisé par l'Union européenne est de 3 % du PIB, seuil atteint ou dépassé par une région sur dix en Europe, dont la région de Karlsruhe qui flirte avec les 4 % de son PIB.

Nous retrouverons l'économie alsacienne, son histoire et les questions qui se posent à elle au chapitre 18. Il s'agissait ici simplement de donner quelques éléments pour permettre de mieux aborder la question suivante : faut-il supprimer les départements ?

Vers la suppression des départements ?

On raconte que, parmi les critères retenus par les révolutionnaires pour découper l'ancien royaume en départements, on a retenu celui-ci : il fallait qu'un cavalier puisse atteindre le chef-lieu du département en une journée. À présent, Strasbourg est à deux heures vingt de Paris en TGV et le réseau TER qui sillonne l'Alsace du nord au sud n'est pas sans évoquer les lignes du RER parisien. Mais les bons vieux départements, qui ont plus de deux siècles dans les veines, ont fini par s'inscrire profondément dans les mentalités collectives…

Un débat national

Le débat sur la réforme des collectivités territoriales est plus que jamais à l'ordre du jour en France. Et, au cœur de ce débat, se pose de manière récurrente la question de la pertinence de l'échelon départemental.

La faiblesse des régions françaises est souvent mise en parallèle avec le dynamisme et la puissance des autres régions européennes. Exemple concret : l'Alsace compte 1 800 000 habitants, le *Land* voisin du Bade-Wurtemberg en compte près de six fois plus !

Un débat alsacien

Le débat prend une tonalité singulière en Alsace. Car, nous l'avons vu, le clivage 67/68 correspond à autre chose qu'un simple découpage administratif. Mais les arguments allant dans le sens d'une suppression des deux départements ne manquent pas !

Les enjeux de la réforme territoriale en Alsace selon Philippe Richert, sénateur du Bas-Rhin, président de la Région Alsace

Face à la multiplication de strates administratives que l'on qualifie souvent de « mille-feuille administratif français », dans lequel personne ou presque ne sait précisément qui fait quoi, le contexte de contraintes budgétaires nous oblige à dépasser l'horizon des modes actuels de fonctionnement vers une approche nouvelle évitant toute dispersion institutionnelle.

En Alsace, l'échelle régionale est celle où s'expriment la cohérence économique, la cohésion sociale ainsi que la visibilité nationale et internationale. C'est bien l'Alsace qui porte naturellement les actions de promotion de notre région, de ses vins et de ses traditions, de son tourisme et de son économie. Personne ne peut le nier.

Ce constat doit inciter à faire évoluer en profondeur les relations entre les collectivités départementales et régionales. N'est-il pas temps de franchir une étape supplémentaire et saisir l'opportunité que représentent les spécificités régionales pour être plus performant et plus respectueux des deniers publics ?

Réunir les conseils généraux et les conseils régionaux dans une seule assemblée pour décider de l'ensemble des projets, c'est aller dans le sens de ce qui est prévu avec la création des conseillers territoriaux qui siègent à la fois dans l'un et l'autre conseil. Faut-il garder, dès lors que ce sont les mêmes élus, côte à côte deux niveaux de collectivités, avec chacune son administration et son budget plutôt que de gagner en efficacité tout en évitant de nombreux doublons politiques, administratifs et financiers ?

En ces périodes de disette budgétaire, le courage politique consiste à ne pas refuser le débat sur cette question et à y associer l'ensemble de nos concitoyens.

Ce chantier de l'union des départements et de la Région doit se faire dans le respect de l'identité des territoires et préserver la proximité. Il n'est pas question d'ignorer l'histoire et la réalité de chaque département. Un Conseil uni d'Alsace, interlocuteur unique représentant les trois collectivités réunies, ne peut être que plus efficace, aussi bien face à l'État que dans le dialogue avec les autres régions européennes à un moment où jamais la compétition interrégionale n'a été aussi forte.

L'Alsace, forte de son histoire et son identité, ayant montré son attachement au droit local alsacien mosellan est décentralisatrice. Elle n'a pas à être frileuse face au renforcement d'une décentralisation qui bénéficiera à son droit local comme à ses spécificités.

Une enquête ISERCO révèle que 92 % des Alsaciens souhaitent donner à titre expérimental de nouvelles compétences au conseil régional d'Alsace. L'actuel président du conseil général du Haut-Rhin défend bec et ongles le maintien de l'échelon départemental et s'oppose, fort curieusement, à toute idée de référendum. Honni soit qui penserait que ce genre de position aurait un quelconque rapport avec un désir de conserver un poste !

Philippe Richert, le nouveau président de la région Alsace, se demande au contraire s'il est bien nécessaire de garder côte à côte deux niveaux de collectivités territoriales. C'est ce qu'il explique dans la contribution ci-dessus qu'il a bien voulu nous confier.

Chapitre 7

Une mosaïque de « pays »

Dans ce chapitre :

- Du nord au sud de l'Alsace, plusieurs microrégions, avec chacune ses paysages, son architecture, la spécificité culturelle et sociale de ses populations
- L'Alsace Bossue, l'« excroissance » des cartes
- L'Outre-Forêt, une région chargée d'histoire
- La plaine d'Alsace, entre la Hardt et le Ried
- Le Kochersberg et ses richesses d'hier et d'aujourd'hui
- Le Sundgau et le Jura alsacien

Il vous reste à présent à découvrir les nombreuses « sous-régions » de l'Alsace. Vous allez voir, chacune vaut le déplacement car chacune a son odeur, ses couleurs, son dialecte.

L'Alsace Bossue

Située à l'ouest des Vosges du Nord et de la région de La Petite-Pierre, l'Alsace Bossue constitue une partie du plateau lorrain rattachée au département du Bas-Rhin pour des raisons confessionnelles. C'est à cause de cette excroissance sur les cartes que l'Alsace n'est pas un rectangle parfait !

Alsacia curva, drôle de nom pour un territoire !

L'appellation intrigue, forcément ! C'est bien étrange, en effet, de dire d'une région qu'elle est « bossue ». Elle est de surcroît mal connue des Alsaciens eux-mêmes, comme si elle était une sorte de « territoire d'outre-Alsace ». Ce qui est le cas, d'une certaine manière.

En alsacien, on l'appelle *s'krumme Elsass*, ce qui « littéralement » donnerait « l'Alsace courbée ». Cette traduction, qui ne manque pas de dimension poétique, a l'avantage d'évoquer les paysages particulièrement vallonnés et les routes en montagnes russes de la contrée. Les historiens ont d'ailleurs trouvé des textes du XVIIe siècle qui parlent d'*Alsacia curva* (« Alsace courbe »), ce qui indiquait alors la partie de l'Alsace qui s'incurvait vers l'ouest.

Mais, ce qui a fixé définitivement son appellation après le découpage de l'ancien royaume de France en départements, c'est le côté « excroissance » du département du Bas-Rhin, et donc de la région. On dirait un « nez alsacien » qui vient renifler ce qu'il se passe de l'autre côté du col de Saverne. Vous ne serez pas surpris(e) si nous vous annonçons que l'explication de cette situation est historique.

Quand la religion détermine les rattachements administratifs

L'Alsace Bossue est historiquement une terre protestante. On y trouve d'ailleurs des luthériens et des calvinistes. Jusqu'à la révolution de 1789, elle appartient à des princes allemands, les Nassau-Sarrebruck, qui sont presque tous au service de la France. Souvenez-vous : la révocation de l'édit de Nantes ne s'appliquait pas en Alsace en raison des dispositions du traité de Westphalie sur les libertés religieuses entre Vosges et Rhin (voir chapitre 1). Mais là, nous sommes outre-Vosges. L'édit de Nantes s'applique donc, et les protestants de cette région sont victimes des mesures royales les obligeant à adhérer au catholicisme. Pas étonnant dans ces conditions que les protestants de Bouquenom (future Sarre-Union) aient été à la tête du mouvement révolutionnaire. L'Alsace Bossue est en définitive une des dernières terres alsaciennes à être rattachée à la France, conformément au vœu de la population, par décret de la convention nationale du 14 février 1793.

Mais à quel département va-t-on les rattacher ? Car, lorsque l'Alsace Bossue devient française à part entière, les départements existent déjà depuis trois ans. Les tensions religieuses sous l'Ancien Régime ont été telles que c'est la religion qui décide du rattachement de cette terre protestante, non pas à la Moselle catholique, mais au plus protestant des départements français, le Bas-Rhin.

Un bout de Lorraine en Alsace...

C'est donc bien l'histoire religieuse qui a fait de cette terre lorraine un morceau d'Alsace. Vous souvenez-vous de notre rapide survol d'un village d'Alsace Bossue au bord de notre petit Cessna (chapitre 6) ? Maintenant que nous nous trouvons à terre, nous pouvons voir les choses d'un peu plus près.

Les paysages sont ceux du plateau lorrain, avec ses routes toboggans. Les terres sont en général ingrates : rien à voir avec les terres lœssiques du Kochersberg ou la richesse du vignoble ! Mais, partout, s'étendent de magnifiques vergers et on a le sentiment d'être dans une campagne relativement préservée, avec des villages parfois minuscules, une soixantaine répartis en trois cantons.

Pénétrons dans l'un d'eux. Sommes-nous dans un morceau de « Lorraine alsacienne » ou dans une « avancée alsacienne en Lorraine » ? Si le seul critère devait être l'architecture des fermes et la structure des villages, la réponse à la question serait assurément : « Nous sommes en Lorraine ! » Que voyons-nous en effet ? Des fermes avec des toits immenses construites en ligne des deux côtés de la rue. Mais cette ligne est en retrait d'une vingtaine de mètres par rapport au bord de la chaussée. En Lorraine, on appelle cet espace mi-public, mi-privé un « usoir », et en vieil allemand *Almend* ou *Almang*.

Les fumiers devant les maisons !

Autrefois, on disait, avec un brin de mépris : « *Em Krumme han sie de mechthuffe vor de deer* » (« En Alsace Bossue, ils entassent le fumier devant la porte »). En fait, cette zone était effectivement le lieu où se trouvait la fosse à purin, le fumier, la fontaine, les abreuvoirs. C'est là également que l'on entassait le bois, les machines agricoles et toutes sortes d'ustensiles.

On peut encore avoir l'impression, en traversant ces villages, de se trouver au milieu d'une grande cour commune où chacun, autrefois, s'activait sous le regard de tout le monde. Le contraste est saisissant avec les fermes du Hanau-Lichtenberg, à quelques kilomètres un peu plus à l'est, dans un pays également protestant et agricole ; là, la vie de chaque ferme se déroule derrière un énorme portail clos…

Un pays d'eau

Une rivière bicolore

C'est la Sarre. Et, à sa source, deux rivières, la Sarre rouge et la Sarre blanche. Elles finissent par se rejoindre pour former la Sarre, qui va se jeter dans la Moselle en Allemagne. Ces eaux alsaciennes finiront dans le Rhin mais cette fois-ci *via* la Moselle. Au Moyen Âge, on expédiait du bois en Hollande à partir de la Sarre par un système de flottaison.

Un canal de liaison avec… Manchester !

Vous découvrirez au chapitre 18 l'explosion industrielle de Mulhouse, qu'on appelait le Manchester français. Et ce Manchester-là, comme celui d'outre-Manche, était gros consommateur d'énergie, donc de charbon. À l'origine, les industriels mulhousiens s'approvisionnaient aux houillères de Ronchamp, tout près de l'endroit où nous avons décollé en Cessna au chapitre 6. Mais les gisements de Ronchamp s'épuisaient en même temps que croissait la demande des industriels de Mulhouse.

Or, il y avait alors à Sarrebruck les plus grandes réserves en charbon d'Europe, et c'est à Sarrebruck que les industriels mulhousiens purent alors s'approvisionner. Le grand débat, en ce milieu du XIXe siècle, opposait les partisans du chemin de fer aux partisans des canaux.

Les industriels mulhousiens sortirent leur calculette, pardon, trempèrent leur plume dans leur encrier, et firent un rapide calcul : le transport par canal était bien plus rentable. Il suffisait de relier la Sarre au canal de la Marne au Rhin, qui avait été ouvert en 1853 ; les péniches pourraient alors rejoindre Strasbourg et poursuivre leur chemin vers Mulhouse, par le canal du Rhône au Rhin.

Sitôt dit, sitôt fait : le canal fut inauguré le 15 mai 1866. Il parcourt l'Alsace Bossue de part en part, traverse trois étangs, et confère à la région un charme supplémentaire qu'apprécient les adeptes du tourisme fluvial.

L'Outre-Forêt

C'est la partie qui se trouve de l'autre côté de la forêt. Mais de quelle forêt ? De la forêt de Haguenau, pardi, l'une des plus étendues de France. C'est en Outre-Forêt que s'est joué le sort de la guerre de 1870, c'est en Outre-Forêt que l'on parle l'autre dialecte alsacien, le francique, c'est aussi en Outre-Forêt que l'on trouve les villages qui passent pour être les plus beaux d'Alsace, donc du monde !

L'histoire, encore et toujours l'histoire...

L'Outre-Forêt est l'une des régions les plus marquées par l'histoire des guerres européennes. Celle de 1870 puis la dernière, avec la construction de la ligne Maginot. C'est également depuis l'Outre-Forêt que l'on surveillait le ciel du bloc communiste durant la guerre froide.

« Il fallait voir les cavaliers charger ! »

Il fallait peut-être les voir charger, comme le dit la chanson, mais il fallait surtout les voir se faire faucher comme les blés...

C'est à Woerth que les Français ont affronté les Prussiens, le 6 août 1870, à 40 000 contre 80 000 pour les armées du *Kronprinz*. C'est ici qu'eut lieu la fameuse « charge des cuirassiers de Reichshoffen ». Une boucherie qui concentre en une seule journée la bêtise de cette guerre et celle des suivantes. Cette bataille marqua le début de la fin pour les armées de Napoléon III. On raconte que les villageois du secteur mettront plus de deux semaines à enterrer les 20 000 morts...

La « sainte forêt de Haguenau »

La deuxième ville du Bas-Rhin, Haguenau, s'est construite, au XIIe siècle, au sud et à partir de la forêt qui porte son nom. Le massif de la forêt de Haguenau s'étend aujourd'hui sur 20 000 hectares (dont 13 500 hectares de forêt indivise). Elle occupait 60 000 hectares au Moyen Âge. Pendant longtemps, elle a été exploitée intensivement : son bois était utilisé pour le chauffage, la construction, comme matière première pour les navires hollandais... C'est Colbert qui, le premier, mit le holà à une déforestation incontrôlée.

On l'appelle la « sainte forêt de Haguenau » car elle a attiré autrefois de nombreux ermites. On y a également construit plusieurs couvents.

La ligne Maginot

Ce secteur a été épargné par la guerre de 1914. Facile à comprendre : vue d'Outre-Forêt, la frontière entre la France et l'Allemagne est relativement éloignée, vers l'ouest. Mais, dès 1929, le projet de Maginot fut adopté : on allait créer, le long de la frontière, une ligne de défense fortifiée, divisée en secteurs, avec forts et défenses antichars, casemates, blockhaus, postes d'observation...

La ligne Maginot était particulièrement renforcée dans ce secteur, où la frontière avec l'Allemagne fait un angle droit : l'Allemagne au nord (la Sarre, le Palatinat) et à l'est (pays de Bade). Elle ne servit à rien puisqu'*ils* sont arrivés par... l'ouest. Aujourd'hui, certains forts sont devenus de petites attractions touristiques...

En finir avec toutes ces histoires ?

Certaines localités ont profité de l'économie de guerre et de la présence militaire pendant des années. Le chantier de la ligne Maginot a été un grand pourvoyeur d'emploi dans les années 1930, une période où les industriels avaient tendance à fuir une région frontière très exposée.

Et des villages ont continué d'en profiter. Ainsi Drachenbronn, où l'on a construit l'un des plus grands ouvrages de la ligne Maginot, capable d'accueillir 1 200 hommes. Après la guerre, l'armée y a créé une « BA », traduisez une base aérienne. Mais si cette BA n'avait ni avions ni pistes d'atterrissage, elle était en revanche suréquipée en radars très sophistiqués chargés de surveiller le ciel du côté de l'est. Et l'est, ce n'était plus l'Allemagne, mais les pays du bloc communiste. Les informations recueillies étaient traitées dans les installations souterraines de l'ancien fort. La base est toujours en fonction. Elle continue de surveiller un ciel qui semble moins menaçant.

En aurions-nous donc fini avec toutes ces histoires, du moins dans ce coin de la planète ?

Un caractère bien trempé !

Les amateurs de cartes postales doivent absolument visiter certains villages de l'Outre-Forêt. Ceux qui se passionnent pour le dialecte seront très intéressés par le francique qu'on y parle. Quant à ceux qui aiment simplement la douceur d'une campagne vallonnée, ils seront comblés !

Des villages trop craquants...

Si l'Outre-Forêt ne compte que deux petites villes (Wissembourg et Soultz-sous-Forêts), la région renferme de nombreux villages plus craquants les uns que les autres. Il est classique d'en signaler trois : Hunspach – qui est aussi l'un des plus beaux villages de France –, Hoffen et Seebach.

Ces villages concentrent à eux seuls de nombreux aspects de la vie rurale alsacienne que nous avons évoqués par ailleurs : cohabitation entre catholiques et protestants, magnifiques fermes à colombages, costumes traditionnels. Vraiment trop mignons !

CURIOSITÉ

Après le pétrole, l'idée d'un musée du Pétrole…

Le pétrole a été extrait à Pechelbronn dès le XVIIIe siècle. Le site était même le premier site d'exploitation pétrolière en Europe. Le secteur de Pechelbronn a été complètement façonné par l'industrie du pétrole, qui emploie plus de 3 000 ouvriers dans les années 1920. Ils sont encore 2 600 en 1949. Mais, à partir de 1950, tout le monde comprend que cette chronique est celle d'une mort annoncée. On arrête les forages en 1955 et la raffinerie ferme définitivement ses portes en 1970.

Il n'y a plus de pétrole, mais il reste la mémoire du pétrole. Alors, on a eu l'excellente idée de créer un musée : c'est le musée français du Pétrole à Merkwiller-Pechelbronn.

L'autre dialecte

C'est dans cette région d'Alsace que se parle « l'autre dialecte », celui qui fait partie de la famille des dialectes franciques, ou *fränkisch*, qui se pratiquent dans la vallée du Rhin, en Lorraine germanophone, au Luxembourg. C'est également ce dialecte rhénan qui a servi de socle au yiddish, puisque c'est cette langue que parlaient les Juifs rhénans quand ils sont partis vers l'Europe centrale.

PARLER ALSACIEN

Petit glossaire du dialecte d'Outre-Forêt

Donner : *gäve* (*gan* à Strasbourg, *gaa* à Colmar)

Voir : säne (*sahn* à Strasbourg, *sah* à Colmar)

Venir : *komme* (*kumme* à Strasbourg, *ku* à Colmar)

Arbre : *baam* (*böüm* à Strasbourg, *bàim* à Colmar)

Un pendant au Sundgau ?

PARLER ALSACIEN

Le Sundgau se trouve à près de 200 kilomètres au sud de l'Outre-Forêt. Les dialectes parlés dans ces deux régions sont très différents, au point qu'un dialectophone d'Outre-Forêt aura du mal à comprendre un compatriote du Sundgau. Le

Sundgau est très majoritairement catholique alors que l'Outre-Forêt est très marquée par le protestantisme.

Et pourtant, ces deux petits pays logés chacun à une extrémité du « rectangle » ont des points communs : leurs paysages vallonnés se ressemblent, leurs villages racontent de très vieilles sociétés rurales et, dans un cas comme dans l'autre, il n'y a pas d'agglomération importante. Et surtout, ils sont tous deux très dépendants des pays voisins : le pays de Bade et le Palatinat pour l'Outre-Forêt, la Suisse pour le Sundgau.

La plaine d'Alsace

Sous la plaine d'Alsace, un immense cours d'eau souterrain et invisible…

C'est LA nappe phréatique. En fait, « nappe phréatique » signifie « nappe d'eau qui a un lit souterrain ». Des nappes de ce type existent un peu partout sur la planète. Mais quand les Alsaciens vous parlent de « leur » nappe phréatique, on dirait qu'il n'en existe pas d'autre ; c'est que la nappe de la plaine d'Alsace constitue l'un des plus importants stocks d'eau souterrains d'Europe. On l'estime à des dizaines de milliards de mètres cubes !

Imaginez un énorme fleuve souterrain de plusieurs kilomètres de profondeur qui avance de 2 à 3 mètres par jour dans le gravier alluvial du Rhin. Ce fleuve est lui-même alimenté par des affluents, des cours souterrains qui accompagnent chacune des rivières venues se jeter dans l'Ill depuis les vallées vosgiennes.

Les Alsaciens sont conscients et fiers de leur patrimoine, celui que leur ont légué leurs ancêtres comme celui qui leur est donné par la nature. Mais peut-être ignorent-ils la richesse de ce capital naturel invisible qui s'écoule en silence sous leurs pieds, et grâce auquel on aura toujours de l'eau en Alsace. Cette nappe n'est d'ailleurs pas à l'abri de risques de pollutions d'origine agricole (nitrates) et industrielle (mines de potasse).

C'est la portion plane comprise entre Mulhouse au sud et la forêt de Haguenau au nord. À l'ouest, elle commence au pied des collines sous-vosgiennes pour s'arrêter au Rhin à l'est.

Nous allons vous livrer quelques repères de cette longue bande rhénane de plus de 100 kilomètres. Car elle ne forme pas, comme d'autres « sous-régions », un ensemble homogène

Le scoop : il y a deux plaines d'Alsace !

Le voyageur qui traverse l'Alsace du sud au nord en train ou en voiture aura naturellement le regard tourné sur sa gauche, vers la montagne, avec le sentiment d'être dans « la plaine » et que le Rhin est à quelques encablures sur sa droite. Il n'aura pas conscience qu'en fait, il va traverser successivement deux plaines d'Alsace.

Le Ried

CURIOSITÉ

Uniques en Europe

Malgré le retournement des prés du Ried et l'impérialisme du maïs, les rieds de la plaine d'Alsace constituent encore par endroits des ensembles biologiques exceptionnels et uniques en Europe en raison de l'omniprésence de l'eau : en surface et sous terre. Par endroits, la nature du Ried est un véritable paradis pour naturalistes, en particulier dans le canton de Benfeld.

En 1973 a été créée à Muttersholtz, près de Sélestat, la Maison de la nature, du Ried et de l'Alsace centrale. Son objectif : initier et éduquer à l'environnement dans une région d'Alsace à la fois riche sur le plan écologique et menacée par une certaine conception de l'agriculture. Les treize salariés de la maison y accueillent des écoles, des touristes, mais aussi des Alsaciens comme vous et moi, qui peuvent ainsi découvrir la richesse de leur patrimoine naturel comme, à l'écomusée, celle du patrimoine architectural de leurs villages.

L'écomusée et la Maison de la nature ont tous deux été créés au début des années 1970, qui sont décidément une période charnière, celle d'une réelle prise de conscience régionale. Les thésards qui prévoient de travailler sur cette tranche de l'histoire contemporaine ne seront pas en mal de sujets !

Entre Colmar et le Nord de la forêt de Haguenau, on est dans le Ried. En vieil alémanique, *Rieth* signifie « roseau » et par extension « marais ». On est en effet là dans une zone où la nappe phréatique (voir l'encadré ci-dessous) est très proche et où les sols sont argileux, voire tourbeux.

Cette zone du Ried (on devrait dire « des rieds », car il y en existe plusieurs) était couverte jusque dans les années 1960 de prairies et de forêts. Aujourd'hui, une bonne partie des prairies a été retournée, pour la culture du maïs en particulier.

La Hardt

Au sud, entre Mulhouse et Colmar, on est dans la Hardt, une portion de la plaine que les guides touristiques auraient tendance à ignorer s'il n'y avait l'écomusée d'Ungersheim. Les touristes sont décidément incorrigibles : ils préfèrent se promener sur la Route des vins plutôt que dans un ancien secteur minier ! Le sous-sol de la Hardt a été largement exploité par les mines de potasse, mais son sol est pauvre : *Hardt* signifie « pauvre » en langue ancienne. On y trouve de grandes forêts de plaine. La forêt de la Hardt fait à elle seule 13 000 hectares !

Quelques repères, du sud au nord...

Le secteur des anciennes mines de potasse

L'habitat ouvrier de ce secteur (Ungersheim, Wittelsheim, Pulversheim...) n'a rien à voir avec une maison de Hunspach dans l'Outre-Forêt ou une ferme du Val d'Orbey ! Dans les années 1930, on assista à une importante immigration polonaise. Les mines tournaient alors à plein régime et réclamaient des bras ! Il reste dans le secteur une importante communauté polonaise. C'est aussi une des rares régions d'Alsace, hors Strasbourg et Mulhouse, où l'on est politiquement plutôt à gauche.

Neuf-Brisach

Nous vous parlons de ce modèle d'architecture de Vauban dans la partie consacrée à l'architecte militaire de Louis XIV au chapitre 16. Ses habitants peuvent dormir tranquilles : la ville se trouve à quelques kilomètres du Rhin, hors de portée des canons de la rive droite !

Un pays d'eau

Le Ried est traversé par l'Ill et nombre de ses affluents. La nappe est si proche du sol qu'on peut voir à certains endroits des *Donnerlöcher* (« trous de tonnerre ») : des cuvettes d'eau profonde où la nappe est localement « à ciel ouvert ». On trouve également des cours d'eau alimentés par la nappe phréatique qui conservent une température constante tout au long de l'année. Et n'oublions pas les gravières, souvent aménagées pour la baignade, et qui sont devenues des biotopes aquatiques très riches.

Un pays de sucre

La sucrerie d'Erstein, créée sous le *Reichsland* en 1893, est la propriété à 95 % des 570 planteurs de betteraves à sucre. 400 000 tonnes de betteraves, mélangées à du sucre roux en provenance de la Guadeloupe, permettent de raffiner annuellement 100 000 tonnes de sucre. Ou plus simplement : un mètre carré de betteraves donne un kilo de sucre.

Devinette

Si vous n'aimez pas les devinettes stupides, passez à la suite de l'ouvrage, car celle qui va suivre l'est particulièrement :

« Quelle église d'Alsace a trois tours et 200 cloches ? »

Vous ne connaissez pas la réponse. C'est normal. Il est impossible de trouver les réponses aux devinettes stupides. Donc, langue au chat :

« C'est l'église d'Ebersmunster ! Parce qu'elle a trois tours et deux sans cloche... »

On vous avait prévenu(e)... Voilà comment la plus importante église baroque d'Alsace, avec ses trois flèches à bulbe, est traitée dans les cours de récréation. Que ceci ne vous empêche pas d'y faire un crochet pour l'admirer, ou mieux encore, pour y écouter un concert sur l'une des dernières orgues fabriquées par le célèbre facteur Andréas Silbermann entre 1730 et 1732. L'instrument est considéré comme son œuvre la plus aboutie.

Un pays de forêts

Il faudrait plutôt parler de reliques de forêts. Reliques des forêts rhénanes autour de Marckolsheim, Rhinau, Erstein qui abritent… 250 espèces d'oiseaux ! Reliques des forêts-galeries denses du Rhin, de type subtropical avec leurs lianes. Elles sont uniques en Europe. On y dénombre pas moins de 45 espèces d'arbres.

Le Kochersberg

On l'appelle parfois du joli nom de Kochersberg-Ackerland, « pays des champs », même si l'Ackerland inclut également les collines voisines de Brumath et le « pays des choux » de Krautergersheim.

Comme le vignoble, le Kochersberg est une région qui frappe par son opulence. Une opulence qui ne date pas d'aujourd'hui.

Des richesses d'hier…

En traversant les villages du Kochersberg, en voyant ces immenses corps de ferme qui respirent la prospérité, on se dit qu'il faut sûrement remonter loin dans le temps pour comprendre et expliquer cette richesse. Mais il faut remonter encore plus loin…

Il y a deux millions d'années…

Nous sommes à la fin de la dernière glaciation, entre – 20 500 et – 18 500. Des vents d'est, froids et très violents, soufflent en direction de l'Ackerland et ont la bonne idée d'y déposer, durant des milliers d'années, le lœss nourricier, un limon noir et fertile. C'est entre la Zorn et la Bruche, dans le Kochersberg donc, que les dépôts, qui atteignent jusqu'à 30 mètres de profondeur, ont été les plus importants. C'est à ces vents favorables que ce coin d'Alsace doit la fertilité de son sol, et son nom de « terre bénie », exploitée dès le Néolithique, 8 000 ans avant notre ère.

« *Wie Gott im Kochersberg !* »

Pour parler d'un pays de Cocagne, les Allemands utilisent une expression bien connue des Alsaciens : « *Wie Gott in Frankreich* » (« Comme Dieu en France »). Avec la richesse agricole du Kochersberg, on est tenté de détourner l'expression en « Comme Dieu dans le Kochersberg ». On y trouve en effet, avec des rendements à l'hectare défiant toute concurrence, tout ce qui fait la richesse d'une région agricole. Car ce lœss est magique : il fait tout pousser !

Voici les multiples richesses de cette région véritablement nourricière :

- **Le houblon.** En venant de Paris, après le dernier péage d'autoroute, on est frappé par la vision des champs plantés d'immenses perches. Ces houblonnières sont la preuve par le paysage que l'on est bien en Alsace, pays de brasseries (voir chapitre 17) ;
- **Le blé.** Le Kochersberg a de tout temps été considéré comme le grenier à blé et à céréales de Strasbourg, produits qui se négociaient traditionnellement sur le marché de Brumath ;
- **Les choux.** Les fameux choux à choucroute sont cultivés à proximité du Kochersberg proprement dit, dans l'Ackerland ;
- **L'élevage du porc.** Qui oserait contester qu'une choucroute alsacienne sans viande de porc serait comme un couscous sans agneau ? Mais l'élevage intensif du porc dans le Kochersberg ne fait pas l'unanimité parmi les habitants… ;
- **L'asperge du Kochersberg** s'impose depuis quelques années comme une des plus fines d'Alsace en regard de régions plus traditionnellement vouées à cette culture dans la plaine (Hoerdt dans le Bas-Rhin, région de Saint-Louis dans le Haut-Rhin) ;
- **La vigne.** Même la vigne a refait son apparition dans le *Hinterkochersbari*, l'arrière du Kochersberg, où une zone, dans le secteur de Kienheim, est reclassée AOC depuis 1974. On raconte même que des vins produits dans ce coin du Bas-Rhin seraient vendus en vrac à des producteurs haut-rhinois… Mais cette information devra rester strictement confidentielle !

... et d'aujourd'hui

Il suffit de se promener dans le Kochersberg pour sentir que l'on est dans l'une des régions les plus opulentes d'Alsace. À la richesse agricole traditionnelle s'ajoute une richesse plus récente, celle des rurbains aisés qui s'y sont installés. Soyez prudent(e) sur les petites routes du Kochersberg : on y croise aussi bien des tracteurs monstrueux que des 4 × 4 dernier cri !

Les villages traditionnels

Ils sont très nombreux, étant donné la fertilité de la terre. Dans la Hardt, on compte peu de villages, mais des milliers d'hectares de forêt. Dans le Kochersberg, en revanche, quantité de villages, pas de forêts et peu d'arbres à l'horizon du fait de remembrements successifs.

Les paysages du Kochersberg sont donc très *openfield*. Mais une réelle beauté se dégage de ces paysages, en particulier les soirs d'été, si vous partez de Strasbourg en direction de Saverne au moment où le soleil commence à disparaître derrière les courbes violacées des Vosges.

Le nombre d'agriculteurs a diminué, comme partout. Il reste d'immenses fermes. Une ferme du Kochersberg exploite en moyenne 35 hectares (contre 43 hectares pour la moyenne départementale).

Neuilly-sur-Kochersberg !

Le saviez-vous ?

Vous souvenez-vous du prix de l'are constructible dans le vignoble ? Si vous projetez de construire votre maison dans le Kochersberg, il faudra prévoir un budget encore un peu plus important pour l'achat du terrain... si vous avez la chance d'en trouver un !

Le Kochersberg est devenu une sorte de grande banlieue chic de l'Ouest strasbourgeois. Un magazine parisien qualifiait récemment Truchtersheim de « petit Monaco de l'Alsace » ! Et, effectivement, en se promenant dans certains nouveaux quartiers du chef-lieu de canton, on songe à Beverly Hills...

Cocorico pour la Cocoko !

Inutile d'organiser un concours national pour désigner la communauté de communes française qui aurait trouvé l'appellation la plus originale. Le vainqueur toutes catégories s'impose naturellement ! C'est évidemment la Cocoko, la communauté des communes du Kochersberg ! Elle regroupe 28 villages, qui totalisent 17 000 habitants. Nom du bulletin mensuel de liaison de la Cocoko : *Cocorico*.

Quelle identité pour le Kochersberg au XXIe siècle ?

L'évolution du Kochersberg, région rurale traditionnelle, est très déterminée par la proximité de Strasbourg. Deux initiatives locales intéressantes posent la question du maintien d'un lien avec le passé, la culture et la langue du Kochersberg :

- **La Maison du Kochersberg à Truchtersheim**, créée et gérée par l'Association des amis du Kochersberg en 1980. Son objectif : permettre à ses visiteurs de « comprendre le présent grâce au miroir du passé ». On peut y visiter une exposition thématique annuelle, un salon des artistes, une présentation de costumes traditionnels et un coin réservé à l'archéologie. L'association publie un bulletin trimestriel, *Kochersbari*, et anime des ateliers de généalogie.
- **Le Théâtre de Truch.** Cette troupe d'excellents amateurs en milieu rural produit tous les deux ans un spectacle d'été, qu'elle joue dans une cour de ferme à Truchtersheim et qui attire des milliers de spectateurs. Les comédiens sont amateurs, mais les intervenants « hors plateau » sont professionnels, en particulier pour la mise en scène. Ce théâtre est remarquable, car chacun de ses spectacles est joué alternativement en français et en dialecte par les mêmes comédiens ! À l'affiche de ces dernières années : Molière, Pagnol, Shakespeare, Kleist…

Le Sundgau et le Jura alsacien

Nous voici dans le Sud extrême de l'Alsace, dans le Sundgau et le Jura alsacien. *Sundgau* signifie d'ailleurs « comté du Sud ». Il s'agit de la contrée qui s'étend des portes de Mulhouse aux contreforts du Jura. Un espace clairement délimité, avec une identité forte.

La « Sundgau touch »

Qui est Nathan Katz ?

Nathan Katz est l'un des grands poètes dialectaux. Né dans une famille juive sundgauvienne à Waldighoffen, en 1892, il décède en 1981 à Mulhouse, qui a donné son nom à l'une des artères les plus importantes de la ville. Nathan Katz a prouvé que le monde pouvait se dire dans cette vieille langue de paysans qu'est le sundgauvien. Le poète André Weckmann a pu dire de lui qu'il était « notre père à tous ! »

Äisri alti scheeni Haimetsproch
Sundgäu, Haimet,
Vo dir will i Lieder singe
In dinere üralte häärlige Sproch
Will I verzälle un räde vo dr.

La belle vieille langue de notre pays
Sundgau, mon pays,
C'est toi que je veux chanter
Dans ta splendide vieille langue
Je veux te célébrer.

(*Aïsri Haimetsproch*, traduction Yolande Sieber)

Il faut prendre le temps de se perdre dans le labyrinthe des petites routes du Sundgau profond. Elles relient des villages souvent minuscules, traversent des bois, serpentent le long de l'Ill, qui prend sa source dans le Sundgau, ou de ses premiers affluents, la Largue et le Thalbach. Les colombages des fermes sundgauviennes sont étonnants : on utilisait des bois courbes montés sans recherche de symétrie. Autres caractéristiques des maisons rurales du Sundgau : le toit descend très bas et le pignon est souvent protégé par un ou deux auvents.

L'ambiance change du tout au tout dans la partie la plus méridionale du Sundgau, la région de Ferrette. Nous sommes là dans le Jura alsacien, une région montagneuse qui longe la Suisse. Le voyageur venant du nord peut deviner que ce ne sont pas les Vosges avec ses sommets arrondis qu'il voit à l'horizon, mais bien les premiers plateaux calcaires du Jura. Et s'il gravit les premiers contreforts, comme par exemple au château du Landskron, il aura une vue panoramique sur les Vosges à sa gauche et sur la Forêt-Noire à sa droite.

LE SAVIEZ-VOUS ?

L'histoire des comtes de Ferrette qui ont construit le château de la ville portant leur nom est prestigieuse. Figurez-vous que ces gens-là avaient Charlemagne pour ancêtre et qu'ils sont à l'origine de la lignée des Habsbourg qui a régné sur l'empire d'Autriche-Hongrie et donné maintes reines au royaume de France. Et maintenant, une question à un euro réservée aux lecteurs de *Gala* : qui détient actuellement le titre et les armes des comtes de Ferrette ? C'est la famille de… Monaco !

Le Sundgau a sa capitale, Altkirch, « joliment perché sur son promontoire », comme le dit si joliment un guide de la région ! Une vraie petite capitale pleine de charme, avec son sous-préfet, sa foire, son musée du Sundgau et la tombe du saint local, Morand. Le prénom masculin de Morand était très courant dans le Sundgau. Il est vraisemblablement dépassé à l'heure actuelle par les Kevin et les Samantha. Dommage, non ? Vous retrouverez Altkirch dans nos passages sur l'art contemporain et l'histoire littéraire régionale.

À la marge du Sundgau

À découvrir aussi aux frontières du Sundgau :

- **Saint-Louis**, dénommée « Porte de France », ressemble, vue d'avion, à la grande banlieue de Bâle. C'est Louis XIV qui lui a donné son nom et fait de ce relais postal un poste avancé de son « bétonnage » de la frontière, en particulier avec la construction par Vauban des fortifications d'Huningue ;
- **La Petite Camargue**, à proximité de Saint-Louis, a été la première réserve naturelle d'Alsace. Créée en 1982, elle s'étend sur 130 hectares de basses terres rhénanes. On y trouve les vestiges des forêts rhénanes réputées impénétrables avant la régularisation du Rhin au

XIXe siècle. La Petite Camargue est un paradis écologique très apprécié des oiseaux migrateurs. Juste à côté, on peut visiter la pisciculture de l'Au, la première d'Europe. Elle a été créée sous Napoléon III après la découverte de la fécondation artificielle des œufs de truites par deux pêcheurs vosgiens ;

- **Lucelle, le Sud du Sud !** Lucelle, située directement sur la frontière suisse, est le village le plus au sud de l'Alsace. C'est aussi le plus petit village du Haut-Rhin, avec ses 41 habitants au dernier recensement.

  Jusqu'à la Révolution, Lucelle était le siège d'une prestigieuse abbaye cistercienne fondée en 1123. C'est à partir de Lucelle qu'ont été fondées plusieurs autres abbayes. Mais c'était aussi un lieu de pouvoir temporel et un espace de transition entre l'univers de la langue française et celui de la langue germanique. On a toujours parlé les deux langues dans cette abbaye. Il reste aujourd'hui peu de vestiges de la grande période de Lucelle.

Une forte identité

Eh oui, si la région Alsace a une forte identité, il en est de même pour la plupart de chacune de ses « sous-régions », et particulièrement pour le Sundgau. La meilleure preuve : on ne dit pas un Kochersbergeois, un Outreforiens ou un Hardtois, mais on dit un Sundgauvien pour parler d'un habitant du Sundgau, le « sundgauvien » est son dialecte et sa maison, ses traditions sont sundgauviennes…

Quelques éléments de ce particularisme sundgauvien :

- **Le dialecte sundgauvien est très différent des autres parlers alsaciens.** Pour les linguistes, il s'agit du « haut alémanique », un dialecte très proche du parler bâlois. Par exemple, pour dire « enfant », les Sundgauviens disent *ching* alors que, dans la plupart des autres dialectes, on dit *kend*. Les « yeux » se disent *oige* alors que la majorité des Alsaciens diraient *öje*. Les Alsaciens aiment bien débattre sur la possibilité de communiquer entre locuteurs de dialectes alsaciens différents. Il n'y a pas de réponse unique à cette question. Mais ce que l'on peut dire, c'est qu'un locuteur d'un dialecte francique de Wissembourg aura des difficultés à comprendre le haut alémanique sundgauvien.

- **La proximité de la Suisse joue un rôle déterminant dans le visage actuel du Sundgau.** De nombreux Suisses ont acheté des fermes sundgauviennes, et très nombreux sont les Sundgauviens qui franchissent la frontière pour travailler en Suisse, dans l'industrie chimique bâloise en particulier. Le Sundgau, qui était une région agricole, sans industries, était resté quelque peu à l'écart du développement économique. À partir des années 1960, l'intensification des relations avec la Suisse a généré un enrichissement qui frappe le visiteur au premier coup d'œil… au point qu'il peut parfois se demander s'il n'est pas déjà en Suisse ! Il faut également rappeler que, durant la dernière guerre, nombreux étaient les Alsaciens susceptibles d'être incorporés de force (voir chapitre 4) qui furent heureux de trouver refuge en Suisse.
- **La carpe frite.** Elle est reine dans un pays où, depuis le Moyen Âge, on trouve énormément d'étangs. Dès le XIIe siècle, les moines cisterciens de Lucelle ont creusé étangs et bassins pour y élever des poissons, des carpes en particulier. Elle a sa route, la « Route de la carpe frite ». Elle se mange avec… des frites ! Pour en savoir plus, rendez-vous au chapitre 24 consacré aux spécialités alsaciennes.

PORTRAIT

Jean-Jacques Henner, peintre alsacien

Né à Bernwiller en 1829, Jean-Jacques Henner fréquente l'École des Beaux-Arts de Paris à partir de 1847. Prix de Rome, membre de l'Académie des Beaux-Arts, il expose régulièrement au Salon des artistes français. On dit souvent de son œuvre qu'elle est un hymne à la beauté de la femme. Plusieurs de ses œuvres se trouvent au musée des Beaux-Arts de Mulhouse. Mais il a aussi son musée à… Paris ! Excusez du peu !

Troisième partie

Une forte identité régionale

Dans cette partie…

Le visiteur qui met les pieds en Alsace pour la première fois en venant de la « France de l'intérieur » le perçoit immédiatement : en Alsace, il est vraiment ailleurs !

Les gens y parlent une langue qu'il ne comprend pas, ou alors, quand ils s'expriment en français, c'est souvent avec un fort accent. L'architecture des villes et des villages lui rappelle les livres de contes et légendes qu'il lisait enfant.

Puis il ira de surprise en surprise : il découvrira que la religion occupe en Alsace une place importante, qu'il y a souvent deux clochers dans un même village, et que les officiants des trois cultes concordataires sont des fonctionnaires. Et peut-être n'en croira-t-il pas ses oreilles quand on lui expliquera qu'il y a de ce côté des Vosges un droit local !

Enfin, il découvrira que les traditions sont profondément inscrites dans les mentalités alsaciennes. Et il finira sûrement par se demander : « C'est quoi, au juste, une identité rhénane ? »

Chapitre 8

Langues et littératures : une petite Babel

Dans ce chapitre :

- À la découverte de la tour de Babel alsacienne
- Les langues d'hier, d'aujourd'hui et de demain
- Les dialectes : des marqueurs de l'histoire mouvementée de la région
- L'Alsace et ses littératures

Savez-vous que certains linguistes parlent d'une « écologie des langues » ? C'est dire si la diversité linguistique est signe de richesse. En effet, l'Alsace est une véritable tour de Babel, dont les multiples dialectes retracent l'histoire chaotique. Combien de langues, au juste ? Il y a, bien sûr, le dialecte alsacien, le français et l'allemand, mais aussi toutes ces mini-langues, celles qui se parlaient, celles qui se parlent encore, sans compter les dernières arrivées…

Les écrivains du cru et ceux de passage dans la région rendent hommage à toutes ces langues alsaciennes à travers une littérature abondante.

Langues oubliées, minuscules ou venues de très loin…

L'histoire linguistique alsacienne est à ce point marquée par l'histoire des nationalismes franco-allemands que l'on en viendrait presque à oublier d'autres langues qui se parlaient et se parlent encore de nos jours entre Vosges et Rhin…

Celles qui se parlaient

Avant l'arrivée des Romains avec armes et langue latine, on parlait en Alsace des langues dont on ne sait à peu près rien, si ce n'est qu'elles ont des noms très poétiques : le ligure, le celte, le triboque… Le latin, en revanche, a laissé des traces comme langue savante, car c'était la langue des humanistes, des siècles après l'effondrement de l'empire. Mais nous verrons dans la partie consacrée au dialecte comment le latin a disparu en tant que langue courante.

Quant à l'*elsaesser yiddish*, le « yiddish occidental », la langue des Juifs du monde rural, mélange d'alsacien et d'hébreu, il se parlait encore au début du XXe siècle.

Celles que l'on peut encore entendre

Au fond des vallées vosgiennes, on parlait le *welche*. Il existe encore quelques dizaines de locuteurs, qui parfois se rassemblent pour parler ce dialecte très ancien, dérivé directement du bas-latin.

Les manouches alsaciens parlent, eux aussi, une langue qui leur est propre, proche de l'alsacien, mais parfois difficile à comprendre pour un dialectophone.

Celles venues par air et par mer

Il ne faut pas oublier les dizaines de langues de tous les continents, qui se parlent principalement à la périphérie des grandes villes alsaciennes, comme de la plupart des villes d'Europe. Ces langues font également partie du patrimoine linguistique de l'Alsace d'aujourd'hui.

Et, bien qu'il n'existe pas de statistiques officielles sur le nombre d'enfants dialectophones, on peut se demander s'il n'y a pas plus d'enfants turcophones en Alsace que d'enfants dialectophones !

Le dialecte alsacien

Quinze siècles et toutes ses dents !

Souvenez-vous de notre premier chapitre : de 1500 av. J.-C. à l'arrivée des Romains en 58 apr. J.-C., l'Alsace est peuplée par les Celtes, qui n'ont pas laissé de traces écrites. Leur absorption par les Romains se traduit par la généralisation progressive du latin, qui cohabite avec les anciennes langues celtiques. Puis, lorsque l'Empire romain s'effondre au début du Ve siècle, les deux rives du Rhin sont envahies par des tribus de Germains, les Alamans au sud et, dans l'extrême nord de l'Alsace, les Francs.

Adopter la langue du vaincu ?

Les Francs, peuple de Germains, ont également envahi le Nord de la Gaule, et donné leur nom au royaume franc, puis à la France. Ils étaient trop faibles numériquement pour imposer leur langue et ont adopté celle du vaincu, le gallo-romain dérivé du latin, ancêtre du français ! Cette histoire a de quoi surprendre les Alsaciens, qui ont fait à de nombreuses reprises l'expérience inverse : l'obligation de parler la langue du vainqueur…

En Alsace, les Francs et les Alamans ont pu imposer rapidement leur parler : ils étaient en effet supérieurs numériquement et ont fait fuir de nombreux Gallo-Romains !

C'est depuis cette période que l'on parle ce dialecte germanique en Alsace : l'alsacien ! Il y avait alors une grande variété de dialectes qui se parlaient dans le monde germanique. La langue allemande, le *Hochdeutsch*, qui n'a été codifiée qu'aux XVIIIe et XIXe siècles, est une langue relativement jeune. Et lorsque cette codification est intervenue, l'Alsace était française. Le dialecte alsacien a donc suivi une évolution propre, ce qui eut une double conséquence : intégration de mots français, maintien d'une pureté originelle du fait de son isolement.

En 1945, le dialecte était parlé par 90 % des Alsaciens alors que les autres langues minoritaires de France avaient déjà décliné de manière spectaculaire au profit du français, langue unique de la république. L'explication de ce décalage est historique : l'Alsace était allemande et coupée de la langue française entre 1870 et 1918 (voir chapitre 2), période durant laquelle le rouleau compresseur de l'unification linguistique en « France de l'intérieur » a pleinement fonctionné. Il est fort à parier que, sans la parenthèse du *Reichsland*, il y aurait aujourd'hui aussi peu de dialectophones alsaciens que de bretonnants ou de locuteurs de l'occitan.

Un ou des dialectes ?

Les Francs se sont installés dans l'extrême Nord de l'Alsace, où se parle un dialecte francique. Dans le reste de l'Alsace, envahie il y a quinze siècles par les Alamans, on parle un dialecte alémanique. Les différences restent fortes. Mais il y a aussi toute une gamme de dialectes alémaniques ! Celui du Sundgau, que les linguistes qualifient de « haut alémanique » est très différent du « bas alémanique » du Nord strasbourgeois...

Les locuteurs de dialectes très éloignés auront parfois à des difficultés pour communiquer. Un Sundgauvien aura du mal à lire un poète du Nord de l'Alsace. De même, un Strasbourgeois aura-t-il du mal à découvrir la poésie de Nathan Katz (voir encadré au chapitre 9).

Le théâtre alsacien

L'alsacien s'écrit principalement pour être dit. En poésie, comme nous le verrons un peu plus loin, et surtout pour les très nombreuses pièces de théâtre. Le théâtre dialectal occupe une place essentielle dans la vie du dialecte, au point de s'identifier à l'identité régionale : on parle de *Elsasser Theater* (« théâtre alsacien »), et non de *Theater uf elsaesisch* (« théâtre en alsacien »). Et ce théâtre alsacien a son père fondateur, Gustave Stoskopf.

Gustave Stoskopf, le Molière alsacien

Il est né à Brumath en 1869, sous Napoléon III et mort en 1944 dans sa ville natale alors que l'Alsace et l'Europe ne sont pas encore débarrassées de Hitler.

Stoskopf est avant tout un peintre formé à Paris et à Munich. Si vous voulez connaître cet aspect du personnage ainsi que sa dimension de citoyen et militant culturel alsacien, vous pouvez dès à présent faire un saut au chapitre 14. Mais Stoskopf est rentré dans l'histoire en tant que père du théâtre alsacien. Sa première pièce, créée en 1898, *D'r Herr Maire* (« *Monsieur le maire* »), fut un coup de maître. Elle raconte l'histoire d'un maire de village alsacien sous le *Reichsland.* Monsieur le maire rêve de médailles et d'un bon mariage pour sa fille… et Stoskopf se régale à écrire, à travers la vie de ce village et le rapport de ses habitants aux Allemands, une page d'anthologie de l'humour alsacien. Jouée un nombre incalculable de fois sur toutes les scènes d'Alsace, et aussi à Berlin et à Paris en version française, la pièce marque la véritable naissance du théâtre alsacien.

Avant tout un théâtre de distraction populaire

Les chiffres concernant le théâtre alsacien sont impressionnants. Aucune région de France ne tiendrait la comparaison : près de 300 troupes, des dizaines de milliers de spectateurs par an, des salles bondées… Plusieurs dizaines d'auteurs composent des pièces dialectales pour ce théâtre de boulevard. Le plus joué d'entre eux, Raymond Weissenburger, écrit également des textes dans un registre plus grave.

Il existe deux structures regroupant la plupart de ces troupes : la Fédération des théâtres alsaciens, fondée par Gustave Stoskopf, qui regroupe les théâtres des grandes villes et *S'Groupement vum Dialektteater* (Groupement de théâtre du Rhin), qui fédère près de 250 troupes.

Les spectateurs de ce théâtre alsacien traditionnel prennent un plaisir évident à écouter sur scène leur langue maternelle qu'ils entendent de moins en moins dans leur vie quotidienne. Et ce plaisir est tel qu'ils s'accommodent aisément des chuchotements du souffleur qui viennent parfois meubler un silence entre deux répliques…

De nombreuses tentatives de théâtre d'art en dialecte alsacien

Depuis les années 1970, de nombreuses aventures théâtrales se sont fixé comme objectif de faire rimer art théâtral et dialecte alsacien, comme celle du théâtre de Bendorf dans le Sundgau ou de la *Jung Elsaesser Buehn* (La Jeune Scène alsacienne). Puis, deux décennies plus tard, le théâtre de la Brosserie. Enfin, les théâtres de Truchtersheim et de Lichtenberg montent depuis des années en dialecte des textes du répertoire universel, en se faisant entourer de professionnels. Plus récemment, les TAPS (théâtres de la ville de Strasbourg) portent un intérêt particulier à la scène alsacienne contemporaine. Nous verrons au chapitre 14 que le théâtre de la Choucrouterie a également pris le risque de monter des textes du répertoire contemporain réputés difficiles.

Ces aventures artistiques ne vont pas toujours dans le sens des attentes du public de théâtre alsacien traditionnel. À signaler que la Région Alsace a toujours soutenu et encouragé ce type de projets, à travers l'Agence culturelle d'Alsace (ACA) ou l'Office pour la langue et la culture d'Alsace (OLCA).

Et si vous ne comprenez pas le dialecte ?

Eh bien, si vous ne le comprenez pas, il ne vous reste plus qu'à l'apprendre ! Et le moyen le plus sûr de l'apprendre, c'est de vous procurer... *L'Alsacien pour les Nuls* ! Bénédicte Keck et Léon Daul, les auteurs de ce petit chef-d'œuvre de pédagogie, se feront un plaisir de vous initier aux secrets du dialecte en vous amusant.

Fin du message publicitaire...

Un dialecte condamné à une mort lente ?

La question n'est pas nouvelle. Sous le *Reichsland*, en 1899, l'administration allemande fait publier un *Dictionnaire des mots alsaciens*. Dans la préface de ce dictionnaire, on explique au lecteur que les dialectes alsaciens sont menacés de disparition du fait de leur contact trop rapproché avec… le *Hochdeutsch* et « qu'il est grand temps qu'ils soient conservés au moins pour la science » !

Après Mai 68…

Un grand nombre des étudiants qui « ont fait Mai 68 » à Strasbourg étaient dialectophones de naissance. Parmi les questions alors avancées, et dont beaucoup ont conduit à la naissance d'associations ou d'institutions aujourd'hui reconnues (Alsace Nature, Écomusée, Cercle René Schickele, etc.), on avait celle-ci : « Que faisons-nous de notre langue maternelle, maintenant que nous sommes devenus de parfaits petits intellectuels francophones ? » La question était posée dans un contexte de plus en plus perceptible de régression du dialecte. La même interrogation était d'ailleurs à l'ordre du jour en Bretagne, en Corse, au Pays basque, souvent en lien avec des luttes sociales ou culturelles. En Occitanie, l'opposition à l'extension du camp militaire du Larzac s'exprimait par le fameux : « *Gardarem lou Larzac !* » Nous verrons au chapitre 14, consacré à l'identité rhénane, qu'en Alsace également, les revendications du mouvement culturel allaient de pair avec des revendications écologiques locales et transnationales. Les chanteurs et poètes dont il sera question plus loin dans ce chapitre sont tous issus de ce mouvement culturel de l'après-Mai 68.

La revendication identitaire régionale est traditionnellement un thème de la droite attachée au terroir et aux racines. Avec le mouvement culturel des années 1970, ces questions passent à gauche, ce qui n'a pas échappé au candidat Mitterrand en 1974. Le PS, héritier de la jacobine SFIO, ira jusqu'à faire imprimer des affiches en alsacien, appelant à voter pour son candidat Frànz Mitterrand ! « *Mer stacke em drack bis àn de Hals/Jezt làngt's/Drumm waehle m'r fer de Mitterrand Frànz !* » En français dans le texte : « On est dans la m… jusqu'au cou ! Maintenant y en a marre ! On va voter pour le Mitterrand Frànz ! » Et en plus, en alsacien, ça rime !

Début du XXIe siècle

« *Mir sen schiins d'letschte, ja d'àller letschte*… », « Nous sommes paraît-il les derniers, les tout derniers… » à la parler, cette langue. C'est sur cette chanson triste à pleurer que s'achevait chaque spectacle du Barabli, le cabaret de Germain Muller (voir chapitre 11).

Qu'en est-il en ce début de XXIe siècle ? Faut-il croire ceux qui prédisaient il y a trente ans déjà à l'instar d'un auteur autrichien, Wolfgang Ladin, que le dialecte alsacien était *museumsreif* (« mûr pour le musée ») ? Ou, au contraire, ceux qui soutiennent que l'on assiste à un véritable renouveau du dialecte ? En effet, pour étayer la thèse des seconds, le nombre de spectateurs des pièces dialectales reste important. Et puis connaissez-vous la manifestation *E frejohr fehr unseri sproch* (« Un printemps pour notre langue ») ? Elle regroupe chaque année, au printemps, un nombre impressionnant de manifestations en dialecte. Aussi, avec l'OLCA, la Région Alsace s'est enfin dotée d'un véritable outil de défense et de promotion de la langue régionale… Et si Microsoft a justement choisi l'alsacien en première mondiale pour développer une version bilingue franco-alsacienne de ses logiciels de bureautique, ce n'est sûrement pas un hasard… Non vraiment, il n'y a pas de souci à se faire pour l'avenir du dialecte !

OLCA – *Elsassisches sprochàmt*

L'OLCA, Office pour la langue et la culture d'Alsace, est l'outil que se sont donné les deux départements et la Région pour assurer la défense et la promotion de la langue régionale.

L'OLCA informe, documente, soutient toutes les initiatives dans le domaine de la langue régionale. Il a pour objectif de décomplexer les Alsaciens dans leur rapport à leur langue et de promouvoir toutes initiatives du monde associatif, des administrations, des collectivités, des entreprises, allant dans le sens d'une mise en valeur de la langue régionale. Cette mission se traduit concrètement par des soutiens financiers à des projets, l'incitation à l'enseignement de l'alsacien, des publications valorisant l'usage et la conservation du dialecte.

Mais d'un autre côté… Les salles de théâtre alsacien sont pleines, c'est vrai. Mais savez-vous que l'âge moyen des spectateurs ne cesse d'augmenter ? Et puis, il n'y a pas de statistiques précises sur le nombre d'enfants dialectophones en Alsace, mais on le sait : ils se réduisent comme peau de chagrin… Il est donc possible de se faire du souci pour l'avenir de l'alsacien. Selon l'Unesco, vingt à trente langues ou dialectes sont rayés chaque année de la carte du monde. N'est-il pas raisonnable de se demander s'il n'y avait pas du vrai dans les sombres prédictions de Wolfgang Ladin et de Germain Muller ?

Le français et l'allemand : guerres et paix

Lisez, comparez, concluez…

En français de 842

« *Pro deo amur et pro christian poblo et nostro commun salvament, d'ist di in avant, in quant Deus savir et podir me dunat, si salvarai eo cist meon fradre Kario et in aiudha et in cadhuna cosa, si cum om per dreit son fradra salvar dift, in o quid il mi altresi fazet et ab Ludher nul plaid nunquam prindral, qui, meon vol, cist meon fradre Karle in damno sit.* »

En allemand de 842

« *In Godes minna ind in thes christianes folches ind unser bedhero gehaltnissi, fon thesemo dage frammordes, so fram so mir Got geuuizci indi mahd furgibit, so handih thesan minan bruodher, soso man mit rhtu sinan bruher scal, in thiu thaz er mig so sama duo, indi mit Ludheren in nohheiniu thing ne gegango, the, minam uuillon, imo ce scadhen uuerdhen.* »

Ce qui, en bon français de 2010, veut dire :

« Pour l'amour de Dieu et pour le salut commun du peuple chrétien et le nôtre, à partir d'aujourd'hui, autant que Dieu m'en donne savoir et pouvoir, je défendrai mon frère Charles ici présent, en l'aidant en chaque chose comme on doit aider son frère. À condition qu'il en fasse autant pour moi. Et avec Lothaire, je ne passerai aucun accord qui soit, par ma volonté, hostile à mon frère Charles ici présent. »

C'est à Strasbourg que fut rédigé il y a bientôt douze siècles le premier texte en langue française. Si la langue française est à présent la langue parlée par une majorité d'Alsaciens dans leur quotidien, c'est à la suite d'une longue et souvent douloureuse histoire. Mais les choses sont à présent apaisées, et l'une des priorités linguistiques dans l'Alsace de ce début de XXIe siècle, c'est d'« apprendre la langue du voisin ».

Le serment de Strasbourg

En 842, Charles le Chauve et Louis le Germanique, petits-fils de Charlemagne, signent un traité d'alliance, et pour la première fois en langue vulgaire (voir chapitre 1). Du côté de Louis, en tudesque, du côté de Charles, en roman, c'est-à-dire en français ancien. Cette rencontre est un moment important de l'histoire linguistique de la France et de l'Allemagne. C'est le plus ancien document connu en langue française.

L'allemand et l'alsacien ? Deux cousins !

L'alsacien est un dialecte germanique comme il en existe un grand nombre dans l'univers germanophone. Un Allemand ou un Suisse habitant près de la frontière n'aura pas de mal à comprendre un Alsacien. Mais il n'en sera pas de même pour un habitant de Munich ou de Hambourg…

Ce dialecte est proche du *Hochdeutsch*. Ainsi, un Alsacien dialectophone n'aura-t-il pas de mal à comprendre une émission télévisée en langue allemande, même s'il n'a jamais appris l'allemand en classe. Et il pourra très facilement apprendre l'allemand « officiel ».

Ce dialecte a toujours occupé une place importante en Alsace : jusqu'à une date récente, la plupart des cultes se tenaient en langue allemande, les deux quotidiens régionaux, *Les Dernières Nouvelles d'Alsace* et *L'Alsace*, ont toujours une édition en allemand, de nombreux Alsaciens écoutent des stations de radio allemande ou suivent des émissions télévisées allemandes.

Guerres linguistiques entre langue de Molière et langue de Goethe

Lorsque l'Alsace est devenue française sous Louis XIV, la langue française n'avait aucune place en Alsace. Il faut dire qu'elle n'était alors la langue courante que d'une minorité de sujets de Sa Majesté, qui se souciait bien plus de politique religieuse que de politique linguistique. Les administrateurs royaux ignoraient l'allemand et ne voyaient pas pourquoi ils feraient l'effort de l'apprendre à une époque où toute l'élite européenne commençait à parler le français.

L'élite alsacienne en fit de même, et dès le XVIIIe siècle, on s'exprimait en français dans les salons de la haute bourgeoisie, mais la bourgeoisie moyenne maîtrisait très mal la « langue du roy » et le peuple l'ignorait complètement. De fait, l'allemand est resté la langue usuelle de l'administration et de la religion.

« La haine de la république parle allemand ! »

Les choses ont changé avec la Révolution française. Très rapidement, les révolutionnaires estimèrent avec Talleyrand que : « L'unité du langage est la condition fondamentale de l'unité de l'État. » Ce discours prend une tournure délirante sous la Terreur ; quand Barère accuse l'allemand d'être la langue de la « haine de la république », il parle en fait de l'alsacien, car on ne fera la distinction entre allemand et alsacien qu'au XIXe siècle. On envisage très sérieusement de déporter les Alsaciens « à l'intérieur » et d'en guillotiner un certain nombre !

La chute de Robespierre mit un terme à ces projets fous, mais, comme l'écrit Eugène Philipps : « Si la politique linguistique pratiquée par les hommes de la Révolution n'a guère eu de résultats immédiats, les conséquences lointaines de l'action engagée ont pourtant été d'une extrême importance. »

« Pourvu qu'ils sabrent à la française ! »

La formule de Napi à propos des Alsaciens est célèbre : « Laissez-les parler leur jargon, pourvu qu'ils sabrent à la française. »

Cependant, au cours du XIXe siècle, la bourgeoisie maîtrise de mieux en mieux la langue française. Le *Journal d'une jeune fille mal dans son siècle* d'Amélie Weiler en constitue un magnifique témoignage littéraire. Mais les Alsaciens se vivent avant tout comme des Français de langue germanique, ce que les fameux vers du poète strasbourgeois Daniel Stoeber résume parfaitement :

« *Meine Leier ist deutsch… / Französisch mein Schwert.* »
(« Ma lyre est allemande… / Mon épée est française. »

Une politique linguistique au service des nationalismes

À partir de 1870, l'histoire linguistique n'est plus qu'une annexe de l'histoire tout court. Chaque changement de « bord » entre 1870 et 1945 entraîne un changement, parfois dramatique, de politique linguistique et les discours idéologiques sont au cœur de l'histoire linguistique de la province (voir la première partie historique).

En 1945, dans un contexte d'hostilité à la culture et à la langue allemandes, et alors que le dialecte est la langue quotidienne de 90 % des Alsaciens, s'engage un processus de développement de la langue nationale, notamment à travers l'école. Résultat des courses : seul un Alsacien sur trois parle encore la langue régionale soixante-cinq ans plus tard.

« Apprendre la langue du voisin »

Chacun est conscient, sur les bords du Rhin, que la diversité linguistique est une richesse. C'est bien ce qui a entraîné la création de l'OLCA par les instances régionales. C'est également pour cette raison que la politique de l'Éducation nationale est placée sous l'injonction « apprendre la langue du voisin » ; la même injonction est en vigueur outre-Rhin.

La construction européenne a mis fin aux nationalismes qui ont tant nui à la diversité des langues. Mais n'y a-t-il pas un autre ennemi qui pointe son nez à l'horizon et qui menacerait la langue allemande comme la langue française ? Nous voulons parler de notre *tailor* qui est *so rich, so rich…*

L'Alsace et ses littératures

À côté des périodes glorieuses du Moyen Âge et de la Renaissance, le XVIIe siècle littéraire, siècle de guerres et de famines, fait pâle figure. Malgré le rattachement de l'Alsace à la France en 1648, de grands noms de la littérature allemande conservent un lien fort avec l'Alsace. Et, au XXe siècle, on assiste à un épanouissement formidable de la littérature dialectale. Enfin, se pose ici comme ailleurs la question de la coexistence entre littérature régionale et littérature universelle.

Au temps béni des best-sellers alsaciens...

C'est à Strasbourg que Gutenberg fit l'invention qui allait révolutionner l'histoire de l'humanité. L'Alsace était prédestinée à devenir le berceau de l'imprimerie, car, dès le Moyen Âge, elle produisait une littérature remarquable. Quant à la Renaissance, ce n'est pas pour rien qu'on l'a toujours qualifiée d'âge d'or des lettres en Alsace.

Un Moyen Âge très fécond

L'Église et l'Université ne connaissent que le latin. C'est donc dans cette langue que seront écrits les premiers ouvrages, en particulier au XIIe siècle le fameux *Hortus deliciarum*, richement enluminé, de l'abbesse Herrade de Landsberg, qui sera détruit en 1870 lors du bombardement de Strasbourg.

Mais, à partir de Charlemagne, on commence à écrire en langue germanique des ouvrages qui auront un retentissement considérable au-delà des limites de l'Alsace. Quelques exemples :

- Otfried, moine à l'abbaye de Wissembourg, est le premier poète de langue allemande dont le nom est connu. Il est l'auteur du *Livre des Évangiles*, écrit entre 850 et 870 ;
- Le *Minnesang*, ou « Chant d'amour », correspondant allemand de la poésie courtoise, a son auteur fétiche : c'est Reinmar de Haguenau ;

- Gottfried de Strasbourg est l'un des poètes les plus prestigieux du Moyen Âge ;
- Maître Eckhart (1260-1327), le penseur mystique, séjournera souvent à Strasbourg, où Johannes Tauler deviendra l'un de ses fidèles disciples.

Ah ! la Renaissance...

Un conseil, cher lecteur, chère lectrice : faites un rapide saut au chapitre 15, vous y découvrirez l'importance des débats stimulés par l'invention de ce Gutenberg ! La littérature produite en Alsace se trouve alors au cœur de tout ce qui se pense et se discute en Europe sur le plan philosophique et religieux.

Pas étonnant que la liste des auteurs de cet âge d'or soit longue :

- **La magnifique bibliothèque humaniste de Sélestat** témoigne du passé littéraire prestigieux de la ville (voir chapitres 11 et 16). Trois noms de Sélestadiens se détachent : Jacob Wimpfeling (1450-1528), Beatus Rhenanus (1485-1557), ami et disciple d'Érasme, et Martin Bucer (1491-1551), le réformateur. Ces humanistes écrivent essentiellement en latin ;
- ***Das Narrenschiff* (*La Nef des fous*) de Sebastian Brant (1458-1521)** est sûrement l'ouvrage le plus célèbre de cette période. Brant écrit dans une langue en gestation que les linguistes qualifient de « nouveau haut allemand précoce », mais qu'il ne craint pas de mâtiner d'éléments d'alémanique local. « En associant les thèmes de la folie et de la navigation, Brant crée un personnage et une image qui prospéreront dans toute l'Europe... » (Frédéric Hartweg). Il fut conseiller de l'empereur Maximilien, et se méfiait des visées du roi de France sur l'Alsace. Geiler de Kaysersberg, le fameux prédicateur de la cathédrale, dont vous ferez la connaissance au chapitre 15 consacré aux humanistes, avait l'habitude de beaucoup se référer au *Narrenschiff* dans ses sermons ;
- **Thomas Murner (1475-1537)**, un franciscain, est originaire d'Obernai. Il est connu en particulier pour son pamphlet *Von dem grossen lutherischen Narren !* (*Le Grand Fou luthérien !*) ;

- **Johann Fischart (1446-1590)** a traduit et adapté en allemand le *Gargantua* de Rabelais. On l'appelait d'ailleurs le « Rabelais allemand ». Sa passion en écriture : jouer avec les mots, inventer un style. En un mot : un véritable écrivain !

Goethe, Lenz, Büchner, Döblin... n'en rajoutez pas !

Chacun de ces géants de la littérature germanique a une histoire avec l'Alsace, avec Strasbourg en particulier, comme si la magie des lieux les avait tous conviés à l'ombre de la cathédrale. À commencer par Goethe, qui a sa statue devant le palais universitaire et qui fait partie des murs de Strasbourg, au point d'avoir donné son nom à l'une des rues les plus cossues de la ville et à... une agence immobilière !

Johann Wolfgang von Goethe et la fille du pasteur de Sessenheim

Goethe (1749-1832) a séjourné à Strasbourg en 1770-1771. La ville, française depuis plus d'un siècle, attire le jeune étudiant en droit car elle se trouve à la confluence des espaces germanique et français. Autre facteur déterminant : l'enseignement d'un professeur de droit public renommé dans toute l'Europe, Jean-Daniel Schoepflin.

Ce n'est pas le sujet de son doctorat en droit qui a installé ce géant de la littérature dans l'imaginaire alsacien, mais son histoire d'amour avec Frédérique Brion, la fille du pasteur de Sessenheim. Il se rendait à cheval dans ce village des bords du Rhin, à 35 kilomètres au nord de Strasbourg. Frédérique, qu'il oublia bien vite, lui inspira de merveilleux poèmes comme « *Willkommen und Abschied* ». Écoutez un peu ça. Le poème raconte une chevauchée entre Strasbourg et Sessenheim, où il va retrouver la fille du pasteur. Il vous fera passer définitivement l'envie de dire que l'allemand est une langue dure et gutturale !

Es schlug mein Herz geschwind zu Pferde !
Es war getan fast eh gedacht ;
Der Abend wiegte schon die Erde,
Und an den Bergen hing die Nacht.
Schon stand im Nebelkleid die Eiche ;
Ein aufgetürmter Riese, da,
Wo Finsternis aus dem Gesträuche,
Mit hundert schwarzen Augen sah.

Mon cœur battait, vite, à cheval !
Ce fut fait, presque avant même d'y penser.
Le soir berçait déjà la terre,
La nuit était suspendue au flanc des montagnes.
Déjà le chêne vêtu de brume se dressait ;
Tel un géant debout, là où les ténèbres,
Tapies dans les buissons,
M'épiaient de leurs cent yeux noirs.

Goethe s'intéressait au parler populaire, aux vieilles chansons des villageois. Pour Adrien Finck et Maryse Staiber, « ce séjour marque le début du mouvement littéraire dit *Sturm und Drang* (littéralement « tempête et passion »), d'un printemps du lyrisme allemand qui fut d'abord un printemps alsacien ».

Jacob Lenz, un « Stürmer und Drängler »

PORTRAIT

Lenz (1751-1792) a rencontré Goethe à Strasbourg en 1771. Il le rejoindra à Weimar quelques années plus tard. Ce *Stürmer und Drängler* était lui aussi amoureux fou de… la fille du pasteur de Sessenheim ! L'un de ses drames, *Die Soldaten*, se nourrit de ses expériences strasbourgeoises. Lors d'un épisode dépressif grave, il se rend à pied au Ban-de-la-Roche, où il va séjourner un temps auprès du pasteur Oberlin.

Georg Büchner, une poésie allemande

PORTRAIT

Büchner (1813-1837) est contraint de quitter sa Hesse natale, alors qu'il n'a que 21 ans, pour avoir exprimé ses idées libérales audacieuses dans le *Messager hessois*. Il inaugure d'une certaine manière la tradition d'accueil en Alsace de réfugiés politiques allemands, dont la dernière phase se situe durant les années 1930 avec la prise de pouvoir par les nazis.

C'est en français qu'il soutient son mémoire sur le système nerveux du barbeau, mais ses déclarations d'amour à sa fiancée Minna (encore une fille de pasteur !) se faisaient en allemand… Il traduit Victor Hugo et produit durant sa très courte vie une œuvre fulgurante.

Büchner a eu accès aux carnets du pasteur Oberlin par le père de sa Minna chérie. C'est à partir de ces notes qu'il a composé son magnifique texte inachevé, *Lenz*, en hommage à son frère en poésie, dont il décrit dans un texte qui passe pour un chef-d'œuvre de la littérature allemande, la marche à travers les Vosges en direction du Ban-de-la-Roche…

Il dira de Strasbourg qu'elle est sa seconde patrie (« *meine zweite Vaterstadt* »).

Alfred Döblin, auteur du célèbre Berlin Alexanderplatz

Le destin de l'auteur de *Berlin Alexanderplatz*, un des chefs-d'œuvre de la littérature allemande et mondiale du XXe siècle est incroyable : psychiatre juif berlinois, proche des socialistes, Döblin (1878-1957) est affecté durant la Première Guerre mondiale à l'hôpital militaire de Haguenau. Il retourne en Allemagne après 1918, mais s'installe à Paris avec la montée du nazisme et obtient rapidement la nationalité française.

Dans *Bourgeois et Soldats*, il raconte de manière romancée la vie durant la première guerre dans « la petite ville ». On reconnaît Haguenau à chaque détour de rue et de phrase. Döblin décrit également les conseils ouvriers à Strasbourg en 1918 et la fuite des Allemands sur le pont de Kehl après l'armistice.

Épilogue de son existence : en 1945, il fait partie des forces d'occupation françaises en Allemagne (il est chargé de la censure de la presse…). Il décède à l'hôpital psychiatrique d'Emmendingen, sur les bords du Rhin. Alfred Döblin et son épouse sont enterrés à Housseras, près d'Épinal, où était enterré l'un de leurs fils, Wolfgang, grand mathématicien, soldat français en 1940. Quand il comprend qu'il sera fait prisonnier par l'armée de Hitler, il préfère se pendre dans une grange de ce village…

Le difficile virage du début du XXe siècle

Pour éclairer ce moment fascinant où l'Alsace, ou du moins ses écrivains, a changé de langue, laissons la parole à Charles Fichter, auteur de *Pour une autre histoire de la littérature alsacienne*.

Au-delà des chauvinismes

Il est habituel de classer les écrivains alsaciens de la première moitié du XXe siècle selon des critères nationaux, voire chauvins...

Mais il est possible de faire une approche différente de l'histoire littéraire de cette période, ce tournant historique et linguistique où la langue allemande jette peut-être ses plus beaux feux tout en laissant déjà sa place à quelques très belles œuvres en français.

Au début du XXe siècle, avant la Première Guerre mondiale (l'Alsace est encore allemande !) plusieurs écrivains remarquables cherchent une voie originale, entre les fortes identités nationales française et allemande ; leur parole est profondément pacifiste, opposée aux pièges identitaires, conservateurs et nationalistes. Elle est féconde grâce à une constellation strasbourgeoise particulièrement favorable, dont les stars furent René Schickelé, Ernst Stadler, Yvan Goll, Otto Flake et Jean-Hans Arp. Leur souffle fut celui d'une création véritable, riche en utopies, promesses d'un monde nouveau.

La force des écritures

Après 1918, quand l'Alsace devient française, certains écrivains veulent favoriser le passage plutôt que la frontière, aller au-delà de l'enfermement national ou du ressentiment autonomiste. Strasbourg n'a plus rien d'une capitale intellectuelle ; pour les écrivains de la nouvelle génération, qui essaient d'écrire en français, l'esprit va souffler ailleurs :

– En Provence, où René Schickelé accueille les exilés fuyant le nazisme, comme Maxime Alexandre, qui a fréquenté Aragon et Breton ;

– Dans le cercle d'Altkirch où le jeune pasteur Frédéric Hoffet (qui écrira plus tard *Psychanalyse de l'Alsace*) publie des romans sous le nom de Frédéric Urmatt. C'est là que naît la poésie (en dialecte) de Nathan Katz.

Les poèmes de Jean-Paul de Dadelsen, comme « Oncle Jean » ou « Jonas » témoignent d'une capacité de résistance par l'humour et la métaphysique.

L'œuvre de ces écrivains prouve qu'à chaque époque d'un passé tumultueux, il y a eu des rébellions et des renoncements.

Le plus important n'est pas dans quelle langue ces écrivains se sont exprimés, mais la force purement poétique et prophétique de leur écriture.

Quand la poésie dialectale s'invite à la table de la littérature

On n'a jamais lu beaucoup de prose en dialecte. Il faut dire qu'il y a peu d'auteurs qui en ont écrit, à l'exception de Marie Hart, née à Bouxwiller en 1856 et décédée en 1924 dans le Wurtemberg. Mais la production de poésie dialectale est riche et dense dans le domaine de la poésie depuis le début du XXe siècle.

Le siècle de la poésie dialectale

Ce n'est qu'à la fin du XIXe et au début du XXe siècle que la poésie en langues régionales a connu son heure de gloire en Europe. Mistral est prix Nobel de littérature en 1904. Mais Johann Peter Hebel (1760-1826) s'est fait connaître dès le début du XIXe siècle par son œuvre poétique écrite dans un haut alémanique très voisin du dialecte parlé dans le Sud de l'Alsace.

En ce début de XXIe siècle, on ne voit apparaître aucune figure nouvelle de poète ou de poétesse en dialecte. D'ailleurs, le nombre de personnes capables de lire cette poésie se réduit au même rythme que le nombre de personnes capables de l'écrire…

Les quatre piliers

- **Les frères Matthis :** ces frères jumeaux, célibataires et inséparables, sont nés en 1874. Albert décède en 1930 et Adolphe en 1944. Leur registre musical : le dialecte strasbourgeois. Ils sont les premiers à avoir fait œuvre poétique créatrice à partir de la langue populaire. Leur recueil de poèmes le plus connu s'intitule *Bissali* (« pissenlit ») ;
- **Nathan Katz (1892-1981) :** né dans une famille juive à Waldighoffen, Katz passe pour le chantre de son Sundgau natal. Il a su tirer de cette langue austère, rugueuse, une incroyable puissance poétique. Ses œuvres les plus connues : *Sundgäu* en poésie et *Annala Balthasar* pour le théâtre. Katz a fréquenté Guillevic, l'un des grands poètes français du XXe siècle (dont le père était douanier à Ferrette…), Jean-Paul de Dadelsen, Maxime Alexandre ;
- **Claude Vigée (né à Bischwiller en 1921) :** « Je suis juif alsacien, donc doublement juif et doublement alsacien. » En fait, le chiffre qui lui conviendrait le mieux serait plutôt

le chiffre trois. Il écrit simultanément dans trois langues (français, allemand, alsacien) et vécut dans trois pays (France, États-Unis et Israël). Son texte en alsacien le plus bouleversant, écrit en 1982 à Jérusalem durant la guerre du Liban, est *Schwàrzi sengessle flàckere ém wénd* (*Les orties noires flambent dans le vent*) ;

- **André Weckmann (né en 1924) :** Weckmann est le symbole d'un renouveau de la poésie dialectale d'après-guerre. Son œuvre est profondément marquée par son incorporation de force dans la *Wehrmacht* en 1943. Mais sa poésie, en particulier celle des années 1970, est très engagée sur le front des luttes écologiques de cette période. Vous comprendrez en faisant un petit tour au chapitre 14 qui parle d'identité rhénane et de l'importance du mouvement écologiste en Alsace.

La drôle de guerre de Sartre, de René Char et du colonel Berger, *alias* André Malraux en Alsace

Chacune de ces célébrités de la littérature française du XXe siècle a une histoire avec l'Alsace. Une histoire de guerre, *natürlich* (« naturellement »)…

Jean-Paul Sartre était stationné en Alsace pendant la drôle de guerre (Marmoutier et Brumath en particulier). Il en parle dans ses *Carnets de drôle de guerre*, où l'on découvre un Sartre plus préoccupé par son œuvre en gestation que par la montée du fascisme en Europe. Il est par ailleurs le petit-fils d'un optant de 1870 originaire de Pfaffenhoffen, oncle d'Albert Schweitzer.

« J'ai aimé, j'aime cette partie des Vosges… », a écrit **René Char** à propos des Vosges du Nord où il était stationné entre octobre 1939 et mai 1940. Sa veuve, qui s'exprimait il y a peu sur les ondes, confirmait qu'après sa Provence natale, c'était la région préférée de Char. Ses lecteurs « *french* pur sucre » sauront dorénavant pourquoi l'un de ses poèmes s'intitule « Donnerbach Mühle », un endroit où il aimait se rendre avec un camarade de régiment. Il existe depuis peu dans ce coin des Vosges du Nord un sentier René-Char.

C'est avec la brigade Alsace-Lorraine qu'**André Malraux** a fait la connaissance de l'Alsace. Il confiait, en 1976, à Patrice Howald, du journal *L'Alsace* : « J'ai rencontré l'Alsace comme j'ai rencontré l'Espagne. Le lien avec des combattants volontaires, c'est un sacré truc. »

La forêt

Il ne faudrait pas que ces arbres imposants cachent la magnifique forêt des nombreux poètes dialectaux qui, la plupart du temps, ne se limitent pas à l'alsacien : Sylvie Reff, Conrad Winter, Jean-Paul Sorg, Jean-Paul Gunsett, Raymond Matzen, Adrien Finck, Gaston Jung… pour ne citer que quelques noms.

Il faut ajouter à ces poètes les chanteurs qui ont souvent composé eux-mêmes leurs textes ou mis en musique des poèmes : La Manivelle, René Eglès, Roland Engel, Isabelle Grussenmeyer, Jean-Pierre Albrecht…

Il ne faut pas non plus oublier le garde forestier, Armand Peter, responsable des éditions bf, qui veille amoureusement sur ces pousses depuis des décennies !

Régionale, régionaliste ou universelle ?

Poser la question d'une « littérature régionale », n'est-ce pas d'entrée de jeu nier l'universalité de la littérature ? Par ailleurs, du fait de l'ultracentralisme de l'édition française, de nombreux écrivains alsaciens sont des expatriés littéraires. Et devinez où ces auteurs se sont exilés ? *Ach !* Paris…

Régionalisme et littérature

« Le régionalisme, en art, est une force, à condition de ne pas devenir un asservissement. » La formule est de Maurice Pottecher, le père fondateur du théâtre de Bussang, dans les Vosges. Elle est transposable à toute forme artistique, à la forme littéraire en particulier. Mais, d'un autre côté, un auteur « a besoin d'une adresse », pour citer Isaac Bashevis Singer. Alors, que faire ?

Nous aborderons au chapitre 14 la question passionnante des alsatiques. Nous vous en livrons dès à présent la conclusion : alsatiques et littérature ne font pas forcément bon ménage ! Mais les éditeurs et les libraires alsaciens le savent parfaitement : un même roman traitant de l'Alsace fera dix fois plus de ventes s'il est présenté dans le rayon alsatique d'une librairie que dans le rayon littérature générale !

La question de la langue est devenue moins centrale. Il reste, à notre connaissance, deux écrivains alsaciens capables d'écrire soit en allemand soit en français : André Weckmann et Martin Graff. Quoi de plus périlleux que d'énumérer des auteurs, de les classer par catégorie, de faire des choix d'extraits de textes ? Un tel projet est forcément arbitraire, subjectif, injuste. Mais soyons nuls jusqu'au bout : classons…

Du côté des romanciers

Vu d'Alsace, le paysage éditorial français apparaît comme ultracentralisé. Car, dans la toute proche Allemagne ou en Suisse, chaque capitale régionale a ses éditeurs, qui diffusent dans l'ensemble de l'ère germanophone.

C'est cette situation qui a conduit plusieurs auteurs alsaciens à émigrer vers la capitale. Certains ont opté pour un pseudonyme, d'autres ont gardé leur patronyme germanique, au risque de le voir malmené par les *Pariser* !

Au cours des années 1970 et 1980 on a beaucoup lu des Alsaciens de Paris, comme Marcel Haedrich, Marcel Schneider ou Jean Egen, auteur des *Tilleuls de Lautenbach.*

Combien de grands prix littéraires parisiens pour des Alsaciens depuis 1945 ?

Deux seulement, ce qui, ramené à la population et au nombre de prix attribués en plus de soixante ans, ne représente pas grand-chose !

En 1961, Alfred Kern obtient le prix Renaudot pour *Un bonheur fragile*, qui raconte l'odyssée d'un Malgré-nous.

En 1975, Jacques Almira, né dans la cité des humanistes, obtient le prix Médicis pour *Un voyage à Naucratis*.

Ce n'est sûrement pas Max Genève, originaire de Mulhouse qui sera le prochain Alsacien à décrocher l'un de ces prix. Il est l'auteur d'un grand nombre d'ouvrages dans des styles très différents et ne se gêne pas pour tirer régulièrement à boulets rouges sur le système… d'attribution des prix littéraires dans le microcosme parisien !

D'autres noms de romanciers sont familiers des amoureux de littérature, comme par exemple Catherine Weinzaepflen, Pierre Ahnne ou Gérard Oberlé. Mais il y a aussi bien sûr de nombreux romanciers qui vivent, écrivent et publient en

Alsace. Liste non exhaustive : André Weckmann, Martin Graff, Gabriel Schoettel, René Heyer, Louis Schittly, Jacques Fortier, Simone Morgenthaler…

Du côté des poètes francophones

Sachez d'abord qu'en Alsace, beaucoup de poètes écrivent dans deux ou trois langues. Adrien Finck, lui-même poète, a inventé à propos de ces poètes trilingues, la notion de « triphonie poétique ».

Cher lecteur, chère lectrice, nous sommes désolés, mais nous allons devoir vous infliger à présent deux listes d'un seul coup. Aussi subjectives, arbitraires et partielles que les précédentes !

- Une liste de poètes disparus mais dont les mots sont éternels : la plupart d'entre eux sont évoqués dans le texte de Charles Fichter : Maxime Alexandre, Jean-Paul de Dadelsen, Yvan Goll… ;
- Une liste de poètes vivants et bien vivants : Claude Vigée, Jean-Claude Walter, Marc Syren, Jacques Goorma, Raphaël Heyer, Claude Dirringer, Albert Strickler, Gérard Pfister, Jean-Paul Klée…

Quelques lignes d'un poète disparu

« Rien de réglé, rien de promis, le soir n'apporte rien.

Ô confitures du quiétisme ! miel vénéneux de l'âme, et pourtant

Le soir est l'image du pays natal

Le soir nous ouvre un pays ancien. »

Jean-Paul de Dadelsen, extrait de *Jonas* (Gallimard, 1962).

Quelques lignes d'un poète vivant

« Hier soir, en roulant dans le Ried, les perles des émotions s'enfilent avec les ornières des eaux qui stagnent ici et là pour le plus grand bonheur des cygnes et des cigognes. À Muttersholtz, l'Ill est si haute qu'elle rase l'arche du pont. C'est le pays de Jean-Paul de Dadelsen, dont le souvenir m'étreint avant même de passer devant le Schlessel, la maison où grandit le poète.»

Albert Strickler, extrait de *Le Cœur saxifrage* (Pierron, 1999).

Du côté des inclassables : René Ehni, Michel Deutsch

L'un, René Ehni (né en 1935) est sundgauvien. L'autre, Michel Deutsch (né en 1948) est strasbourgeois.

Le Sundgauvien s'est fait connaître à Paris, a écrit des romans et du théâtre qui ont marqué la génération de l'après-1968, a fait un *come-back* en Alsace avant de se retirer sur une île grecque et de se convertir à la religion orthodoxe.

Le Strasbourgeois a commencé sa carrière de dramaturge au TNS (Théâtre national de Strasbourg) entre 1974 et 1983, sous la direction de Jean-Pierre Vincent. Puis il a poursuivi sa carrière d'auteur, metteur en scène, écrivain à Paris.

Ils jettent tous deux sur leur région d'origine un regard personnel et décapant.

Une triphonie littéraire

La langue de la majorité des écrivains alsaciens contemporains est le français. Mais il reste de nombreux poètes dialectaux et des écrivains qui écrivent en allemand littéraire.

Deux institutions les accueillent dans cette diversité linguistique :

- La Société des Ecrivains d'Alsace, de Lorraine et du Territoire de Belfort fondée par Gustave Soskopf en 1928. Elle accueille un grand nombre d'écrivains de la région.
- La Revue Alsacienne de Littérature qui publie trimestriellement dans les trois langues des textes d'auteurs régionaux.

Chapitre 9

Une terre de foi(s)

Dans ce chapitre :

- Qu'est-ce que le Concordat, pourquoi existe-t-il toujours et en quoi fait-il de l'Alsace une région si particulière ?
- Les nombreuses religions présentes en Alsace, les lieux où elles s'inscrivent, les hommes qui les ont servies ou qui les servent aujourd'hui
- Des instituts de théologie à l'université

Ce qui frappe le visiteur français qui arrive en Alsace, c'est la marque laissée par la pratique religieuse dans tous les domaines de la vie, tant sur le plan architectural que politique, social, associatif, psychologique...

Et pourtant, la désaffection religieuse touche l'Alsace comme toutes les provinces françaises. Mais de nouvelles religions apparaissent, les choses changent...

Le Concordat, facteur de paix sociale ou hérésie républicaine ?

Après la période révolutionnaire et ses excès, une des premières réalisations du Premier Consul est la restauration d'une paix sociale et religieuse par la signature du, ou plutôt des Concordats.

Normalisation avec les trois cultes historiques

De 1801 à 1808, il a bien travaillé, notre Napi ! Réconcilier les cultes avec l'État n'a pas été une mince affaire !

La réconciliation avec les catholiques en messidor

Le 26 messidor an IX, autrement dit, en termes plus « chrétiens », le 15 juillet 1801 (mais c'est tellement plus beau en calendrier républicain, avec ce « messidor », qui évoque « des épis ondoyants et des moissons dorées »...), Bonaparte signe le Concordat avec le pape Pie VII.

Le Concordat stipule que la religion catholique est la « religion de la grande majorité des citoyens français » et qu'« elle sera librement exercée en France ». Il abolit froidement la loi de 1795 séparant Église et État. L'Église renonce aux biens confisqués pendant la Révolution et l'État assure aux prêtres un traitement satisfaisant. En échange de ce compromis, le Premier Consul pourra dorénavant nommer les évêques et obtient la reconnaissance officielle du Consulat par Rome, ce qui n'est pas rien ! Plus tard, il obtiendra aussi son silence, lorsqu'il se fera sacrer empereur. Et tout le monde est content...

La reconnaissance des Églises protestantes en germinal

Ce premier pas dans le sens d'une réconciliation religieuse va être complété par les articles organiques du 18 germinal an X, le mois « de la fermentation et du développement de la sève » (8 avril 1802), qui lient l'État au culte protestant.

Bonaparte conçoit un système hiérarchisé et centralisé. Les pasteurs doivent prêter serment de fidélité devant le préfet. Il crée vingt-sept églises consistoriales (dont quatre autonomes pour les réformés, c'est-à-dire les calvinistes), un consistoire général, constitué de notables et un directoire. Malgré ses insuffisances, cette loi est bien accueillie par les protestants, reconnaissants à Bonaparte de leur avoir accordé l'égalité avec le culte catholique, apostolique et romain.

Mais devinez qui n'est pas content ? Le pape et le clergé catholique, qui n'auront de cesse de désapprouver les articles organiques imposés unilatéralement par Napoléon Bonaparte !

Et les juifs ?

De passage à Strasbourg, après la victoire d'Austerlitz, en 1806, Bonaparte, devenu entre-temps Napoléon le Grand (il a été sacré Empereur le 2 décembre 1804), est surpris par le nombre de colporteurs et commerçants juifs harcelant ses troupes. Il décide de légiférer sur le statut des juifs, comme il l'avait fait pour les catholiques et les protestants. Il convoque d'abord une assemblée de notables juifs, nommés par les préfets. Il leur pose les fameuses « douze questions », lourdes des préjugés de son temps, visant à mesurer la compatibilité entre la religion juive et la loyauté envers l'État. Une des questions de Napoléon sera : « Est-il licite aux juifs d'épouser plusieurs femmes ? » Ce fut un exercice redoutable, pour ces notables, d'y répondre sans « vendre leur âme »...

Puis, pour asseoir ces réponses sur un socle plus religieux, Napoléon décide de convoquer le Grand Sanhédrin, rappel du Sanhédrin, assemblée législative traditionnelle du peuple juif, et son tribunal suprême, dont on fait remonter l'existence au temps de Moïse. Cette assemblée aboutit, le 18 mars 1808 (plus de date en calendrier républicain, nous sommes désolés, cette belle utopie a cessé le 1er janvier 1806 !), à la création du Consistoire central des Israélites de l'Empire, et de treize consistoires départementaux. Les juifs sont follement heureux et reconnaissants !

Pourtant, dans le monde religieux contemporain, nombreux sont ceux qui considèrent Napoléon comme un assimilateur forcené !

Tout bénéfice pour le pouvoir !

Le Concordat sera plutôt bien accueilli par les Français, fatigués après douze années de conflits religieux sanglants depuis la Révolution et le vote de la Constitution civile du clergé par l'Assemblée constituante, le 12 juillet 1790.

Concernant les juifs, le Concordat conduit à leur organisation administrative et réussit à s'assurer leur soumission à l'Empereur et à la France. Il fit beaucoup plus pour leur intégration effective que l'émancipation de 1791, votée par l'Assemblée constituante, dont il est le prolongement. Il normalisa l'image du juif, ce qui bénéficia largement aux communautés qui se développèrent dans les années qui suivirent, rejointes par de nombreux juifs de l'Est, séduits par ce nouveau statut.

Les questions que soulève le Concordat restent d'ailleurs d'actualité pour toute communauté tentée par une reconnaissance, mais désireuse de garder sa spécificité : fidélité et ouverture, tradition et modernité, identité religieuse et inscription dans la cité...

Bénis et protège la République française !

Le Concordat prévoit que des prières pour la République soient intégrées à la liturgie de toutes les religions concordataires. Voilà ce qu'on dit régulièrement dans les synagogues consistoriales, lors des offices du chabbat matin et à l'occasion de cérémonies officielles :

« Dieu Éternel, créateur et maître de l'univers,

Ta Providence embrasse les cieux et la terre, la force et la puissance t'appartiennent ; par Toi seul, tout s'élève et s'affermit. De Ta demeure sainte, ô Seigneur, bénis et protège la République française et le peuple français. Amen.

Que la France vive heureuse et prospère. Qu'elle soit forte et grande par l'union et la concorde. Que les rayons de Ta lumière éclairent ceux qui président aux destinées de l'État et font régner dans notre pays l'ordre et la justice. Amen.

Que la France jouisse d'une paix durable et conserve son rang glorieux au milieu des nations. Amen.

Que la France reste fidèle à sa noble tradition et défende toujours le droit et la liberté. Amen.

Accueille favorablement nos vœux : que les paroles de nos lèvres et les sentiments de notre cœur trouvent grâce devant Toi, ô Seigneur, notre créateur et notre libérateur. Amen. »

Mais pourquoi est-il toujours en vigueur en Alsace, ce fameux Concordat ?

Le Concordat a été abrogé en 1905 dans toute la France, par la loi de séparation de l'Église et de l'État, voulue et votée par les républicains laïcs de vieille France. Oui, mais en 1905, justement, l'Alsace est un *Reichsland*, c'est la période de l'Annexion (voir chapitre 2). Quand elle revient dans le giron français, en 1918, la France essaie d'étendre à l'Alsace la loi de 1905 et d'imposer la laïcité, mais l'Alsace répond vigoureusement : « Non ! » Après une grande période de troubles (voir chapitre 3), la France accepte de maintenir en Alsace les lois définies par le Concordat.

Votre religion, SVP ?

Si vous inscrivez votre enfant dans un établissement public, du primaire au lycée, vous entendrez cette question banale pour les uns, révoltante pour les autres : « Religion de l'enfant ? »

Eh oui ! Dans les écoles publiques alsaciennes, la religion est enseignée (à partir de cinq enfants d'une des religions concordataires !) par des rabbins, curés, pasteurs, qui pénètrent le « sanctuaire » laïc de l'école publique… Mais, amis laïcards, si vous n'y tenez pas, vous n'aurez qu'à déclarer : « Sans ». C'est prévu, votre enfant aura alors un cours d'« instruction civique », qui remplace le cours de « morale » des années 1960 !

Un dédale législatif

Le statut religieux propre à l'Alsace s'explique par le fait que la loi de séparation de l'Église et de l'État de 1905 ne s'y applique pas. Ceci entraîne trois conséquences :

- Le Concordat, qui implique que les ministres du Culte (et aussi le personnel administratif de chaque culte) soient rémunérés par l'État ;
- La non-abrogation de la loi Falloux sur l'instruction publique de 1850, qui fait que l'enseignement religieux est dispensé dans les établissements scolaires ;

- La non-application de la loi de 1905 de séparation de l'Église et de l'État, qui fait que des associations à but cultuel peuvent être subventionnées par les municipalités.

Et c'est ce statut qui est encore en vigueur aujourd'hui, inchangé depuis 1801. Il est très apprécié par ceux pour lesquels il a été créé, mais rend fous de rage les libres-penseurs, athées, bouffeurs de curés, défenseurs de la séparation stricte de l'Église et de l'État, qui veulent en voir l'abolition pure et simple. Logique.

Plusieurs fois, il a été question de le supprimer, de le faire évoluer… En vain. Ce statut reste une composante immuable de l'Alsace.

La communauté musulmane d'Alsace-Moselle, forte de 150 000 à 160 000 fidèles, ne manifeste pas le désir de rentrer dans le Concordat. En revanche, elle souhaite voir l'islam enseigné à l'école. Ceci gommerait un sentiment d'injustice ressenti par les musulmans et, plus encore, selon Driss Ayachour, responsable du Conseil régional du culte musulman (CRCM) d'Alsace, serait « le remède le plus efficace pour encadrer les jeunes, les former et les protéger contre l'extrémisme ». De nombreux non-musulmans également approuveraient cette ouverture ! L'idée serait que, dans un premier temps, des instituteurs musulmans déjà en poste dispensent ces cours. Le CRCM a créé une commission pour réfléchir à cette question. Juridiquement, ceci pourrait se faire sans que l'islam ne rentre dans le Concordat, mais en vertu de la non-abrogation de la loi Falloux.

La petite différence et ses grandes conséquences

Curés, pasteurs, rabbins payés par l'État ? Combien ils gagnent ?

À peu près autant qu'un prof certifié : entre 1 200 et 2 500 euros, en fonction de leur classement indiciaire. Les évêques, le grand rabbin et le président du directoire, plus ! Ils disposent en sus d'un logement de fonction, presbytère ou autre, résidu d'une époque où les ministres du Culte logeaient près de leurs ouailles et partageaient leur quotidien.

Des rapports cordiaux, mais aussi des tensions

LE SAVIEZ-VOUS ?

Parce que le fait religieux fait partie de la vie, et ce depuis toujours, les rapports entre les différents cultes sont cordiaux en Alsace. Chacun s'intéresse aux croyances de l'autre, les groupes interreligieux sont nombreux.

La pose de la première pierre de la grande mosquée de Strasbourg, qui s'est déroulée en présence du président du CRCM, du grand rabbin, de l'archevêque et du représentant des protestants, est la meilleure preuve de la tolérance entre les différents cultes qui dominent en Alsace.

Cet esprit de dialogue entre les responsables ne se retrouve pas toujours au niveau de la population. Comme dans toutes les grandes villes de France, on assiste à des phénomènes inquiétants, concernant les différentes communautés religieuses. Ainsi, les profanations de tombes dans les cimetières juifs et musulmans ne sont malheureusement pas rares. Le mouvement régionaliste d'extrême droite, Alsace d'abord, mène régulièrement des campagnes islamophobes. Et, enfin, le PMF (Parti musulman de France) répand souvent dans les rues de Strasbourg une propagande antisioniste et antisémite.

En cette période où apparaissent de nouvelles religions, et où la désaffection des lieux de culte traditionnels est générale, on peut se demander si les responsables des cultes concordataires sont encore représentatifs des communautés religieuses…

Malgré tout, les Alsaciens restent très attachés au Concordat. 98 % d'entre eux lui sont favorables ! Pourquoi ? Parce que les Alsaciens sont conservateurs ? Oui, mais il y a là aussi une dimension symbolique. Parce que l'appartenance nationale a été fragile ici depuis 1870, alors que l'appartenance religieuse, elle, est immuable… Relisez les chapitres 2 et 3, vous comprendrez ! Bref, il n'est pas encore né, celui qui abrogera le Concordat !

Omniprésence du religieux

À côté des quelques religions concordataires, on en trouve beaucoup plus qui ne le sont pas… L'histoire religieuse se lit partout : dans les lieux de culte, les cimetières, dans les villes et les campagnes… Allons à la rencontre d'hommes de foi, créateurs de nouveaux courants ou voués à l'amour de Dieu et de l'autre…

Que reste-t-il de siècles d'imprégnation religieuse ? Une connaissance intuitive de la religion de l'autre, une carte géographique marquée par l'histoire, un certain je-ne-sais-quoi…

Combien de religions en Alsace, au fait ? Bonne question, merci de l'avoir posée !

D'abord, les religions concordataires

Il y en a quatre, qui n'en font plus que trois :

Les catholiques, majoritaires

Comme partout ailleurs en France, il est difficile d'obtenir des statistiques. Chacun se fait une idée différente de ce que c'est que de faire partie d'une communauté religieuse ! Il existe en revanche des chiffres très précis concernant les ministres du Culte.

Ils sont à peu près 1 000, évêques, chanoines, vicaires, curés, aumôniers militaires etc. (révisez vos connaissances en hiérarchie ecclésiastique !). Parmi eux, depuis que se confirme la « crise des vocations », quelques curés venus de loin (essentiellement d'Afrique et de Pologne) officient dans les villages d'Alsace. Environ 300 laïcs (parmi lesquels beaucoup de femmes) ont été intégrés ; mais ils ne peuvent pas remplacer les curés pour tous les sacrements.

Les protestants

On peut maintenant (presque) les présenter ensemble. En effet, depuis 2006, l'EPCAAL (Église protestante de la confession d'Augsbourg d'Alsace-Lorraine) et l'EPRAL (Église protestante réformée d'Alsace-Lorraine) ont créé une union, l'UEPAL (Union des Églises protestantes d'Alsace-Lorraine). Le président de l'UEPAL est Jean-François Collange, qui est aussi président de l'EPCAAL. Au sein de cette union, chaque église garde néanmoins son autonomie.

Pélerins et missionnaires

Les pèlerinages

Le pèlerinage est une vieille tradition alsacienne ! Par le passé, des convois entiers de trains affrétés en Alsace se rendaient en pèlerinage à Lourdes. Il y en a encore, mais moins. En Alsace même, on trouve des lieux de pèlerinage, en très grand nombre (90 d'après certaines estimations). Certes, aujourd'hui, les lieux de pèlerinage sont devenus presque exclusivement des buts touristiques, mais jusque dans les années 1950, les grands rassemblements alliaient un besoin de sortir de son village à une quête de spiritualité !

Les plus importants sont dans le Bas-Rhin : le mont Sainte-Odile, lieu de retraite depuis 1931 (sainte Odile est la patronne de l'Alsace – voir dans la partie des Dix !) ; Marienthal, près de Haguenau, lieu de pèlerinage marial le plus important d'Alsace, toujours fréquenté.

Et dans le Haut-Rhin : Notre-Dame de Thierenbach, à 335 mètres d'altitude, au pied du Vieil-Armand et du Grand Ballon ; Les Trois Épis, site de toute beauté, à 650 mètres d'altitude, sur les premiers contreforts vosgiens, à proximité des établissements de cure et de tourisme.

Les missions

L'Alsace a été une très importante terre de mission. Ceci s'inscrit dans le territoire alsacien sous la forme de différentes maisons : lieux de formation des futurs missionnaires, lieux de convalescence des missionnaires atteints par des maladies tropicales ou, enfin, « maisons de retraite » pour les missionnaires en fin de carrière.

Plusieurs ordres coexistent en Alsace : les Pères Blancs d'Altkirch, les Oblats de Strasbourg, les Missions africaines de Lyon à Andlau, les Pères Spiritains, aussi appelés missionnaires du Saint-Esprit, congrégation missionnaire présente à Saverne particulièrement développée en Afrique.

Ces missionnaires sont partis soit en vieille France redonner un coup de fouet à la foi locale, soit en Europe, soit encore sur les autres continents, en Amérique (Brésil, Chili, Équateur), en Afrique (surtout dans les colonies françaises : Algérie, Congo, Gabon, Sénégal), dans les Antilles françaises (Martinique, Guadeloupe), soit encore en Asie (Chine, Japon, Inde) ou en Océanie.

Ces voyages au long cours qu'accomplissaient les pères ont laissé des souvenirs éblouis dans la mémoire de beaucoup d'enfants nés dans les années 1950 : chacun avait dans sa famille un oncle qui partait pour de longues années dans des pays lointains, au climat effroyable, aux usages incroyables, et qui revenait chargé de récits extraordinaires, et quelquefois d'un mauvais film, qu'on visionnait, fascinés, dans la salle de l'école communale. Plusieurs vocations de grands voyageurs se sont décidées là !

On compte 300 agents du culte protestant : pasteurs, pasteurs auxiliaires, pasteurs vicaires et vicaires (vicaire veut dire assistant !). Notez que la profession de pasteur s'est énormément féminisée : 40 % des pasteurs sont des femmes, ce qui est unique dans le monde religieux, toutes religions confondues !

CURIOSITÉ

La Passion à Saint-Guillaume : une institution

Fondé en 1885 par Ernest Munch, le chœur de Saint-Guillaume, pendant protestant de celui de la cathédrale, a une réputation solidement implantée.

Chaque année, le Vendredi saint, jour férié en Alsace, à 16 heures (heure officielle de la Crucifixion), a lieu un événement musical et religieux exceptionnel : l'exécution d'une *Passion* de Bach, selon saint Jean ou selon saint Matthieu en alternance. C'est le rendez-vous de la HSP (haute société protestante).

Une foule nombreuse se presse, munie d'un petit coussin, pour supporter les bancs très « protestants » de cette église gothique, devenue en 1553 une des sept paroisses luthériennes de Strasbourg. Une très curieuse atmosphère règne dans le public ; on ne sait si on assiste à un culte ou à un concert. Beaucoup d'auditeurs, très mélomanes, connaissent les textes des chorals par cœur et les chantonnent à mi-voix (en allemand, bien sûr !) :

« *Was mein Gott will, das g'scheh allzeit, sein Will der ist der beste* » (« Que tout ce que Dieu veut advienne, sa volonté est la meilleure »).

Certains suivent consciencieusement l'action – ou plutôt la Passion – sur une partition ou un livret. L'église est tellement exiguë, et la présence sonore des voix et des instruments tellement envoûtante, qu'on est pris dans l'histoire, et qu'on crierait presque avec le peuple (le chœur) : « *Lass ihn kreuzigen !* » (« Crucifiez-le ! »).

Il y a aussi beaucoup d'auditeurs laïcs, élèves du Conservatoire, fans de Bach, mélomanes de toutes obédiences. Certains agnostiques vous diront que, ce jour-là, entre 16 heures et 19 heures, ils deviennent croyants ! C'est un moment qui reflète parfaitement l'œcuménisme alsacien…

Les juifs

La guerre a porté le coup de grâce aux très anciennes communautés rurales : il n'y a plus de juifs dans les petits villages, et presque plus dans les petites villes. Il reste une petite communauté à Colmar et à Mulhouse. La grande majorité des juifs d'Alsace vit aujourd'hui à Strasbourg, ville marquée par leur présence. On recense trois grands rabbins et vingt et un rabbins en Alsace.

La répartition protestants/catholiques en Alsace

Un « vrai » alsacien connaît sur le bout des doigts sa carte de la répartition des religions dans toute l'Alsace. C'est un savoir qui se transmet de père en fils, dès le berceau ! Il s'agit d'une science tellement complexe, qu'on pense d'abord qu'elle relève de la magie. Quand on apprendra que certains villages sont séparés par une ligne invisible qui divise catholiques et protestants, on pensera qu'il est plus sage d'abandonner…

En fait, il suffit de connaître quelques principes :

- Jusqu'à la Révolution, l'Alsace se présente comme une mosaïque de petits États appartenant à un prince, un chevalier ou un évêque. Le village ou la région adoptent alors obligatoirement la religion du seigneur en question. C'est le fameux : « *Cujus regio, ejus religio* » (« Tel prince, telle religion »).
- Les thèses de Luther ont eu un très grand succès dans l'Alsace du XVIe siècle, comme dans tout le Saint-Empire romain germanique, autant dans les villes que dans les campagnes. Et comme la révocation de l'édit de Nantes ne s'est pas appliquée en Alsace (voir chapitre 1), les protestants sont restés et sont très nombreux.
- Régions qui sont protestantes depuis le XVIe siècle :

  Dans le Bas-Rhin : les comtés du Hanau-Lichtenberg, de La Petite-Pierre et de Nassau-Sarrewerden, les seigneuries de Fleckenstein et d'Oberbronn, ainsi que les dix-neuf paroisses rurales de la ville de Strasbourg, et une trentaine de paroisses dispersées appartenant aux chevaliers d'empire. Plusieurs villes : Strasbourg, Wissembourg, Haguenau, Bischwiller.

  Dans le Haut-Rhin : Colmar, Munster, quinze paroisses autour de Colmar des seigneuries de Horbourg, de Riquewihr et des Ribeaupierre.

  Mulhouse, alliée à la Confédération des treize cantons, sera réformée, ainsi que Sainte-Marie-aux-Mines, ville tout à fait originale, puisqu'elle aura une paroisse luthérienne, une réformée francophone et une réformée germanophone (sans compter ses églises catholiques !).

Ça y est ? Vous y êtes ?

Et puis les autres

Les musulmans

LE SAVIEZ-VOUS ?

Troisième confession religieuse d'Alsace. La communauté turque est particulièrement bien représentée, en raison de la proximité de l'Alsace avec l'Allemagne, où il y a une ancienne émigration turque depuis les années 1970.

L'essentiel de la communauté musulmane d'Alsace est constitué de sunnites ; mais d'autres branches de l'islam sont également présentes en Alsace : alévis, soufis, chiites, salafistes… Leur diversité implique une grande complexité. Ils sont organisés par le CRCM (Conseil régional du culte musulman), présidé par Driss Ayachour, émanation régionale du CFCM (Conseil français du culte musulman) créé en 2003 par Nicolas Sarkozy, alors ministre de l'Intérieur, et qui représente l'« islam du juste milieu ». L'autre organisation, l'UOIF (Union des organisations islamiques de France), qui existe à l'échelle européenne et même internationale, fait également partie du CFCM.

Les innombrables « chapelles » protestantes

Évangéliques (Armée du Salut), pentecôtistes, adventistes, presbytériens, baptistes, méthodistes sont présents sur tout le territoire alsacien. À ces dissidences traditionnelles du protestantisme s'ajoute une nébuleuse de communautés issues de l'émigration : évangélistes, néo-pentecôtistes, néo-adventistes… Une galaxie de petites communautés se trouvent dans les grandes villes ; parfois, elles font bon ménage avec la communauté autochtone, et d'autres fois, la « greffe » ne prend pas…

Les évangéliques sont les plus nombreux, ils dépassent en nombre toutes les autres variantes du protestantisme, mais ils ne sont pas « concordataires », car… retardataires !

Les courants non consistoriaux du judaïsme

Les libéraux, réunis dans l'UJLS (Union juive libérale de Strasbourg), et, à l'autre bout du spectre, les loubavitch et autres courants orthodoxes ont chacun leur oratoire, dispensent des cours, organisent des offices, des débats…

La très originale yeshiva (centre d'études de la Torah et du Talmud) des étudiants et l'école Eshel dispensent un enseignement reconnu bien au-delà des frontières de l'Alsace.

Ce sont les orthodoxes qui donnent à Strasbourg cette physionomie toute particulière, alors qu'ils sont peu nombreux proportionnellement à l'ensemble de la communauté juive. En se promenant dans le parc des Contades le samedi après-midi, on peut avoir l'impression d'être dans une bourgade juive d'avant-guerre…

Des chiffres !

Les statistiques sont interdites dans la France laïque, vous le savez comme nous ! On en est réduit à des estimations à partir de questionnaires très subjectifs…

- En Alsace, il y aurait 60 % de catholiques, 15 % à 20 % de protestants (250 000, dont 33 000 réformés), 8 % de musulmans (150 000 à 160 000), moins de 1 % de Juifs (de 10 000 à 15 000).
- Pour votre information, les « réformés » (calvinistes) représentent 1 % de la population française.
- Strasbourg est la sixième communauté juive de France, derrière Paris, Marseille, Nice, Lyon, Toulouse.
- Strasbourg est la première ville protestante de France, avec 40 000 adeptes (entre 800 000 et 1 million en France).
- L'Alsace est la deuxième région protestante de France, après la région parisienne.
- Il y a 29 églises protestantes à Strasbourg, dont deux réformées (le Bouclier, Saint-Paul).
- Chacune des 900 communes d'Alsace abrite au moins une église (souvent deux), et les villes plusieurs dizaines. Faites le compte !

Ceux d'Extrême-Orient et les « sans »

On trouve enfin les religions d'Extrême-Orient : le zen japonais soto à Weiterswiller, le bouddhisme tibétain à Kuttolsheim, les communautés orthodoxes grecque, roumaine, serbe, etc.

Et puis, les laïcs, ne les oublions pas… Le Concordat et la multiplicité des cultes présents en Alsace obligent les « sans » à se nommer, à s'identifier, à revendiquer leur spécificité, leur non-appartenance. La fronde est particulièrement forte chez les nouveaux arrivés, venus de vieille France, où cela fait plus d'un siècle qu'on ne parle plus de religion dans l'espace public !

Le service protestant des relations interreligieuses et interculturelles : le pasteur Michel Weckel

En 2007, la direction de l'UEPAL a décidé de procéder à la création du « service protestant des relations interreligieuses et interculturelles ». La responsabilité en a été confiée au pasteur Michel Weckel. Son objectif est de travailler sur les évolutions religieuses contemporaines, de les analyser et de tenter, dans la mesure du possible, de tisser des liens avec les multiples autres communautés religieuses présentes en Alsace. L'action du service est notamment orientée vers le monde islamique. Il s'agit de connaître et de comprendre l'extrême diversité des communautés musulmanes (sunnites, chiites, soufis, alévis, salafistes, tablighis...) et de partager cette connaissance au sein des communautés protestantes de l'UEPAL. Elle est également orientée vers les nombreuses communautés protestantes issues de l'immigration. Les relations avec le bouddhisme (il existe plusieurs centres bouddhistes en Alsace) sont également à l'ordre du jour, ainsi que celles avec le monde juif.

Les lieux du religieux

En Alsace, le paysage est marqué par l'histoire immémoriale des hommes et de leur foi, et parfois par leurs conflits, leurs difficultés à admettre la foi du voisin !

Églises catholiques et protestantes

Souvent deux églises par village

CURIOSITÉ

Dans beaucoup de villages d'Alsace, il y a deux églises (on compte à peu près 500 églises luthériennes et temples réformés en Alsace, y compris les chapelles d'hôpitaux). Les panneaux indicateurs dirigent bien distinctement vers l'une ou l'autre. Et puis, en général, sur les églises protestantes, il y a un coq, sur les catholiques une croix ! De plus, les lieux de culte protestants soignent beaucoup les éclairages nocturnes ! Il peut être difficile de les différencier de l'extérieur ; mais, à l'intérieur, il est bien évident que beaucoup de décorum, de dorures, de sculptures désigneront une église catholique alors que la sobriété, l'absence criante de Vierge et de saints seront les stigmates d'une église protestante !

Mais quelquefois une seule... et parfois un simultaneum

Et c'est là que les ennuis commencent.

Lorsque, à partir de 1648, l'Alsace est rattachée au royaume de France, Louis XIV n'interdit pas la pratique de la religion protestante, puisque la liberté religieuse est garantie par les traités de Westphalie, et que, en 1685, la révocation de l'édit de Nantes n'a pas été appliquée en Alsace (voir chapitre 1).

LE SAVIEZ-VOUS ?

En revanche, il commence sournoisement, à partir de 1673, la « reconquête catholique ». Ce qui veut dire que, dans les villages protestants, à partir de sept familles catholiques, il y aura partage de l'église entre les deux cultes : les catholiques auront droit au chœur et les protestants à la nef. C'est ce qu'on a appelé le « simultaneum », ou les « églises mixtes », ou encore « le partage des aires ».

Cette règle du partage a induit de « *Petites haines ordinaires* », pour reprendre le titre d'un ouvrage d'Alfred Wahl, dans les villages alsaciens : petites brimades quotidiennes, ou conflits ouverts, tous les registres des inimitiés sont à votre disposition !

Le mouvement va culminer en 1767 avec 159 églises mixtes. Puis va commencer sa lente résorption. En 1880, il en reste 114.

Pendant l'Annexion, le gouvernement prussien, luthérien, va supprimer 50 églises qui pratiquaient le simultaneum, en construisant autant d'églises catholiques, dans un style néoroman de toute beauté. Ceci pour se faire bien voir des catholiques ! En 1914, les églises mixtes ne sont plus que 64. Aujourd'hui, il en reste 41 dans le Bas-Rhin, et 9 dans le Haut-Rhin.

L'une des plus remarquables est la chapelle de Saint-Pierre-sur-l'Hâte, dans la vallée de Sainte-Marie-aux-Mines. Elle est réservée aux trois cultes : le chœur au culte catholique, la nef aux cultes réformé et luthérien. Il faut dire qu'elle est d'une telle beauté, tant par son architecture que par sa situation, qu'on a envie de s'y recueillir, de quelque confession qu'on soit ! Elle accueille, en été, des concerts de musique de chambre. L'écoute est exceptionnelle, d'autant que l'église est éclairée uniquement aux chandelles : elle ne connaît pas l'électricité. Depuis quelques années, le festival « C'est dans la vallée » y programme des artistes de la scène rock, comme Alain Bashung, Jacques Higelin, Rodolphe Burger. Ambiance garantie !

Aujourd'hui, l'œcuménisme est vécu sereinement, la paix religieuse entre chrétiens règne, les tensions ont cédé la place à la solidarité. Mais il faut connaître les crispations religieuses des années 1860-1940 en Alsace (années où un mariage entre catholique et protestant signifiait le plus souvent la mise au ban du jeune couple par sa famille et par le village !) pour comprendre l'Alsace d'aujourd'hui.

Les synagogues

En Alsace, le judaïsme a été rural jusqu'au XIXe siècle ! Cette spécificité alsacienne oblige à un petit récapitulatif de l'histoire des juifs l'Alsace.

Le judaïsme alsacien, rural, très religieux, mais pas spécialement tourné vers l'étude, a laissé des marques profondes dans les lieux et les mentalités. D'innombrables alsatiques lui sont consacrés. Il intrigue, passionne, interroge…

Une longue histoire

Les premiers juifs arrivent à Strasbourg vers 1150, alors que la région entre dans une ère de développement économique. Petit à petit, d'autres communautés se constitueront dans les principales villes d'Alsace. Le véritable essor du judaïsme alsacien se situe après 1300, avec l'arrivée massive de juifs expulsés de France. Rappelons que l'Alsace appartient au Saint-Empire romain germanique à cette époque !

Ils sont toujours à la merci d'un soulèvement populaire ou d'une accusation fallacieuse de meurtre rituel ou de profanation de l'hostie. Ils sont les victimes de dizaines de massacres, de bûchers, d'expulsions arbitraires. Comme l'Église interdit le prêt d'argent à intérêt, c'est souvent la seule activité qu'ils pourront exercer. Cette question financière sera la source de nombreuses émeutes antisémites de la part de masses paysannes, elles-mêmes lourdement taxées.

Voici un petit aperçu chronologique de l'histoire des juifs d'Alsace :

- **1349 : la peste noire.** Sous prétexte que les juifs auraient empoisonné – ou fait empoisonner – les puits, provoquant la peste noire, la collectivité juive de presque toute l'Alsace est massacrée, et leurs biens confisqués… Les juifs survivants reviennent rapidement dans les villes, protégés par l'empereur. Mais les bourgeois n'ont de cesse de chasser ces concurrents économiques et, petit à petit, vont réussir à les expulser. Ils s'établissent alors dans les villages. De là date l'inscription spécifiquement rurale de la communauté juive d'Alsace, qui va durer jusqu'au milieu du XIXe siècle.
- **1648 : le rattachement au royaume de France.** Sous la domination des rois de France, les juifs d'Alsace verront leur situation s'améliorer assez considérablement, et la communauté va se renforcer par l'apport de juifs venant d'Allemagne. Mais beaucoup reste à faire sur le chemin de la liberté.
- **27 septembre 1791 :** un grand jour ! Les écrits de l'abbé Grégoire, reflet de l'effervescence intellectuelle des Lumières, ont eu une influence décisive sur les députés. Et voilà qu'au terme de deux ans d'argumentation, l'Assemblée constituante, malgré l'opposition de certains députés alsaciens, fait de tous les juifs de France des citoyens à part entière. Elle supprime les taxes et les impôts spéciaux qui distinguaient les juifs des chrétiens, et leur impose les mêmes obligations qu'à tous leurs concitoyens. Les juifs peuvent, dès lors, exercer toutes les professions, acquérir des immeubles, habiter où ils veulent et se marier à leur gré. La suite, c'est le grand Napoléon, adulé des juifs, et son Concordat de 1808, mais ça, on vous l'a déjà raconté !

- **1870-1918 : la première période allemande : départ de beaucoup de juifs.** Le passage de l'Alsace du Second Empire français au IIe Reich allemand en 1870 provoque le départ de nombreux juifs vers les départements « de l'intérieur », ou vers la Suisse, l'Afrique du Nord ou l'Amérique. Beaucoup d'entre eux, comme nombre de jeunes de toutes les communautés religieuses, refusent de servir dans l'armée allemande. Le judaïsme alsacien est allé enrichir et développer d'autres communautés de France. Et des juifs allemands viendront s'installer en Alsace !
- **L'entre-deux-guerres : arrivée des juifs de l'Est.** Les juifs vivent de plus en plus dans les villes, et accèdent à tous les domaines de la vie sociale. L'arrivée de nombreux juifs de l'Est, fuyant la misère et l'antisémitisme polonais, revivifie des communautés quelque peu somnolentes. Mais les fusions entre ces différentes branches du judaïsme ne se font pas toujours spontanément…
- **La guerre de 1939-1945.** Dès septembre 1939, la population des localités situées le long de la frontière, dont Strasbourg, est évacuée. De nombreux juifs alsaciens font donc route vers le Sud-Ouest avec toute la population des bords du Rhin. Lorsque les troupes hitlériennes envahissent l'Alsace en 1940 et l'annexent, les nazis ordonnent l'expulsion vers la France des juifs et des francophiles qui y résident encore. Pendant la guerre, les juifs d'Alsace ont survécu difficilement en zone dite libre. Mais lorsque cette zone fut également occupée, ils connurent le sort de tous les juifs : rafles, arrestations, déportations, fausses identités, Résistance…

Un patrimoine rural unique au monde

Un peu partout en Alsace, on recense 152 synagogues, des bains rituels (*mikwe*), des cimetières, vestiges d'un judaïsme rural très présent, puisque, du XVe siècle jusqu'au milieu du XIXe siècle, les juifs expulsés des grandes agglomérations se sont installés dans les villages ou les bourgs. Toutes les villes moyennes d'Alsace comptent une synagogue : Sélestat, Saverne, Haguenau, Benfeld, Bischheim, Bouxwiller, Erstein, Ingwiller, Molsheim, Rosheim, Mutzig, Niederbronn, Obernai,

Pfaffenhoffen, Wissembourg, Pfastatt, Luemschwiller, Altkirch, Hagenthal-le-Bas, Hegenheim, Saint-Louis…

Pendant la guerre, plusieurs synagogues rurales ont été démolies ou profanées. La guerre a scellé la fin du judaïsme rural. Les *Landjede* (« juifs de la campagne ») ont cédé la place aux *Stadtjede* (« juifs des villes »).

C'est aujourd'hui une épine au pied des deux consistoires d'Alsace et des communes qui en sont les propriétaires. Certaines synagogues essaient de maintenir les offices, au moins aux grandes fêtes. Plusieurs ont été désacralisées et reconverties en lieu culturel (bibliothèque ou cinéma), en musée (Musée judéo-alsacien de Bouxwiller, musées de Hochfelden ou de Pfaffenhoffen), ou transformées en habitations, loft d'architecte, ou en granges, ou encore… elles tombent en ruine.

L'une d'elles va aller rejoindre le très riche patrimoine de l'Écomusée d'Ungersheim (voir chapitre 13).

La synagogue de Strasbourg, symbole d'un renouveau

En 1958, en présence de René Coty, alors président de la République, est inaugurée la synagogue de la Paix, gigantesque et fastueuse, symbole par sa taille et par sa situation (les prestigieuses Contades !) d'un désir de renaissance, et d'une place reconnue dans l'Alsace concordataire. Elle comporte un grand centre communautaire, ouvert à des activités aussi bien cultuelles que culturelles, un jardin d'enfants, une école primaire, un centre de jeunes qui, à l'occasion, se transforme en salle de spectacle, une radio locale, l'ASJ (Action sociale juive), un bain rituel…

Elle remplace la grande synagogue du quai Kléber, second édifice religieux de Strasbourg par sa taille après la cathédrale, achevée en 1898 sous le IIe Reich allemand. C'était une synagogue unique en son genre, similaire à la belle église Saint-Pierre-le-Jeune-Catholique, très étonnante par la présence d'un orgue prestigieux. Elle a été incendiée moins de cinquante ans plus tard sous le IIIe Reich…

Après la guerre, le judaïsme alsacien tente de renaître, grâce à une remarquable solidarité entre ses membres. On restaure les organes culturels et cultuels. D'éminentes personnalités prennent en charge la formation de la jeunesse juive, parmi lesquels il faut citer les rabbins Deutsch et Warschawski. L'université de Strasbourg crée une chaire d'études juives, occupée par le professeur André Neher, auteur de nombreux livres sur le judaïsme et reconstructeur du judaïsme d'après-guerre.

La journée de la lecture des noms

Chaque année depuis 2006, au mois d'avril, l'Union juive libérale de Strasbourg et le Cercle Menachem Taffel, avec le soutien du CRIF-Alsace, organisent la « lecture des noms », c'est-à-dire la triste litanie des noms des déportés juifs alsaciens, lue à haute voix par tous. Les noms des déportés tsiganes sont également lus.

Le travail du grand rabbin du Bas-Rhin, René Gutman, qui reprend une tradition du Moyen Âge, le *Memorbuch*, recense 1 574 noms pour les communautés rurales et 890 noms pour Strasbourg, ce qui donne le chiffre de 2 464 déportés pour le Bas-Rhin et 3 400 pour toute l'Alsace, auxquels s'ajoutent 141 fusillés ou assassinés en zone occupée… On réalise à cette occasion que, jusqu'à la guerre, il y avait encore des juifs dans de très petits villages d'Alsace.

Dans les banlieues

En 1962, l'Alsace accueille plus de 2 000 juifs algériens, traumatisés par leur départ brutal de leur pays, arrivés dans un total dénuement, et profondément dépaysés. Ils sont logés dans les quartiers périphériques de Strasbourg, où de nouveaux oratoires vont être créés (l'Esplanade, belle synagogue ornée de vitraux de Tobiasse, la Meinau, Cronenbourg…). Plus tard, une synagogue séfarade sera construite dans l'enceinte de la synagogue de la Paix, la synagogue Rambam. Ils acceptent la main tendue des juifs alsaciens. Leur présence a profondément transformé et revivifié le judaïsme alsacien. À Strasbourg vivent aussi de nombreux juifs originaires du Maroc et de Tunisie. Après quelques inévitables frictions, leur intégration se passe bien. Très vite, des mariages se concluent, et les divergences entre ashkénazes et séfarades encore très sensibles dans les années 1960 et 1970 tendent à disparaître.

On trouve aussi des lieux de culte dans des appartements, puisqu'il n'y a pas de nécessité d'un bâtiment spécifique pour constituer une synagogue.

Les mosquées

Il y a encore vingt ans, les musulmans priaient dans des arrière-cours de magasins, dans des caves sombres et insalubres. Le développement important de la communauté musulmane exigeait que l'on remédie à cela. Le projet de construction d'une nouvelle mosquée fait inévitablement naître des discussions passionnées dans la population, qui ne sont pas sans rappeler celles qui ont eu lieu lorsqu'une communauté juive prévoyait de construire une synagogue : les synagogues d'Alsace construites avant le Concordat se trouvent souvent dans de petites rues tortueuses, bien cachées…

Depuis une petite dizaine d'années, des mosquées ont vu le jour en Alsace : en 2003, la mosquée El Amel à Colmar ; en 2006, la mosquée Qoba à Bourtzwiller ; en 2007 à Wittenheim ; en 2009 à Obernai et en 2011 à Mulhouse et à Strasbourg. La construction de cette dernière a provoqué des débats qui ont traîné pendant des années, et ont été un argument politique dans l'alternance des équipes municipales depuis 1995… Désormais, elle est bien avancée, elle est déjà couronnée de sa coupole et retrouvera peut-être même le minaret qu'elle a perdu sur plan… Elle sera la mosquée de tous les citoyens strasbourgeois de confession musulmane. D'une superficie de 1 050 mètres carrés, elle pourra accueillir entre 2 500 et 3 000 personnes.

LE SAVIEZ-VOUS ?

La mosquée d'Eyyub-Sultan, d'obédience turque, installée dans des bâtiments reconvertis dans le quartier de la Meinau, dans la banlieue de Strasbourg, est la plus vaste de la région.

Les cimetières

Chaque ville, chaque village d'Alsace a son cimetière catholique et son cimetière protestant. Souvent, ils sont voisins, séparés par un muret ; cela dépend de l'étendue du village.

Un enterrement juif dans un cimetière du XVIe siècle, le 9 septembre 2008

La scène se passe à Ettendorf, près de Hochfelden. Le cimetière se trouve en dehors du village, à flanc de colline, sur un terrain très escarpé d'une surface de 2,4 hectares. On peut voir des tombes de tous les styles, depuis la Renaissance jusqu'à la période moderne, puisque le cimetière a été utilisé sans interruption de sa création à nos jours. Elles sont disséminées sur toute l'étendue du cimetière, de manière très anarchique. Au loin, des villages se lovent dans des collines douces.

Une foule recueillie et nombreuse est rassemblée sous le soleil lumineux d'un été indien. C'est une « grande petite dame » qu'on enterre : Colette Weil, qui a dirigé pendant plus de trente ans le TUS (Théâtre universitaire de Strasbourg), devenu ARTUS (Association de réalisation théâtrale des universités de Strasbourg). Elle est issue d'une vieille famille juive de Bouxwiller. Sa famille, ses amis, et beaucoup de « théâtreux » de tous âges sont réunis. Tous lui doivent quelque chose et ont voulu le lui signifier : certains sont devenus comédiens professionnels, d'autres ont trouvé dans son enseignement un enrichissement culturel qui les a accompagnés toute leur vie. Les juifs et ceux qui « savent » se sont munis d'une *kippah*, d'une casquette ou d'un chapeau. Les autres sont venus tête nue, mais des *kippoth* de fortune, en carton, les attendent. Un long cortège suit le cercueil, posé sur une charrette à bras poussée par des hommes ; aucune voiture ne pourrait emprunter ce sentier étroit et pentu.

L'esprit s'envole, part pour un voyage dans le temps : ça y est, on est au XIXe siècle, il y a encore des juifs dans les campagnes, des *Landjede*, ils vivent en bonne intelligence avec leurs voisins « goys »…

Quelques prières, très brèves, comme il est d'usage dans les enterrements juifs, et, déjà, adieu les rêves, l'assistance en larmes est abandonnée à elle-même. C'est fini.

Les cimetières juifs

Il arrive, dans certains villages, que le cimetière juif jouxte les deux autres cimetières. Mais il est plus souvent en dehors des villes ou des villages. Les cimetières juifs sont très remarquables par leur ancienneté, puisque chez les juifs les concessions sont perpétuelles. Ils sont, de ce fait, absolument passionnants à visiter ! On trouve ainsi dans les vieux cimetières (Rosenwiller, Koenigshoffen, Ettendorf…) des tombes remontant à la fin du XIVe siècle.

La Journée européenne de la culture juive

C'est une initiative née dans le Bas-Rhin en 1996, émanant du B'nai B'rith (organisation juive laïque), soutenu par l'Agence de développement touristique. Ce jour-là, début septembre, on peut visiter synagogues, bains rituels, cimetières. Dans certaines villes, des conférences ou des concerts sont organisés.

Cette initiative s'est peu à peu étendue à la France et aujourd'hui à l'Europe. Cette journée attire un public nombreux, preuve de l'intérêt des Alsaciens (mais pas seulement !) pour les religions.

Les cimetières musulmans

Le régime concordataire, ou plutôt la non-application de la loi de la séparation de l'Église et de l'État en Alsace, autorise le subventionnement par les municipalités d'une association religieuse, ce qui est interdit en vieille France. Ceci rend possible la création d'un espace pour enterrer leurs morts entièrement réservé aux musulmans. La convention entre le maire de Strasbourg et les représentants du CRCM a été signée et votée au conseil municipal de Strasbourg en 2010 ; elle doit se concrétiser par l'ouverture d'un cimetière musulman en 2011, dans le quartier sud de la Meinau.

Là encore, l'Alsace se montre plus ouverte à la pluralité des religions. On remarque qu'aucune voix ne s'est élevée contre l'octroi de ce terrain à la communauté musulmane. L'Alsace, laboratoire social ?

Des hommes de foi

L'Alsace, terre de foi, a donné naissance à de nombreuses vocations et figures religieuses dans les trois cultes monothéistes.

Yossel de Rosheim, une figure exceptionnelle du judaïsme d'Alsace et du Saint-Empire romain germanique

Yossel de Rosheim (1478-1554) parcourt tout le Saint-Empire pour plaider la cause des communautés juives auprès des empereurs Maximilien Ier et Charles Quint. Ses supplications seront souvent entendues… La biographie qui lui est consacrée, *L'Avocat des juifs*, écrite par une très grande historienne d'origine allemande, Selma Stern, a paru en Allemagne en 1959. Elle a été brillamment traduite en 2008 par Monique Ebstein et Freddy Raphaël, professeur de sociologie à l'université Marc-Bloch de Strasbourg, ancien doyen de la faculté des sciences sociales. Il est également le président de la Société d'histoire des Israélites d'Alsace et de Lorraine, fondée en 1905 : cette société réunit d'éminents historiens passionnés par l'histoire des juifs d'Alsace, et organise des colloques très appréciés.

Jakob Amman et les amish

En Alsace, les amish sont nés à Sainte-Marie-aux-Mines. C'est là que Jakob Amman (1645-1730), qui a quitté la branche suisse des mennonites pour des raisons de divergences théologiques, a créé en 1693 un groupe plus radical encore. Il se distingue des autres communautés mennonites par des habitudes vestimentaires extrêmement conservatrices et un rejet des progrès technologiques, ainsi que du monde en général. Les amish ont quitté la France et l'Europe au début du XIXe siècle, lorsque Napoléon a rendu la conscription obligatoire, et sont allés s'installer aux États-Unis (Pennsylvanie) et au Canada. La langue qu'ils parlent encore est appelée *Pennsylvania German*, dialecte assez proche du suisse allemand et de l'alsacien.

Le pasteur Oberlin, un visionnaire

Oberlin (1740-1826) est une grande figure du protestantisme éclairé d'Alsace et précurseur de l'œcuménisme.

Né à Strasbourg, où son père était professeur au collège protestant (le Gymnase), il fait des études de philosophie puis de théologie, et devient en 1767 pasteur de l'église luthérienne de Waldersbach, paroisse du comté du Ban-de-la-Roche, région de montagne pauvre et délaissée. Il y demeurera toute sa vie, menant une expérience exceptionnelle dans son ministère pastoral. Inspiré du mouvement piétiste allemand, il est convaincu que l'élévation de l'âme humaine vers le spirituel passe par une amélioration sensible des conditions matérielles de l'existence. Aussi s'adonne-t-il à un travail incessant pour l'amélioration des conditions de vie de cette région déshéritée, tant au niveau des techniques agricoles, que de l'enseignement, qui restera toute sa vie une préoccupation première. Il crée des outils pédagogiques pour développer la connaissance dans toutes les classes d'âge de la société : bibliothèque de prêts, aides aux plus pauvres pour acheter des manuels scolaires… Le retentissement de son action fut considérable. Il a donné son nom à une ville des États-Unis, ainsi qu'à une université renommée.

Un intéressant musée Oberlin à Waldersbach rend compte de l'originalité de ses découvertes. On trouve dans les villages de ce fond de vallée, à Belmont, Bellefosse, Fouday, Wildersbach, Waldersbach, de petites églises en bois, complètement dépouillées, où transpire encore la ferveur austère inculquée par ce visionnaire…

Denis Ledogar : un curé médiatique

Denis Ledogar, né en 1956, est à la fois père assomptionniste et infirmier anesthésiste dans le service de réanimation chirurgicale de l'hôpital civil de Strasbourg. En 1985 a eu lieu son ordination sacerdotale en la cathédrale de Strasbourg.

Cette double carrière de prêtre et d'infirmier, sa capacité à écouter les malades et leur famille, son contact direct et charismatique lui donnent une dimension spirituelle indéniable. Lors des séances de signature de ses livres, la foule est au rendez-vous, et nombreux sont ceux qui veulent une griffe de sa main…

LE SAVIEZ-VOUS ?

Les Français célèbres d'origine juive alsacienne

Nombreux sont les hommes célèbres français d'origine juive alsacienne :

- Le capitaine **Alfred Dreyfus** (1859-1935), né à Mulhouse, qu'on ne présente plus ! Sa famille a opté pour la France en 1870. Il est rentré à l'École polytechnique, comme beaucoup de Juifs de sa génération. C'est aussi à cause de ses origines alsaciennes qu'il est soupçonné de trahison envers l'Allemagne.
- **Albert Kahn** (1860-1940), né à Marmoutier, élève et ami de Bergson, par qui il sera profondément marqué. Dans sa propriété de Boulogne-sur-Seine, il conçoit des jardins extraordinaires symbolisant le monde en paix tel qu'il le rêve. Il devient aussi mécène, et permet à de jeunes agrégés d'améliorer leur connaissance du monde par des voyages. Enfin, il constitue les Archives de la planète, grâce à une extraordinaire collection de photos du monde entier !
- **Léon Blum** et la famille **Debré** sont originaires de Westhoffen.
- **Marc Bloch** (1886-1944), né à Lyon de parents alsaciens. Vous le retrouverez dans l'article consacré à l'université de Strasbourg (voir chapitre 13).
- **Karl Marx** (1818-1883), le grand Karl Marx est, quant à lui, originaire d'une lignée de rabbins. Son grand-père est enterré au cimetière juif de Westhoffen.
- **Marcel Proust** (1871-1922), le plus grand romancier français du XXe siècle, a aussi des origines juives alsaciennes par sa mère, dont les ancêtres étaient originaires de Niedernai (Bas-Rhin).
- **Les Marx Brothers** sont nés à New York de parents juifs immigrants. Leur père, Simon Marks, est né à Mertzwiller, près de Haguenau, dans le Bas-Rhin, en 1859.
- **Le mime Marceau** (1923-2007), né Mangel, est né à Strasbourg. Il a fait ses études au lycée Fustel-de-Coulanges, à côté de la cathédrale. Son père tenait une boucherie cacher Grand-Rue.
- **William Wyler** (1902-1981), né Willi Weiller en 1902 au sein d'une famille juive suisse, à Mulhouse, cinéaste incontournable à Hollywood (*Ben-Hur*) ; il collabore avec la Warner Bros et la Metro Goldwyn Mayer.

Dieu à l'université

Autre bizarrerie alsacienne, les prêtres et les pasteurs sont formés à l'université. Mais pas les rabbins, ni les imams !

Deux facultés voisines, et qui se rapprochent

Très éloignées sur le plan des dogmes et de leurs relations, les facultés théologiques se serrent aujourd'hui les coudes, collaborent, organisent des conférences en commun... Un pas en avant sur le chemin de l'œcuménisme !

La faculté de théologie protestante (théo pro pour les intimes !)

C'est une composante majeure de l'université, avec les facultés de droit et de médecine de la Haute École, fondées en 1538 et qui devinrent, en 1566, académie puis, en 1621, université de Strasbourg.

En 1872, l'Université allemande, fleuron de la Prusse conquérante, favorise l'excellence de cette faculté. Jusqu'en 1896, elle connaît un grand éclat, comme le reste de l'université. Des professeurs prestigieux y font des recherches très pointues.

La personnalité la plus célèbre de cette université a été Albert Schweitzer, *Privatdozent* (« maître de conférences ») à la faculté de 1902 à 1912. Pour en savoir plus sur cette immense personnalité, rendez-vous au chapitre 22.

La faculté de théologie catholique (théo catho pour les initiés !)

En 1902 fut décidée la création de la faculté de théologie catholique, qui allait assurer la formation des clercs et germaniser le clergé, demeuré trop francophile. Dans le paysage universitaire français, la faculté de théologie catholique de Strasbourg est une institution originale à plus d'un titre. Elle est la seule faculté de théologie catholique à dispenser des diplômes d'État (puisqu'en vieille France, la théologie ne s'enseigne que dans des universités privées). Elle est reconnue par le Saint-Siège et ses diplômes correspondent également aux grades canoniques, c'est-à-dire au cursus reconnu par l'Église catholique. Et comme elle est intégrée dans une université française, elle a pour mission l'enseignement, la recherche et la formation selon les critères académiques en vigueur en France.

Ces deux facultés sont rattachées au sein de l'université de Strasbourg au département sciences humaines et sociales. Comme pour tout autre discipline universitaire, l'inscription est gratuite. Ceci attire de nombreux étudiants étrangers.

LE SAVIEZ-VOUS ?

Une licence de théo pro ? Ça mène à tout !

Prenons l'exemple de Catherine Trautmann, ex-députée du Bas-Rhin, ancienne maire de Strasbourg, ancienne ministre, deuxième vice-présidente de la CUS (communauté urbaine de Strasbourg), députée européenne, chevalier de la Légion d'honneur, commandeur des arts et des lettres, docteur *honoris causa* de l'université de Leicester... Quelles études croyez-vous qu'elle fit ? Des études de théologie protestante à la faculté de théologie protestante de l'université de Strasbourg ! Elle y a obtenu une maîtrise. Elle est spécialiste de langue et littérature coptes !

Comment ça marche ?

Le cursus est organisé comme n'importe quel cursus universitaire, en LMD (licence, master, doctorat).

La profonde originalité, c'est qu'une licence de l'une ou l'autre de ces facultés permet soit de s'orienter vers un métier pastoral (curé, pasteur, professeur de religion dans l'enseignement public ou privé), soit de poursuivre des études dans n'importe quelle branche qui exige l'obtention initiale d'une licence.

Une maîtrise de théologie, suivie d'une formation pastorale assurée par le Grand Séminaire, donne lieu à une ordination par l'évêque de ceux qui se destinent à la prêtrise. De même, avec une licence en théologie protestante et science des religions, on peut enseigner dans les établissements scolaires soumis au Concordat, et trouver un poste dans une œuvre relevant de la Fédération des œuvres évangéliques, ou encore postuler à n'importe quelle formation qui exige un niveau licence. Avec un master, on pourra s'orienter vers la recherche (théologie fondamentale), ou alors on se préparera à l'exercice du ministère pastoral ou à l'enseignement religieux en collège ou en lycée (théologie appliquée).

Et aujourd'hui, quoi de neuf ?

Les deux facultés se sont rapprochées dans les dernières années, elles offrent des séminaires de recherche communs. Et leurs bibliothèques se trouvent dans la même salle, même si les livres sont rangés séparément…

Un public très diversifié

Le public est très diversifié, il reflète la carte des missions, et de la pénétration des différents ordres religieux. Il y a beaucoup d'étudiants venus d'Afrique ou de Madagascar, ou d'autres pays où vit une minorité catholique ou protestante (Corée, Chine).

Les femmes sont au rendez-vous, dans les deux facultés. Les étudiantes protestantes se destinent à la charge de pasteur, alors que les catholiques seront aides paroissiales ou catéchistes. Il y a aussi des sœurs sur les bancs de l'université, et beaucoup de personnes désireuses d'approfondir leurs connaissances, sans but particulier d'enseignement.

Le mélange générationnel y est remarquable : on y rencontre aussi bien de jeunes séminaristes que des pasteurs d'âge mûr exerçant déjà ou des retraités curieux de théologie…

Et les juifs et les musulmans ?

La formation de rabbin ou d'imam ne se passe pas dans les facultés. Lors du Concordat, les juifs, quant à eux, n'ont pas accepté ce point. Les rabbins ont une école, créée par le Consistoire central de France au début du XXe siècle, rue Vauquelin à Paris.

Et, comme vous le savez, des musulmans, il y en avait très peu en France à ce moment… Pour l'instant, la question de la formation des imams n'est pas encore résolue, elle est à l'étude.

Il y a, à Strasbourg, un Institut d'études hébraïques et un Institut d'études arabes, mais ceux-ci dispensent un enseignement purement linguistique et culturel, parfaitement laïc. En 1989 a été proposé un projet assez avancé de créer un Institut d'études islamiques à Strasbourg, dont le but n'était pas spécifiquement de former des imams, mais de donner une lisibilité à l'islam en Alsace. Ce projet n'a pas abouti, mais a donné lieu à la naissance d'un master d'islamologie, depuis 2009, qui relève de la faculté de droit.

Chapitre 10

Ah ! Les traditions !

Dans ce chapitre :

- Écoutez les légendes de cette terre pleine de mystères
- Découvrez les costumes traditionnels
- Venez déguster les mets alsaciens
- Admirez l'artisanat local
- Et applaudissez le Racing-Club de Strasbourg, notre meilleure tradition !

L'Alsace a su être la gardienne jalouse de ses traditions. On peut le lui reprocher comme on peut valoriser cet attachement. De fait, dans tous les domaines des arts populaires, elle rayonne. On sait que c'est à ce perpétuel déchirement entre France et Allemagne qu'elle doit ce désir de se distinguer, d'être reconnue comme n'étant ni française, ni allemande, mais… parfaitement alsacienne.

Mythes et légendes d'Alsace

Les légendes alsaciennes sont-elles différentes des légendes françaises ? Oui, un peu… Terre des marges, terre de contraste, terre de passage, si souvent envahie, si souvent théâtre de conflits qui la dépassaient, balayée de langues multiples, l'Alsace a produit des légendes en nombre important, et bien souvent effrayantes… Beaucoup de légendes, beaucoup de figures amicales ou horribles peuplent l'imaginaire des ruines, des sources, des forêts sombres et enneigées… Brrr… Aventurons-nous dans ces zones d'ombre…

L'aventure des légendes d'Alsace

Pourquoi « mythes et légendes » et pas « contes et légendes » ?

Un peu d'étymologie :

- **Le conte** (*Märchen* en allemand, *Märle* en alsacien) n'est pas situé dans un espace déterminé, et il est placé dans un temps élastique. Dans les contes (de fées), tout peut arriver : les transformations les plus invraisemblables, les métamorphoses les plus fantaisistes… ;
- **Le mythe** est un récit transmis par la tradition qui a pour fonction d'expliquer l'origine et le sens de la vie. Il est universel ;
- **La légende** se dit *Sage* en allemand et *Saje* en alsacien, un terme signifiant « dire », ce qui confirme sa transmission orale. La légende se réfère à un temps historique humain. Elle est liée à un lieu déterminé, à un château, une source, une montagne. Elle s'inscrit ainsi beaucoup plus dans une toponymie, dont elle explique l'origine, avec tout son cortège fantaisiste et mythologique.

L'Alsace, terre à forte identité, avec ses montagnes boisées, ses lacs, ses châteaux a fait naître beaucoup plus de récits légendaires (1 600 légendes répertoriées !) que de contes (40 !).

Sous l'impulsion du romantisme allemand a eu lieu le travail de collectage des frères Grimm (Jakob et Wilhelm pour les intimes), originaires de Saxe, qui ont revalorisé le patrimoine populaire dès 1812. Leur intérêt pour ces récits a essaimé dans toute l'Europe.

En Alsace, les Stoeber, deux frères également (Auguste et Adolphe – ah ! les fratries !), avaient commencé à collecter ce fonds populaire, mais l'avaient « embelli » de leur talent poétique, versifié, réinterprété. Profondément marqués par leur rencontre avec les frères Grimm, ils ont décidé de changer leur manière de procéder, et ont commencé à noter scrupuleusement la parole de leurs informateurs, au mot près. En 1852 paraîtra leur recueil, qui compte 337 légendes d'Alsace.

D'abord en langue germanique, puis en français

L'approche des légendes d'Alsace et de la manière de les raconter est intimement liée à la langue. C'est aussi en linguistes que les frères Stoeber, comme les frères Grimm, se sont passionnés pour les légendes. Tous ces récits populaires n'existaient qu'en alsacien et en allemand.

Plus tard, pendant l'Annexion, un francophone amoureux des légendes d'Alsace, Jean Variot, s'est donné pour mission de les traduire en français, et, se prenant au jeu, a refait l'itinéraire qu'avaient suivi les frères Stoeber. Ce qui fait que ces légendes existent dans les deux langues !

En 2008 a été publiée une traduction inédite des contes d'Adolphe Stoeber, par Michel Stoeber, son arrière-petit-neveu… Une source décidément intarissable !

Les livres consacrés aux mythes et légendes constituent une des branches d'un sport national alsacien répandu dans toutes les couches de la société et dont nous parlerons au chapitre suivant : la passion des alsatiques.

Pourquoi tant de légendes ?

Les légendes sont là pour inventer le récit de l'origine ou de la disparition des éléments naturels, des vallées, des sommets, des ruines… En Alsace, les thématiques sont variées :

- La géographie de l'Alsace, avec ses montagnes douées de puissantes forces telluriques, ses forêts sombres, ses gouffres, ses rochers, ses crêtes, ses vallées plus souriantes, ses lacs inquiétants, comme le lac Noir, ses sources, ses ruisseaux offre un réservoir d'histoires inépuisable… ;
- Et puis les sous-sols recèlent des galeries de mines, promptes à susciter des récits, des rumeurs, des fables ;
- Le climat continental de l'Alsace peut lui aussi expliquer cette profusion de légendes : les hivers sont durs, la neige s'accumule et les villages restent isolés pendant de longs mois ;
- Les excès météorologiques, comme des pluies diluviennes, des crues, des brouillards épais, des orages violents, des canicules, contribuent à la création de mythes aptes à expliquer ces manifestations perçues par les populations comme surnaturelles.

Des figures diverses, qui traversent le temps

Que de monde ! Que d'influences diverses dans ces personnages ! On peut y lire la fantaisie débridée de l'imaginaire populaire et les traumatismes collectifs subis des siècles plus tôt…

Qui hante les légendes alsaciennes ?

- D'abord, tout un petit peuple de nains, gnomes, lutins, génies, chez les hommes, nixes, ondines, sylphes, elfes, fées, feux follets chez le sexe faible… N'oublions pas leur dénomination en allemand ou en dialecte : *Zwerg*, *Kobold*…, et les fines nuances sémantiques et symboliques de leurs appellations ! Les nains vivent dans les mines, les tourbières, les champs, les montagnes ; les fées plutôt sur les sites des monuments préhistoriques ou celtiques, les lacs, les sources : elles sont associées à l'eau. Les feux follets hantent les prairies et les ruisseaux.
- Ensuite, les géants, qui peuplent les montagnes et les châteaux ; dans l'histoire de l'encadré ci-dessous, on a affaire à de « bons géants », cas plutôt exceptionnel !
- Et puis, la galerie s'enrichit : les saints et les dieux, et leurs contraires, les démons, les sorciers et les diables, apparurent à l'époque de l'évangélisation de l'Alsace ;
- Enfin, des héros de chair et de sang : chasseurs, seigneurs, châtelaines, guérisseurs ; ou figures effrayantes qui ont hanté la réalité puis l'imaginaire populaire…

Attention fantôme !

Quand un orage menace, on voit s'avancer, sur la route de Mittelbergheim à Barr, un carrosse. À l'intérieur, un homme est assis, et tient sa tête sur ses genoux. Pour effrayer les passants attardés, il leur tend sa tête par la portière. C'est Euloge Schneider, le grand massacreur de Strasbourg, qui fit guillotiner des milliers de personnes pendant la Révolution.

Les bons géants du Nideck

Au Nideck, dans la vallée de la Bruche, il y a une cascade et un château ; c'est là qu'a fleuri une très fameuse légende reprise par les frères Grimm, et rendue célèbre par le poète romantique Adalbert von Chamisso. Non loin de la cascade, une stèle commémore son nom.

> Naguère tout là-haut au Nideck, vivaient de bons géants. En géants qui se respectent, ils avaient fort bon appétit, et pourtant, ne pressuraient pas le pauvre peuple, le soutenaient au besoin.
>
> Ils avaient une fillette qui, à 5 ans, était déjà très grande. En grandissant, elle commençait à s'ennuyer dans son château, et décida d'aller faire un tour dans la vallée. Sans rien dire, elle s'évada et en quelques enjambées fut au pied de la montagne. Elle s'arrêta à Haslach. Continuant sa promenade, elle arriva au milieu d'une plaine, où elle vit derrière sa charrue, tirée par deux chevaux, un laboureur en plein travail.
>
> — Oh ! le joli jouet, cria-t-elle, et relevant son tablier par un pan, elle y fourra l'homme, les chevaux et la charrue, et retourna vite auprès de son père pour lui montrer sa précieuse trouvaille.
>
> Le bon géant piqua une terrible colère, la traitant de misérable, et lui ordonna de vite reporter dans son champ l'homme, les chevaux et la charrue, puis de venir écouter l'histoire du pain si précieux, qu'il allait lui raconter de sa propre bouche.
>
> Elle obéit, revint en courant, et la prenant sur ses genoux, son père lui dit l'effort du laboureur, celui du moissonneur, celui du meunier, celui du boulanger, sans lesquels, eux, les grands, les nobles, les riches n'auraient rien à manger.
>
> Alors la fille du géant pleura d'avoir pu causer de la peine au petit homme et devint très bonne, comme son bon géant de père, aidant les gens de la plaine au lieu de les déranger. C'est ainsi qu'ils devinrent très amis !

En voici la première strophe en allemand, répétée à la fin du poème, comme un livre qui se referme.

Das Riesenspielzeug (1831) d'Adalbert von Chamisso :

« *Burg Nideck ist im Elsaß der Sage wohlbekannt,*

Die Höhe, wo vorzeiten die Burg der Riesen stand ;

Sie selbst ist nun verfallen, die Stätte wüst und leer ;

Du fragest nach den Riesen, du findest sie nicht mehr. »

Et aujourd'hui ?

Des conteurs connaisseurs et amoureux de cette tradition racontent, traduisent, maintiennent vivant cet héritage. Tous vous diront que la légende doit être crue !

Parmi eux, Gérard Leser, historien, folkloriste et passeur de légendes, les consigne et les raconte magnifiquement, en français et en dialecte, depuis de nombreuses années. Certains jouent aussi des instruments traditionnels, et s'en servent pour accompagner et embellir leurs récits.

Ces contes alsaciens sont racontés dans d'autres régions de France ou du monde. Ils ont enrichi le patrimoine universel ! Et puis, dans ses explications, le guide de châteaux forts ou de sites touristiques aura toujours un franc succès (et de juteux pourboires !) s'il sait ajouter un petit zeste mythologique à son savoir livresque…

Coiffes et gilets

Qu'elle est jolie, la petite Alsacienne !

Lorsque l'Alsace redevient française en 1918, le comité de réception enjoint les jeunes filles et les femmes à accueillir les troupes en « costume alsacien complet ». Plus tard, lors de la libération de l'Alsace en 1945, beaucoup de femmes se sont vêtues du fameux costume alsacien, pour marquer leur joie de redevenir françaises.

Les illustrateurs les plus célèbres, francophiles convaincus comme Hansi ou Zislin (voir chapitre 11), ont toujours dessiné un certain « prototype » du costume, un peu abâtardi, mais graphiquement et idéologiquement efficace : la cocarde tricolore est toujours bien en vue ! C'est celui qui s'est fixé dans les représentations, c'est celui que vous connaissez. Pour les femmes : coiffe à grand nœud noir, robe rouge garnie d'un ruban de velours noir, châle et tablier noirs brodés de motifs multicolores, chemisier blanc. Et pour les hommes : gilet rouge, chapeau plat, veste, pantalon noirs.

Mais en réalité…

Cette uniformité, appelée à illustrer un sentiment patriotique, et à donner de l'Alsace une image d'unité, est très loin de l'incroyable diversité du costume traditionnel.

Comme dans toutes les régions frontalières, à forte identité, le costume a tenu en Alsace une place très importante à travers les siècles, du début du XVIIIe jusqu'au début du XXe siècle. On peut se demander pourquoi il n'a pas survécu, au-delà du folklore, comme c'est le cas de l'autre côté du Rhin, où le costume traditionnel a évolué : on en retrouve des éléments dans l'habillement moderne, en particulier en Bavière (le *Tracht*). Ce n'est pas du tout le cas en Alsace : inutile de chercher sur la tête des Strasbourgeoises ou des Colmariennes des survivances de la coiffe traditionnelle !

Tout est parlant, dans le costume !

Si on sait le déchiffrer, on apprendra beaucoup à travers le costume : chaque élément a son importance, et va revêtir une signification sociale, religieuse, temporelle, saisonnière, géographique…

Il s'agit principalement du costume féminin, le plus investi, intime et social à la fois, diversifié, bavard ! Apprenons à le lire, à en tirer toute la substance. Comme les voitures sur une photo aident à en situer précisément l'année pour le connaisseur, le costume aidera à interpréter un tableau, une gravure…

L'époque

Avant de se figer dans une représentation folklorique, le costume évolue. Il montre l'enrichissement progressif du monde paysan. Jusque vers le milieu du XIXe siècle, les étoffes sont tissées à la main, dur labeur qui occupe les femmes du matin au soir, telle « Marguerite au rouet » célébrée par Goethe. Cette occupation laissait le temps de rêver !

À cette époque, le moindre petit bout de tissu est précieux : les coupes s'en ressentiront. Elles sont droites, strictes, sans fioritures. Plus tard, avec l'essor industriel (voir chapitre 14), les paysannes pourront acheter des tissus manufacturés. Les prix ont baissé, et elles peuvent alors réaliser des modèles aux coupes plus amples, avec force plis et fronces.

Les couleurs changent aussi au gré des ans… Le noir, par exemple, ne fut introduit qu'au cours du XIXe siècle. Il marquait d'abord la solennité d'un événement, et en tout premier lieu celle du mariage. On voit souvent chez une mariée une robe noire, alliée à une coiffe blanche ! Ce n'est que plus tard, vers la fin du XIXe siècle, que le noir est devenu symbole de deuil.

Le statut social

Le costume étant l'expression du génie populaire, il germe et s'épanouit dans les campagnes.

Mais il est aussi marqué par les modes qui fleurissent dans les couches aristocratiques de la société, dont il imite certains détails, avec beaucoup de retard et en les adaptant. Le costume de la paysanne modeste sera différent de celui de la paysanne plus aisée. Le marcaire, le maraîcher, le bourgeois, le berger ou le conscrit auront chacun le leur.

La religion

LE SAVIEZ-VOUS ?

Les femmes catholiques ne s'habillaient pas comme les protestantes. C'est une des lectures très instructives qu'on peut faire du costume alsacien, et l'on voit, une fois de plus, l'extraordinaire place des croyances religieuses. Ceci est expliqué aussi par l'enclavement géographique de chaque région, et le peu de contact entre les villages. Ce qui change en fonction de la religion, ce sont les couleurs, mais aussi les coupes, le fait qu'un élément de l'habillement soit brodé ou non…

Les femmes mariées et les veuves protestantes portent une coiffe haute noire. Mais, de manière générale, les couleurs vives sont plus présentes chez les protestantes, qui portent les teintes de leur choix alors que les catholiques portent plus souvent une robe rouge garance, toujours avec la constante du blanc pour le chemisier. Pour le tablier, en revanche, il est exclusivement noir pour les protestantes, et très coloré et souvent orné de motifs pour les catholiques. Difficile de tirer des conclusions hâtives !

Le cycle liturgique

Il est plus présent dans l'habillement chez les protestantes que chez les catholiques.

Les femmes de confession luthérienne mettent des jupes rouges à l'occasion de la Pentecôte, du vert à Noël, du violet ou du bleu au temps de la Passion. On remarque toutefois chez toutes les femmes la prédominance du rouge, symbole de feu, de jeunesse, de santé, de richesse, d'amour !

La géographie

On lit des différences considérables entre les régions de l'Alsace, du nord au sud. Chaque région a son costume, très marqué. Du pays de Hanau au Sundgau, en passant par l'Outre-Forêt, le Kochersberg, le Ried, le vignoble ou la région de Colmar, chaque région a ses spécificités très visibles et revendiquées. Par exemple, dans l'Outre-Forêt, la femme mariée protestante porte un bonnet noir noué derrière, alors que la femme mariée catholique du Kochersberg porte la coiffe à nœud plissé noire, la longue jupe rouge et le châle à franges rejeté sur les épaules ; les femmes de la vallée de Munster portent une jupe de couleur sombre à corselet en velours noué par des rubans et un châle entourant deux fois le cou.

L'état civil

On peut conclure de l'habillement d'une femme si elle est encore célibataire (coiffes de couleur pour les femmes catholiques dans certaines régions, coiffes rouges pour les jeunes filles et les enfants dans d'autres), mariée, ou veuve (coiffes noires). Les femmes âgées portent également d'autres costumes. Pas besoin de carte d'identité, tout est dans le look !

L'occasion

Bien sûr, pour les « dimanches et fêtes », on s'habille autrement !

En plus, on ne mettra pas le même costume un jour de fête religieuse qu'un jour de fête profane. On s'habillera différemment pour le *Messti* (la fête villageoise avec danse, mât de cocagne et autres festivités réprouvées par les curés et les pasteurs !) et pour les fêtes religieuses solennelles, pour lesquelles on sortira son costume d'apparat !

Il existe aussi un costume de travail, pour la fenaison ou la moisson, activités agricoles qui ne sont pas très salissantes, un autre quand on est « de sortie » vers la ville la plus proche pour faire ses emplettes, par exemple pour acheter un nouveau morceau de tissu avec lequel se confectionner un joli tablier brodé…

Et aujourd'hui ?

LE SAVIEZ-VOUS ?

Si vous voulez admirer ces traces de la culture populaire, vous avez deux possibilités. Soit vous allez dans les musées, où ils sont précieusement gardés, avec des normes de conservation (température, lumière, etc.) draconiennes, et où, bien sûr, il est interdit de toucher ! Là, ils sont encadrés par les professionnels de l'art populaire. Soit vous pouvez les voir s'animer, vivre, bouger, danser, lors des spectacles où se produisent des groupes folkloriques, au nombre de 80 approximativement en Alsace : ils sont organisés en fédération des groupes folkloriques, qui regroupent à peu près 2 500 membres. Ces passionnés font un travail de reconstitution très sérieux : certains ont en leur possession de vieux costumes de leurs aïeux, d'autres sont des couturières chevronnées, qui reproduisent des costumes d'après des images d'antan, et essaient de trouver lors des vide-greniers très fréquents aujourd'hui des tissus anciens, dont le rendu et le tombé seront différents de ceux des tissus modernes…

Rendez-vous aux fêtes populaires, où l'on danse, et où les harmonies de village soufflent dans leurs instruments à vent ! Vous pourrez en profiter pour consommer un bretzel, une paire de knacks sur sa petite assiette en carton et son accompagnement de moutarde, ou déguster un schnaps en fin de repas. Et, avec un peu de chance, vous pourrez même apercevoir une cigogne sur les toits de tuiles d'un village d'Alsace.

Mais non, vraiment désolés, vous ne verrez plus dans une ruelle étroite d'un bourg ou d'un village l'ombre d'une jeune fille à coiffe et à tablier brodé se dérober à la vue de quelque soupirant…

À table !

Ah ! La gastronomie alsacienne ! L'Alsacien a la réputation d'être un goinfre, capable d'ingurgiter d'énormes quantités de choucroute sans broncher… L'Alsace a l'image d'une région où l'on mange beaucoup, et de très bonnes choses, charcuteries et pâtisseries…

Tradition et modernité

C'est vrai. Mais cette vision obsolète est aujourd'hui nuancée par la présence de nombreux restaurants de tous les pays du monde, des snacks, kebabs, et autres lieux de restauration rapide… Sans oublier les ravages de la diététique et du végétarisme !

Mais ne dénions pas à l'Alsace et aux Alsaciens le talent de savoir profiter pleinement des plaisirs gustatifs, de se réjouir d'une table bien mise et bien garnie, et d'accueillir l'autre, touriste ou nouvel habitant, à travers ce partage gourmand !

Un paradis terrestre !

La terre ici est riche et variée : les montagnes vosgiennes sont idéales pour y faire paître des troupeaux de vaches qui donneront un fromage de caractère ; les forêts regorgent de gibier, de champignons, de truffes ; la plaine diversifie ses productions, elle fait pousser toutes sortes de légumes ; les vergers ploient sous les fruits, qui deviendront tartes, confitures, eaux-de-vie ; le cheptel bovin, ovin, porcin se transformera en saucisses, saucissons, rôtis, palerons, navarins, pot-au-feu et jambonneaux en moins de temps qu'il ne vous en faut pour dire « ouf » !

LE SAVIEZ-VOUS ?

Et puis, autrefois, le Rhin, l'Ill, toutes les rivières, tous les ruisseaux d'Alsace regorgeaient de poissons. Il y en avait une incroyable abondance et diversité : saumons, truites, carpes, brochets, perches, gardons, barbeaux, lottes, brèmes, tanches, goujons…

La législation prussienne draconienne qui a eu cours pendant la période 1870-1918 a sauvegardé cette richesse : comme la chasse, la pêche était très surveillée, et le braconnage sévèrement réprimé !

En Alsace, la gastronomie a ses stars !

On dit qu'en chaque maîtresse de maison alsacienne vit une excellente cuisinière et pâtissière. La tradition gastronomique alsacienne vit à travers elles ! Mais certaines personnalités jouent un rôle dans la transmission des savoirs, des goûts et des saveurs…

La vedette du petit écran !

Simone Morgenthaler, tout le monde la connaît en Alsace ! On dit d'elle qu'elle est la belle-fille dont chaque belle-mère rêverait ! Celle qui saurait préparer pour son fils une nourriture saine, originale, variée, mais toujours dans le respect du passé, c'est-à-dire qu'elle cuisinerait pour le petit chéri à peu près ce que lui servait sa mère !

Elle a animé pendant des années des émissions à la télévision régionale qui attiraient un large public : elle y recevait des invités très différents, avec lesquels elle s'entretenait en alsacien. Lorsque son émission a été supprimée en 2008, beaucoup de téléspectateurs dialectophones ont regretté cette nouvelle disparition d'une émission dialectale.

On ne peut pas lui reprocher de se figer dans une vision passéiste de la cuisine, puisque son dernier livre, *Sür un siess. 500 recettes d'Alsace et d'ailleurs* (éditions La Nuée Bleue), comporte des recettes du monde, merveilleusement illustrées par des peintres alsaciens contemporains. De plus, Simone est une écrivaine appréciée, sensible et personnelle (*Retour à Bellagio*, *À demain à New York, je porterai votre écharpe*, *Au jardin de ma mère, chronique d'un deuil*). Enfin, en linguiste avertie, et grande amoureuse du dialecte, elle a traduit Prévert en alsacien ! Les recettes que vous allez lire (et réaliser) dans la partie des Dix sont largement inspirées de ses nombreux livres, avec son aimable autorisation.

La fée des confitures !

Christine Ferber est issue d'une famille de boulangers pâtissiers depuis quatre générations. Elle est surtout connue pour ses confitures pleines d'esprit, qui traversent un large éventail, allant des « basiques » : confiture de quetsches, de mirabelles ou de myrtilles, à de plus savants mélanges : confiture d'orange au pinot noir et cannelle, de framboises à l'anis étoilé, aux pétales de rose, gelée de pomme et citron… Joliment présentées dans leur pot à facettes, avec leur chapeau de tissu rose à pois blancs, et leur petit nœud de ruban blanc, ses confitures ont le charme du « fait maison » ! Elles sont aujourd'hui exportées aux quatre coins du monde, et des quatre coins du monde aussi, de jeunes pâtissiers viennent se former chez Christine Ferber, à Niedermorschwihr, sur la Route des vins, près de Colmar, en Alsace ! Eh oui !

Les Haeberlin : une dynastie de grands cuisiniers

La petite auberge sur les rives de l'Ill, à Illhaeusern (ce qui veut dire : « les maisons le long de l'Ill »), est la propriété des Haeberlin depuis 1882. Dès le début, le restaurant est fréquenté par des clients illustres, comme la famille Peugeot et le dessinateur Hansi…

Puis arrive Paul Haeberlin (1923-2008), qui fait son apprentissage chez le grand chef Édouard Weber, et son frère Jean-Pierre, paysagiste et aquarelliste. En 1940, l'auberge est totalement détruite. En 1950, Paul et Jean-Pierre construisent l'Auberge de l'Ill sur l'emplacement du restaurant familial détruit, avec l'ambition d'en faire un « temple de la gastronomie ». Jean-Pierre, artiste et maire d'Illhaeusern pendant vingt-quatre ans, est en salle, son frère Paul aux fourneaux.

Et c'est la « course aux étoiles » ! En 1952, première étoile au guide Michelin. En 1957, deuxième étoile et, enfin, la très prestigieuse troisième étoile en 1967.

Marc, le fils de Paul, est en cuisine comme son père depuis son enfance. Il suit les cours de l'école hôtelière de Strasbourg, puis travaille avec des chefs parmi les plus prestigieux de France, Paul Bocuse, Gaston Lenôtre… En 1976, il rejoint son père Paul et son oncle Jean-Pierre. C'est la quatrième génération de Haeberlin aux fourneaux. En 2008, Paul Haeberlin, de santé fragile dans les dernières années, mais toujours très présent à l'Auberge, décède.

Marc Haeberlin dirige aujourd'hui l'Auberge de l'Ill, où il est chef de cuisine ; une cinquantaine de salariés y travaillent. Il est président de l'association Les Grandes Tables du monde – Tradition & Qualité, regroupant les établissements les plus étoilés du monde entier.

Interview exclusive d'un cochon alsacien au cours des années 1970

« Pour commencer, je me présente : *d'söj*, "le cochon" ; ma viande, on l'appelle *schwiene-fleisch*, "viande de porc".

Il faut bien reconnaître que dans le *söjzucht* ("élevage de porcs"), je ne menais pas une vie de chien… On était nourris de petit-lait, pommes de terre cuites avec de l'orge broyée, sans parler des restes des repas. Mais les meilleures choses ont une fin.

Lorsque j'entends dire autour de moi : "*Of d'kirb wird a söj gemetzt*" ("Pour la fête du village, on tue le cochon"), je commence à me méfier très sérieusement, car je sais que je n'en ai plus pour longtemps. Un jour, un lundi, arrive le *metzjer* ("boucher") et il va procéder au *hüsmetze* ("abattage à domicile") de ma petite personne, car on a jugé que j'étais *schlaald* ("bon pour l'abattage"). Je sais déjà ce qui va m'arriver : je serai *ufgehengt an a schopleider* ("attaché à une échelle"), on va *ufschniede et üsnehme* mon ventre ("ouvrir et vider"), et lorsqu'on dira de moi : "*D'söj het üsgebluet*" ("Tout le sang est sorti"), ce sera le coup d'envoi pour procéder à ma transformation.

Mes *sürasse* ("abats") seront consommés très vite, puis on fera du *bluetwurscht* ("boudin") avec mon sang, certaines parties de moi, jugées moins nobles, seront *verwurschelt* ("transformées en saucisses"), tout mon *schmalz* ("saindoux") sera extrait, ma chair va *komme in d'bett* (être mise dans une bassine de bois spécialement destinée à la salaison) et là, *gsàlze* ("salée"), et deviendra *spack* ("lard salé") ou *wädele* ("jambonneau salé) ou *presskopf* ("tête de porc), puis on va *henge s'fleisch in de rauch* ("mettre la viande dans la cheminée"), autrement dit, je serai *gereichert* ("fumé") et deviendrai *schiffele* ("palette fumée") ou *kassler* ("rôti de porc fumé"), et serai consommé progressivement, en de longs et réjouissants repas, où l'on n'hésitera pas à pousser la chansonnette… jusqu'à l'abattage d'un de mes congénères…

C'est le plus souvent accompagné d'une salade de pommes de terre, de choucroute ou de navets salés qu'on me dégustera. Sous forme de *wurscht* ("saucisse"), je serai idéal en sandwich avec des cornichons.

Et puis, je servirai de repas du soir, avec un café au lait pour faire descendre tout ça ! »

Que reste-t-il des traditions alimentaires ?

On ne tue plus le cochon dans les fermes alsaciennes ; l'instituteur et le curé ne reçoivent plus quelque bon morceau de viande ; les grands festins, c'est fini aussi… Mais il reste, dans les rythmes alimentaires de l'Alsace, quelques rappels de ses fêtes archaïques, religieuses et profanes.

Il faut savoir que les autorités religieuses se sont vues ou crues dans l'obligation de modérer les agapes démesurées de certaines de leurs ouailles, en imposant une stricte observance des lois religieuses, comme celle de « faire maigre » le vendredi.

Mais étant donné la profusion et la diversité des poissons d'Alsace, le « maigre » ne devait pas représenter une trop lourde pénitence…

Les rites saisonniers

Pour le reste, les habitudes alimentaires suivent les rituels imposés par la valse immuable des saisons. Face à l'uniformisation des habitudes alimentaires dans le monde, il est amusant de constater qu'en Alsace, les rythmes traditionnels d'avant la congélation, les transports ultrarapides, etc., restent encore partiellement respectés.

Automne

Puisque c'est en automne qu'on tue le cochon, c'est en automne qu'on mange le classique plat alsacien : le boudin aux pommes. Certains restaurants organisent encore des « cochonnailles ». C'est la période de la cueillette des pommes, et on mange des pommes sous toutes leurs formes, en particulier en tartes, et de préférence dans sa variante « à l'alsacienne », c'est-à-dire avec le petit flanc crème-œufs qui vient assurer le liant entre la pâte et le fruit…

Hiver

En automne et en hiver, c'est le gibier qui est à la fête… Et puis, le foie gras, mets de choix pour les repas de fin d'année. Les oies sont traditionnellement gavées à partir du mois de novembre, pour que les foies soient à point en décembre.

L'hiver est bien sûr le temps des *bredele* (petits gâteaux de Noël, et aussi celui des pains d'épices de toutes sortes : langues glacées au sucre blanc, *lebkuchen* de fabrication souabe, mais que les Alsaciens consomment volontiers. Le jour de la Saint-Nicolas, il est impossible de ne pas offrir aux enfants un *mannele* (« petit homme »), brioche en forme humanoïde sur laquelle deux raisins secs figurent les yeux. Et puis, la galette des rois du 6 janvier est abondamment partagée, dans les associations, les bureaux, les comités d'entreprise ; chaque bureau a sa reine d'un jour et arbore sa couronne… Les Alsaciens ne rechignent pas à fêter les vieilles fêtes royalistes !

Printemps

Au printemps, on consomme les légumes jeunes, comme l'asperge blanche, très prisée en Alsace, qui donne lieu à des repas rituels. Elle est traditionnellement accompagnée de jambon fumé, qui, depuis l'automne, a eu le temps d'être fumé et bien fumé… C'est un des rendez-vous gourmands entre amis : manger des asperges, chez soi ou dans l'un des nombreux restaurants qui en font leurs choux gras.

Dans les bureaux, les entreprises, les salles de profs, on assiste à de joyeuses ventes d'asperges cueillies du jour, car d'aucuns ont une tante, une grand-mère, une amie qui « fait de l'asperge » et qui préfère les vendre dans des circuits privés plutôt que dans les grandes surfaces qui les leur achètent pour un prix inférieur (et les vendent à un prix supérieur !).

Le pissenlit au lard et aux œufs durs a aussi la faveur des Alsaciens, mais pour apprécier ce plat rustique, il faut en avoir mangé depuis sa plus tendre enfance…

On se régale aussi d'*oschtergruss* (« salut de Pâques »), c'est-à-dire de radis rouges longs, et de *maizewel* (« oignons de mai ») blancs plutôt doux. Ces mets au goût fort se suivent fort bien d'une tarte à la rhubarbe, de préférence meringuée pour en atténuer l'aigreur.

Été

Enfin, l'été est la saison des tartes aux fruits, essentiellement celle aux quetsches, présentes en Alsace depuis l'Antiquité, et à la mirabelle, sa voisine lorraine. On se livre à un autre sport sympathique : faire des concours de tartes. Quelquefois, on désigne la « reine de la tarte » !

Quelques incontournables

Le vinaigre Melfor

En 1922, Fernand Higy a commencé à produire un condiment fait de vinaigre d'alcool d'Alsace, aromatisé au miel et à l'infusion de plantes. Il avait inventé le vinaigre Melfor, merveilleuse trouvaille devenue aujourd'hui incontournable. Le vinaigre Melfor aurait pour vertu de ne pas tuer le goût des aliments, d'en exhaler au contraire les parfums…

En Alsace et en Moselle, sept personnes sur dix consomment exclusivement ce condiment vinaigré. Certains en emportent une bouteille de sauvetage, en cas de dèche totale, dans un pays barbare. Du chien, du chat, de la tortue, du porc ? D'accord, mais avec Melfor !

Du raifort d'abord, du raifort d'accord !

Le *raiz fort* (« racine forte »), de la famille des crucifères a été introduit en Gaule par les Romains.

C'est une plante d'une esthétique assez douteuse, noire et tordue. Elle a des airs de ressemblance avec son cousin, le radis noir, plus civilisé. Avalé tel quel, le raifort est effectivement terriblement fort, il vous donne un coup de fouet, vous devenez tout rouge, il vous dégage parfaitement les voies respiratoires et les artères… C'est aussi un diurétique efficace. Ce n'est pas sans raison qu'il figure parmi les aliments symboliques du *seder* de Pessa'h (le repas rituel de Pâques chez les Juifs, qui a lieu début avril et qui célèbre la Sortie d'Égypte), pour rappeler l'amertume de l'esclavage en Égypte… À côté d'un morceau de raifort à l'état brut, l'esclavage devait avoir un goût de sucre d'orge…

Tout cru, il est difficile à commercialiser, c'est pourquoi on le mélange à de la crème pour le présenter, dans sa version *light*, en pot de verre ou en tube.

Le pays du foie gras

Il est apparu en 1780, quand un certain Clause, cuisinier du maréchal de Contades, commandant militaire de la province d'Alsace, reprit cette recette à la communauté juive alsacienne, qui consommait beaucoup d'oies et qui pratiquait déjà le gavage. Et c'est ce maréchal lui-même qui le fit goûter à Louis XVI ; et ce mets trouva grâce aux papilles de Louis ! Et voilà ! Déjà le foie traversait les Vosges !

À partir du début du XIXe siècle, Strasbourg, devient « capitale du foie gras ». Tous les jours, la malle-poste Strasbourg-Paris en transporte de grandes quantités. L'oie devient un des emblèmes de l'Alsace, la gardeuse d'oies aussi. *S'Gänseliesel* (« Louise des oies », la gardeuse d'oies) a sa statue à l'Orangerie, réalisée par Albert Schultz. Elle doit son existence à un conte éponyme de Grimm, au répertoire du Théâtre alsacien de Strasbourg.

Aujourd'hui, la production de foie gras alsacienne est entre les mains de deux grandes entreprises : Georges Bruck et les maisons Feyel et Artzner, qui ont fusionné en 1984. Il est exporté en Europe, au Japon et dans le Sud-Est asiatique, où l'on apprécie la bonne cuisine française (et alsacienne !).

Mon beau sapin, roi des marchés…

Chaque année, à la mi-novembre, au creux de la nuit, se déroule un mini événement local. Un convoi placé sous haute surveillance entre en ville. Il est assorti de mesures exceptionnelles : périmètre de sécurité, fermeture temporaire des rues adjacentes, magasins aux stores baissés, escorte policière… C'est quoi ? C'est Obama qui vient manger une choucroute à Strasbourg ? Vous n'y êtes pas ! Un nouveau pont pour le tram qui traversera le Rhin ? Que nenni ! Une manifestation d'agriculteurs européens qui menacent de déverser leur surplus de choux devant le Parlement ? Mais non ! Un nouveau sommet de l'Otan ? Pas du tout : c'est LE sapin, dont les mensurations sont exceptionnelles : taille 32 mètres, poids 12 tonnes. Il va prendre souche place Kléber, et sera le clou des attractions de Noël !

Tout un symbole pour les fameux marchés de Noël, puisque, c'est avéré, la tradition du sapin de Noël est née en Alsace, en 1521, et que c'est d'Alsace qu'elle est partie pour son tour du monde !

Le méga sapin de la place Kléber, chaque année somptueusement décoré par Antoinette Pflimlin, a tendance à éclipser tous les autres attraits du marché de Noël de Strasbourg : une grande roue devant la gare, un marché aux *bredele* (petits gâteaux de Noël) pléthorique, des baraques en bois dans plusieurs quartiers de la ville, le marché des saveurs alsaciennes, le comptoir des Rois mages, le Carré d'or, dans les rues étroites et tortueuses du quartier de la cathédrale, d'une beauté époustouflante, le Village du partage et, enfin, le marché russe ou libanais ou iranien, en fonction du jumelage de l'année…

Mais le marché le plus ancien est celui de la place Broglie, attesté depuis 1570 et dont le nom est très simplement *Christkindelsmärik* (« marché de l'Enfant Jésus »), apprenez à le prononcer, ça vous fait un bel exercice, et vous susciterez l'admiration des Strasbourgeois !

C'est écologique, ce déluge de lumières ?

Les marchés de Noël brillent par leurs illuminations soignées, pleines d'innovations et de couleurs.

C'est, chaque année, un thème soumis au « courrier des lecteurs » du journal local, formulé à peu près comme ceci : « Pour ou contre les illuminations de Noël ? » Bien sûr, c'est cher, pas écologique du tout du tout, très inégalitaire (les quartiers nantis dégoulinent de kilowatts, tandis que les cités périphériques restent dans l'ombre…), oui, mais… ça met du baume au cœur, ça fait plaisir aux enfants et aux touristes, et puis… la magie de Noël…

On recommencera la consultation l'année prochaine, c'est promis !

Mais il y a aussi, durant la période de Noël, de magnifiques concerts dans des églises qui essaient de maintenir une température positive… Il vaut mieux se couvrir et prendre des réserves de chaleur sous la forme d'un vin chaud bien corsé que l'on dégustera juste avant de s'enfoncer dans le réfrigérateur musical !

Plus de 35 marchés et des centaines d'animations dans toute l'Alsace !

L'offre en marchés de Noël, plus pittoresques les uns que les autres, se développe d'année en année. Chaque village a le sien… Chacun met en avant les atouts de son site. Quelques exemples :

- Colmar : cinq marchés de Noël, qui permettent d'admirer les beautés architecturales de cette Petite Venise, sublimées par des éclairages savants ;
- Kaysersberg : un petit marché tout mignon, dans la ville natale du grand Albert (Schweitzer) ;
- Ribeauvillé : un joli marché dans cette cité au riche patrimoine médiéval ;
- Neuf-Brisach : Noël dans une ville fortifiée par Vauban (voir chapitre 12) ;
- Wesserling : on peut faire une promenade dans le parc, menée par un conteur ;
- Mulhouse : un marché avec une offre de produits artisanaux de qualité ;
- Riquewihr : un marché dans un village très touristique ;
- Rosheim : autour de l'église romane.

D'autres villages a priori moins touristiques inventent des formules inédites et originales, comme les Fenêtres de l'Avent à Uffholtz, près de Cernay : du 1er au 24 décembre, qu'il pleuve, neige ou vente, une fenêtre du village s'ouvre sur une courte performance artistique, suivie d'un vin chaud au café du village ! Magique !

Allez ! Ne boudez pas votre plaisir ! Entrez en communion avec la foule dense qui avance d'un pas lent dans les allées, mangez des croque-monsieur, des gaufres à la chantilly, des crêpes à la crème de marron, des sucres d'orge, des pains d'épices, buvez un vin chaud, un jus de pommes chaud, avec beaucoup de cannelle, offrez à vos enfants des barbes à papa, du loukoum, des éclats de noix de coco, à votre fiancée une pomme d'amour, achetez un petit Jésus qui vient de naître, un bœuf, un âne gris, des jouets en bois, des guirlandes et d'autres décorations artisanales, et puis rentrez heureux(se) chez vous, la tête pleine de lumières, de couleurs, d'effluves et de goûts épicés…

Conseil de Nul pour Nuls

Si vous venez de loin pour un marché de Noël en Alsace, et si vous prévoyez de dormir à l'hôtel, réservez votre chambre longtemps, longtemps à l'avance ! Les marchés de Noël accueillent en effet chaque année deux millions de visiteurs venus de toute l'Europe !

Broderies, polychromies, poteries : les arts populaires

Pour qui aime s'extasier sur l'équilibre d'un objet artisanal, simple, utilitaire, pour qui aime admirer une signature collective inimitable, l'Alsace offre du beau, du très beau… Dans ce domaine aussi, la richesse de l'Alsace est à mettre sur le compte de son histoire chaotique : ballottée entre deux nations qui l'« avalaient », elle a essayé de valoriser ce qui lui était propre : ses arts et traditions populaires.

La broderie

Au XVIIIe siècle, elle servait à marquer le linge, pour s'y retrouver, quand on le confiait aux lavandières. En Alsace, le point le plus utilisé est le point de croix à points comptés. Certains pensent que cette croix laissée par l'aiguille traçait la croix sur laquelle fut crucifié Jésus et que l'on se signait un nombre incalculable de fois, en réalisant ce point… Quand on est fatigué de se signer, on peut passer au point de tige ou de chaînette…

La broderie était l'occupation des femmes et des jeunes filles, qui, dès leur communion pour les catholiques ou confirmation pour les protestantes (toujours la religion !), commençaient à constituer leur trousseau…

Les motifs dans l'artisanat : décoratifs et symboliques

On remarque une récurrence de certains motifs dans plusieurs arts populaires : la broderie, la poterie, la peinture sous-verre, les colombages, la décoration des volets, des tuiles, des meubles...

- Le règne végétal et ses symboles : l'arbre de vie, la tulipe (fécondité, féminité), la rose (épanouissement, plénitude de l'amour), la grenade (prospérité, fécondité), le houx, le laurier (immortalité), le blé (richesse, prospérité), le tournesol (le soleil !), la vigne (richesse), le lierre (force, longévité). Flore locale, mais aussi flore venue de contrées lointaines sont au rendez-vous !
- C'est aussi une véritable arche de Noé, riche en symboles : on rencontre ainsi le coq (vigilance), le cerf (fierté, virilité), l'écrevisse (fécondité, prospérité), le poisson (symbole du Christ), les trois poissons (la Trinité), les tourtereaux (amour conjugal, fidélité), le chien (fidélité), le lion (force, courage).
- Chaque forme possède sa symbolique : le losange (fécondité), la croix de Saint-André (fait barrage aux forces du mal), le huit couché (longévité), le cœur (symbole universel de l'amour...), les pois, les stries, les triangles, la svastika (symbole religieux très ancien, qui représente le cycle des saisons, avant d'avoir été détourné par les nazis), les rosaces, les roues solaires...
- Et, surtout, on y retrouve la marque religieuse : les lettres qui renvoient à la foi chrétienne : IHS (*Jesus Hominum Salvator*), Adam et Ève, CMB (Caspar, Melchior, Balthazar, sous la protection desquels on se place). On peut lire dans les motifs religieux l'appartenance à une région catholique ou protestante. Eh oui, encore la religion !

Les meubles peints

On peut trouver dans les musées alsaciens de très beaux coffres ou armoires en bois polychromes. C'est une tradition qui ancre nettement l'Alsace dans la *Mitteleuropa*, puisqu'on la trouve plutôt dans les pays d'Europe de l'Est. Ces objets faisaient partie de la dot de la mariée et provenaient d'arbres plantés par le grand-père de la mariée. Belle symbolique de la transmission...

Chez les gens fortunés, ces meubles proviennent de bois nobles (noyers, merisiers, chênes), alors que chez les gens modestes, ils sont faits d'essences plus banales, comme le pin, le sapin, le bouleau, le peuplier.

La polychromie a pour fonction de cacher la simplicité du bois par de beaux décors, exécutés au pochoir, où se retrouvent les motifs traditionnels. Quand il se transmet d'une génération à l'autre, on repeint le meuble. Ainsi, on peut trouver jusqu'à trois couches de dessins superposés ! Les motifs apparaissent d'abord en couleurs sombres, puis on voit surgir des couleurs chaudes (brun, rouge), et enfin, toutes les couleurs. L'apogée de cette technique se situe au début du XIXe siècle.

Il faut noter la très grande diversité des productions polychromées, du nord au sud de l'Alsace !

La poterie

De toute la grande production de la région, seules deux techniques ont survécu, qui font tout le charme de la poterie alsacienne ; toutes deux se sont développées dans le Bas-Rhin.

La céramique vernissée de Soufflenheim

Les sols argileux et la proximité de réserves de bois dans la forêt de Haguenau toute proche expliquent la très ancienne tradition de la céramique vernissée à Soufflenheim.

La terre est moulée, puis décorée et peinte, et enfin séchée ; le vernissage se fait par bain de glaçure plombifère. La cuisson culmine à 900 degrés ! Avec l'évolution des pratiques culinaires, au XIXe siècle, la poterie vivra son âge d'or. On fabriquera alors autant des récipients pour entreposer les aliments (tonnelets à choucroute, jattes…) que de la belle vaisselle de table ou des plats pouvant aller au four. L'augmentation du nombre d'ateliers de poterie entre 1800 et 1840 est impressionnante. On en dénombre 55 en 1840.

Cependant, au début du XXe siècle, on note un désintérêt pour ces « vieilleries », qui sont remplacées par de nouveaux matériaux, comme la fonte, l'aluminium, la tôle émaillée, le plastique, le verre… Et puis, les techniques de conservation évoluent et rendent caducs certains articles : pots à crème, faisselles à fromage blanc, tonnelets à choucroute... À partir des années 1960, juste retour du balancier, la nostalgie de la rusticité perdue fera remonter les ventes... Aujourd'hui, c'est l'exportation et le tourisme qui font tourner les tours des potiers !

Les couleurs de la céramique de Soufflenheim sont chaudes, proches de la couleur naturelle de la terre : jaune, crème, brun manganèse, rouge-ocre, vert. Récemment est apparu le bleu, très apprécié aussi, quand il est combiné avec des décorations traditionnelles ! On fabrique toutes sortes de poteries culinaires : des moules à gâteaux, des plats à baeckeofe, des marmites, des cruches, à une ou deux anse(s), des pots, à confiture, à café, à lait, des plats, des terrines, des écuelles, des saladiers, des assiettes de toutes tailles, de toutes formes... Depuis le début du XXe siècle, on fabrique aussi à Soufflenheim de la céramique horticole : vases, pots de fleurs, cache-pots, jardinières...

La poterie de grès au sel de Betschdorf

L'apparition d'ateliers de poterie à Betschdorf est beaucoup plus récente qu'à Soufflenheim. On y fabrique de la poterie de grès au sel. La vitrification se fait par cuisson à très haute température (jusqu'à 1 250 degrés).

On produisait autrefois des récipients qui servaient à la conservation de la choucroute, de la viande salée, ou des navets... Aujourd'hui, on y fabrique des vases, des cruches, des pots, des cache-pots. Mais attention, ils ne sont pas de la même couleur qu'à Soufflenheim ! Rien à voir ! La couleur de base de la céramique fabriquée à Betschdorf est le gris ; avant la cuisson, les objets sont décorés en bleu cobalt par de larges coups de pinceaux. Les pots de Betschdorf sont donc gris et bleus, très lourds, reconnaissables au premier coup d'œil.

Et aujourd'hui ?

Les Alsaciens connaissent parfaitement la différence entre « du Betschdorf » et « du Soufflenheim » ; tous les deux sont indispensables dans un intérieur alsacien et se complètent ; ils renvoient à l'enfance, à la grand-mère qui faisait son kugelhopf chaque samedi dans ce moule en Soufflenheim, si bien que les décorations ont disparu, qui servait les *roïgebradeldi* (pommes de terre sautées) dans ce plat en Soufflenheim aussi, et l'eau bien fraîche dans cette archilourde cruche en Betschdorf…

Ils possèdent tous quelques vieilles poteries, qu'ils gardent jalousement, et dont ils ne se servent pas. Suspendues aux murs de leur cuisine, elles profitent de leur retraite en regardant le monde évoluer et en s'étonnant de la dégradation des mœurs… Les Alsaciens n'en achètent que pour les offrir. C'est un cadeau toujours bien accueilli, où qu'on aille !

Le Racing-Club de Strasbourg, une tradition régionale

S'il est des clubs de foot qui sont emblématiques d'une ville, il en est d'autres qui le sont d'une région. C'est le cas du Racing. À la grande époque du club, il n'était pas difficile de repérer les jours de rencontres à la Meinau : de toute l'Alsace convergeaient vers Strasbourg des voitures remplies presque exclusivement d'hommes qui, tout en covoiturant, rêvaient ensemble d'exploits des « Bleus », leur équipe…

Du mythe du Racing…

Le Racing-Club de Strasbourg était, jusqu'à sa saison calamiteuse 2009-2010, le club phare d'une ville et d'une région, les SR Colmar et FC Mulhouse ayant perdu leur statut professionnel, respectivement en 1949 et en 1999. Il est aussi le seul club alsacien à disposer d'un palmarès national conséquent :

- Vainqueur de la Coupe de France en 1951, 1966 et 2001 ;
- Vainqueur de la Coupe de la Ligue en 1997 et 2005 ;
- Champion de France en 1979.

« Tout à fait, Thierry ! »

En 1967, ce cher Thierry Roland s'est félicité du retour de la Coupe de France « en France », un an après la victoire de Strasbourg en finale. C'était très bien joué, Thierry, pour alimenter le fantasme alsacien d'un Racing, club pas vraiment français, et méprisé de la France entière !

Il n'est pas rare, de nos jours encore, que les supporters du Racing se fassent traiter de « Boches » quand le club joue à l'extérieur… Dans le même registre, les supporters du club se souviennent d'une banderole tendue par des supporters bordelais lors d'un match décisif contre les Girondins de Bordeaux en 1991, sur laquelle était marqué : « *Willkommen in Frankreich !* », « Bienvenue en France ! ».

… à la dure réalité !

La réalité, c'est que le Racing n'a jamais vraiment été un grand club. Il doit davantage son surnom de « Marseille de l'Est » aux querelles intestines et à l'instabilité rédhibitoire agitant régulièrement ses coulisses qu'à son palmarès, sans commune mesure avec celui de son homologue sudiste.

Des joueurs alsaciens ?

LE SAVIEZ-VOUS ?

En 1979, quand le club a décroché le titre de champion de France, le groupe était composé essentiellement de joueurs locaux.

Le rêve des spectateurs de la Meinau, plus ruraux que citadins, c'est que le Racing redevienne un club vraiment alsacien avec, sur le terrain, un maximum de joueurs du cru… comme il y a plus de trente ans !

La saison la plus calamiteuse de toute l'histoire du club !

Tous les adjectifs et qualificatifs pour parler de la saison 2009-2010 du Racing-Club de Strasbourg ont été épuisés par les journalistes sportifs de la presse locale : épouvantable, désastreuse, tragique, scandaleuse, ahurissante… Jugez-en par vous-même : pas moins de cinq présidents se sont succédé en l'espace d'une saison (oui, vous avez bien lu, *cinq* en une saison !) sous la houlette d'un mystérieux financier londonien planqué derrière une cascade de holdings.

Les résultats sur le terrain sont à l'image de la gestion du club et le destin est parfois cruel : il vient de décider, au moment où ces lignes sont écrites, de reléguer le club, pour la première fois de sa longue histoire,... en troisième division ! Il paraît que les cigognes du quartier de la Meinau évitent à présent de survoler le stade... Pour couronner le tout, les édiles de la ville viennent d'annoncer qu'ils retiraient la candidature de Strasbourg, « capitale européenne », pour l'accueil de matchs de l'Euro 2016...

Gilbert Gress, l'enfant terrible du Racing...

Gress a passé son enfance à deux pas du stade de la Meinau. Il joue au Racing quand le club remporte la Coupe de France en 1966, puis à Stuttgart et à Marseille. En 1977, il est un jeune entraîneur quand on lui confie l'équipe qui vient tout juste de monter en première division. Elle sera championne de France en 1979.

C'est la grande époque de Chilles, comme on l'appelle : grande gueule, autoritaire, un brin mégalomane, il cultive un look *seventies* dont il ne se départira jamais. Ce type-là est d'ici, même si son caractère de cochon n'a pas grand-chose à voir avec le côté consensuel et modéré des Alsaciens. Mais, après tout, c'est un génie du ballon rond et aux génies, on pardonne tout ! Sauf quand ils en font un peu trop... C'est ce qu'il se passe un an après l'obtention du seul et unique titre de champion de France du Racing. Mésentente avec le président de l'époque, éviction du club. On assiste alors à de véritables émeutes et des associations se montent pour le retour de Gilbert Gress !

Chilles reviendra un jour, c'est sûr. Les grands hommes font toujours un *come-back* un jour où l'autre. Prenez de Gaulle. On était certains, en Alsace, qu'il reviendrait un jour, et il est revenu. Mais Gress fait mieux que de Gaulle. Le général n'est revenu qu'une fois. Alors que Chilles, lui, est revenu deux fois et reparti trois fois ! Personne en Alsace ne serait prêt à parier qu'il ne reviendra pas une troisième fois ! Cependant, ses méthodes d'entraînement paramilitaires ne rencontrent plus qu'un succès mitigé auprès des nouvelles générations de footballeurs... Mais qui sait, avec Chilles, il faut s'attendre à tout !

Chapitre 11

Une identité rhénane

Dans ce chapitre :

- Une identité forgée sur le fil de l'histoire : les artistes annexés
- La manie des livres ou la passion de l'alsatique
- Les cabarets et l'humour alsacien
- *Psychanalyse de l'Alsace* : l'alsatique incontournable ?
- Comment résoudre, à l'heure de la mondialisation, le mystère de l'identité alsacienne ?
- Un mouvement écologiste qui doit sa vigueur au voisinage de l'Allemagne

Peut-on encore parler, à l'heure de la mondialisation, d'une identité alsacienne, de celle qui s'est forgée à travers les aléas de l'histoire, et notamment grâce aux artistes de l'époque de l'Annexion ?

En Alsace, on développe aussi un culte : celui des alsatiques, c'est-à-dire des ouvrages qui parlent de… l'Alsace. L'un d'eux, *Psychanalyse de l'Alsace*, a beaucoup fait parler de lui…

Au fait, peut-on rire de tout ? En Alsace, oui, au cabaret ! Le Barabli de Germain Muller en son temps et la Choucrouterie de Roger Siffer aujourd'hui en témoignent.

Le fond de l'air alsacien est rhénan, indéniablement : il y a en Alsace une sensibilité particulière à l'environnement, parfois même un véritable culte de la nature. Ce trait est sûrement à mettre sur le compte du caractère germanique de ses habitants, et se traduit par un mouvement écologiste structuré et influent.

Annexer les artistes ? La période 1870-1918

La période de l'Annexion par la Prusse a été d'une importance radicale pour le devenir de l'Alsace. On peut dire que c'est pendant cette période que s'est forgée l'identité alsacienne telle qu'elle est perçue aujourd'hui. Beaucoup se sont reconnus sous cette devise : « Français ne puis, Allemand ne daigne, Alsacien suis. »

Du fait de leur mode d'expression par la langue ou par l'image, les artistes se trouvent en première ligne pour révéler la sensibilité de toute une population. Les artistes de cette période avaient trois possibilités : participer à l'invention d'une identité alsacienne, se mettre sous la protection du pouvoir impérial ou être franchement opposant à l'occupant…

Mais il y a aussi des zones de porosité entre ces différents groupes !

Le cercle Saint-Léonard et la Renaissance alsacienne

Il réunit des artistes, qui sont francophiles sans être des rebelles au pouvoir prussien. C'est un lieu où fleurissent les idées, les projets, les aventures.

Ce mouvement collectif prend corps à Saint-Léonard, près d'Obernai, et se retrouve pour des repas à la *Mehlkischt* (« boîte à farine ») à Strasbourg, ou lors d'un dîner mensuel, le *Kunschthaffe* (« marmite artistique »), au Schlœssel de Schiltigheim, à partir de 1891. Ces artistes ont le sentiment, en ce XXe siècle naissant, que les traditions, la langue, les arts populaires sont en train de se perdre. Ils veulent les retenir, avant qu'il ne soit trop tard. Contrairement à beaucoup de leurs contemporains, en France et en Allemagne, les artistes du cercle Saint-Léonard ont pris beaucoup de distance avec le nationalisme : ils sont francophiles, sans vouloir tomber dans les excès nationalistes et militaristes de l'époque. L'historien Nicolas Stoskopf, petit-fils de Gustave Stoskopf, voit en eux la préfiguration d'une sorte de « conscience européenne ». D'où ce rêve d'une Alsace au carrefour des cultures française et allemande, trait d'union entre les deux grandes nations, rêve brisé par la guerre de 14-18…

Charles Spindler, talent et éclectisme

Il est l'une des grandes figures de ce temps. Très tôt, Spindler (1865-1938) se passionne pour le monde paysan, les costumes, le mobilier. Il arpente l'Alsace, dessinant ou photographiant les lieux et les personnes.

Il va recréer, avec ses marqueteries exceptionnelles, souvent réalisées à partir de photos, des images figées et embellies de l'Alsace, avant de s'intéresser à l'art nouveau et d'être présent à l'Exposition universelle de 1900. Ses marqueteries ornent quelques prestigieuses brasseries parisiennes.

Dans son journal, qu'il tiendra toute sa vie, on note son désir de toujours nuancer ses propos, de ne pas charger inutilement le gouvernement prussien d'abord, français ensuite…

La maison Spindler, tenue par son petit-fils, Jean-Charles Spindler, existe toujours à Saint-Léonard ; le magnifique métier de la marqueterie s'est transmis de père en fils jusqu'à aujourd'hui. Les chefs-d'œuvre qui sortent des ateliers sont estimés et exportés dans le monde entier.

Henri Loux et les faïences « Obernai »

Henri Loux (1873-1907) se forme à l'École des arts décoratifs de Strasbourg, puis à Munich, à l'*Akademie der Bildenden Kunst* (« Académie des arts plastiques »), un parcours classique pour un jeune Alsacien de cette génération.

Après ses études, il revient en Alsace, qu'il parcourt en tous sens. Il observe les scènes villageoises, les gens et leurs costumes, les maisons à colombages…

En 1902, la faïencerie de Sarreguemines le sollicite pour créer les dessins qui vont orner cette vaisselle typiquement alsacienne. Elle prend le nom d'« Obernai ». On l'appelle aussi « Sarreguemines », ou « Loux ». C'est un ensemble de cinquante-six dessins qui constituent un véritable monument à l'Alsace. Tous les sujets sont traités : scènes de genre, fêtes en toutes saisons, vie à la campagne, métiers, villages d'Alsace, vues de Strasbourg, ruines de châteaux très fidèlement reproduits. Ce service a été diffusé à des milliers d'exemplaires ! Son succès ne se dément pas. On le trouve dans toutes les « bonnes » familles, où on le sort de préférence le dimanche. Il permet d'avaler sa choucroute dans des images de l'Alsace éternelle très pittoresque, idéalisée, fleurie, riante. Elle n'en est que plus délicieuse !

Dans les vitrines des magasins de souvenirs trônent bien en évidence des objets aux décors réalisés par Henri Loux, à côté des Soufflenheim, des Betschdorf et des Hansi… C'est ça, l'Alsace éternelle…

Gustave Stoskopf, artiste et visionnaire

PORTRAIT

Gustave Stoskopf (1869-1944) a lui aussi été formé à l'académie Julian à Paris, puis à l'Académie royale de Munich. En 1894, il revient à Strasbourg, fait la connaissance de jeunes artistes, comme Charles Spindler, et réalise ses premiers portraits de paysans.

Sa technique de prédilection est la peinture sur bois. Son art se rapproche de celui des primitifs allemands des XVe et XVIe siècles. Il traite ces modèles populaires comme l'on traitait les princes autrefois. Ils sont figés, sérieux, hiératiques. Les visages sont osseux, la peau tannée, labourée, marquée par la rudesse de leur vie. Il est l'un des grands peintres alsaciens. Ses œuvres sont exposées au MAMCS.

Stoskopf est également connu comme auteur dramatique (voir chapitre 8). Il meurt le 6 décembre 1944, à l'hôpital de Brumath, sans avoir vu la libération de l'Alsace…

Toute sa vie, il a déployé une activité intense, comme peintre, auteur dramatique, journaliste, directeur de revue, poète, conteur et animateur du mouvement culturel régionaliste. Il est à l'origine de la création de plusieurs institutions, véritables socles de l'« alsacianité », qui, pour la plupart, existent toujours, comme le Musée alsacien (inauguré en 1907), le Théâtre alsacien (qu'il crée avec Charles Spindler), la SEAL (Société des écrivains d'Alsace et de Lorraine)… Il est l'incarnation de la personnalité alsacienne de cette période, polyvalent et inspiré.

Signalons aussi que Gustave Stoskopf est de la lignée du grand peintre Sébastien Stoskopff (deux « f » !) (1597-1657), l'un des grandes maîtres européens de la nature morte, dont les œuvres sont exposées au musée de l'Œuvre-Notre-Dame.

Les artistes proches du pouvoir impérial

Dur pour eux, de survivre artistiquement après le retour de l'Alsace à la France, et tous les excès qui l'ont accompagné… L'époque impose des choix idéologiques très marqués, et ceux qui n'ont pas fait les bons au bon moment auront à le regretter… Léo Schnug est un cas représentatif de cette période.

Léo Schnug (1878-1933), peintre du Kaiser

Fils d'un petit fonctionnaire allemand, Léo Schnug est un peintre supérieurement doué dès l'enfance.

Il a réalisé de nombreuses décorations de lieux publics, entre autres deux restaurants : la maison Kammerzell et le Strissel. Mais il est surtout connu pour ses peintures grandiloquentes du château du Haut-Koenigsbourg (voir chapitre 12), qui se marient parfaitement avec le projet du *Kaiser* de symboliser, ou plutôt d'inventer une histoire germanique. Il a décoré de motifs guerriers et médiévaux les grandes salles de ce château rêvé, investi, fantasmé par le *Kaiser*. Son art est puissant, intempestif, violent.

Il a été décoré de la *Rote Adler-Orden* (« ordre de l'Aigle rouge »), haute distinction prussienne, décernée par Guillaume II. Lorsque, en 1918, l'Alsace redevient française, il doit affronter une société devenue hostile à son égard. Trop de difficultés, de contradictions dans cet homme peut-être déjà fragile… L'alcool aidant, il finira ses jours à l'hôpital psychiatrique de Stephansfeld, après douze ans d'internement…. Un peintre surdoué, un destin dramatique…

Les opposants au pouvoir prussien

Deux artistes, tous deux haut-rhinois et proches amis, manifestent très explicitement leurs sentiments francophiles. On peut dire d'eux qu'ils ont profité du contexte politique de l'époque : tous deux refusent l'embrigadement prussien et le diront à travers leurs dessins, leurs caricatures, leurs publications. Ils doivent leur notoriété à la virulence de la presse et de la justice allemandes !

Henri Zislin, dessinateur engagé

PORTRAIT

Zislin (1875-1958) crée la revue satirique *D'r Klapperstei* (*Le Masque de pierre*), puis une autre *Dur's Elsass* (*À travers l'Alsace*), dans lesquelles il publie ses dessins et caricatures engagées. Il est plusieurs fois condamné par les autorités prussiennes, soit à des peines d'amende, soit à l'emprisonnement, pour ses audaces contre le pouvoir.

Après le retour de l'Alsace à la France, il combat l'autonomisme par l'intermédiaire de la revue *Die Zukunft* (*L'Avenir*), puis de *Franc-Tireur*. Il laisse beaucoup de dessins, aquarelles, affiches, qui ont principalement pour cible la bêtise et la rigueur prussiennes.

Hansi, l'incontournable, l'agaçant, le sublime…

Impossible de se promener en Alsace sans rencontrer Hansi (1873-1951) : sur les sets de table, les plats et les compotiers, sur les nappes, les serviettes de table, les boîtes de gâteaux, sur les petits tableaux serrés dans des cadres de bois, les cartes postales… il est partout.

Ses images fixent et figent une image de l'Alsace éternelle, uniformément belle et lisse, fleurie, proprette, à croquer ! On peut dire qu'il poursuit l'œuvre de Spindler ou de Loux, dans l'idéalisation de l'Alsace, mais avec un trait plus net, qui peut s'adresser aux enfants comme aux plus grands.

Il est aussi un très grand aquarelliste, héraldiste, publiciste, conservateur du musée Unterlinden (voir chapitre 16)…

Une vie tout entière au service d'« une certaine idée de la France »

Jean-Jacques Waltz prend le nom de Hansi, contraction de son nom en allemand (Hans Jakob). Ses dessins franchement polémiques l'amènent plusieurs fois à faire face à la justice prussienne ; il fait des séjours en prison, d'où il tirera des caricatures croustillantes !

En raison de ses emprisonnements, il acquiert une gloire de martyr national et le statut de personnage officiel de la IIIe République. Il est proche de Clemenceau et de Jaurès. En 1914, il s'engage au ministère de la Guerre de l'armée française et, fort de son parfait bilinguisme, participe à la *Papierkrieg* (« propagande aérienne »), qui a contribué à la capitulation de l'Allemagne et à la libération de l'Alsace. En 1920, il est fait officier de la Légion d'honneur par le président Millerand.

Avec le retour de l'Alsace à la France, sa popularité décroît et ses ouvrages ont un moindre succès. Mais ses obsèques, en 1951, auxquelles tout Colmar se presse, sont menées par une compagnie du 152e régiment d'infanterie, le fameux 15-2, dans lequel il a servi.

Un talent fou !

Ses cibles préférées sont l'instituteur prussien sévère, le gendarme plutôt idiot et le touriste prussien, ridicule avec sa canne de marche, son sac à dos, son chapeau tyrolien, son admiration béate devant n'importe quel site… Son dessin possède un charme irrésistible, avec sa « ligne claire », la lisibilité de son trait, ses teintes franches en aplat : il est un des précurseurs de la BD, et l'un des inspirateurs de Tomi Ungerer, originaire de Colmar lui aussi, qui entretient à son égard une relation d'attirance-répulsion !

Politiquement incorrect ?

Les albums de Hansi, dans lesquels l'Alsace est magnifiée, sublimée, ont fait croire aux Alsaciens et aux Français que le retour à la France se passerait comme sur des roulettes. Ils ont contribué à la terrible déception des années 1920, quand on s'est aperçu que l'Alsace réelle n'était pas celle de Hansi…

Il a été accusé d'avoir manipulé les enfants, auxquels ses livres étaient destinés en priorité, d'avoir excité inutilement les haines… Charles Spindler, en particulier, l'a sévèrement critiqué…

Réexaminer, dans les éditions successives des œuvres les plus polémiques de Hansi, les détails des dessins permet de prendre la température des relations entre la France et l'Allemagne : dans les années d'après-guerre, sur la belle image d'Épinal où des enfants apportent gaiement vers le four du boulanger les bretzels et les kugelhopfs (extrait de *Mon village*), on a enlevé le petit garçon allemand tout maigre qui grignote un quignon de pain noir et les regarde d'un air jaloux… Plus tard, quand les relations franco-allemandes se sont stabilisées, on l'a remis.

Il n'est plus temps de se demander avec Georges Bischof : « Faut-il brûler Hansi ? ». Hansi est le narrateur d'une époque révolue… Aujourd'hui, il est traduit en allemand… Tout se perd…

Les alsa quoi ? Les alsatiques !

Sans aucun rapport avec les tiques qui ont la fâcheuse manie de s'en prendre au randonneur dans le Massif vosgien. Ce n'est pas non plus de tics qu'il s'agit. Non, c'est simplement que l'Alsace est la seule région (au monde ?) à bénéficier d'une dénomination spécifique pour les ouvrages la concernant.

Un peu de vocabulaire

L'univers de l'alsatique est infini ! Il faut donc, pour s'y repérer, quelques balises bien précises, sous forme de mots à ne surtout pas confondre :

- **Alsatica :** terme employé jusqu'à la moitié du XIXe siècle pour parler de tous les livres traitant de l'Alsace. Le terme « alsatique », lui, n'est apparu qu'en 1863.
- **Alsatique :** divine surprise ! Le terme figure dans le *Grand Dictionnaire encyclopédique Larousse*, t. I : « Adj. : se dit d'un ouvrage ou d'un document littéraire ou scientifique traitant de l'Alsace. N. m. Ouvrage alsatique.

(La Bibliothèque nationale et universitaire de Strasbourg comporte une “section alsatiques”). » Alsatique se dit donc d’un ouvrage, mais également d’une librairie, d’une maison d’édition, d’une passion, d’une maladie…

- **Alsatiqueur :** le terme a fait une brève apparition dans un catalogue de 1863, puis est malheureusement tombé dans l’oubli… Il faudrait le réhabiliter, car les alsatiqueurs et les alsatiqueuses se comptent par dizaines de milliers !
- **Bibliothèque alsatique :** ne contient que des ouvrages traitant de l’Alsace. La plus célèbre de toutes est celle de la Bibliothèque nationale et universitaire de Strasbourg, qui réunit à elle seule 130 000 ouvrages. À signaler qu’une grande banque régionale a elle aussi une bibliothèque alsatique très riche et ouverte au public. Conclusion : il est sérieux et respectable de détenir un bon fonds d’alsatiques !
- **Bibliographie alsacienne :** on ne dit pas « bibliographie alsatique », mais « bibliographie alsacienne ». Cela pourrait peut-être se discuter, mais c’est ainsi !
- **Collectionneurs d’alsatiques :** ils sont au cœur de cet univers. Parmi eux, des savants qui sont de véritables puits de science sur tout ce qui touche à l’Alsace, à ses livres, à son histoire, ou d’autres, qui aiment simplement posséder des ouvrages pour le plaisir de les contempler, les caresser, sentir leur odeur…

Aux sources d’un sport régional

Comment expliquer ce tropisme très régional ? L’absence d’un enseignement de la « chose régionale » au niveau scolaire est regrettable dans une région qui ne peut pas uniquement se penser en termes de « nos ancêtres les Gaulois ». La passion de l’alsatique viendrait donc combler un vide. D’ailleurs, les sociétés d’histoire locales, nombreuses et dynamiques, contribuent également à combler ce vide. Et puis, il ne faut pas oublier que l’Alsacien adore se demander : « Au fait, qui suis-je et dans quel état j’erre ? »

Des sociétés d'histoire très actives

La Fédération des sociétés d'histoire et d'archéologie d'Alsace (FSHAA) détient vraisemblablement un record national, voire européen au regard de la population alsacienne. Elle compte en effet 85 sociétés membres. Son importance est comparable à deux autres « fédérations mastodontes » dont nous parlons par ailleurs dans cet ouvrage, le Club vosgien et Alsace Nature. Cela signifie qu'à travers les deux départements, 60 000 membres de ces sociétés (à comparer aux 50 000 licenciés de football de la Ligue d'Alsace) s'intéressent à l'histoire de leur canton, font des recherches, préservent de petits monuments, publient une revue annuelle souvent d'excellente tenue, et participent ce faisant à l'immense production d'alsatiques !

La profonde solitude de l'Homo alsaticus

Il est tout à fait possible pour un Alsacien de poursuivre une scolarité normale en Alsace, d'aller jusqu'à bac + 5, au besoin en faisant une licence d'histoire, et d'ignorer tout de ce qui fait sa région d'origine. Seuls les élèves suivant les cycles de « langue et culture régionales » peuvent avoir une ouverture sur l'histoire et les réalités régionales.

L'Alsacien qui s'interroge sur ses origines, son identité métissée devra trouver tout seul comme un grand les réponses aux questions qu'il se pose. Ce n'est pas à l'école qu'on l'aidera à y réfléchir. Alors, il a de bonnes chances de devenir un alsatiqueur !

La grande période de l'alsatique se situe entre 1960 et 1980. Certains ont même parlé d'un triplement de la production entre ces deux dates. Mais une enquête réalisée à la fin des années 1980 indique que la moitié des bibliophiles d'alsatiques ont plus de 60 ans. Faut-il donc parler de la fin d'un âge d'or ?

Il semble que soit né, ces vingt dernières années, un intérêt nouveau pour la région et que l'édition régionale soit moins menacée que la presse régionale… Au contraire, on assisterait à la naissance d'un phénomène de masse, alors que durant l'âge d'or des années 1970, l'intérêt était plus élitiste. La nouvelle génération de lecteurs serait attirée par une production plus centrée sur l'image (livres de photos, BD) que sur l'histoire locale et plus sensible à la qualité de l'objet livre.

Les limites de l'alsatique

Mais l'alsatique a ses limites, nous les avons évoquées au chapitre 10 au sujet de la littérature et de la poésie. Ce qui compte pour un écrivain, ce n'est pas l'étiquetage de son œuvre dans telle ou telle catégorie, c'est le matériau de son travail, à savoir la langue, quelle qu'elle soit. Et côté langue, ceux qui écrivent entre Vosges et Rhin ont été servis, au fil des siècles…

Une Association des éditeurs d'Alsace s'est créée, présidée par Pierre Marchant, qui regroupe dix-sept éditeurs locaux. Tous ces éditeurs ne sont pas éditeurs d'alsatiques, et plusieurs éditeurs ayant leur siège en Alsace n'en font pas partie. Mais, si le public d'alsatiques est certes une chance pour les éditeurs et les libraires d'Alsace, d'autant plus qu'il se renouvelle et qu'il est en demande de formes nouvelles de livres, il existe en même temps un grand danger d'enfermement dans une sorte de « ghetto de l'alsatique ».

L'humour alsacien, ça existe ?

Il ne faut pas se fier aux apparences, celles qui font dire au nouveau président de région élu en mars 2010, au journal *Le Monde,* le lendemain de son élection : « Vous m'avez vu exploser de joie ? Non… L'Alsace aime les gens sérieux. » Les Alsaciens savent parfaitement que « *Humor ist wenn man trotzdem lacht* » (« L'humour, c'est de rire quand même »). Cet humour a ses ingrédients propres et ses lieux d'expression.

Ingrédients de l'humour alsacien

Certains rires, certains gloussements ne peuvent être compris par l'« *Homo interieurus* » ! Ceux qui sont ponctués, par exemple, par « *Dess esch jezt rechtig elsaessisch !* » (« Ça, c'est vraiment alsacien ! »). Autrement dit, il faut avoir un vécu alsacien pour comprendre véritablement. Et si nous voulons mettre à nu les ressorts de l'humour alsacien, nous retrouvons encore la géographie, encore l'histoire et encore… les Juifs !

L'incontournable : Huguette Dreikaus

Huguette Dreikaus partage avec Germain Muller cette chose mystérieuse et magique qui font les grands cabarettistes : une capacité à se planter au milieu d'une scène, à promener son regard sur les spectateurs sans dire un mot, à être là, simplement. Le spectateur rit déjà sans trop savoir pourquoi. Et Huguette peut commencer son spectacle en partie improvisé, en alsacien, en français ou en allemand.

Elle ne se contente d'ailleurs pas de triturer les mots à l'oral : elle les aligne également par écrit dans ses livres et pour plusieurs journaux, à la radio, à la télévision régionale. Tout le monde la connaît en Alsace, mais également de l'autre côté du Rhin où cette ancienne prof d'allemand est très populaire.

Géopolitique de l'humour alsacien

Il y a un humour des frontières car frontière signifie confrontations culturelles et linguistiques. L'humour permet de faire d'une pierre deux coups : je me démarque de l'autre en me faisant plaisir ! Il ne faut donc pas s'étonner du stock de blagues sur les Allemands, les Suisses, sans oublier bien sûr… les Lorrains !

L'humour alsacien, avatar de l'histoire

Souvenez-vous de toutes les guerres que nous évoquons dans la première partie. Comment garder la tête hors de l'eau malgré tout si ce n'est par le rire ? Comment affronter l'absurdité du destin si ce n'est par la dérision ? En tout Alsacien sommeille un brave soldat Schweyk, ce personnage placide et bon vivant, inventé par le Tchèque Hasek. On ne parvient jamais à savoir précisément si Schweyk est un peu demeuré ou au contraire rusé au dernier degré !

La faute aux Juifs !

L'humour juif a lui aussi été façonné par l'histoire du peuple juif à travers les siècles. De la même manière que le dialecte s'est approprié des termes de yiddish, l'humour alsacien a forcément été influencé par l'humour juif, imbattable dans l'art de rire de son malheur et des coups pendables du destin.

Séquence humour

Arrivée en enfer :
Un Alsacien arrive en enfer. Lucifer lui dit

– En tant qu'Alsacien tu peux choisir entre l'enfer allemand et l'enfer français.

– Ah bon ? C'est quoi la différence ?

– Chez les Allemands, on te sert un bol de goudron brûlant le matin, un bol de goudron brûlant à midi et un dernier bol de goudron brûlant le soir.

– Et chez les Français ?

– Pareil : un bol de goudron brûlant matin, midi et soir.

– Mais alors, il n'y a pas de différence !

– C'est à dire que chez les Allemands on te sert les trois bols brûlants chaque jour. Mais chez les Français soit il y a une rupture de livraison du goudron, soit le feu pour le chauffer s'est éteint, soit les cuisiniers font grève...

Petit-déjeuner
Les Allemands prennent des petits-déjeuners consistants parce qu'ils ont une longue journée de travail devant eux. Les Français en font de même parce qu'ils ont une longue nuit de bringue derrière eux. Les Alsaciens prennent également des petits-déjeuners consistants parce qu'ils ont une longue nuit de bringue derrière eux et une longue journée de travail qui les attend.

La tradition du cabaret

Dans la vallée du Rhin, de Bâle à Mayence, le carnaval a une fonction sociale de critique des pouvoirs en place. Le cabaret en dialecte, un genre inconnu des autres minorités culturelles françaises, occupe une place importante en Alsace. Il en est deux qui font référence, celui de Germain Muller, qui s'est arrêté en 1992, et celui de Roger Siffer à la Choucrouterie, qui fonctionne depuis 1984.

Aucune autre langue régionale de l'Hexagone n'a cette fonction de dérision, de critique politique qu'on lui fait jouer en Alsace. Là, cette tradition, qui traite les affaires du monde par l'humour, est bien ancrée, même si, bien sûr, le cabaret n'a pas le monopole de l'humour alsacien : Sebastian Brant, Hansi, Tomi Ungerer l'ont chacun exprimé à sa manière sans monter sur les planches.

Toujours prêts !

La tradition du cabaret est si vivace en Alsace qu'il existe un cabaret en langue française exclusivement. C'est la revue *les Scouts* qui se joue pendant des semaines et devant une salle comble à Schiltigheim. La revue a fêté en 2009 son 30ème anniversaire : c'est en 1989 que quatre scouts ont commencé la folle aventure dans un café-théâtre célèbre à l'époque « l'Ange d'Or ». *Les scouts* n'y vont pas par quatre chemins avec le personnel politique local ! Mais les femmes et les hommes politiques du cru préfèrent être malmenés par la revue que d'en être ignorés.

Germain Muller et son Barabli

Enfin, redde m'r nimm devun (*Enfin, n'en parlons plus*) : c'est le titre de la seule pièce de théâtre écrite en 1949 par Germain Muller, alors âgé de 26 ans. Ce chef-d'œuvre obtient un succès immédiat. Il contient tout ce que les Alsaciens viennent de vivre. Germain les montre tels qu'ils sont, à nu, dans leur simple humanité. Il y a parmi eux des héros, des trouillards, des salauds… Puis, Germain crée son cabaret, le Barabli, qui drainera des foules immenses de 1946 à 1992.

En 1970, Roger Siffer est étudiant en philo. Germain l'invite à chanter quelques chansons en alsacien avant le spectacle. Pour Roger, c'est le début d'une longue carrière. Dans un coin de son bureau, à la Choucrouterie, bien en vue, se tient un buste de Germain…

Dinah Faust, comédienne trilingue !

Son histoire est indissociable de celle du Barabli, créé en 1946 par Germain Muller, qui sera son mari. Elle a été une des comédiennes principales de ce cabaret, illuminant la scène de son exubérance, son charme, son talent, son abattage. Comédienne parfaitement trilingue (elle a fait ses études de théâtre en Allemagne, elle parle couramment français, allemand, alsacien), elle enregistre pour la radio et joue dans beaucoup de films, en France et en Allemagne (dont *Les Alsaciens ou les Deux Mathilde*), où elle tient le rôle principal. Elle participe à beaucoup de projets de théâtre contemporain, avec un enthousiasme d'éternelle jeune fille !

Germain Muller vu par Roger Siffer

« *"Gueten'owe un auch de Schwowe güeten'owe"* ("Bien le bonsoir et bonsoir aussi aux Allemands"), c'est par cette phrase que Germain Muller commençait ses revues satiriques. Il ouvrait alors grands les yeux (un coup de crayon sur les paupières était l'essentiel de son maquillage de scène) et ajoutait : *"Sitze ihr güet"* ("Vous êtes bien assis ?"), provoquant cris, sifflets et huées. Les chaises du théâtre du Mess des Officiers, place Broglie, étaient tellement inconfortables que plus d'un spectateur venait avec un coussin.

Commençait alors la grand-messe, car les Alsaciens allaient au Barabli (le nom de son cabaret) comme on fait ses Pâques. Germain – toute l'Alsace l'a appelé par son prénom – avait la double culture théâtrale, française et allemande. Après avoir déserté de l'armée nazie, où il était incorporé de force, il s'est frotté au cabaret à Bâle grâce au cabarettiste Alfred Rasser, qui fut aussi élu communiste et néanmoins suisse.

Le Barabli faisait jusqu'à 80 représentations par an pour plus de 60 000 spectateurs. Le film de Patrice Muller pour France 3 a mis en évidence un véritable amour des Alsaciens pour "Chermain", celui qui leur a rendu leur dignité après la guerre avec la pièce *Enfin, redde m'r nimm devun* (*N'en parlons plus*), mais aussi celui qui se moquait sans vergogne des grands de ce monde. Ses revues satiriques étaient héritières des Brant, Fischart, Murner sans doute, mais se frottaient aussi aux musicals américains, puisque Germain allait plusieurs fois par an voir les spectacles de New York. Son Barabli ("parapluie") était rouge avec un empiècement noir. Cela n'a pas empêché Germain d'être adjoint au maire de Strasbourg (Pflimlin et Rudloff). Après la réunion du conseil municipal, Germain se rendait sur la scène de son théâtre pour dégommer ses collègues. Vous imaginez ça dans une autre région ? »

Roger Siffer et sa Choucrouterie

Le premier 33 tours de Roger s'est arraché en quelques semaines à 40 000 exemplaires ! Siffer est devenu très rapidement, à partir du début des années 1970 en Alsace, mais aussi dans l'Hexagone et les pays voisins, le symbole d'une réappropriation de la langue régionale par une génération marquée par Mai 68. Durant cette même période, Stivell et Glenmor en Bretagne et Claude Marti en Occitanie chantent en langue régionale. En Alsace, d'autres artistes lui ont emboîté le pas : Sylvie Reff, René Eglès, Roland Engel, etc. Mais le personnage de Roger reste central, avec ses lunettes rondes, sa gouaille du Val de Villé, ses chansons qui ne vous lâchent plus une fois qu'elles se sont logées dans un coin de votre tête.

Pendant dix ans, il va sillonner l'Hexagone, l'Allemagne, la Suisse dans son autobus rose. Il donnera jusqu'à 250 concerts par an ! Il fera *schungla*, littéralement « se balancer » (selon lui, « la seule danse qui se pratique assis » !) des Africains, des Chinois des Coréens.

En 1984, il pose ses valises et crée à Strasbourg le restaurant-théâtre de la Choucrouterie. On y joue, du 11 novembre jusqu'à fin mars, la revue satirique annuelle. On y monte également des spectacles qui ne peuvent voir le jour que chez Roger, comme Thomas Bernhardt ou Jean-Marie Koltès en alsacien ! La « Chouc' » est aussi devenue le port d'attache des spectacles juifs de la région, avec les spectacles du LufTeater, le Théâtre en l'Air.

LE SAVIEZ-VOUS ?

Comédiens schizophrènes et sportifs

Il y a deux salles à la Choucrouterie : la grande (98 places) et la petite (71 places). La revue est donnée le même soir dans chacune des salles. Version française dans la petite salle et alsacienne dans la grande. Le tout par les mêmes comédiens, qui passent, durant toute la durée des deux spectacles, de l'un à l'autre, d'une salle à l'autre, d'une langue à l'autre ! Depuis des années, Pierre Diependaële et Louis Ziegler en assurent la mise en scène.

« Ennuyeuse, la parlote sur les racines ! »

La formule est du romancier sundgauvien René Ehni. La majorité des Alsaciens ne s'y reconnaîtraient pas, tant ils adorent s'interroger sur leurs origines, revendiquer la spécificité de leur culture, se sentir incompris par la terre entière… Alors, faut-il entreprendre une « psychanalyse de l'Alsace » ? C'est en tout cas le titre d'un ouvrage paru en 1951.

Un immense succès de librairie

L'auteur du livre, Frédéric Hoffet (1906-1969), est à la fois pasteur et avocat. Son ouvrage connaît immédiatement un succès considérable. Il a été réédité plusieurs fois.

Hoffet commence par raconter sans complexes la très complexe histoire de la province. L'exercice était alors bienvenu et salutaire pour les Alsaciens traumatisés par le nazisme. L'ouvrage bien argumenté était également destiné aux non alsaciens désireux d'une remise à niveau de leur connaissance de l'Alsace.

Le brave Dr Sigmund Hoffet nous explique qu'il y a deux nœuds à la base d'une névrose collective en Alsace :

- Le grand problème de l'Alsacien, selon Hoffet, c'est qu'il ne peut jamais être lui-même. Sa grande peur est d'être ce qu'il est, à savoir un Français *germanique* ;
- L'Alsacien aura toujours le complexe de l'enfant adoptif. Il sera toujours au mieux l'enfant adopté, au pire le bâtard.

À la racine de tous les complexes !

« Ainsi l'Alsacien fuira l'objet de sa peur qui est cette partie de lui-même tantôt française et tantôt allemande dont il ne veut rien savoir, qui est sa dualité. Il refoulera sa peur dans l'inconscient, mais la peur aura sa revanche. Elle deviendra d'autant plus agissante qu'elle sera moins avouée. Elle opérera au fond de l'être un travail destructeur, déséquilibrant la sensibilité, faussant le jugement, rendant les plus sincères incapables de vérité. Elle est la racine de tous les complexes alsaciens. » (Extrait de *Psychanalyse de l'Alsace*)

Le livre est loin d'être tendre avec les Alsaciens. Hoffet ignore courageusement les mièvreries doloristes qui sont trop souvent le lot des écrivains régionalistes. *Psychanalyse de l'Alsace* est un plaidoyer de maître Hoffet, avocat. Mais c'est également l'ouvrage du pasteur Hoffet, sondeur impitoyable de l'âme alsacienne (« L'Alsacien est lent et manque de réflexes » ; « L'Alsacien ne comprend pas vite, il n'a point cette rapidité de conception qui est le propre des

Français » ; « Un des traits principaux de l'Alsacien est l'amour de l'ordre et le respect de la hiérarchie sociale »).

Mais un livre qui commence à dater !

Il serait inquiétant pour l'Alsace et les Alsaciens qu'un ouvrage écrit en 1951 reste la référence principale lorsqu'ils s'interrogent sur leur identité. L'ouvrage d'Hoffet est à présent dépassé, principalement car les images de la France et de l'Allemagne qu'il véhicule sont obsolètes et que la situation linguistique en Alsace a profondément changé en soixante ans !

France-Allemagne

Hoffet n'aime pas les Allemands. Il avoue être comme tous les Alsaciens, « qui n'aiment pas entendre parler *Hochdeutsch* dans les rues de leur ville ». Et, pour Hoffet, tous les aspects négatifs des Alsaciens, comme leur lenteur et leur manque de réflexes, sont à mettre sur le compte de leur « tempérament germanique » !

Quant à la France, elle est portée aux nues, car « la civilisation française est un phénomène unique dans l'histoire et quiconque l'a goûtée en reste profondément marqué ». Hoffet est en admiration devant « le prestige de la France » et considère que les relations entre l'Alsace et la mère patrie relèvent « d'un phénomène érotique ».

Ces considérations qui font sourire aujourd'hui nous amènent à poser une question un brin polémique : comment se fait-il que les critiques de Hansi qui ont si souvent souligné l'aspect germanophobe de certains de ses dessins ne se soient jamais intéressés à Hoffet sous le même angle ?

La situation linguistique

Hoffet a publié son ouvrage en 1951. L'auteur l'indique lui-même dans la préface de son ouvrage : la langue d'au moins 80 % des Alsaciens est alors le dialecte et 80 % des journaux sont publiés en allemand. Nous avons vu au chapitre 10 que seul un tiers des Alsaciens parlent encore le dialecte en 2010.

Quant aux tirages en langue allemande des deux quotidiens régionaux, ils sont devenus confidentiels.

Il est aussi question de l'accent alsacien dans *Psychanalyse de l'Alsace*, un accent qui jouerait un rôle central dans les complexes des Alsaciens. Or, d'une part cet accent s'est beaucoup perdu et, d'autre part, il est à présent parfaitement assumé, voire revendiqué par la plupart des Alsaciens sur le mode : « Et alors, ils ont bien un accent à Marseille, alors pourquoi pas nous ? »

Alors, faut-il mettre *Psychanalyse de l'Alsace* au rancart ? Le seul fait de l'envisager s'apparente à un véritable sacrilège ! Ce serait surtout une grande injustice, car, si *Psychanalyse de l'Alsace* doit cesser d'être *la* référence pour comprendre l'Alsace d'aujourd'hui, il faut néanmoins conserver l'ouvrage comme un très précieux document d'histoire des mentalités alsaciennes.

Être alsacien à l'heure de la mondialisation...

Rangeons donc *Psychanalyse de l'Alsace* dans notre bibliothèque d'alsatiques entre Sebastian Brant et la thèse d'Albert Schweitzer sur Kant. Mais par quoi le remplacer ?

Aux Alsaciens de souche se sont joints de très nombreux « Français de l'intérieur » qui sont devenus alsaciens d'adoption, et des immigrés venus des quatre coins de la planète. À chacun désormais de découvrir son « alsacianité » au milieu d'un amoncellement de sensibilités, d'histoires, de cultures.

Le mystère de l'identité alsacienne

Ce mystère de l'identité alsacienne reste entier. Rares sont les Alsaciens qui ne se sentent pas français en 2010. L'histoire leur donnerait pourtant plus d'une raison de ne pas éprouver ce sentiment d'appartenance. Souvenez-vous de notre première partie : la France a conquis militairement l'Alsace sans y aller par quatre chemins, elle a tout fait pour éradiquer la langue régionale, elle a abandonné l'Alsace en 1870, en 1940, en 1942 quand Hitler a incorporé de force les Alsaciens, citoyens français, dans la *Wehrmacht*… Et pourtant…

Appelons Alain Finkielkraut à la rescousse pour nous expliquer cette « anomalie historique ». Le philosophe rappelle, dans *La Défaite de la pensée* (1987), un débat qui faisait rage au XIXe siècle entre, d'une part, Strauss et Mommsen, qui justifiaient la conquête de 1870 par le fait que les Alsaciens parlent allemand et sont de culture allemande, et, d'autre part, Fustel de Coulanges, qui enseigna l'histoire à Strasbourg sous le Second Empire. Ce dernier a notamment écrit ceci : « Ce qui distingue les nations n'est ni la race ni la langue. Les hommes sentent dans leur cœur qu'ils sont un même peuple lorsqu'ils ont une communauté d'idées, d'intérêts, d'affections, de souvenirs et d'espérances. »

La probable disparition du dialecte à plus ou moins long terme

La pratique du dialecte pendant des siècles d'appartenance à la France était une marque d'un particularisme auquel les Alsaciens étaient et restent très attachés. Ils étaient des Français à part, des *extra wurscht* (« saucisses spéciales »), parce qu'ils parlaient leur langue à eux.

Mais il est à craindre que les nombreuses initiatives allant dans le sens d'un sauvetage de la langue régionale ne puissent la préserver à moyen ou à long terme. Les sociolinguistes n'annoncent-ils pas des menaces sérieuses pesant sur les langues françaises et allemandes au cours des prochains siècles ?

Si notre pronostic pessimiste sur le devenir de la langue régionale devait malheureusement se confirmer, que resterait-il de l'identité régionale ? *That's the question, dear friends !*

Une alsacianité à inventer

La langue est l'élément essentiel d'une culture. Mais il en est d'autres. Il faudra les conserver, les inventer, les bichonner, les interroger. Il faudra questionner en permanence le passé pour créer, inventer un futur. Il faudra être intimement persuadé d'une chose très simple, et en toute modestie : être l'héritier d'une telle culture, d'une telle histoire doit impérativement rendre plus intelligent !

Et gardons-nous des micronationalismes sur fond de rancœur et de frustrations. Vous savez, de ceux qui pointent leur nez dans tous les coins de l'Europe et dont le fonds de commerce est toujours le même : nous sommes des victimes, replions-nous sur notre petite *Heimat* ! La matrice de ces discours est le plus souvent calquée très exactement sur les discours nationalistes que l'on pensait enterrés une fois pour toutes…

Il y a en Alsace, comme partout en Europe, un tel mélange de populations qu'il serait ridicule de parler de « race alsacienne » comme pouvait encore le faire Frédéric Hoffet au début des années 1950. Libre à chacun de se sentir plus français, plus alsacien, plus rhénan plus européen, plus citoyen du monde… en ayant une pensée chaque matin en se rasant ou en se maquillant pour ses ancêtres, qui n'avaient pas ce privilège !

Toute personne vivant en Alsace s'invente quotidiennement une identité, par ses faits, ses gestes, ses paroles, une identité qui serait d'autant plus alsacienne qu'elle se nourrirait de tous les apports philosophiques, religieux, culturels venus d'ici et d'ailleurs. Si vous avez le moindre doute à ce sujet, nous vous invitons à faire un tour dans la première partie, la partie historique. Vous verrez que l'histoire alsacienne n'est faite que d'apports extérieurs !

Mais, rassurez-vous, il restera toujours ce petit quelque chose qu'un grand romancier allemand, Alfred Döblin, l'auteur de *Berlin Alexanderplatz*, mettait dans la bouche de certains de ses personnages alsaciens :

« Il suffit d'être alsacien, c'est une tare en soi. Quand on est alsacien, quoi qu'on fasse, on est toujours un peu suspect », ou encore : « Avec un Alsacien il faut prendre des gants. Au cours des années ils sont devenus très chatouilleux, susceptibles comme une vieille fille. C'est vrai » (extraits de *Bourgeois et Soldats*, traduction de Maryvonne Litaize et Yasmin Hoffmann, 1918).

Pionniers de l'écologie

L'un des fondateurs du mouvement écologiste alsacien, Antoine Waechter, est connu nationalement comme ancien candidat aux élections présidentielles. Mais l'écologie en Alsace, c'est avant tout un grand nombre d'associations, pour la plupart fédérées dans l'association régionale Alsace Nature.

Un vieil arbre qui continue de croître

LE SAVIEZ-VOUS ?

Le mouvement écologiste et naturaliste est très implanté en Alsace depuis longtemps. Il est à la fois reflet et conséquence de l'évolution économique depuis un siècle et demi. Il est également interrogation, souvent prémonitoire, sur le devenir du monde à partir de l'observation, de la défense d'un microterritoire.

Quelques dates

- 1863 : création d'une société dite savante : la Société philomathique d'Alsace et de Lorraine ;
- 1957 : création par des notables et des scientifiques d'un Comité de défense de la nature ;
- 1965 : naissance de l'AFRPN (Association fédérative régionale de protection de la nature) ; l'un de ses créateurs, le Dr Henri Ulrich, est un ami du Dr Schweitzer ; l'association est très marquée par les idées du « docteur de la brousse » dans le sens d'une éthique et d'un respect de la vie ;
- 1991 : l'AFRPN devient Alsace Nature.

Carte d'identité d'Alsace Nature

- Alsace Nature est une fédération de 130 associations ;
- L'association compte également plus de 2 500 membres individuels ;
- Elle emploie 13 salariés ;
- On recense sur le territoire une vingtaine de groupes locaux ;
- Il existe actuellement une structure pour le Haut-Rhin et une autre pour le Bas-Rhin, qui sont fédérées dans une structure régionale. Comme quoi, le *Landgrààwa* traverse également le monde associatif…

Des intuitions prémonitoires

Au cœur des Trente Glorieuses, on ne savait pas encore qu'elles ne dureraient que trente ans ! Les décideurs alsaciens et nationaux n'avaient donc qu'une idée en tête : industrialiser la bande rhénane, la transformer en Ruhr française, ce qui impliquait la disparition de la forêt rhénane. La naissance de l'AFRPN est liée à la défense de cette forêt rhénane.

Puis, il y eut, au début des années 1970, le mouvement contre la construction de la centrale nucléaire de Fessenheim inaugurée en 1976 et qu'EDF n'envisage pas de fermer dans l'immédiat, malgré des demandes pressantes d'Alsace Nature et d'autres associations.

Durant cette même période, naquit à Marckolsheim un immense projet de construction d'une usine chimique très polluante par les *Chemische Werke München*. Cette usine ne sortit jamais de terre grâce à l'alliance entre les habitants des villages proches et les écologistes : les premiers ne voulaient pas d'un air pollué, les seconds entendaient défendre la forêt rhénane.

ANECDOTE

Chasseurs écologistes…

C'est bien connu : chasseurs et écologistes ne font pas bon ménage ! Pourtant, voilà une exception alsacienne de plus : la Fédération de la chasse du Bas-Rhin est membre… d'Alsace Nature !

Ce paradoxe s'explique par le statut de la chasse en Alsace que nous avons évoqué au chapitre 11. La chasse en Alsace est réservée à une élite fortunée. Ces chasseurs sont locataires d'un territoire de chasse pour une durée de neuf ans. Ils n'ont donc pas intérêt à tirer sur tout ce qui bouge, et ont de ce fait des intérêts convergents avec les défenseurs de la nature.

Singularité rhénane

LE SAVIEZ-VOUS ?

Le Rhin a cessé d'être une barrière politique. Bien plus, les luttes écologiques des années 1970 ont créé des liens de part et d'autre du fleuve. La proximité de l'Allemagne a également joué un rôle dans le développement d'une conscience écologique régionale.

La naissance d'une conscience citoyenne rhénane

En face de Marckolsheim, à Wyhl, l'Allemagne avait un projet de centrale nucléaire, qui n'a jamais vu le jour du fait d'une mobilisation des habitants de part et d'autre du Rhin. Plusieurs éléments à noter :

- Ces luttes écologiques des années 1970 vont peut-être rentrer dans l'histoire comme les premiers mouvements citoyens franco-allemands.
- On a assisté, lors de ces manifestations et occupations de terrain, à une convergence entre les mouvements écologistes et culturels des deux côtés du Rhin.
- Ce type de mouvements écologistes rhénans et binationaux sont toujours d'actualité : ils se sont concentrés ces derniers temps sur le projet d'installer un énorme broyeur à Nambsheim, dans le Haut-Rhin, et sur un projet d'usine chimique à Sundhouse, deux communes situées au bord du Rhin.

- À partir des années 1970, le mouvement de défense de la nature fait sa mue : de groupe de pression composé de notables et de scientifiques, il devient un mouvement de militants marqués par les idées de Mai 68 qui posent la question globale de la société consumériste en plein développement en ces temps-là.

La proximité de l'Allemagne

La proximité de l'Allemagne, où les idées de défense de l'environnement sont depuis longtemps au cœur du débat social, laisse forcément sa marque sur le mouvement écologique alsacien. Souvenez-vous de notre survol de la plaine du Rhin en avion au chapitre 6 et de cette perspective étonnante : la centrale nucléaire de Fessenheim au premier plan et, au second plan, au sommet de la Forêt-Noire, une batterie d'éoliennes !

Ajoutez à cela que l'actuel maire de Fribourg est un Vert, et que le quartier écologique Vauban de sa ville est devenu une véritable attraction touristique internationale.

Un esprit de dialogue

Maurice Wintz, le président régional d'Alsace Nature, entend s'inscrire dans une certaine culture du dialogue ; on essaie d'abord de discuter, « à l'allemande », et on ne s'engage dans le rapport de force que lorsqu'on a tout essayé. L'exercice n'est pas toujours facile, car l'association est subventionnée par les collectivités publiques avec lesquelles elle se trouve souvent en porte-à-faux…

Une empoignade bien alsacienne

Pour une fois que l'Alsace tient une icône du sport mondial, pourquoi bouderait-elle son plaisir ? Cette icône, c'est Sébastien Loeb de Schweighouse-sur-Moder près de Haguenau que vous retrouverez parmi les dix personnalités célèbres d'Alsace : sextuple champion du monde des rallyes, qui plus est au volant d'une voiture française fabriquée en Alsace par une marque qui vient d'annoncer la création de 500 emplois à Mulhouse ! Avouez qu'en des temps de disette sportive dans la région (cf. les déboires du Racing… – voir chapitre 10), de crise de l'industrie automobile, un garçon comme Loeb qui fait rêver les foules, ça peut mettre un peu de baume au cœur, non ?

Il n'y avait pas jusqu'à présent en Alsace de rallye automobile comptant pour le titre de champion du monde à l'instar du rallye de Corse ou d'Écosse. La Fédération française de sport automobile a décidé d'en organiser un en 2010 dans les Vosges. Problème : le parcours de ce rallye traversera des zones régies par la directive Natura 2000 protégeant des sites naturels en raison de leur valeur patrimoniale pour la faune et la flore. Alsace Nature a fait part de son opposition au projet. Depuis, les écrans de ses ordinateurs n'en peuvent plus d'être les destinataires d'e-mails incendiaires !

Quatrième partie

Une culture tournée vers l'Europe

Dans cette partie…

Découvrez l'histoire culturelle de l'Alsace, tour à tour déchirée et réconciliée entre « C » et « K ».

C'est ici qu'au XVe siècle a été mise au point la technique qui allait bouleverser l'histoire des idées : l'imprimerie. Puis, au XVIe siècle, l'Alsace a vu fleurir son humanisme bien à elle : l'humanisme rhénan. Et dans son sillage a fleuri la Réforme, si bien accueillie en Alsace, prête à ce grand bouleversement des dogmes anciens !

Admirons les trésors de l'art que nous ont laissés nos glorieux ancêtres. Et, enfin, parlons un peu de la culture aujourd'hui : université, musique, danse, théâtre, musées, tout est possible !

Chapitre 12

Pays d'art

Dans ce chapitre :

- Découvrez le patrimoine exceptionnel de l'Alsace, de la cathédrale de Strasbourg aux nombreuses églises romanes
- Faites connaissance avec les peintres et graveurs du Moyen Âge
- Escaladez un pic rocheux pour atteindre un château fort en ruine ou reconstitué
- Visitez les fortifications de Vauban, qui a sévi en Alsace aussi !

La richesse patrimoniale de l'Alsace n'est plus à prouver… Les Alsaciens en sont très fiers. Ils sont très soucieux de préserver l'authenticité des legs du passé : le nouveau revêtement d'une artère ou un choix architectural original peut enflammer les foules… Les sociétés de conservation du patrimoine accueillent un public nombreux, connaisseur et passionné. Ici, chacun est un spécialiste capable de donner son avis. Pas toujours simple à gérer !

La cathédrale de Strasbourg

Le phare de Strasbourg, le symbole de l'Alsace, le marqueur architectural de l'horizon de la ville et de la région, la création la plus audacieuse du gothique tardif… Tous les superlatifs lui conviennent et ne sont pas encore suffisants…

Une construction qui traverse les siècles

D'avant-hier…

L'emplacement de la cathédrale correspond à la localisation d'un sanctuaire dès le Ve siècle. Mais il est avéré que l'évêque Wernher y fit construire en 1015 un édifice dont les dimensions devaient s'apparenter à celle de l'actuelle cathédrale et qui fut la proie de plusieurs incendies. La crypte où se situent les parties les plus anciennes de l'actuelle cathédrale date de cette période.

La construction se déroule sur plusieurs siècles, à partir de 1190. La nef est achevée en 1275. Les deux tours sont reliées en 1399 par un beffroi abritant les cloches au-dessus de la rosace, puis une tour octogonale est érigée sur le côté nord de la façade, en 1419, qui sera terminée par l'unique flèche, en 1439. Cette date marque l'achèvement officiel de la cathédrale, qui sera remaniée et complétée par d'autres apports architecturaux et décoratifs jusqu'au XIXe siècle.

Les architectes de la cathédrale

Plusieurs architectes, ou plutôt *Werkmeister* (« maîtres d'œuvre ») se succèdent : Conrad, Gerlach, Michel de Fribourg, Ulrich d'Ensingen, Jean Hultz de Cologne, Jost Dotzinger de Worms… mais la tradition populaire a élu Erwin, dit de Steinbach (1284-1318), architecte principal et « génie » de la cathédrale Notre-Dame. La légende raconte qu'au moment de sa mort, des colombes blanches se mirent à voler autour de la cathédrale au lieu des corbeaux noirs, et que les cloches se mirent à sonner le glas d'elles-mêmes. Sur le lac souterrain, les gnomes, dans leurs barques chargées d'âmes, pleurèrent amèrement le grand disparu et firent le vœu de toujours bien garder sa tombe. L'époque romantique a fait d'Erwin une véritable légende : il est immortalisé, avec sa fille, dans la pierre sur la façade sud.

La flèche, découpée, ajourée, lui confère élégance, légèreté, transparence ; ornée de nombreux pinacles, elle est la seule en France d'esprit gothique germanique. C'est cette flèche orpheline qui donne à la cathédrale de Strasbourg son cachet unique. Plusieurs projets ont voulu lui adjoindre une jumelle, mais la Ville de Strasbourg ne consentit jamais à dédoubler le symbole de sa gloire !

La malédiction des rivales !

La flèche de la cathédrale de Strasbourg, haute de 142 mètres, achevée en 1439 par Jean Hultz, fera des jaloux dans l'Europe chrétienne ! D'autres cathédrales essaient de rivaliser avec cette hauteur vertigineuse ! C'est le cas des cathédrales d'Ulm, de Beauvais, de Saint-Olaf de Tallinn en Estonie, de Saint-Paul à Londres… sans succès : leurs tours s'effondrent, ou le sol s'affaisse, ou elles sont abattues par la foudre. Jusqu'en 1874, la flèche de Strasbourg sera insurpassable, et elle est aujourd'hui encore la plus haute flèche gothique d'époque d'Europe !

… à aujourd'hui

Certes, en allemand « *das Strassburger Münster* » est neutre, mais, en français, nous la connaissons sous le nom très féminin de « cathédrale », qui sied tellement mieux à sa beauté, à sa silhouette, à son charme raffiné et envoûtant… C'est un bonheur quotidien de la voir vivre, se transformer sous ses yeux dans la lumière zénithale ou au coucher du soleil… Et la nuit, les artifices électriques lui donnent une nouvelle vie…

C'est le lieu des grandes cérémonies populaires, comme la visite du pape Jean-Paul II en 1988, ou les obsèques d'Adrien Zeller, président de région, ex-député-maire de Saverne, personnage emblématique de l'Alsace, en août 2009 (voir encadré au chapitre 7).

Des spectacles y ont lieu autour de Noël ; malgré toutes les précautions, on y gèle ; beaucoup de places sont aveugles, car le chœur n'est pas assez surélevé. L'acoustique très particulière exige pour les musiciens un long temps de travail afin d'apprivoiser l'écho. Malgré tous ces inconvénients, les Strasbourgeois croyants et non croyants s'y pressent, pour communier dans la beauté majestueuse du lieu.

Le rayon vert

Le jour des deux équinoxes, par temps clair, à 11 h 38 le jour du printemps et à 12 h 24 le jour de l'automne, un rayon vert vient traverser la cathédrale depuis le triforium sud et frapper le dais de pierre situé au-dessus de la tête du Christ de la chaire Geiler de Kaysersberg. C'est un phénomène très apprécié par les Strasbourgeois et les touristes, mais qui se dérobe souvent, faute de… soleil !

Des sculptures foisonnantes

Les sculptures ne constituent pas un ajout décoratif, mais sont complètement intégrées à l'architecture. Elles se fondent dans la pierre, ou semblent en surgir, suivant le regard qu'on pose sur elles. C'est un « vaste livre de pierres à lire » (Roland Recht).

À l'extérieur

Sur la façade occidentale, trois portails rivalisent de scènes, de symboles, de figures, formant un corpus de groupes sculptés d'une rare beauté. Il faut se munir de jumelles ou alors se plonger dans l'un des merveilleux livres de photos qui nous offrent, avec un grand confort visuel, une inventivité d'angles sans cesse renouvelée !

Du côté sud de la cathédrale, vers l'entrée du lycée Fustel-de-Coulanges, dont on envie les élèves qui passent tous les jours devant ces scènes effrayantes et édifiantes, on trouve la fameuse statue du roi Salomon rendant son jugement, entouré de l'Église triomphante (du côté de la « bonne » mère) et de la synagogue vaincue (du côté de la « mauvaise » mère), les yeux bandés, tenant une lance brisée et les Tables de la Loi. On reste muet d'admiration devant le déhanché de la synagogue et l'incroyable virtuosité des drapés.

Attention : beaucoup d'originaux des sculptures sont conservés au musée de l'Œuvre-Notre-Dame, où ils sont à l'abri des dégradations et de la pollution !

À l'intérieur

À l'intérieur, le pilier des Anges est l'une des réalisations les plus impressionnantes : il a une fonction de soutènement et il présente à lui tout seul un programme iconographique d'une richesse étonnante : les figures y sont regroupées par quatre, sur trois niveaux : au premier étage, les évangélistes, au deuxième, des anges sonnant de la trompette, au troisième le Christ-Roi montrant ses stigmates, entouré de trois anges portant les instruments de la Passion. Tous ces corps sculptés surgissent des colonnettes, auxquelles ils restent soudés ; on croit assister au miracle de leur naissance.

À l'intérieur encore sont visibles des vitraux gothiques, parmi les plus beaux et les plus colorés de l'univers des cathédrales, mélanges d'influence des maîtres verriers d'Île-de-France et d'outre-Rhin… Les vitraux de Max Ingrand, placés dans l'abside en 1956, témoignent de la volonté de marquer l'installation à Strasbourg des premières institutions européennes et de faire de cette cathédrale, dont la première pierre remonte à 1190, Notre-Dame de l'Europe !

Le coup de vent du diable sur le parvis de la cathédrale

Il est avéré qu'un vent mauvais souffle autour de la cathédrale en toutes saisons ! En voici l'explication qui circule à Strasbourg et ailleurs : autrefois, le diable survolait la Terre en chevauchant le vent. Il aperçut ainsi son portrait sculpté sur la cathédrale ; très flatté et curieux, il eut l'idée d'y entrer pour voir si d'autres sculptures le représentaient à l'intérieur. Retenu prisonnier dans le lieu saint, il ne put en ressortir ; le vent l'attend toujours sur le parvis et hurle aujourd'hui encore d'impatience sur les places autour de la cathédrale. Le diable, lui, furieux, fait le courant d'air, au fond de l'église, à la hauteur du pilier des Anges !

Un symbole disputé, de tout temps écartelé !

Attention, l'honneur d'être un symbole depuis si longtemps, ça se paie cher… Elle en a vu de toutes les couleurs, la belle dame, du rouge, du bleu-blanc-rouge…

Entre pouvoir profane et pouvoir religieux

L'Œuvre-Notre-Dame, qui aide à la réalisation de l'édifice, verra son pouvoir contrôlé tour à tour par l'évêque et par la Ville. À partir de 1422, elle devient une institution municipale comme les autres, fière de participer à la construction de ce prodige de la foi, de la science et de l'art, emblème de sa richesse. La preuve de cette lutte d'influence est donnée par la grande rose, constituée d'épis de blé et non de saints comme les autres rosaces gothiques !

Entre esprit germanique et génie français

Goethe, de passage à Strasbourg en 1770, sera subjugué par la cathédrale et en revendiquera le caractère allemand plutôt que gothique dans des lignes célèbres.

LE SAVIEZ-VOUS ?

Il faut savoir que toutes les grandes cathédrales de l'Île-de-France étaient déjà pratiquement terminées alors que celle de Strasbourg se construisait encore, ce qui signifie que les architectes de la cathédrale de Strasbourg se sont obligatoirement inspirés des cathédrales construites dans le style français ! De plus, il est avéré que des ateliers français travaillèrent au transept de 1225 à 1240 et que, par la suite, ce sont plutôt des architectes rhénans qui continuèrent l'œuvre.

De ce différend d'appropriation, on peut conclure à un art spécifiquement alsacien, fait de confluences et de croisements !

Entre catholiques et protestants

À ses débuts, la cathédrale Notre-Dame était dédiée au culte catholique (facile, il n'y avait pas de réformés à l'époque !), mais, dès 1518, les thèses de Luther sont affichées à ses portes et, en 1529, Strasbourg voit triompher le protestantisme.

On assiste à d'importants réaménagements intérieurs de la cathédrale et aux premiers iconoclasmes : mise à l'écart des statues de la Vierge, des autels, des retables, des tableaux de saints… et la cathédrale devient temple. En 1681, lorsque Strasbourg est intégrée au royaume de France, Louis XIV restitue le catholicisme et les splendeurs baroques !

La rage révolutionnaire !

Le 27 brumaire de l'an II (17 novembre 1793), l'ordre est donné de transformer la cathédrale en temple de la Raison, temple de l'Être-Suprême, sous la devise : « Après l'obscurité, la lumière ! » Le maire de Strasbourg, farouche révolutionnaire, ordonne la destruction de l'ensemble des sculptures, fait marteler voussures, statues de la galerie des Apôtres… Résultat : 235 sculptures sont abattues ou martelées ; 67 échappent au massacre, grâce à des ouvriers qui les cachent !

En 1794, un conseiller municipal propose de démolir la flèche, à laquelle il reproche de « blesser le sentiment d'égalité de la République ». Cette proposition ne sera pas adoptée ! Un autre conseiller municipal, d'un tempérament plus conciliant, décide plutôt de coiffer la pointe de la flèche d'un bonnet phrygien en tôle de fer, de 10 mètres de haut, peint en rouge. Notre-Dame en sera coiffée jusqu'en 1802.

Le choc des nationalismes : la guerre de 1870

Le 24 août 1870, le bombardement prussien s'étend à l'ensemble de la ville, après un contre-bombardement de l'artillerie française. Le centre-ville est dévasté, la cathédrale est touchée et la bibliothèque de Strasbourg, riche de documents inestimables, incendiée. La commission municipale de Strasbourg demande la capitulation. Le 27 septembre, elle fait hisser le drapeau blanc sur la flèche de la cathédrale. Le pilonnage de l'artillerie allemande cesse immédiatement.

Le drapeau rouge au sommet de la flèche !

Nous vous avons raconté au chapitre 3 l'histoire des soviets de Strasbourg à la fin de la Première Guerre mondiale. C'est durant cette période trouble de l'histoire que le drapeau rouge flotta au sommet de la cathédrale !

La cathédrale « nazie »

Hitler la visite en grande pompe et y organise au début de juillet 1940 une cérémonie en l'honneur de la victoire, mêlée à un semblant de religion. Une photo du Führer dans les rues désertes de Strasbourg glace le cœur (voir chapitre 4).

Le culte catholique y est provisoirement interdit par un décret de Hitler, qui comptait « transformer la cathédrale de Strasbourg en monument national puisqu'elle était revendiquée à la fois par les catholiques et les protestants ».

La cathédrale libérée

Après la prise de l'oasis de Koufra, le 2 mars 1941, le général Leclerc fait le célèbre serment de « ne déposer les armes que lorsque nos couleurs, nos belles couleurs, flotteront sur la cathédrale de Strasbourg ». Ce qui sera fait, le 23 novembre 1944.

Le 23 novembre 2009, on célébra le 65e anniversaire de cet événement. À cette occasion, un drapeau tricolore flotta à nouveau sur la cathédrale… L'émotion et les larmes étaient à leur comble parmi les vieux Strasbourgeois…

Les églises romanes

Elles se trouvent dans de très petits villages, quelquefois même isolées dans la campagne. On comprend que le village que l'abbaye faisait vivre a disparu quand elle a déménagé ou a été sérieusement endommagée. Leur beauté intrinsèque souffre souvent d'une mise en valeur insuffisante…

Une architecture épurée

Les églises romanes, nombreuses en Alsace, sont exceptionnelles par leur architecture, et parfois par la richesse de leur statuaire très évocatrice. Les appréhender d'un seul regard, d'une certaine distance, puis tourner autour et enfin y entrer procure des émotions esthétiques croissantes.

Des invariants architecturaux

Elles sont d'abord influencées par l'art carolingien puis par l'art ottonien (les Ottoniens ont succédé aux Carolingiens de 950 à 1050 environ). Au XIe siècle, elles adoptent un plan basilical, avec ou sans transept, d'où cet aspect compact, massif. Les murs sont très épais, pour soutenir le poids de la voûte. Les ouvertures sont petites et rares. Les nefs sont couvertes d'une charpente en bois, qui sera souvent la proie des flammes. Au XIIe siècle, on assiste à la systématisation de la pierre de taille et au développement de tours, à la croisée du transept et en façade. Orientées est-ouest, les églises voient leur façade ouest se développer, jusqu'à un porche orné d'un tympan sculpté. C'est là qu'apparaissent les voûtes en berceau dans les nefs et les voûtes d'arêtes dans les bas-côtés et les cryptes.

Ces sanctuaires à taille humaine, sombres, massifs, aux lignes épurées nous invitent à une intériorité faite de recueillement et de sobriété, comme l'était la vie des moines qui les ont fait bâtir !

Mais des apports ultérieurs aussi…

Souvent, dans le même édifice, comme à la cathédrale de Strasbourg, plusieurs styles coexistent, en raison du temps très long qu'a nécessité l'achèvement du gigantesque ouvrage. Il faut y regarder de près pour déceler le passage du style roman au style gothique. De plus, des dégradations inévitables, dues soit à l'usure naturelle, soit aux guerres ou à la Révolution, mangeuse de prêtres et d'églises, ont partiellement défiguré les joyaux de l'architecture religieuse. Il est difficile de trouver des monuments parfaitement authentiques et préservés.

Ce sont pour la plupart des églises abbatiales (dépendantes d'abbayes), devenues paroissiales après la Révolution. On est étonné de trouver dans des bourgades modestes, ou même dans des sites aujourd'hui désertés, des monuments d'une telle grandeur et d'une telle magnificence ; ceci est lié à la vocation de défricheurs de terres des moines et aux vicissitudes de l'histoire… Une pensée sur la fragilité des créations humaines nous effleurera…

Voix et Route romane

En 1993, l'association « Voix et Route romane – histoire, musique et patrimoine » organise un premier festival dans plusieurs églises romanes d'Alsace. En 1999, la programmation devient transfrontalière. Le festival défend une politique de création exigeante, susceptible de faire connaître à un public néophyte des compositions et des thématiques inédites. Du nord au sud de l'Alsace, dix-neuf sites ont été retenus pour accueillir ces concerts de très haute qualité, très fréquentés. Ce festival exceptionnel qui fait entrer la musique ancienne dans ces édifices médiévaux a beaucoup aidé à faire connaître la Route des églises romanes ! En voici les principaux édifices, du nord au sud de l'Alsace, très différents, recelant chacun ses particularités et ses énigmes : Altenstadt, Neuwiller-lès-Saverne, Marmoutier (son narthex, sa façade imposante et ses tours octogonales d'esprit carolingien), Rosheim (la grande bénédictine), Andlau (son tympan, sa célèbre frise historiée), Eschau, Sélestat, Sigolsheim, Kaysersberg, Eguisheim, Murbach, Guebwiller, Ottmarsheim (la plus ancienne avec sa tour-porche et son plan centré octogonal)...

Une statuaire énigmatique pour l'homme d'aujourd'hui

On trouve peu de statues à l'intérieur. La statuaire est rejetée à l'extérieur de l'église, sur le tympan, à l'entrée du massif occidental ou sur le chevet. C'est là qu'il faut la chercher et en admirer la force primitive.

Des thèmes religieux

Les sculptures se trouvent sur le massif occidental et sur les chapiteaux des colonnes. Le chemin, du portail occidental jusqu'à l'autel, à l'est, symbolise le parcours vers la Rédemption, à condition de résister à toutes les tentations de péchés, représentées sur le tympan par les figures du Mal sous toutes ses formes... Pas si simple ! Leur présence a un rôle de mise en garde, d'éducation, d'édification du peuple.

La figure majeure de la sculpture romane est le Christ, symbolisé très souvent par un agneau, représentant à la fois le Christ subissant sa Passion et le Christ victorieux de la Résurrection. À son côté, les anges tiennent une place primordiale : ils sont les messagers de Dieu. La femme ne joue pas un rôle très reluisant, vous le savez, c'est par elle qu'est survenu le péché originel, cause de la chute du genre humain : elle symbolise aussi la tentation charnelle.

Un bestiaire hybride

Le plus émouvant, dans cette statuaire polymorphe, est la profusion de motifs animaliers, conformes à l'imaginaire du Moyen Âge : êtres hybrides, grotesques et allégoriques, têtes à barbe bifide, aigles léonins, dragons et chimères, masques et serpents. Chaque animal a sa symbolique, et penche plutôt vers le Bien ou plutôt vers le Mal.

Mais le plus fascinant, ce sont les animaux dont la symbolique est ambivalente : le paon, symbole de l'orgueil, à Kaysersberg, mais aussi symbole du Christ et de la Résurrection à Andlau ; l'ours, attribut de certains saints (sainte Richarde, patronne du monastère d'Andlau), mais dont le corps recouvert de poils révèle également la part de bestialité inhérente à l'homme (Rosheim, Marmoutier) ; le lion, qui apparaît soit comme l'image négative du démon désireux de vaincre le Christ, soit comme gardien du sanctuaire (Murbach), et dans ce cas, est doublé !

Enfin, on y voit des êtres hybrides, fruits d'un imaginaire encore très marqué par les croyances païennes, mais que l'Église essaie de canaliser : griffons, animaux mixtes possédant un corps de lion, une tête et des ailes d'aigle et des oreilles pointues, et doués d'une incroyable force, dont on trouve une parfaite illustration à Neuwiller ou à Sélestat ; mais aussi les dragons, ailes et queue de serpents, peu recommandables par leur haleine empestée et le feu qu'ils crachent, les tritons, les centaures (Rosheim)…

La pierre livre un message que seuls les textes sacrés peuvent expliciter : chaque image renvoie à des métaphores et des allégories qui restent souvent étrangères à notre sensibilité…

Un inconscient terrifiant

L'homme du Moyen Âge, dont l'imaginaire était peuplé d'une telle quantité de figures effrayantes et complexes, nous étonne et nous attendrit. On sait que cette crédulité a aussi pu entraîner des départs en croisade précipités, des soulèvements manipulés, des embrigadements fatals… Plus tard, l'Église mettra bon ordre dans tous ces débordements, en imposant des scènes exclusivement religieuses, qu'elle installera à l'intérieur de l'église, reléguant les figures démoniaques aux gargouilles sur les toits des cathédrales…

Peintres et graveurs du Moyen Âge

Parmi les nombreux grands artistes rhénans qui illustrent la tradition spirituelle et artistique de la fin du Moyen Âge, trois noms ressortent : Martin Schœngauer, Hans Baldung-Grien et Matthias Grünewald. Leur art vaut bien celui de Dürer, qui souhaita travailler avec le premier, et dans l'atelier duquel travaillera le deuxième… Trois artistes exceptionnels, connus dans le monde entier, révélateurs de cette époque de bouleversement philosophique et technique.

Martin Schœngauer (v. 1450-1491)

PORTRAIT

Appelé « *der schöne Martin* », en raison de sa beauté, ou de la délicatesse de son trait, ou plus simplement… pour raccourcir son nom, une sorte de diminutif, quoi !

Il est né à Colmar vers 1450, a probablement séjourné aux Pays-Bas, où il s'est familiarisé avec la peinture flamande, puis retourne dans sa ville natale, où il réalise son premier chef-d'œuvre : *La Vierge au buisson de roses*, pour la collégiale Saint-Martin à Colmar (qu'on peut voir au musée Unterlinden). Par la suite, il peindra une magistrale *Passion* en vingt-quatre panneaux. Son œuvre gravée, constituée de cent quinze pièces, est exceptionnelle aussi : sujets religieux, paraboles réalisés d'un burin nerveux et acéré.

Il fait le lien entre l'art flamand et les premiers peintres allemands de la Renaissance : Dürer, Baldung Grien, Holbein, Bosch.

Hans Baldung-Grien (v. 1484-1545)

Appelé plus laconiquement Hans Baldung, le « Grien » (« vert ») ayant été rajouté en raison de sa prédilection pour cette couleur !

Il est né en Souabe, mais a été élevé à Strasbourg, où il commence son apprentissage, qu'il poursuit dans l'atelier de Dürer à Nuremberg, de 1503 à 1507. Il se réinstalle ensuite à Strasbourg, qu'il ne quitte que de 1512 à 1517 pour exécuter le retable de l'autel de la cathédrale de Fribourg-en-Brisgau.

Marqué par l'humanisme, Baldung va s'attacher à la représentation de sujets profanes, et en particulier de portraits : princes, théologiens, médecins, musiciens. Il développe un style d'une grande originalité. À côté des représentations profanes, il continue à peindre des sujets religieux pour des commanditaires privés (*La Vierge à la treille*, *La Mort de la Vierge*), où un certain maniérisme apparaît. Plusieurs de ses œuvres sont visibles au musée de l'Œuvre-Notre-Dame à Strasbourg.

Matthias Grünewald (entre 1460 et 1490-1528)

Un très grand peintre et une très grande énigme…

Son identité, ses dates de naissance et de mort, ses voyages, ses influences, sa vie privée restent très obscurs. Il a été assimilé à deux ou trois Mathis de cette époque. Il a même été confondu avec le Hans ci-dessus nommé, dont le suffixe « Grien » serait devenu préfixe et le « Bald », « Wald », suivant un mécanisme phonétique avéré…

Matthias Grünewald serait né à Aschaffenburg-am-Main. Il aurait peint sa première œuvre authentifiée vers 1504-1505, une *Dérision du Christ*. Puis il serait venu à Issenheim, où il aurait réalisé une importante commande pour l'établissement hospitalier des Antonins. C'est cette œuvre, le fameux retable d'Issenheim, réalisée entre 1510 et 1516, qui a fait sa célébrité dans le monde entier, a inspiré des textes parmi les plus beaux de la critique artistique et a suscité des passions incontrôlables…

Un peintre japonais, Itsuki Yanai, fasciné par cette œuvre lors d'un passage à Colmar, a décidé ni plus ni moins que de copier le tableau original. Il y a passé plus de vingt ans (1978-1998). Les visiteurs occasionnels du retable s'étonnaient de trouver là ce petit homme absorbé dans son travail, mais pour le personnel du musée, il était devenu lui-même l'un des personnages de ce retable prolifique ! Il est mort en 2009, à l'âge de 59 ans.

Le retable d'Issenheim : un polyptyque exceptionnel

Les antonins étaient des chanoines hospitaliers qui accueillaient malades et pèlerins venus vénérer saint Antoine, guérisseur du mal des ardents ou « feu de saint Antoine » (en fait, la maladie de l'ergot du seigle ou ergotisme, puisque les paysans ne mangeaient que du pain noir !). Les malades recevaient du pain blanc, puis une décoction à administrer par voie orale, qui contenait des plantes aptes à soulager la douleur, et un baume cutané. Dès qu'ils étaient en état, ils étaient transportés devant le retable pour y trouver réconfort et consolation, voire même guérison ou miracle.

Regardez, ça peut guérir !

Le retable est constitué d'un ensemble de plusieurs panneaux peints, dont on peut ouvrir et fermer les volets, en fonction du calendrier liturgique, dévoilant ainsi chaque fois un nouvel aspect de l'œuvre.

L'image centrale est une crucifixion d'un réalisme insoutenable : chair meurtrie, hérissée d'échardes, déchirée par la flagellation, peau verdâtre, muscles tordus par l'agonie… C'est une des interprétations les plus tragiques de la Crucifixion de toute l'iconographie chrétienne. Jamais crucifié ne fut plus pathétiquement humain. À la souffrance des malades répondait celle du Christ, il pouvait y avoir identification et même *catharsis*…

À sa gauche, la Vierge s'évanouit dans les bras de saint Jean, à sa droite, on voit saint Jean-Baptiste, introducteur du Messie, avec, à ses pieds, l'Agneau qui porte la croix du Jugement dernier. Sur la prédelle se trouve une *Déploration du Christ*, dont le format horizontal répond à la verticalité de la scène de crucifixion. Sur les volets, de part et d'autre, sont représentés saint Antoine et saint Sébastien, les deux saints que les croyants priaient pour obtenir la guérison.

L'ouverture des deux volets délivrait de cette vision sinistre : apparaissaient alors, de gauche à droite, l'Annonciation, le Concert des anges, la Nativité, et enfin la Résurrection. Là, on voit le Christ, dans une gigantesque auréole de lumière, léger, lumineux, souriant, exhiber ses stigmates, montrant ainsi le triomphe absolu de l'espoir et de la foi. C'est sous cette forme qu'était présenté le retable pour les fêtes de la Vierge, ainsi qu'à Noël et à Pâques. Le retable peint était complété par un ensemble monumental du célèbre sculpteur Nicolas de Haguenau.

La mise en valeur actuelle

Aujourd'hui, le retable d'Issenheim est exposé de telle manière qu'on n'ait pas besoin d'y retourner à chaque fête du calendrier liturgique pour en admirer de nouveaux volets ! Il illumine le musée Unterlinden (voir chapitre 16) de son intensité tragique et éblouissante.

Ce retable, marqué par un mysticisme qui touche parfois à l'hallucination, est l'un des plus extraordinaires polyptyques peints entre le gothique tardif et la Renaissance et est considéré comme l'un des chefs-d'œuvre de la peinture de cette période.

Les châteaux forts

Commençons par un problème de définition. Et puis, la vraie question : à quoi sert un château fort ? Et pourquoi les Alsaciens y sont-ils si attachés ? Enfin, parlons un peu gestion et préservation du patrimoine des châteaux forts d'Alsace, un sujet qui passionne et divise les Alsaciens.

Des châteaux en Alsace

Du nord au sud de l'Alsace, près de 300 – certains disent près de 600 – châteaux meublent la campagne. S'il y a un tel écart entre ces chiffres, c'est parce que spécialistes, amateurs, amoureux, connaisseurs de châteaux forts n'en ont pas la même définition. On distingue globalement :

- Les châteaux construits « sur motte », c'est-à-dire en plaine, avec une tour en bois, ou entourés de fossés remplis d'eau, ou encore intégrés dans les remparts urbains, et qu'on appelle alors plutôt citadelles. Ce sont ceux qui ont disparu les premiers ;
- Les châteaux qui dominent les sommets des Vosges et se situent sur une barre rocheuse, sur un éperon, en bout de crête. Ils ont mieux résisté à l'irréparable outrage des ans…

En fait, pour les englober tous et faire l'unanimité, on peut définir un château fort comme la résidence fortifiée d'un puissant. Les châteaux forts d'Alsace ont été construits entre l'an 1000 et 1500 à peu près. C'est l'époque où l'Alsace ressemble à un puzzle d'États microscopiques, plus ou moins bien organisés.

Ce sont soit des évêques ou des princes-abbés qui possèdent des seigneuries, soit des comtes, chevaliers ou officiers, qui construisent des châteaux, profitant des faiblesses de l'empire. Lorsque le pouvoir sera plus centralisé, ils n'auront plus leur place.

Parmi les plus beaux châteaux d'Alsace : Fleckenstein, Spesbourg, Andlau, Landskron, Kaysersberg, les trois châteaux de Ribeauvillé, La Petite-Pierre, Ferrette, le Haut-Barr, Wangenbourg, Ortenbourg, Frankenbourg, Lichtenberg, Hohlandsbourg, le Haut-Koenigsbourg (voir chapitre 16)…

Pourquoi ont-ils disparu ?

On ne retrouve que peu de cas de destruction organisée : seul Louis XIV, après l'annexion de l'Alsace, ordonne le saccage de certains d'entre eux, pour empêcher la résistance de la noblesse sur les hauteurs vosgiennes.

Ils sont plutôt morts de mort naturelle, abandonnés par leurs propriétaires, ou morcelés par des partages complexes, ou victimes de « squats », de dégradations, d'intempéries... Ça coûte cher, d'entretenir un château ! Après la Révolution, les paysans viendront tout simplement se servir en pierres dont ils ont besoin !

À quoi ça sert, un château fort ? Mais à rêver, pardi ! (et à faire rêver !)

Les châteaux forts jouent un rôle important dans le quotidien, ou plutôt dans les dimanches alsaciens : toutes les balades y aboutissent. Et, comme vous le savez, les Alsaciens marchent beaucoup, ils parcourent infatigablement les sentiers des Vosges parfaitement balisés par les dévoués bénévoles du Club vosgien.

Si on marche avec des enfants, et qu'on veut avoir la paix, le plus sûr est de leur promettre un château fort à l'arrivée, assaisonné de quelques contes effrayants, enrobé de quelques termes d'architecture médiévale qui les tiendra tranquilles dans la voiture : braie, barbacane, glacis, guette et échauguette, huile bouillante jetée sur les assaillants sauront les calmer mieux que le dernier jeu vidéo ! La montée jusqu'au château, quelquefois fastidieuse, passera comme une lettre à La Poste si on arrive à leur faire gober qu'ils sont de preux chevaliers montés sur leur destrier qui viennent libérer une châtelaine enlevée par un dangereux seigneur...

C'est dire la charge affective et imaginaire du château fort dans la mentalité alsacienne ! Sans compter qu'au cinéma, ils ont la vedette.

LE SAVIEZ-VOUS ?

En 1936, le Haut-Koenigsbourg a servi de lieu de tournage pour le film *La Grande Illusion* de Jean Renoir, avec Eric von Stroheim, Jean Gabin et Pierre Fresnay. Si ça, c'est pas du rêve !

Trois restaurations

Régulièrement, des voix s'élèvent pour dénoncer l'incurie des pouvoirs publics, qui laissent dépérir un si précieux patrimoine. Mais lorsqu'un investisseur prévoit une réhabilitation ambitieuse, comme ce fut le cas pour l'Ortenbourg, qu'on a voulu transformer en hôtel de luxe, des réactions violentes mettent rapidement un terme à ce beau rêve lucratif.

Parmi toutes les restaurations dont il a été question, trois seulement ont été menées à bien, dont l'une est célèbre dans le monde entier : le Haut-Koenigsbourg (voir aussi chapitre 23).

Le Hohlandsbourg

Cet ancien haut lieu stratégique est aujourd'hui un haut lieu… de tourisme familial. Il accueille de nombreuses animations, en particulier dirigées vers les enfants : visite guidée, reconstitution historique, banquet médiéval, le tout en costumes d'époque, s'il vous plaît !

Le château de Lichtenberg

Au nord de l'Alsace, cette impressionnante forteresse accueille des spectacles de plein air depuis 1913 ! La troupe du village qui y travaille toujours monte régulièrement des spectacles de très bonne qualité, en français et en alsacien, qui attirent un public curieux et ravi. La restauration de ce château a été achevée en 2005 ; elle comporte un auditorium et une salle de travail et d'expositions. Cet ajout peu discret a fait beaucoup de remous. Il s'est vu traiter de « corne de rhinocéros » ou de *rucksack* (« sac à dos » en alsacien) !

Le Haut-Koenigsbourg

Attention : c'est l'un des sites touristiques les plus visités en France, avec près de 500 000 visiteurs par an. Un projet qui a fait couler énormément d'encre et de salive, mais ça remonte déjà à presque un siècle !

Au début…

En 1079, Frédéric de Hohenstaufen est nommé duc de Souabe. Afin de renforcer son pouvoir en Alsace, il crée une ligne de défense et, pour cela, il fait construire de nombreux châteaux, dont certains sur des terres qui ne lui appartiennent pas. On dit de lui qu'il a « constamment un château accroché à la queue de son cheval ». Il fait ainsi bâtir en toute illégalité le château du Haut-Koenigsbourg sur les terres confiées aux moines de l'abbaye de Lièpvre. De par sa situation privilégiée, ce château occupe une position stratégique : il contrôle l'axe nord-sud du blé et du vin et, par le Val de Villé et la vallée de Sainte-Marie-aux-Mines, l'axe est-ouest du sel et de l'argent. Il est démoli en 1633 par les troupes suédoises pendant la guerre de Trente Ans. Il reste, parmi toutes les ruines d'Alsace, une des plus belles.

Et puis, patatras : Annexion

Et puis, ce fut le long sommeil… Jusqu'à l'annexion de l'Alsace par la Prusse en 1871 ! À ce moment, l'empereur Guillaume a envie d'avoir lui aussi son petit Pierrefonds, comme Napoléon III, son petit Neuschwanstein comme Louis II de Bavière ! Cette volonté de réhabilitation a aussi sa source dans le retour au Moyen Âge généralisé que connaîtront le XIXe siècle et le romantisme. Ceci fut rendu possible par le don que lui fit la Ville de Sélestat de cette ruine.

Le projet de l'empereur est de montrer le caractère profondément allemand de ce château, et donc de toute l'Alsace, de renouer avec le temps du Saint-Empire romain germanique, d'en faire revivre la grandeur. Il engage un architecte réputé, Bodo Ebhardt, et les travaux sont menés à bonne allure. Les choix de restauration que fait l'architecte sont discutés par tous : on lui reproche en particulier d'avoir construit un donjon carré, à la place d'un donjon rond, ainsi que d'autres options, scientifiquement fondées pourtant…

L'empereur confie la réalisation des fresques à un jeune artiste original, Léo Schnug, son protégé. Celui-ci embrassera complètement le projet de Guillaume de faire revivre une époque évoquant les mythes guerriers germaniques…

Le 13 mars 1908, sous une pluie battante, qui va gâcher les cérémonies prévues, le château mirifique est inauguré ! Hansi, violemment opposé à cette restauration, explique que cette pluie diluvienne, c'est sainte Odile, patronne de l'Alsace, qui l'a commanditée !

Le Haut-Koenigsbourg est une preuve géante de la grandeur prussienne, mais aussi un extraordinaire et unique musée du Moyen Âge ! Les générations suivantes ne s'y tromperont pas !

« *Ich habe es nicht gewollt* »
(« Je n'ai pas voulu cela »)

Ces mots sont gravés sur la cheminée du château du Haut-Koenigsbourg… Qu'a voulu dire Guillaume II ? L'empereur a-t-il fait graver cette phrase en signe de regret pour la boucherie occasionnée par la Grande Guerre ? Les Alsaciens, cyniques, ont leur propre interprétation : « Ce qu'il n'a pas voulu, c'est la défaite de 1918 ! »

Vauban, inévitablement…

Ici, comme dans toute la France, Sébastien le Prestre de Vauban a sévi, armé des meilleures intentions du monde, poussé par Louis XIV. Il laisse quelques monuments incontournables de l'architecture militaire.

Strasbourg, « clé de sécurité du royaume »

Après les traités de Westphalie qui ont rattaché l'Alsace à la France, Strasbourg est restée ville libre (voir chapitre 1). Mais les meilleures choses ont une fin.

Louis XIV s'empare du pont du Rhin contrôlé par Strasbourg et, avec une « petite » armée de 30 000 hommes, envahit la ville. Strasbourg capitule et confie sa défense aux « ingénieurs du roy ». Elle a bien raison, car Vauban dira plus tard :

« Strasbourg est la forteresse la plus considérable d'Europe, qu'aucune puissance ne pourrait actuellement emporter. L'excellence de ses défenses la rend pratiquement invincible. » Strasbourg devient capitale administrative, économique, épiscopale, et… ville de garnison.

La défense de Strasbourg se fait à l'aide de deux constructions :

La citadelle

Vauban renforce les remparts existants en édifiant une place forte entre le Rhin et la ville. Des forts permettront la surveillance du Rhin.

Ce chantier, organisé conjointement avec celui du fort de Kehl (français à cette époque), fut réalisé à une vitesse vertigineuse : 3 000 hommes y travaillèrent. En quelques mois, Strasbourg était défendue et, en trois ans, l'affaire fut réglée et les villes protégées… D'imposants bâtiments, casernes, arsenal, magasins, ateliers, haras et l'hôpital militaire (l'actuelle cité administrative) furent édifiés à cette époque.

Effectivement, les fortifications ont maintenu Strasbourg à l'abri d'attaques musclées… jusqu'aux terribles bombardements de 1870, contre lesquels elles étaient impuissantes…

Il ne subsiste plus de la citadelle qu'un fragment de 350 mètres de long. En 1967, le lieu a été aménagé en parc très agréable, du même nom, dans lequel on rentre par une double porte et une passerelle. C'est le lieu de rencontre de tous les enfants du quartier de l'Esplanade.

Le barrage Vauban

Cet édifice de plus de 120 mètres de longueur est bâti en grès rose, comme la cathédrale. Il renferme dans sa galerie une partie des originaux des statues de la cathédrale, usées par le temps et remplacées grâce au travail des sculpteurs de l'Œuvre-Notre-Dame. Ce barrage servait à renforcer l'enceinte fortifiée de la ville en doublant le système vétuste des ponts couverts. Il permettait, une fois baissées les herses qui garnissaient les treize arches, d'inonder le front sud de la ville et d'en empêcher l'accès par d'éventuels assaillants…

Ce barrage n'en est donc pas un ! C'est un piège anti-invasion et une immense herse fluviale. La preuve, lorsque le barrage a fonctionné lors du siège allemand de 1870, les inondations arrivaient jusqu'aux actuels quartiers de l'Elsau, de Neudorf et de la Meinau !

Vauban a fait creuser le canal de la Bruche, pour amener de Wolxheim et de Soultz-les-Bains les pierres des carrières de grès nécessaires à ses gigantesques constructions. C'était une bonne idée, car il y a maintenant de charmantes pistes cyclables le long de ce canal, qui permettent des sorties très plaisantes à vélo !

« Se faire une frontière » le long du Rhin

Vauban a suivi Louis XIV dans son projet mégalomaniaque de faire de la France un « pré carré » protégé par une ceinture de citadelles ! Le résultat ? 300 places fortes… aujourd'hui agréables lieux de promenades tout à fait pacifiques…

Un chapelet de fortifications !

Le Rhin marque la frontière avec les « ennemis », Autrichiens, Saint-Empire romain germanique, petites principautés autonomes, dont il faut se méfier comme de la peste !

Tout le long du Rhin, et même un peu en retrait, mais dans des positions qui permettaient de surveiller à distance les passages sur le pont du Rhin, seront construites des places fortes : Belfort, Huningue, Neuf-Brisach, Sélestat, Strasbourg, Kehl, Landau, Fort-Louis, Phalsbourg, Bitche.

La plus belle : Neuf-Brisach

Vieux-Brisach avait été perdu en 1697 et rendu à l'empire. Louis XIV donna alors l'ordre de trouver un site apte à contrecarrer toute velléité d'attaque à partir de cette forteresse perdue. Et c'est ainsi que naquit Neuf-Brisach, chef-d'œuvre de Vauban, témoin du génie de cet architecte exceptionnel !

Le plan, absolument régulier, dessine une double enceinte imbriquée qui a la forme d'une fleur étoilée parfaite. La ville-citadelle qui se développe autour d'une place d'armes est découpée en quarante-huit îlots d'habitation et d'édifices publics. Deux des quatre portes de la cité sont restées intactes. Dans l'une d'elles, la porte de Belfort, est aménagé le musée Vauban, qui présente plans et documents sur l'histoire de la ville ainsi qu'une maquette animée de la place forte.

Il faut bien reconnaître que, sur les plans, cette ville de garnison en forme de fleur est magnifique ; mais maintenant qu'elle est rendue au civil, le quotidien doit y être un peu spartiate, entre sa place d'armes très ouverte, écrasée de soleil ou balayée par un vent d'hiver, ses rues tracées au cordeau, ses quartiers d'habitation interchangeables… On est dans une utopie urbanistique plutôt glaçante…

Neuf-Brisach est néanmoins inscrite sur la liste du patrimoine mondial de l'Unesco. Allez-y, c'est passionnant à visiter !

Vauban (1633-1707), un homme d'envergure !

Homme de guerre, écrivain militaire, urbaniste, économiste, philosophe, homme politique, visionnaire, Vauban est une personnalité étonnante. De plus, il se montre communicatif, passionné, doué d'une force de travail sans fin… La lecture passionnante de ses écrits fait apparaître un homme droit et fidèle à son roi jusqu'à la mort !

La cité Vauban, à Fribourg (Allemagne), qui a gardé son nom de l'époque où elle accueillait des militaires français, est aujourd'hui un phare de la perfection écologique. Peu de voitures, éclairage par captateurs solaires, partage des machines à laver installées dans la cave des immeubles… C'est un modèle de vie collective que l'on vient visiter des quatre coins du monde ! Elle fait en sorte que le nom de Vauban ne soit jamais oublié !

Chapitre 13

Une culture tournée vers le futur

Dans ce chapitre :

- Entrez à l'université : la vie d'étudiant, à Strasbourg, c'est chouette !
- Musique, théâtre, danse… L'embarras du choix pour ses soirées !
- Poussez la porte de quelques musées remarquables

L'Alsace, vieille terre de culture, prolonge aujourd'hui cet héritage exigeant. On aime chanter, *musizieren* (« faire de la musique », en toutes circonstances, en amateur éclairé ou en professionnel), on fait du théâtre, en alsacien et en français, on va au concert, aux festivals, aux récitals, aux animations, au musée. Bien sûr, on reste aussi ici devant sa télé ! On a bien tort !

L'université de Strasbourg, première de France

L'université de Strasbourg (UDS) est née le 1er janvier 2009 à la suite de la fusion des trois pôles universitaires. Elle est le fruit de la très longue histoire culturelle de Strasbourg, traversée par deux cultures, par nature européenne.

Une université ambitieuse

LE SAVIEZ-VOUS ?

Avec la fusion, Strasbourg devient une capitale de l'Université : les étudiants sont très présents dans la ville. De tout temps, Strasbourg s'est trouvée marquée par cette présence dynamisante ! En 2008 a été élu le premier président de cette entité géante : Alain Beretz, professeur à la faculté de pharmacologie.

Une ville où l'on pense !

« Ce qui m'a, depuis le commencement, appelé à Strasbourg, attiré vers votre ville, ce qui nous a ici rassemblés, ce qui a fait de mon amour pour cette ville une des bénédictions de ma vie, ce fut d'abord et toujours l'injonction intraitable de la pensée » (Jacques Derrida).

Dans les années post-1968, l'université de Strasbourg excelle dans plusieurs domaines. D'éminents professeurs y enseignent, l'émulation est grande ; des passerelles se dessinent d'une faculté à une autre. Des professeurs comme Maurice Blanchot, Emmanuel Levinas, Roland Barthes, Jacques Derrida, Philippe Lacoue-Labarthe, Jean-Luc Nancy y enseignent la philosophie et attirent un public venu des autres facultés ainsi que des auditeurs libres.

Chauvins et mesquins !

Quand on est Nul, on a le droit d'être chauvin et mesquin. Alors, la question : combien de prix Nobel au total pour la France (60 millions d'habitants) de 1901 à 2008 ? 55 (y compris les Nobel alsaciens !).

Combien de prix Nobel pour l'Alsace (1,8 million d'habitants) pendant la même période ? Trois ! Sortez vos calculettes, calculez les pourcentages par tête d'habitant et concluez…

Quels sont-ils ?

- Albert Schweitzer, prix Nobel de la paix en 1952 ;
- Alfred Kastler, prix Nobel de physique en 1966 ;
- Jean-Marie Lehn, prix Nobel de chimie en 1987.

Les disciplines

L'université de Strasbourg comporte trente-sept composantes. Les matières se divisent en quatre secteurs, qui recoupent globalement la répartition entre les anciennes universités :

- Les disciplines de la santé (et en particulier sa faculté de médecine, très réputée) ;
- Les disciplines juridiques, économie et gestion ;

- Les lettres et sciences humaines et sociales ;
- Les sciences et technologies.

Vous voulez faire des études supérieures ? Dites un mot… à Strasbourg, vous pourrez !

Combien de psychanalystes au mètre carré à Strasbourg ?

On a souvent ironisé sur le fait que Strasbourg serait la ville d'Europe comptant le plus de psychanalystes au mètre carré. Plusieurs éléments vont en effet dans ce sens :

- Historiquement, l'Alsace faisait partie du *Reichsland*, donc de l'ère germanophone, lorsque les théories de Freud ont fait leur apparition. Nombreux étaient alors les praticiens alsaciens qui pouvaient lire Freud dans le texte, situation qui a perduré jusqu'à une date récente. De plus, la psychanalyse travaille et est travaillée par la question du langage et de la langue et, comme vous le savez, les Alsaciens ont pas mal dégusté de ce côté-là. Il y avait donc de quoi faire pour les psychanalystes !
- Les facultés de psychologie et de médecine de Strasbourg ont été parmi les premières à attacher une grande importance à l'enseignement de la psychanalyse. De grandes figures de la pensée freudienne y sont intervenues.
- De manière plus générale, Strasbourg est considérée comme une ville d'élaboration de la pensée psychanalytique. Durant les années 1970/1980, les séminaires du professeur Lucien Israël à la faculté de médecine de Strasbourg sont ouverts sur la cité et attirent un public important. C'est à Strasbourg qu'ont été mis en place des cycles de formation d'analystes hors institution, que l'on réfléchit à la transmission de la pensée psychanalytique, que Lacan a présidé un important congrès, qu'a été créée la Fedepsy (Fédération européenne de psychanalyse), qui tente de fédérer les différentes composantes de la pensée freudienne…

Des bâtiments de toutes les époques

La géographie des différents bâtiments reflète l'histoire de l'université :

- Le Palais universitaire, qui date du *Reichsland*, et d'autres constructions de la même époque, situées autour de l'imposant bâtiment ;
- Les différentes facultés à l'Esplanade construites dans les années 1960/1970 ;
- Les facultés plus récentes décentrées dans d'autres quartiers de Strasbourg ou autres agglomérations de la communauté urbaine.

Il est à noter que certains bâtiments, construits dans les années 1970, montrent déjà des signes de vieillesse, alors que le noble Palais universitaire, vieux de 125 ans se porte encore comme un charme…

La vie étudiante

À Strasbourg, on sent nettement ce foisonnement de jeunesse du monde entier venu faire ses études ! Il y a plusieurs cités U, maisons de l'étudiant(e), foyers d'étudiants, restos U… On trouve des « réductions étudiants » chez les coiffeurs… On assiste aux bizutages en début d'année (de moins en moins, ils sont aujourd'hui contrôlés !). En fin d'année, on voit les étudiants flâner dans les rues du vieux quartier ou sur les berges de l'Ill dès les examens passés… Et quand l'Université est en grève, aucun Strasbourgeois ne peut l'ignorer !

Mais la course au logement étudiant en début d'année scolaire constitue un véritable parcours du combattant… Les chambres en cité universitaire ou proposées par le CROUS sont en nombre insuffisant… Il n'est pas rare, en septembre, de croiser une jeune fille ou un jeune homme accompagné(e) de ses parents, cherchant désespérément une rue sur une carte…

Les étudiants fréquentent de préférence certains restaurants peu onéreux (entre autres, les Flam's). On remarque toutefois qu'ils se mêlent moins à la vie culturelle de la ville qu'il y a quelques années. D'une part, parce que leur faculté leur propose tout ce qu'ils peuvent souhaiter en termes culturels (cinémas, soirées à thèmes…), mais aussi parce qu'ils sortent moins et retournent dans leur famille le week-end… Ah ! cocooning, quand tu nous tiens !

L'UDS en chiffres

C'est l'université la plus importante de France en nombre d'étudiants et en personnel :

- 42 000 étudiants y étudient ;
- 5 200 personnes y travaillent ;
- 20 % des étudiants sont étrangers ;
- 25 bibliothèques « intégrées » et 41 bibliothèques associées ;

Strasbourg est la deuxième ville de France pour les congrès internationaux et la première pour le nombre de chercheurs, ingénieurs, techniciens rapportés à la population.

Une longue histoire

De 1538, année de sa création, jusqu'à aujourd'hui, cette maison ouverte sur le monde a traversé les siècles, portant toujours un désir d'excellence et d'ouverture.

1538 : la création

En 1538, Jacques Sturm, homme politique protestant, crée le Gymnase protestant (qui existe toujours !). Celui-ci devient académie en 1556, université en 1621. L'enseignement est marqué par l'esprit de l'humanisme et de la Réforme.

1871-1914 : germanisation : « Litteris et Patriae »

La Kaiser Wilhelm Universität (« Université de l'empereur Guillaume ») créée en 1872 est un instrument essentiel de la germanisation du nouveau *Land*. Les Prussiens mettent le paquet pour en faire une vitrine exceptionnelle de la vie culturelle : d'une part, ils construisent un bâtiment imposant, d'autre part, ils engagent des universitaires de premier ordre, auxquels sont proposés salaire élevé, hébergement dans les immeubles de caractère du quartier nouvellement construit et facilités pour la recherche.

L'inauguration du prestigieux Palais universitaire, d'un style monumental inspiré de la Renaissance italienne, aura lieu en 1884. Il porte sur son fronton les mots latins « *Litteris et Patriae* », ainsi que la statue de grands savants, philosophes, universitaires allemands (Kant, Leibniz, Luther…). Devant l'université trône la statue d'un Goethe plutôt hiératique et compassé, en bronze vert patiné sur socle de marbre, entouré des muses Erato et Melpomène. Pas du tout le jeune homme qu'il était quand il a fréquenté l'université de Strasbourg !

L'université sera structurée en cinq facultés : théologie protestante, médecine, droit et sciences politiques, philosophie, sciences. Elle excelle surtout en sciences (médecine, pharmacie). La Kaiser Wilhelm Universität est parmi les meilleures de son époque !

Quelques très grandes personnalités qui sont passées par l'université de Strasbourg

- Goethe (1749-1832), poète, philosophe, dramaturge ;
- Louis Pasteur (1822-1895), chercheur ;
- Albert Schweitzer (1875-1965), médecin, philosophe, musicien, prix Nobel de la paix en 1952 ;
- Robert Schuman (1886-1963), père fondateur de l'Europe ;
- Marc Bloch (1886-1944), fondateur de la *Revue des annales* ;
- Philippe Lacoue-Labarthe (1940-2007), critique, philosophe, écrivain ;
- Jean-Marie Lehn (né en 1939), prix Nobel de chimie en 1987 ;
- Jean-Luc Nancy (né en 1940), philosophe ;
- Roland Recht (né en 1941), ancien directeur des musées de Strasbourg, titulaire d'une chaire d'histoire de l'art au Collège de France.

1919 : francisation

Lorsque l'université de Strasbourg redevient française, il faut marquer symboliquement l'événement. Le 23 novembre 1919, elle est solennellement inaugurée par le président de la République française, Raymond Poincaré.

L'université appelle alors Marc Bloch, historien et chercheur déjà reconnu, emblématique de l'histoire de l'Alsace, puisqu'il est d'origine alsacienne et que ses parents ont quitté l'Alsace en 1870. Il enseignera à Strasbourg de 1919 à 1936. À partir de

1927, il occupe la chaire d'histoire du Moyen Âge. Il crée en 1929 (avec Lucien Febvre) l'école des Annales, qui renouvelle le rapport à l'histoire, par l'étude parallèle des mentalités, de l'anthropologie, de l'économie et des sociétés. C'est à Strasbourg qu'il soutient sa thèse de doctorat d'État.

1940 : repli

En 1940, l'université quitte Strasbourg et l'Alsace annexée pour se replier à Clermont-Ferrand. Elle sera un important foyer de résistance.

Mais, les 24 juin et 25 novembre 1943, c'est le drame : des rafles ont lieu. Beaucoup des étudiants et enseignants de l'université repliée à Clermont-Ferrand, Juifs et résistants, seront déportés. Dans la cour de l'université de Clermont-Ferrand, on peut lire sur une plaque : « Au cours de la guerre de 1939-1945, 139 personnes ont disparu dans les diverses opérations menées à Clermont-Ferrand par l'occupant contre la Résistance de l'université. »

Mai 68 : la révolution

Mai 1968 a commencé à Strasbourg ! Vous ne saviez pas ça, n'est-ce pas ? Et pourtant… C'est une période incroyablement agitée pour cette région traditionnellement très conservatrice…

- Dès 1966, l'Internationale situationniste publie son pamphlet : *De la misère en milieu étudiant*, qui a beaucoup d'écho et sera tiré à 300 000 exemplaires ;
- 11 mai : proclamation de l'autonomie de l'université. Sur le vénérable Palais U flotte le drapeau rouge !
- 16 mai : organisation de l'université autonome et assemblée des étudiants ;
- 8, 9 et 10 juin : états généraux de l'université.

Mais attention, la récréation ne dure qu'un temps : au lendemain des événements, on assiste à un massif raz de marée gaulliste ! Et, à la suite des remises en question de 1968, sera créée l'université telle qu'elle a vécu jusqu'en 2009.

Les événements de Mai 68 en Alsace auront une conséquence importante : la réhabilitation par la jeune génération de la spécificité culturelle alsacienne. Le renouveau culturel des années 1970 va éclore peu après, avec une renaissance de la langue, de la musique, de l'intérêt pour l'histoire, les légendes, les costumes, les traditions, le bâti… (voir chapitre 8).

Nos énarques en Sibérie ?

C'était la question qui était sur toutes les lèvres quand Édith Cresson, alors Premier ministre, avait annoncé en 1992 ? que l'École nationale d'administration (Éna), le creuset de l'élite de la nation, serait transférée dans la préfecture du Bas-Rhin.

Ce temps est bien lointain. L'Éna est bien dans ses murs : la commanderie Saint-Jean, l'ancienne prison de femmes de la ville. Et puis, depuis le TGV Est, Paris est devenue une sorte de banlieue de Strasbourg !

Le choix de Strasbourg l'Européenne n'était pas innocent ; l'Éna partage en effet ses locaux avec le Centre d'études européennes de Strasbourg (CEES), qui a pour mission d'informer et de former les fonctionnaires et tous les acteurs des institutions européennes.

De la musique ancienne à Musica

L'Alsacien aime la musique… Désolé pour le cliché, mais que voulez-vous… Héritage d'un passé germanique… Et puis, on sait le goût des protestants pour la musique de Bach et pour la musique tout court…

En Alsace, on trouve des écoles de musique et des harmonies dans les plus petits villages ! Des concerts de toutes sortes sont organisés toute l'année, à la ville comme à la campagne… Impossible de tout citer de cette offre pléthorique, éblouissante, variée, multiple…

« Femme libérée » est strasbourgeoise !

Au départ, une histoire de voisins de palier : Cookie Dingler propose à sa voisine, Joëlle Kopf de lui écrire le texte d'une chanson dont il ferait la musique. À l'arrivée : un des plus gros tubes du Top 50 des années 1980.

La chanson a connu un succès planétaire. Des salles entières se mettent à la chanter dès que Cookie (par ailleurs un fidèle compagnon de route de Roger Siffer à la Choucrouterie) en lâche les premières notes au piano !

Un tissu associatif dense

Non seulement on pratique le théâtre, mais on « souffle » et on chante… C'est-à-dire que la tradition de l'orchestre d'harmonie et de la chorale sont très vivaces !

Tubas, cors et trompettes !

On compte 400 sociétés de musique et 16 000 musiciens ! Les harmonies municipales jouent un rôle important dans la transmission de la musique. Des écoles de musique de village se chargeaient jusqu'à très récemment d'assurer la relève en « souffleurs » pour les fanfares et les harmonies. Aujourd'hui, les directeurs d'écoles de musique ont pris la mesure des changements d'intérêt des jeunes, et tous les instruments sont enseignés. Ces écoles rurales forment de bons musiciens, et surtout des amateurs éclairés. Il ne faut surtout pas rater le concert annuel où se pressent tous les proches !

Les futurs professionnels, eux, vont au CNRS (Conservatoire national de région de Strasbourg). Il dépend de la Ville de Strasbourg et est contrôlé par le ministère de la Culture et de la Communication. Il a, depuis 2006, son bâtiment dans le nouveau quartier de l'Étoile : la Cité de la musique. Il forme les élèves en musique, danse, théâtre. On peut y entrer enfant en « traditionnel » (les cours ont lieu après l'école) ou en CHAM (Classe à horaires aménagés), ce qui veut dire que les cours de musique ou de danse ont lieu pendant l'horaire scolaire. Beaucoup de débutants se découragent dans les premières années… L'enseignement privilégie les pratiques collectives, mais est aussi axé sur un apprentissage très structuré et progressif en formation musicale.

On peut aussi y entrer en classes supérieures, après un concours exigeant. L'enseignement du CNRS est très pointu, complet (harmonie, écriture, composition, direction) et a pour but de former des musiciens professionnels aguerris aux techniques contemporaines (improvisation, etc.). Pour certaines classes (musique ancienne, « musiques à improviser ») et certains professeurs très renommés, les étudiants viennent du monde entier !

Chantons !

On recense en Alsace 1 384 chorales regroupant 36 000 choristes ! Certes, le chant choral subit un effet de mode ici comme partout ailleurs en France (avec la « Star Ac' », le film *Les Choristes*…), mais en Alsace, cet engouement se construit sur une réalité très solide et très ancienne.

Les chorales d'église sont un peu sur le déclin : elles n'arrivent plus à recruter des jeunes choristes en dessous de 40 ans, mais beaucoup d'autres chorales existent, dont le profil et le répertoire sont très diversifiés : gospel, variété, chorale de femmes, chorale de jeunes, chorale transfrontalière, chœur universitaire… Cette émulation est soutenue par Mission Voix Alsace, association dirigée par Denis Haberkorn et basée à Colmar, qui a pour mission d'assurer le développement et la valorisation de la pratique vocale. Elle est soutenue par les conseils généraux, le conseil régional et la Drac (Direction régionale des affaires culturelles). C'est dire si c'est sérieux !

On va où ce soir ?

Toute la région offre un programme de qualité, très éclectique, on ne sait où donner de la tête, des yeux et des oreilles… Les festivals reviennent chaque année immuablement. Et puis, les grandes structures et même les associations multiplient les formules d'abonnement pour fidéliser leur public !

Les Percussions de Strasbourg, bientôt 50 ans !

Strasbourg, 1962… Six musiciens de formation classique se réunissent autour d'un désir commun : fonder un ensemble à percussion et se constituer un répertoire de musique de chambre, afin de donner à ces instruments toute leur signification moderne, quelle que soit leur origine – occidentale, orientale ou africaine. Ils fondent les Percussions de Strasbourg et donnent leur premier concert.

On est envoûté par la force de leur jeu, son côté spectaculaire et les sensations très physiques transmises à l'auditeur. Rapidement, la formation suscite l'écriture d'un répertoire nouveau et se retrouve dédicataire des créations de Messiaen, Serocki, Kabelac, Ohana, Xenakis, Mâche ou Dufourt… Aujourd'hui, les Percussions de Strasbourg continuent à rayonner de par le monde, à travers leurs missions que sont la création, la diffusion, la recherche, l'expérimentation et la formation.

Des festivals au rythme des saisons

Impossible de tous les citer ! Petit survol rapide, et désolés pour ceux qui ne sont pas nommés… Il faudrait un autre « Pour les Nuls » !

- À la rentrée, la troisième semaine de septembre, a lieu Musica, un festival au rayonnement européen. C'est le moment des retrouvailles de la bourgeoisie strasbourgeoise, autour de concerts très ciblés, très éclectiques, éclatés dans différents lieux de Strasbourg et parfois des environs… Quelques passionnés viennent de loin, pour toute la durée du festival.
- Un peu plus tard, fin septembre, se déroule le prestigieux Festival de musique ancienne de Ribeauvillé, avec des ensembles de très grande qualité.
- Le dernier week-end de septembre (mais ce n'est pas le même public !), ce sont les Nuits électroniques de l'Ososphère. Une rue de Strasbourg est fermée pour l'occasion, et bonjour les musiques actuelles, bonjour la culture numérique !

- En novembre, quand il commence à faire froid et humide, on se réchauffe dans le jazz brûlant de Jazz d'or, festival très européen, éclaté dans différentes agglomérations d'Alsace, du pays de Bade et qui s'exporte jusqu'à Berlin !
- Et c'est déjà Noël et ses Noëlies : on chante Noël du nord au sud de l'Alsace.
- On attend la belle saison… Et c'est reparti : en mars, c'est le Printemps… des Bretelles, un festival très festif autour de l'accordéon, éclaté dans plusieurs lieux d'Illkirch-Graffenstaden, petite agglomération proche de Strasbourg.
- En avril se tient le Festival des Artefacts, dédié aux musiques actuelles, qui a fêté ses 16 ans en 2010.
- En mai, le Festival de jazz de Munster, déjà 22 ans !
- En juin, dans différents lieux et églises de Strasbourg, et surtout au PMC (Palais de la musique et des congrès), a lieu le Festival de musique de Strasbourg, doyen de tous les festivals… On ose à peine annoncer son âge : 72 ans en 2010 ! Il a sa programmation classique, puis son volet jazz !
- En juillet, c'est le Festival international de musique de Colmar, qui produit des solistes prestigieux. Il rend chaque année hommage à un musicien particulier (compositeur, soliste ou chef d'orchestre).
- Au cœur de l'été, le week-end du 15 août, on se presse au Festival de jazz de La Petite-Pierre.
- Pour le Festival Summerlied d'Ohlungen, il ne faut pas se tromper d'année : c'est tous les deux ans, le week-end du 15 août aussi. Il se déroule dans une splendide clairière de la région de Haguenau, avec des groupes folk de toute l'Europe, dans toutes les langues…
- Au cours de l'été, à Sainte-Marie-aux-Mines, dans la magnifique église de Saint-Pierre-sur-l'Hâte, se déroule depuis des années le Festival aux Chandelles, qui accueille des musiciens classiques de très haut niveau.

Le jazz manouche en Alsace

Plusieurs très grands musiciens manouches sont originaires d'Alsace et certains y résident toujours.

Mandino Reinhardt, remarquable guitariste, à l'origine de la formation Sweet Chorus dans les années 1980 : tradition manouche et modernité.

Le groupe Note Manouche verra la collaboration de trois musiciens talentueux : Mandino Reinhardt, l'accordéoniste Marcel Loeffler et le guitariste Tchavolo Schmitt. Tchavolo et Mandino écriront la bande originale du film *Swing* de Tony Gatlif, dans lequel ils sont également acteurs.

Enfin, Bireli Lagrène, né à Soufflenheim, dans le Bas-Rhin, fait une carrière internationale exceptionnelle, entamant des collaborations avec des géants du jazz comme Didier Lockwood, Richard Galliano. Laissons-lui la parole pour clore : « Le jazz manouche n'existe pas, je suis un jazzman ! »

Les concerts en abonnement, ça marche aussi !

- Les concerts de l'OPS (Orchestre philharmonique de Strasbourg) accueillent un public très fidèle, un peu vieillissant… Il y a également un orchestre symphonique à Mulhouse, présentant les mêmes caractéristiques. Ils essaient cependant de trouver un subtil équilibre entre œuvres modernes et pièces du répertoire…
- L'Opéra, qui a su s'adapter et renouveler son public ; les jeans y sont nombreux aujourd'hui, les robes longues, c'est fini ! La programmation mêle les classiques indémodables et des œuvres plus obscures ou des créations.
- Le Parlement de musique : excellent ensemble de musique spécialisé dans la musique classique et baroque qui a à son actif une discographie impressionnante et qui tourne dans toute l'Europe ! Ses responsables artistiques enseignent au CNRS.

LE SAVIEZ-VOUS ?

1 124 orgues en Alsace !

On relève la présence d'un orgue dans quasiment chaque lieu de culte chrétien d'Alsace (et même dans une synagogue, la synagogue de la Paix !), ce qui justifie pleinement l'appellation de « pays des orgues » donnée à la région, au XIXe siècle, par Aristide Cavaillé-Coll, facteur d'orgues parisien. À l'origine, les orgues étaient modestement pensées pour accompagner les cultes et non pas pour donner des concerts. C'est différent aujourd'hui !

Parmi les facteurs d'orgues célèbres, citons la famille Silbermann, qui, au XVIIIe siècle, a doté l'Alsace de 91 orgues et renouvelé la facture d'orgues.

À noter également :

- Il y a à Marmoutier un Centre européen de l'orgue ;
- L'Alsace est une des régions d'Europe où l'on compte le plus de facteurs d'orgues ;
- Le mot « orgue » est masculin au singulier et féminin au pluriel, genre d'information qu'il est toujours utile de glisser dans une conversation !

Eh bien, dansez maintenant !

Le Ballet du Rhin, troupe d'un très bon niveau basée à Mulhouse, qui travaille de plus en plus avec des chorégraphes internationalement connus, constitue une émulation importante pour le milieu de la danse alsacien. Certes, peu de danseurs formés en Alsace y entrent, mais son existence sert d'incitation à un travail approfondi !

Où se former ?

- Le centre chorégraphique, ancienne école municipale de danse, offre une formation ouverte pour tous les âges.
- Le CNRS offre en danse également une formation très complète, de 8 ans jusqu'au bac et après. La pédagogie est de moins en moins axée sur la danse classique et s'est ouverte aux techniques contemporaines, au travail du souffle, à l'improvisation, à la créativité…

- Presque toutes les écoles de musique d'Alsace et de nombreux centres socioculturels ont leur classe de danse. Les petites filles au chignon peuvent y essayer des ports de bras en tutu rose devant le miroir, avant de se spécialiser en classique ou de choisir une autre forme d'expression… On y enseigne aussi bien la salsa, le yoga, le cha-cha-cha que le tango, le flamenco, ou le folk(o)…
- Et puis, il y a aussi de nombreux cours privés, dans toutes les branches de la danse.

Le cabaret aux champs

Un des « *must* » les plus incroyables du Nord de l'Alsace, c'est le Royal Palace de Kirrwiller !

Écoutez un peu la pub : « Royal Place, c'est comme Las Vegas en pleine Alsace ! » Imaginez : dans un village du pays de Hanau, une région pas très touristique, dans une rue toute simple, rurale, triviale, où quelques poules picorent encore leurs grains dans un poulailler à ciel ouvert, vous tombez nez à nez avec un temple du divertissement, blanc immaculé, avec des colonnes en stuc et tout ce qu'il faut.

C'est un cabaret exceptionnel, professionnel, du niveau du Lido ou du Moulin-Rouge, avec des danseuses magnifiques, des tours de magie à couper le souffle, des jongleurs, des chanteurs de très haut niveau… Et cela dans une ambiance bon enfant, pas guindée et à des prix très raisonnables. On peut dîner, à des tables collectives très conviviales ou en amoureux, puis aller voir le spectacle dans un magnifique théâtre ultramoderne et ensuite danser sur les accords d'un orchestre qui connaît son affaire…

Le Royal Palace a d'ailleurs régulièrement les honneurs de la presse parisienne, tout émoustillée de trouver là, en plein champ, des sensations associées aux grandes capitales… Le public ne s'y trompe pas non plus, puisque le Royal Palace accueille 200 000 personnes par an ! Alors là : chapeau bas, Pierre Meyer !

Les compagnies

À Mulhouse réside le Ballet du Rhin, centre chorégraphique national, qui est une troupe prestigieuse. Celle-ci donne des spectacles dans les trois grandes villes alsaciennes, mais les répétitions ont lieu à Mulhouse, où est installée la troupe en raison de l'existence du syndicat intercommunal qui lie ces trois villes : l'opéra à Strasbourg, la danse à Mulhouse. Les danseurs préféreraient habiter dans une ville plus vivante, surtout la nuit, mais ils s'habituent finalement à Mulhouse, ses musées techniques, sa proximité avec la Suisse et les Ballons d'Alsace (voir chapitre 6)…

Et puis, on recense en Alsace une dizaine de compagnies professionnelles subventionnées, qui proposent une création tous les ans ou tous les deux ans et qui tournent leur spectacle dans les nombreuses salles d'Alsace ou quelquefois hors région… À noter qu'elles sont toutes installées à Strasbourg.

Vive le théâtre !

Voici un domaine où l'Alsace montre un très fort ancrage ! La région bénéficie d'un important tissu associatif de théâtres alsaciens dans ses villes et villages. Rendez-vous pour en savoir plus au chapitre 10 !

Mais, dans le théâtre en français aussi, on trouve tout, de la petite troupe amateur au théâtre de recherche, en passant par les grandes, moyennes et petites institutions.

Les grandes institutions

À souligner : il n'y a pas de théâtre privé en Alsace comme on en trouve à Paris. Les théâtres sont soit en régie municipale ou nationale directe, soit fortement subventionnés par l'État, la Région, les conseils généraux et les municipalités.

Plusieurs scènes sont clairement marquées, qui offrent un spectacle de qualité.

Le TNS (Théâtre national de Strasbourg)

Le TNS est installé dans un bâtiment place de la République qui accueillait avant 1918 le parlement d'Alsace-Lorraine. C'est dans la grande salle du CDE (Compagnie de l'Est) de l'époque qu'eurent lieu les grands débats qui ont secoué Strasbourg en mai 1968 !

Dans le domaine du spectacle vivant, le Théâtre national de Strasbourg est, depuis 1968, un lieu unique dans le théâtre français : c'est le seul théâtre national implanté en province. Cette singularité est liée à l'histoire et déterminée par le désir de doter l'Alsace d'une institution nationale prestigieuse. Il attire un public très large : aussi bien les fidèles abonnés depuis quarante ans que la nouvelle génération ou les lycéens traînés par un professeur passionné. Il offre une programmation de qualité, européenne, assortie souvent d'un surtitrage, privilégiant les mises en scène contemporaines, même sur des textes du répertoire. Il héberge une école de théâtre de très grande qualité.

L'école du TNS

« Beaucoup d'appelés, peu d'élus. » C'est une des écoles de théâtre les plus réputées et les plus convoitées de l'espace francophone. Elle existe depuis 1954. Elle forme des comédiens, des régisseurs, des scénographes-créateurs de costumes, des metteurs en scène et des dramaturges. La formation, étalée sur trois ans, se fait en lien direct avec le TNS. Deux ans sur trois ont lieu les épreuves où se pressent près d'un millier de jeunes gens de toute la France, sortant de conservatoires d'arrondissements parisiens ou de cours de théâtre. Le quartier du TNS est alors plein de passionnés qui répètent leur texte et échangent les derniers « trucs ». À certains regards baignés de larmes, on devine le verdict implacable du jury : il n'y a que douze élus par session…

Le Maillon, théâtre municipal strasbourgeois

Créé en 1978, il propose une programmation plus diversifiée que son aîné, le TNS, à la croisée du théâtre, de la danse, de la musique et du nouveau cirque. Il s'intéresse aux formes les plus contemporaines du spectacle vivant. Depuis quelques années, une rivalité sourde entre abonnés-adeptes du TNS et nouveaux convertis du Maillon est apparue… On a vu quelques fidèles du TNS déserter pour rejoindre l'« autre » théâtre… Certains prennent maintenant deux abonnements, d'autant que pour des spectacles très ambitieux, TNS et Maillon collaborent !

Le TJP (Théâtre jeune public), à Strasbourg

Créé en 1974 par André Pomarat, grand comédien alsacien et ancien élève du TNS, le TJP devient centre dramatique national en 1991. Il se destine au jeune public, mais accueille aussi des spectacles pour ados et adultes.

Attention, ne pas se tromper quand on va au spectacle : il y a « Petite » et « Grande » Scène ! L'une, le TJP Petite Scène, anciennement installée rue du Pont-Saint-Martin, appelée aussi MAL (maison des arts et loisirs) située dans le très typique quartier de la Petite France, fut le lieu des grandes fêtes et autres manifestations militantes et débridées dans les années 1970. Il s'est beaucoup assagi depuis ! L'autre (TJP Grande Scène) s'est installée dans un ancien cinéma, dans le quartier de la Krutenau.

La Comédie de l'Est, à Colmar

C'est un centre dramatique régional, dont la mission est aussi bien la création que l'accueil de spectacles. Il a une vocation de tournées en zones rurales et de formation de comédiens. La sensibilité de son directeur le porte vers des textes contemporains et vers l'exploration de textes anglo-saxons, en dehors des auteurs indémodables du répertoire !

La Filature, à Mulhouse

Scène nationale installée dans un très grand bâtiment construit en 1993, la Filature accueille d'importantes productions nationales et internationales. Elle héberge également une médiathèque et une galerie d'art et a la vocation de privilégier les créations contemporaines. C'est là que jouent l'OPM (Orchestre philharmonique de Mulhouse) et l'Opéra du Rhin.

Beaucoup de salles de spectacle, beaucoup de compagnies !

Fuyons un peu les institutions pour aller voir du côté des salles plus modestes qui accueillent des spectacles ou qui coproduisent les créations des petites et moyennes compagnies, richesse du panorama culturel de l'Alsace !

Un large réseau

Le réseau des salles s'est beaucoup élargi ces dernières années. En Alsace comme dans les autres régions, presque chaque commune a sa salle de spectacle, magnifique, équipée… Le problème, c'est de la faire vivre… Les salles des petites villes servent pour les fêtes associatives, les spectacles scolaires et même pour les mariages et autres fêtes privées. Elles accueillent aussi des spectacles, le plus souvent grand public, mais peinent parfois à trouver une identité propre, car elles font l'économie d'un programmateur. Elles fonctionnent la plupart du temps sur le bénévolat de citoyens, ravis de donner un coup de main, et n'embauchent des professionnels que pour les postes irremplaçables (techniciens son, lumière…).

L'ACA en Centre-Alsace (Sélestat)

L'Agence culturelle d'Alsace est une structure de médiation exemplaire et singulière dans le paysage culturel national. Soutenue par l'État (Drac) et les trois collectivités territoriales (Région Alsace, conseils généraux du Bas-Rhin et du Haut-Rhin), l'agence constitue un outil incontournable de développement et de soutien aux associations à vocation culturelle. Elle assure aussi bien la formation des acteurs de la culture que le prêt de matériel ou l'aide à la création et à la diffusion de spectacles. Elle a mis en place un dispositif de soutien au cinéma et à l'audiovisuel qui fait de l'Alsace une région très favorable au tournage de films. Enfin, elle héberge le Frac (Fonds régional d'art contemporain), qui soutient, diffuse et sensibilise les publics à l'art contemporain.

Tous les « théâtreux » alsaciens, amateurs ou professionnels, connaissent le chemin de l'ACA, le grand hall bourré de matériel et le quai de chargement, lieu de rencontre et d'échanges, et surtout de lamentations sur les difficultés du métier d'artiste !

Beaucoup de petites compagnies

On compte à peu près soixante compagnies de théâtre subventionnées. On note une très forte disparité entre le nombre de compagnies dans le Bas-Rhin (cinquante) et dans le Haut-Rhin (dix).

Il existe à Strasbourg un système important d'aide à la création et à la diffusion des spectacles créés par ces petites compagnies : la Fabrique de théâtre, une initiative originale en France, procure un espace pour des bureaux et des salles destinées aux répétitions. La plupart des compagnies subventionnées de Strasbourg y répètent. Puis beaucoup de ces spectacles sont joués au TAPS (Théâtre actuel – Productions strasbourgeoises) et enfin partent en tournée grâce au dispositif les Régionales, financé par le conseil régional. C'est un des volets, très opérationnel, de l'ACA (Agence culturelle d'Alsace).

Quelques compagnies à rayonnement international

- **Flash Marionnettes**, compagnie de marionnettes comme son nom l'indique, monte soit des spectacles sur des thèmes contemporains, soit de grandes pièces du répertoire, comme *La Tempête* de Shakespeare ou *Le Roman de Renart*, et fait d'innombrables tournées, en France et à l'étranger depuis de nombreuses années.
- **La compagnie Amoros** se situe au croisement des arts plastiques, de la performance, du théâtre visuel et des musiques de scène. Du théâtre d'ombres, cette compagnie est allée vers une exploration de l'image au sens large et de sa production en direct. Le résultat, ce sont des spectacles grandioses, qui mêlent vidéo, dessin, musique. En plein air, l'effet est saisissant !

Le théâtre amateur

Il réunit beaucoup d'acteurs et beaucoup de spectateurs. Quelquefois, des ponts se tissent entre amateurs et professionnels, quand une troupe « amateur » demande à un metteur en scène ou à un éclairagiste « professionnel » sa collaboration. Les comédiens amateurs sont souvent très curieux et très friands de formation. Le théâtre amateur a son festival, Théâtralis, en juillet.

Des musées pour tous les goûts

LE SAVIEZ-VOUS ?

L'Alsace possède plus de quatre-vingts musées ; il en est des mondialement connus, et d'autres tout mignons et modestes, hébergés dans l'arrière-cour d'une maison. Tous témoignent du désir de ne pas laisser filer l'histoire des hommes sans inscrire de traces…

Il est difficile de faire une sélection au milieu d'un tel choix… Tout dépend des centres d'intérêt de chacun. Voici quelques coups de cœur, néanmoins, avec un focus particulier sur deux d'entre eux :

- **Le musée de l'Œuvre-Notre-Dame à Strasbourg** (vous l'avez rencontré quand il a été question de la cathédrale au chapitre 16). On y trouve les originaux des statues de la cathédrale, mais aussi des tableaux exceptionnels et des vestiges de l'art roman de plusieurs sites d'Alsace… Il a été pensé par Hans Haug (1890-1965), l'exceptionnel conservateur des musées de Strasbourg ;
- **Le musée Unterlinden de Colmar** (nous l'avons évoqué à propos des peintres et graveurs du Moyen Âge au chapitre 16, voir aussi le chapitre 23). Il abrite le retable d'Issenheim ; c'est Hansi lui-même qui a veillé sur le retour du tableau et sur son accrochage actuel, en 1945 ;
- **Le Musée alsacien de Strasbourg** (créé par les artistes annexés, voir chapitre 11), installé dans une très belle demeure Renaissance ; il présente des intérieurs paysans reconstitués du XIXe siècle ainsi que des objets relatifs aux croyances religieuses des trois cultes présents en Alsace (voir chapitre 9) ! Vive l'œcuménisme !
- **Le Musée juif de Bouxwiller** a pour ambition de retracer l'histoire et de mettre en scène la culture des Juifs d'Alsace qui ont vécu dans une proximité à la fois harmonieuse et conflictuelle avec leurs voisins chrétiens, pendant près d'un millénaire ;
- **Des musées industriels remarquables à Mulhouse :** la capitale industrielle de l'Alsace est riche en musées retraçant les prodiges de l'invention technique : le musée du Chemin de fer, idéal à visiter avec de jeunes enfants ; le musée du Papier peint, qui présente aussi bien des produits finis, véritables tableaux, que les incroyables

machines qui en ont permis la réalisation ; le musée de l'Impression sur étoffes, qui est tout à la fois musée d'arts décoratifs, musée industriel, musée d'histoire locale, musée de société, musée de la mode…

Le musée de l'Automobile ou musée Schlumpf

Son appellation exacte depuis 1989 est : « Cité de l'automobile – musée national – collection Schlumpf ». C'est le plus grand et le plus prestigieux musée automobile au monde. Pour beaucoup, c'est le joyau de la couronne des musées alsaciens.

Les records du musée de l'Automobile de Mulhouse

- 500 véhicules dont 464 automobiles de 98 marques ;
- La plus importante collection de Bugatti du monde avec deux des six fameuses Bugatti Royales, dont la Bugatti Royale Coupé Napoléon ;
- Des marques prestigieuses : De Dion, Benz, Porsche, Bugatti, Rolls-Royce, Maserati, Ferrari, Mercedes, Hispano-Suiza, Delahaye, Panhard et Levassor, Renault, Citroën, etc. ;
- Sur 17 000 mètres carrés, la Cité de l'automobile, garnie de 800 lampadaires identiques à ceux du pont Alexandre-III exposent ces automobiles regroupées en trois principaux espaces : l'Aventure automobile, la Course automobile, les Chefs-d'œuvre de l'automobile…

Musée Schlumpf, affaire Schlumpf, c'est quoi au juste, cette histoire ?

Au départ, c'est l'histoire de deux frères, Hans et Fritz Schlumpf, à la tête d'un empire du textile solidement implanté dans la vallée de la Thur, qui étend ses ramifications bien au-delà de l'Alsace, jusqu'à Roubaix. Ils sont riches, possèdent des caves à champagne, des affaires immobilières, l'hôtel du Parc à Mulhouse, etc.

Fritz est passionné d'automobiles, de Bugatti en particulier. Il en rachète un peu partout dans le monde. Il a notamment racheté au collectionneur américain John W. Shakespeare en 1964 trente voitures de prestige. Les voitures sont stockées dans un bâtiment industriel de Mulhouse, où une trentaine de mécaniciens tenus au secret s'activent à réhabiliter toutes ces voitures, plus exceptionnelles les unes que les autres.

Un temps « musée des Travailleurs »

Mais, en 1976, les affaires vont mal. Les deux frères quittent brutalement la tête de leur empire, qu'ils vendent pour un franc symbolique. Leur villa est assiégée par leurs ouvriers. Ils sont contraints de se réfugier à Bâle. Quand les ouvriers découvrent les trésors qui se cachent derrière les murs de l'usine mystérieuse, certains éclatent en sanglots.

ANECDOTE

Pendant 744 jours, les ouvriers vont occuper le musée, occupation que les médias internationaux présenteront comme un exemple de « musée autogéré par des ouvriers en lutte ». De nombreux acteurs culturels (chanteurs, comédiens…) de la région viendront soutenir cette occupation. Ce sont souvent les mêmes que ceux qui interviennent, à l'époque, sur les lieux d'occupation écologiques comme Wyhl ou Marckolsheim.

Mathis et Matthis

Ne pas les confondre. Si vous prenez votre voiture à Strasbourg (probablement pas une Mathis, il en reste très peu d'exemplaires) pour vous rendre du quartier de la gare à celui du Finkwiller, le pont Matthis avec deux « t » que vous traversez, ce n'est pas celui du constructeur automobile, non, c'est celui des deux frères poètes qui préféraient l'ambiance silencieuse des bords de l'Ill aux effluves des gaz d'échappement (voir chapitre 8). Bien sûr, Émile Mathis a lui aussi sa station de tram et sa rue à Strasbourg. La rue Émile-Mathis, dans le quartier de la Meinau, longe le bâtiment dans lequel se fabriquaient, dans les années 1930, soixante-quinze voitures par jour, ce qui mettait les automobiles Mathis au quatrième rang des fabricants français, derrière Renault, Peugeot et Citroën.

Le saviez-vous ?

De la préhistoire automobile à Sébastien Loeb

À la fin du XIXe siècle, on trouve de nombreux fabricants de voitures en Europe. De Dietrich veut également tenter l'aventure et fait venir dans ses usines, en 1902, un certain Ettore Bugatti, un jeune ingénieur milanais qui conçoit avec un ingénieur du cru, Émile Mathis, un premier modèle. Le succès n'est pas au rendez-vous. Les voitures produites à cette époque se démodent très vite. Chez de Dietrich, on sait qu'il faudrait investir massivement, donc augmenter le capital, donc s'ouvrir à des investisseurs allemands, ce à quoi l'on se refuse. On décide de jeter l'éponge. Bugatti et Mathis vont alors s'associer. Mais ils n'ont pas la même vision de l'automobile. Mathis plaide pour un véhicule populaire bon marché, Bugatti est fasciné par les huit cylindres ronflants, la vitesse et l'esthétique automobile. Il s'installe alors à Molsheim, où il démarre la production de voitures sous son nom et où il connaîtra le succès que l'on sait.

C'est à Molsheim que Volkswagen, qui a racheté la marque, fabrique depuis quelques années dans une nouvelle usine un véhicule de luxe Bugatti. Il en sort quelques exemplaires par an à un prix bien plus proche de la philosophie automobile d'Ettore Bugatti que de celle de Mathis. Quant à l'ancienne usine d'Ettore Bugatti à Molsheim, l'usine Messier-Bugatti, on y fabrique à l'heure actuelle les trains d'atterrissage pour les Airbus.

Lorsque les dernières Bugatti sortirent des ateliers de Molsheim au lendemain de la guerre, on pouvait raisonnablement penser qu'il n'y aurait plus d'industrie automobile en Alsace. Cette hypothèse a été démentie dans les années 1960, quand Peugeot s'est installé à Mulhouse. L'usine, qui s'appelle à présent Peugeot-Citroën, est aujourd'hui le premier employeur d'Alsace. On y fabrique en particulier le modèle piloté par le sextuple champion du monde des rallyes, l'Alsacien Sébastien Loeb. Voilà qui ferait sûrement plaisir à Ettore Bugatti, dont les voitures trustaient les victoires sur tous les grands circuits !

Péripéties diverses et variées...

Après de nombreux rebondissements judiciaires et politiques, le musée est classé monument historique. La cour d'appel de Colmar estime de son côté que les deux frères ont « disposé des biens sociaux de la filature comme de leurs biens propres ».

Les milliers de personnes venues du monde entier pour visiter ce musée ignorent souvent toutes ces péripéties. Savent-elles seulement qu'une bonne partie des voitures qu'elles admirent à Mulhouse, les prestigieuses Bugatti, ont été fabriquées à moins de 100 kilomètres de là, à Molsheim, fief historique de l'usine d'Ettore Bugatti ?

L'écomusée d'Ungersheim, le plus grand musée à ciel ouvert d'Alsace !

Un projet militant

LE SAVIEZ-VOUS ?

L'écomusée d'Ungersheim est une conséquence directe de l'émulation culturelle du début des années 1970 en Alsace. Son aventure a démarré en 1971 quand un groupe de très jeunes gens chevelus, jusque-là engagés dans des chantiers d'archéologie médiévale, ont entrepris de restaurer avec trois bouts de ficelle une vieille ferme sundgauvienne à Gommersdorf.

Très vite, autour de Marc Grodwohl, l'animateur de ce mouvement et futur directeur de l'écomusée, se crée un groupe de bénévoles, qui trouvent finalement beaucoup plus intéressant de s'occuper de maisons alsaciennes tombant en ruine que de ruines médiévales. « Maisons paysannes » d'Alsace, leur association proche du mouvement écologiste, va être sollicitée du nord au sud de l'Alsace pour sauver des dizaines de vieilles maisons à colombages en péril. On pare d'abord au plus pressé : démontage de poutres, numérotage, stockage.

En 1980, à Ungersheim, près de Mulhouse, les mines de potasse déjà sur le déclin sont promises à une fermeture définitive. Le maire de l'époque autorise ces jeunes archéologues de maisons paysannes à entreposer leurs poutres numérotées sur des terrains communaux pollués par l'exploitation minière. Mais il pressent également que le tourisme pourrait jouer un rôle dans le développement de sa cité touchée par la fermeture des mines. C'est ainsi que naît l'Écomusée, qui ouvre ses portes en 1984, accueillant en six mois… 100 000 visiteurs alsaciens !

Le musée de tous les Alsaciens

Le musée s'est rapidement enrichi d'innombrables dons d'objets. Il est ainsi devenu un lieu constitué à partir des représentations que les Alsaciens se font de leur société, de leur histoire. Marc Grodwohl a en effet pris le parti de ne faire aucune sélection dans ces dons, comme il est de règle dans un musée d'art.

Au fil des ans, le nombre de maisons ne cesse d'augmenter. On est rapidement en présence d'un véritable village auquel on adjoint en 1986 le carreau minier Rodolphe voisin. En effet, Marc Grodwohl et ses amis (jusqu'à 250 bénévoles !) ont à cœur de ne pas figer l'Écomusée dans une image passéiste et rurale. En 1989, la superficie de l'Écomusée est passée de dix à une centaine d'hectares. Les soixante-dix constructions qu'il comporte sont admirées chaque année par de très nombreux visiteurs (entre 300 000 et 350 000 !).

LE SAVIEZ-VOUS ?

C'est le huitième musée de France, hors musées nationaux, et il a longtemps été le premier musée hors Paris !

Même si la démarche associative et militante de Maisons paysannes d'Alsace est différente de celle des créateurs du Musée alsacien de Strasbourg en 1907, on ne peut s'empêcher de faire un parallèle : à Ungersheim, on est parvenu à préserver de l'oubli les plus beaux éléments architecturaux d'Alsace, comme les créateurs du Musée alsacien l'ont fait pour les meubles, les objets usuels, l'artisanat quatre-vingts ans plus tôt…

Un voyage dans le temps et dans l'espace !

Le site fait revivre l'architecture et les métiers d'antan (jusqu'à la Seconde Guerre mondiale). Comme c'est un lieu qui proscrit les véhicules à moteur, il est totalement à l'abri de la pollution, et une faune et une flore diversifiées sont réapparues !

On peut y admirer des maisons à colombages venant de tous les coins de l'Alsace, animées par des villageois exerçant les métiers traditionnels : forgeron, potier, sellier, fermier, jardinier… En revanche, on a fermé la mine Rodolphe et arrêté le train historique en 2006.

« Un levier de tourisme économique »

Marc Grodwohl n'est plus à la tête de l'Écomusée depuis l'ouverture du Bioscope (2006), créé à proximité immédiate. Depuis son départ, la dynamique associative à l'origine de l'Écomusée doit composer avec une gestion assurée par la société privée ayant en charge le Bioscope.

Mais les Alsaciens le savent : ce lieu de mémoire unique et précieux, ils le doivent à une poignée de jeunes fous qui ont senti qu'il était *hegschti iisabàhn* (« ne pas rater le dernier train car il n'y en aura pas d'autre »), pour sauver ces splendides témoignages du passé

Jean-Hans Arp (1886-1966)

Une des fiertés de la ville de Strasbourg : le grand poète, dessinateur et sculpteur Jean-Hans Arp y est né et a fait ses études à l'École des arts déco. C'est un acrobate entre deux langues, l'allemand et le français, fougueux et futuriste... Il a participé à la création du mouvement dada en 1916, puis s'est associé au mouvement surréaliste.

Avec sa femme, Sophie Taeuber-Arp, il a réalisé, de 1926 à 1928, la décoration de l'Aubette à Strasbourg (à nouveau réhabilitée et visible aujourd'hui).

Un grand nombre de ses œuvres sont exposées au MAMCS, qui lui a consacré une exposition en 2008 (180 œuvres exposées). Ses statues rythment également l'avenue du Général-de-Gaulle, à l'Esplanade.

La place qui sert de parvis à la fois au MAMCS et à l'Éna porte son nom : prénom en français et en allemand, pour signifier sa double et indissociable appartenance, loin de toute appropriation nationale...

Et l'art contemporain ?

L'Alsace n'apparaît pas a priori comme une région particulièrement prolifique en art contemporain. Trop gâtée par son patrimoine fastueux, elle se reposerait sur ses lauriers ? Pas du tout ! Un rapide tour d'horizon nous permettra de constater que l'intérêt pour les pratiques contemporaines va croissant, qu'il existe des lieux innovants dans les villes et les campagnes, que plusieurs galeries se donnent pour mission d'aider la création contemporaine et que l'École des arts déco de Strasbourg a une réputation internationale !

La décentralisation : une réalité !

L'Alsace a su se doter de structures institutionnelles nouvelles, qui irriguent grandes et petites villes ; et quelquefois elles sont implantées là où on ne les attendrait pas… Le fait que l'art contemporain se crée chaque jour lui donne la possibilité d'inventer aussi ses modes de diffusion et de les adapter aux évolutions sociétales.

Des noms !

Quelques-uns des artistes alsaciens d'aujourd'hui :

- Photographes : Patrick Bailly-Maître-Grand, Jean-Louis Hess, Christian Kempf, Françoise Saur, Frantisek Zvardon… ;
- Sculpteurs : Bernard Abtey, Jean-Luc Schické, les Siptrott's… ;
- Artistes plasticiens : Camille Claus (1920-2005), Michel Cornu, Daniel Depoutot, Christian Geiger, Annie Greiner, Sylvie Lander, Bernard Latuner, Christophe Meyer, Martine Missemer, Dan Steffan, Jacques Thomann, Benoît Trimborn, Raymond Waydelich, René Weber, Petra Werlé…

Dans les grandes villes

- **Le MAMCS (musée d'Art moderne et contemporain)**, à Strasbourg, est plus riche en collections modernes qu'en œuvres contemporaines, mise à part sa belle collection de photos et ses nombreuses œuvres de Jean-Hans Arp.
- À noter que le MAMCS possède plusieurs gravures, aquarelles et tableaux de Gustave Doré (1832-1883), qui n'est ni moderne ni contemporain, mais qui est… né en Alsace, dont l'impressionnant *Christ quittant le prétoire* (6 × 9 mètres) !

- Ce sont surtout ses expositions temporaires qui sont attrayantes. Son architecture, sa situation, le magistral Cheval de Mimmo Paladino qui veille sur lui, la vue sur l'Ill et sur les ponts couverts font du MAMCS un lieu de très grand intérêt et de son restaurant « la plus belle terrasse de Strasbourg ».
- **Le musée Tomi Ungerer**, bien sûr, dans le quartier allemand de Strasbourg, en face de La Poste. Rare musée inauguré du vivant de l'artiste auquel il est dédié. Mais il fallait bien ça au grand, très grand Tomi, à sa verve, sa fertilité, à son inspiration plurielle, tantôt tout à fait « *politically correct* » dans ses nombreux albums pour enfants qui font le tour du monde, tantôt franchement pornographique… (voir aussi Tomi Ungerer dans la partie des Dix au chapitre 22) Le musée accueille aussi d'autres « illustres illustrateurs », comme Saül Steinberg en 2010.
- **Le CEAAC (Centre européen d'actions artistiques contemporaines)**, installé dans un ancien magasin de verreries art nouveau, dans le quartier de la Krutenau, présente des créations contemporaines des plus pointues. Un des volets de son action est l'installation dans des lieux excentrés d'œuvres de commande publique, comme *Il bosco guarda e ascolta* de C. Parmiggiani, qui envahit de mystère le parc de Pourtalès, au nord de Strasbourg.
- **Le Frac (Fonds régional d'art contemporain)**, département de l'Agence culturelle d'Alsace, dont le siège se trouve pile au centre de l'Alsace, à Sélestat, acquiert chaque année des œuvres auprès d'artistes régionaux ; sa mission est de faire connaître ses collections en organisant des expositions hors les murs, dans des écoles, hôpitaux, usines, institutions. Il dispose également d'une grande salle vitrée à Sélestat, où sont présentées des collections thématiques.
- **L'espace André-Malraux**, à Colmar, centre d'art contemporain ouvert aux artistes de renom internationaux et régionaux.
- **La Kunsthalle**, à Mulhouse, installée à la Fonderie, qui est centre d'art contemporain.
- **La Filature**, salle de spectacle de Mulhouse qui abrite aussi un Pôle image, tisse, comme la Kunsthalle des liens entre arts vivants et arts visuels.

La décentralisation dans la décentralisation

- Certaines structures importantes sont implantées dans de petites villes et contribuent à leur rayonnement. C'est le cas d'Altkirch, dans le Sud de l'Alsace, qui est devenu un lieu incontournable pour les artistes émergents, de l'espace d'art contemporain Fernet-Branca de Saint-Louis ou encore de l'espace Grün à Cernay.
- Il faut aussi évoquer le musée Würth, à Erstein, que l'on aperçoit depuis l'autoroute. Très étonnant, dans cette petite ville célèbre pour son sucre, de trouver un musée entier consacré à une collection résolument moderne… Würth est une entreprise allemande implantée en Alsace, qui a commencé dans la vis et qui propose aujourd'hui des milliers de références d'outils de bricolage. En marge de ce volet commercial, elle essaie, grâce à son réseau de musées européens, de faire connaître sa collection, une des plus importantes collections d'entreprise d'art moderne et contemporain. Un peu boudée par les Alsaciens à son ouverture, elle commence à se faire un nom, grâce à une programmation ouverte dans son auditorium.

Une collaboration transfrontalière

LE SAVIEZ-VOUS ?

Plus que tout autre, l'art contemporain a réussi sa diffusion vers le Grand Est et les autres voisins européens. Est-ce parce qu'il s'agit d'un art visuel, qui s'appréhende au-delà des mots ? En tout cas, on constate que les initiatives européennes sont là plus nombreuses que dans d'autres domaines culturels.

- La plaquette réalisée par le réseau Trans Rhein Art et l'agence de tourisme du Haut et du Bas-Rhin est trilingue et contient des informations sur des lieux actuels en Alsace, Lorraine, Allemagne, Suisse, Franche-Comté. Un signal du désir de l'art contemporain de sauter les frontières !
- De même, une revue très intéressante (et gratuite !) appelée *Novo* se fait l'écho des activités transfrontalières. Un de ses derniers numéros est consacré à l'ouverture avec le centre Pompidou de Metz et l'émulation qu'il créera dans toute la région.

- À Hégenheim, tout près de la Suisse, se trouve un lieu d'exposition, Fabrik Hégenheim, qui est aussi un projet transfrontalier et un espace de recherche où travaillent artistes français, suisses et allemands.
- ST-ART est une grande foire d'art contemporain qui a lieu chaque année au mois de novembre. Même si elle n'a évidemment pas la notoriété de celle de Bâle, la plus grande d'Europe, elle accueille néanmoins des galeristes venus de toute l'Europe et même d'Asie. Elle est devenue un événement pour collectionneurs, acheteurs et curieux, qui voient là réunies toutes les tendances contemporaines.

Du nord au sud, des galeries dynamiques

Plusieurs galeries se donnent pour mission d'aider et, par là, de susciter la création contemporaine. On remarque aussi un fort intérêt du public pour les expressions actuelles (voir la forte fréquentation, toujours en hausse, de ST-ART).

Des lieux d'exposition

Plusieurs galeries se sont ouvertes à Strasbourg, Colmar, Mulhouse. On peut citer, en vrac :

- **À Strasbourg :** Stimultania (lieu de recherche, et de diffusion de la photo), Accélérateur de particules, Apollonia (plate-forme de création artistique entre pays européens), galerie Chantal Bamberger, galerie Nicole Buck, galerie Brûlée, espace G de Bertrand Gillig, association Chambre à part de Madeleine Millot-Durrenberger, qui promeut la photo et organise également des stages de formation ;
- **À Colmar :** l'espace Lézard, qui fait un travail approfondi de promotion des arts plastiques contemporains ;
- **À Mulhouse :** la galerie Courant d'Art, la Cour des chaînes ;
- **À Mulhouse encore :** le musée des Beaux-Arts organise souvent des expositions où se confrontent les toiles d'artistes appartenant au fonds du musée avec celles d'artistes contemporains ;
- **À Hartmannswiller :** la Tuilerie, atelier d'artistes, lieu d'exposition, de rencontres et de stage, dans un lieu bucolique.

Des ateliers de gravure

Enfin, quelques lieux cultivent le savoir-faire artistique et artisanal : la galerie Rémy Bucciali à Colmar, qui est à la fois lieu de réalisation de gravures en taille-douce et lieu d'exposition d'artistes européens, et l'atelier de l'artisan lithographe Tom Borocco, près de Colmar aussi.

Et pour la formation ?

LE SAVIEZ-VOUS ?

L'Alsace, et plus particulièrement Strasbourg, peut se vanter d'héberger une école internationalement connue, qui a formé de très grands artistes. Mais elle n'est pas la seule, d'autres écoles, toutes dotées d'un lieu d'exposition, représentent leur désir d'ouverture sur la ville qui les accueille.

L'ESAD, École supérieure des arts décoratifs de Strasbourg

Eh oui, en tant que « capitale du nouveau *Land* » pendant la période de l'Annexion, Strasbourg a été gâtée et a été gratifiée d'une école d'art, en 1892, la même année que l'Universität ! Depuis 1981, sa façade *jugendstil* est inscrite à l'Inventaire des monuments historiques. Le site de cette école, dans le quartier de la Krutenau, est absolument unique.

On y trouve quatre options : art, design, objet (travail du bijou, du verre, de la céramique) et communication, qui comprend le très fameux atelier d'illustration. Nombreux sont les artistes reconnus dans le monde entier qui sont sortis de cette école prestigieuse, et en particulier dans le domaine de l'illustration. C'est Claude Lapointe, grand illustrateur, qui a créé cet atelier en 1972 et a formé de nombreux illustrateurs, parmi lesquels le Strasbourgeois Blutch (né Christian Hincker en Alsace, grand prix de la ville d'Angoulême en 2009 et président du 37e Festival d'Angoulême en 2010 !), Sophie Kniffke, Philippe Munch, Audrey Gessat, Éléonora Bartoloni, le Canadien John Howe (auteur d'une magnifique BD, dont le titre est *Cathédrale*), l'Iranienne Marjane Satrapi (qui fait allusion, dans *Persepolis*, à ses années strasbourgeoises !). Les ateliers de verre et de bijou forment aussi de remarquables artistes.

L'ESAD a un lieu d'expo, La Chaufferie, ouvert aux expérimentations des élèves comme aux artistes internationaux. Chaque année au mois de juin, l'exposition des travaux de diplôme est un mini événement qui attire beaucoup d'amateurs ébahis devant l'imagination débridée des étudiants !

Le Quai (école supérieure d'art), à Mulhouse

Anciennement École des beaux-arts, elle est issue, au XIXe siècle, des besoins en dessinateurs pour les célèbres usines textiles de la ville. Elle offre une formation en trois ou cinq ans, conclue par le DNAP (diplôme national des arts plastiques) ou le DNSEP (diplôme national supérieur d'expression plastique).

Elle organise de fréquentes soirées « Tranches de Quai » pour partager ses expérimentations avec le public mulhousien.

Chapitre 14

Une histoire dans l'histoire : celle d'une économie au cœur de l'Europe

Dans ce chapitre :

- Siècles de rêve, siècles d'horreur
- Manchester dans le Sud du Haut-Rhin
- Une région industrielle
- Après chaque guerre, tout recommencer à moins que zéro
- *Un jezt, was mache m'r ?* (« Et que faire à présent ? »)

Nous avons choisi de vous raconter l'histoire économique de l'Alsace dans la partie consacrée à l'Europe car cette « histoire dans l'histoire » est intimement liée à celle du continent. Nous verrons que jusqu'au rattachement de l'Alsace à la France, le Rhin jouait un rôle essentiel. Puis il est devenu frontière, puis sont venues les guerres nationalistes. À présent, l'économie de la région située sur la fameuse « banane bleue » est complètement dépendante de l'économie européenne… donc de ses crises !

Avant l'ère industrielle

Pendant tout le Moyen Âge, l'absence d'un pouvoir royal fort et protecteur expose les villes et les villages aux pillages. L'histoire économique de l'Alsace jusqu'à la révolution industrielle est faite de cycles de prospérité alternant avec des cycles de misère, comme dans toute l'Europe.

Une pléthore de petites cités au Moyen Âge

Vers le milieu du XIVe siècle, on compte soixante-dix villes en Alsace. Par ville, il faut entendre une agglomération entourée d'une muraille de pierre. Il est difficile d'en évaluer la population, même approximativement.

LE SAVIEZ-VOUS ?

Vivre sans statistiques…

Comment faisaient-ils donc, nos ancêtres, pour vivre sans statistiques ? Et comment font les historiens pour analyser un passé si pauvre en chiffres ? Eh bien, ils se rabattent sur des estimations ! Vers le milieu du XIVe siècle, Haguenau et Colmar semblent avoir dépassé 6 000 habitants, Sélestat 4 000, Wissembourg 3 500, Ribeauvillé et Mulhouse 1 500. Mais la grande majorité de ces villes fortifiées n'atteignent pas 1 000 habitants.

Savez-vous que le plus ancien recensement conservé au nord des Alpes et portant sur une ville entière est celui qui a été effectué à Strasbourg en 1444 ? La ville comptait alors 18 000 habitants, ce qui en faisait la ville rhénane la plus importante après Cologne.

Un fleuve, une rivière

Les corporations de toutes ces villes représentent alors le nerf de la vie économique et, durant tout le Moyen Âge, le commerce est stimulé par l'essor de la batellerie. C'est autour du Rhin et de l'Ill que s'articulent la vie économique et les échanges.

Les corporations de bateliers comptent d'ailleurs parmi les plus puissantes. Le premier axe de navigation, c'est bien entendu le Rhin, qui fait lien entre toutes les villes qui le bordent, de Bâle jusqu'en Flandre. Bien que très fantasque et très large à l'époque, il se laisse traverser grâce à une dizaine de bacs entre Marckolsheim et Lauterbourg. On a même construit trois ponts fermes aux XIIIe et XIVe siècles : à Bâle, Breisach et Strasbourg, ce dernier mesurant près d'un kilomètre. Mais l'Ill est également un axe important de circulation fluviale, qui fait lien entre la plaine et l'axe rhénan.

Le vin, déjà...

Le vin était durant le Moyen Âge, et de fort loin, le principal produit d'exportation. On ne l'appelait pas encore « vin d'Alsace » pour la simple et bonne raison que l'Alsace, au sens où on l'entend à partir du XVIIe siècle, n'existe pas encore. Ce vin, on l'appelle simplement *Rheinwein*, « vin du Rhin ». Il est alors réputé dans toute l'Europe, ou plus précisément, il est *déjà* réputé dans toute l'Europe !

L'âge d'or du XVIe siècle

Le XVIe siècle alsacien s'est inscrit dans les chroniques et dans les mémoires comme une sorte d'Eldorado de paix et de prospérité économique. En Alsace, Montaigne est ébloui par la richesse des villes, la fertilité des champs, le savoir-faire des artisans, la bonne chère et les bons vins. De sa vie, dit-il, il n'a vu des vignes si belles et si parfaitement cultivées. Le paysage architectural alsacien a gardé de nombreuses marques de cette période : maisons style Renaissance dans les bourgs du vignoble, pléthore de châteaux au sommet des Vosges, abbayes...

La ruée vers l'argent !

On assiste également au XIVe siècle à une forte poussée démographique, due en partie à une immigration de Bourguignons, de Souabes, de Lorrains, de Bavarois. Le phénomène s'accélère avec la « fièvre minière ». On a en effet découvert différents minerais dans des vallées vosgiennes, en particulier dans la vallée de Lièpvre, rebaptisée Val d'Argent. Car ce qu'on trouvait à Sainte-Marie-aux-Mines, c'était bien de l'argent en quantités considérables ! Durant l'apogée de ces mines, dans le troisième quart du siècle, on extrait jusqu'à 3,5 tonnes de métaux précieux par an !

Il faut s'imaginer que cette vallée pauvre et isolée a alors connu une véritable « ruée vers l'argent », attirant plus de 3 000 mineurs, principalement saxons et tyroliens et de nombreux marchands et détenteurs de capitaux, qui donnent naissance à une ville, Sainte-Marie-aux-Mines, où sont construites en quelques années 1 200 maisons. Mais, vers la fin du siècle, les rendements des mines commencent à baisser. C'est au XVIIIe siècle que des investisseurs s'intéresseront à nouveau à leur exploitation.

Des airs de marché commun agricole

LE SAVIEZ-VOUS ?

L'agriculture alsacienne au XVIe siècle est l'une des plus prospères d'Europe. Le vin continue de s'exporter, mais l'Alsace devient aussi le grenier de nombreuses cités rhénanes. Strasbourg possède effectivement l'un des plus grands greniers à blé de l'empire. Dès le XVIe siècle, la région est prise dans une interdépendance totale avec d'autres régions européennes proches ou plus éloignées. Et pourtant, l'on est encore bien loin de l'idée d'un marché commun agricole !

L'industrie de l'imprimerie dans la ville de Gutenberg

Dans l'univers des artisans, il est une branche qui se distingue et connaît à Strasbourg un développement spectaculaire, c'est l'imprimerie. Son développement suppose une structure de base capitaliste, car il est impossible de créer une imprimerie sans investir dans du matériel. Au XVIe siècle, Strasbourg fait partie des grands centres européens d'imprimeurs.

Un XVIe siècle idéalisé ?

Certes, l'Alsace était prospère sous la Renaissance. Elle a indéniablement su tirer profit de sa situation géographique, du dynamisme de ses villes, de la fertilité de ses champs. Elle a exporté massivement le produit de ses terres et de ses vignes. Mais, pour d'autres produits, elle a été contrainte d'importer : draps, toiles, velours, soie, sel, poissons de mer salés ou fumés, bovins… Sa richesse provient du commerce et de l'exportation de denrées alimentaire. Mais l'Alsace a très peu exporté de produits de son artisanat.

Vers la fin du XVIe siècle, l'importance relative de l'imprimerie baisse. Par ailleurs, plusieurs financiers locaux font faillite, sans aucun espoir de se voir repêchés par les « pouvoirs publics », puisque c'est précisément aux rois de France et d'Espagne qu'ils avaient prêté des sommes considérables qui ne leur ont pas été restituées ! Et, sur un plan plus général, la conjoncture se dégrade, l'inflation galope.

Nous voilà à la veille du XVIIe siècle, siècle de tous les malheurs. On peut d'ailleurs se demander si le siècle de la Renaissance n'est pas entré dans les mémoires comme un siècle de rêve (on oublie un peu vite, par exemple, qu'il y eut les terribles guerres des Paysans dans les années 1520 (voir chapitre 1), par opposition au siècle suivant, celui de la guerre de Trente Ans, qui, lui, ne l'était assurément pas...

Le XVIIe siècle, le pire de tous !

Une terre ravagée

Dès le début du XVIIe siècle, l'économie de l'Empire germanique est gangrenée par une profonde instabilité monétaire à laquelle l'Alsace n'échappera pas. Mais c'est la guerre de Trente Ans (1618-1648) qui va constituer la plus grande tragédie de l'histoire d'Alsace, qui pourtant n'est jamais en reste de ce côté-là (voir chapitre 1).

Pendant ces trois décennies, on ne peut plus parler de vie économique, car on est en présence d'un désastre économique permanent, ponctué par les multiples passages de troupes, qui dévastent, rançonnent et pillent sur leur passage. De nombreux villages sont rayés de la carte. On estime que la plaine d'Alsace a perdu entre le tiers et la moitié de sa population ! Les terres agricoles sont abandonnées, en friche. L'inflation est galopante. Ajoutez à cela plusieurs épidémies de peste favorisées par la mauvaise nourriture, l'abandon des cadavres... Seules deux villes parviennent à maintenir la tête hors de l'eau, Strasbourg et, surtout, Mulhouse, qui sait profiter habilement de son statut de ville neutre.

Le traité de Westphalie qui rattache l'Alsace au royaume de France, ne marque hélas ! pas le retour de la paix et de la prospérité. Louis XIV est en guerre et ces guerres coûtent cher. Leur financement va retomber sur le peuple, quand elles ne le touchent pas directement une fois de plus ; ainsi Wissembourg et Haguenau sont-elles complètement incendiées en 1677.

La reconstruction des villes et des villages est lente car on manque de capitaux et surtout de bras que l'immigration de Suisses, Badois, Bavarois et Français ne suffit pas à combler.

Quelques lueurs d'espoir ?

Les projets pharaoniques de Vauban en Alsace, notamment la citadelle de Strasbourg (voir chapitre 12), attirent de nombreux capitaux, des artisans par milliers et stimulent la vie économique.

Dans les Vosges du Nord, c'est le début de l'aventure de Dietrich. L'intégration au royaume de France commence aussi à se faire sur le plan économique. L'introduction et le développement de la culture de la pomme de terre permettent de nourrir les populations miséreuses.

Si les facteurs négatifs continueront de peser jusqu'au siècle suivant (mauvaises récoltes, fermeture de la frontière, coupure de la voie rhénane en temps de guerre…), les années 1700 ne peuvent être que meilleures comparées aux horreurs du siècle précédent !

En 1789, l'Alsace compte à nouveau 670 000 habitants, alors qu'elle n'en recensait plus que 257 000 un siècle plus tôt.

Quand les manufactures poussent comme des champignons !

Les premiers pas vers l'industrialisation se sont faits avant la révolution de 1789. Mais, en Alsace comme dans tout le royaume, la révolution politique a accompagné et stimulé la révolution industrielle en brisant les barrières et les structures figées d'Ancien Régime.

Les premiers pas vers l'industrialisation

Dès la fin du XVIIIe siècle se dessine un mouvement annonçant la révolution industrielle du XIXe siècle. Les premières implantations se feront à partir des richesses du sol et de l'agriculture. Et, déjà, Mulhouse laisse deviner qu'elle deviendra une capitale industrielle au XIXe siècle.

L'exploitation du sous-sol

- On exploite au cours du siècle une centaine de mines de fer dans les vallées vosgiennes ;
- À Pechelbronn, dans le Nord de l'Alsace, on ouvre, à partir de 1772, une mine de graisse et d'huile d'asphalte, les futures mines de pétrole ;
- À Klingenthal est créée la Manufacture royale d'armes blanches, qui emploiera plus de 200 ouvriers et fabriquera les baïonnettes et autres sabres nécessaires à l'armée royale ;
- La famille de Dietrich, ex-famille Dietrich anoblie par le roi, poursuit le développement de ses fabriques, principalement dans les Vosges du Nord. Elle emploie 1 500 personnes et apparaît parmi les plus grandes entreprises métallurgiques du royaume. Louis XVI permet à l'usine d'utiliser un blason qui est toujours son logo plus de deux siècles plus tard : un D majuscule entourant un cor de chasse.

Des manufactures de toutes sortes

- Dans le domaine du textile, la production en usine est souvent complétée par du travail à domicile qui permet aux agriculteurs pauvres d'améliorer leur situation.
- Cuir (278 tanneries en Alsace en 1775) : les tanneries se développent au bord des cours d'eau car il faut laver fréquemment et abondamment les peaux et évacuer les déchets. Elles se concentrent dans des « quartiers des tanneurs », dénomination qui a été maintenue pour des quartiers de plusieurs villes alsaciennes.
- Les papeteries, elles aussi grandes consommatrices d'eau, se sont développées car leur matière première, le bois, se trouve en abondance. Elles se sont installées à proximité de la forêt vosgienne ou de celle de Haguenau. L'industrie papetière a été créatrice de nombreuses innovations techniques.
- Strasbourg devient un centre de transformation du tabac. Les fabriques de tabac y sont au nombre de 53 vers 1789 et emploient 1 200 ouvriers. À noter qu'on fabriquait des cigares à Strasbourg jusqu'au début du XXIe siècle et que

l'usine historique de cette fabrication, au cœur d'un vieux quartier de la ville, est sur le point d'être mise en vente…

Mulhouse, déjà…

Mulhouse est restée, durant tout le XVIIIe siècle, une république autonome, simple alliée de la Confédération helvétique. Ce n'est qu'en 1798 qu'elle est finalement rattachée à la France (voir chapitre 1).

Au milieu du XVIIIe siècle, une association d'industriels fonde la première manufacture d'impression sur tissu. Puis, les manufactures se mettent à pousser comme des champignons, leurs activités se diversifient (horlogeries, tanneries…). Les industriels mulhousiens mènent une politique sociale audacieuse pour l'époque. Vous pouvez faire un petit tour au chapitre 7, où nous parlons des fameuses cités ouvrières de Mulhouse.

Notons que Strasbourg n'a jamais connu une telle explosion industrielle. À l'esprit d'entreprise des grandes familles mulhousiennes correspond à Strasbourg un grand conservatisme de familles enrichies par le négoce mais qui se refusent à prendre des risques et à investir dans l'industrie.

La Révolution et l'entrée dans l'ère industrielle

Le grand chambardement !

La Révolution française bouleverse les cadres du monde économique d'Ancien Régime : suppression des corporations (contre l'avis des cahiers de doléances urbains), transfert des barrières douanières sur le Rhin, vente des biens nationaux, suppression des douanes intérieures et des péages, etc.

Cependant, l'économie alsacienne paie un lourd tribut à la période révolutionnaire : impôts pour le ravitaillement des troupes, continuelles réquisitions de foin, de bêtes, de voituriers. Résultat des courses : régression de l'industrie, désorganisation des circuits commerciaux, misère noire dans des campagnes surpeuplées.

Mais cette période d'instabilité favorise également l'émergence d'une nouvelle catégorie d'entrepreneurs. Certains comprennent très vite que la vente des biens nationaux peut être une belle aubaine pour qui a le sens de la spéculation et le désir de s'enrichir rapidement. D'autres jeunes patrons se retrouvent de fait à des postes laissés vacants par les aristocrates en fuite et adhèrent aux idées nouvelles. C'est dans ce contexte que Mulhouse est intégré politiquement à la France, en 1798.

Scénario TGV dans les années 1820

À partir de la Révolution, le Rhin a cessé d'être un axe d'approvisionnement pour des raisons douanières et d'aménagement du fleuve. Il devient urgent de construire la ligne de chemin de fer entre Strasbourg et Bâle. Le Parlement français se désintéresse du projet. Voilà qui n'étonnera pas les mauvais esprits, qui rappelleront ici que le premier TGV est entré en gare de Strasbourg un quart de siècle après son arrivée en gare de Lyon… Mais il faut faire vite, on n'a pas le temps d'attendre que « Paris se décide »… C'est donc un industriel mulhousien, Nicolas Koechlin, qui fait construire à ses risques et périls la première grande ligne de chemin de fer du continent, inaugurée en 1841 par un ministre de Louis-Philippe.

Quand le textile va, tout va !

Jamais l'Alsace n'a connu un essor économique comme celui de la première moitié du XIXe siècle, et elle ne connaîtra plus jamais rien de comparable. Pourtant, la pauvreté reste grande dans les campagnes. C'est que cette explosion industrielle – qui n'est pas sans évoquer celle de la Chine depuis le dernier quart du XXe siècle – intervient à une période de très forte poussée démographique. L'industrie se développe car la main-d'œuvre bon marché se presse à l'entrée des usines. Mais l'augmentation fulgurante du PIB local permet tout juste de nourrir une population toujours plus nombreuse. La production agricole progresse lentement, et certains cantons ruraux comptent parmi les plus pauvres de France.

Le patronat du textile mulhousien, pas bling-bling pour un sou !

Citons Bernard Vogler et Michel Hau (*Histoire économique de l'Alsace*, éditions La Nuée Bleue, 1997) en ce qui concerne la relation entre richesse et religion :

« Dans une région comme la Normandie, le capitalisme se construit sur les décombres d'un catholicisme qui a perdu sa vitalité. Il se développe en s'émancipant d'une morale perçue comme trop hostile aux valeurs de la société marchande. En Alsace, au contraire, le capitalisme prend appui sur des religions, le protestantisme et le judaïsme, qui conservent toute leur emprise sur les individus et sanctifient la production des richesses. Chez les protestants, de même que chez les Juifs, l'adhésion au libéralisme ou à l'idée de progrès n'exclut absolument pas le maintien d'une foi religieuse et d'une rigoureuse morale. »

Les thèses de Max Weber sur les liens entre capitalisme et protestantisme trouvent une parfaite illustration dans les familles réformées de Mulhouse. Dans ces familles, très solidaires, on s'imposait des règles contraignantes en matière de travail ou de train de vie. Il n'était pas rare, en cas de transmission d'une affaire, que l'on prévoie sur le contrat que les dividendes versés aux associés n'excèdent pas 6 % du capital, le surplus devant être bloqué sur un compte spécial de la société, ce qui permettait, en cas de coup dur, de recourir à l'autofinancement. Voilà des patrons qui ignoraient qu'un jour on inventerait les licenciements boursiers ! De telles théories feraient probablement pouffer de rire les tenants actuels de notre CAC 40…

C'est par le textile que l'Alsace franchit le pas vers l'industrialisation. Les patrons du textile comprennent que le développement de cette industrie d'avenir passe par l'utilisation de machines et la mise en place d'une division poussée du travail. C'est la production d'indiennes à Mulhouse qui lance le mouvement. Et, bientôt, le cycle complet de la transformation du coton est mis en place dans les nombreuses manufactures. Certaines de ces aventures industrielles voient le jour dans le Bas-Rhin (draperie d'habillement à Bischwiller), mais c'est surtout dans le Haut-Rhin que le développement de cette industrie est spectaculaire. Durant les quarante premières années du XIXe siècle, l'industrie textile crée entre 20 000 et 30 000 emplois. De nombreux immigrants affluent dans le Haut-Rhin, en particulier des Bas-Rhinois.

On assiste également à un développement de l'industrie chimique, car l'industrie textile a besoin de chimistes. Elle est aussi grande consommatrice de machines. La Grande-Bretagne, première puissance textile au monde, en interdit l'exportation pour des raisons protectionnistes. Qu'à cela ne tienne ! Les industriels de Haute-Alsace en fabriqueront eux-mêmes, quitte à débaucher quelques ingénieurs britanniques.

De la croissance au développement

Le mouvement amorcé sous la Restauration s'amplifie sous Napoléon III. Strasbourg est reliée à Paris par chemin de fer en 1852, et par le canal reliant la Marne au Rhin. À la fin du Second Empire, une locomotive sur trois produites en France sort d'une usine alsacienne. Thann et Mulhouse sont, durant une soixantaine d'années, les capitales chimiques de la vallée du Rhin. Dans les campagnes, les poches de pauvreté commencent à se résorber, les revenus des paysans et des ouvriers sont en hausse. Fait notable : à la veille de la guerre de 1870, il y a en Alsace plus d'ouvriers que de paysans. La naissance d'une véritable classe ouvrière entraîne également les premières grèves.

Trois guerres en soixante-quinze ans !

Trois guerres qui se sont déroulées sur son sol et qui ont touché son économie plus que celle de tout autre région de France.

La grand tournant de 1870

Quand 128 000 personnes font leurs valises – et parmi elles de nombreuses occupaient des postes de responsabilité dans la vie économique et sociale – les répercussions économiques pour la région sont forcément dramatiques. Et quand, au même moment, on coupe la région de ses marchés traditionnels, l'économie ne se trouve pas vraiment dans des conditions idéales pour poursuivre le développement qu'elle connaissait à la fin du Second Empire...

Un chamboulement humain et économique

Parmi les émigrants se trouve une majorité de citadins. Certaines villes déclinent de manière spectaculaire. On cite souvent le cas de Bischwiller, dans le Nord de l'Alsace : les industriels de la draperie de la ville, plutôt que de s'adapter au marché allemand, préfèrent quitter la ville avec machines et ouvriers pour s'installer dans différentes régions de France. Des 11 500 habitants que comptait la ville en 1870, il n'en reste que 7 100 quatre ans plus tard !

La Société alsacienne de constructions mécaniques (SACM) et de Dietrich gardent leurs industries lourdes en Alsace, mais « délocalisent » une partie de leurs activités à Belfort et à Lunéville pour ne pas perdre leurs marchés français.

Mais l'Alsace s'adapte au nouveau marché au fil des ans. Le pouvoir d'achat allemand est plus faible en ce temps-là, comparé au pouvoir d'achat alsacien ou français, mais connaît une progression plus forte. L'économie allemande se développe de manière importante durant le dernier quart du XIXe siècle, ce dont profitent les industriels locaux, en particulier dans la métallurgie et le textile, cette dernière activité montrant cependant des premiers signes de déclin au début des années 1880.

Le Rhin à nouveau

On assiste également à la création d'industries nouvelles. Strasbourg se tourne vers le Rhin, dont le cours vient d'être régularisé, construit un port autour duquel s'installent de nouvelles industries. C'est à cette époque que remonte la création des sucreries d'Erstein, des grandes minoteries, des tanneries à Lingolsheim, de l'industrie de la chaussure au pied des Vosges du Nord (qui fournira les armées du *Kaiser*…), des chocolateries Schaal. Ce développement marque un rééquilibrage industriel entre le Haut-Rhin et le Bas-Rhin. Désormais, ces pauvres Bas-Rhinois ne subiront plus l'humiliation de devoir émigrer vers le sud de la région pour y trouver un emploi !

L'agriculture est encore peu mécanisée, mais le rendement agricole progresse grâce à une rotation des cultures de plus en plus maîtrisée et à des industries très gourmandes de matières premières : betteraves sucrières, orge et houblon pour les brasseries, fruits et légumes pour les conserveries et les distilleries.

Les revenus des agriculteurs progressent ; dans l'industrie, les salaires sont les plus élevés du Reich.

L'épopée du Crédit mutuel

C'est Ernest Friedrich Wilhelm Raiffeisen qui fonde, en 1864, la première *Spar und und Darlehenskasse* (« Caisse de dépôt et de prêt ») en Rhénanie. Sa philosophie sociale s'inscrit dans le mouvement coopératif qui émerge alors dans différentes régions d'Europe. Les Caisses Raiffeisen, qui existent toujours sous cette dénomination en Allemagne, sont des mini banques coopératives. À chaque village sa caisse. L'argent déposé par les uns est prêté aux autres, mais l'on ne prête qu'à des sociétaires. Ce sont des bénévoles qui gèrent ces caisses, le plus souvent l'instituteur, le curé ou le pasteur ; leur essaimage dans toute l'Allemagne s'ancre en effet dans la mouvance du christianisme social. Il répond parfaitement à une demande du monde paysan, qui connaît alors de graves problèmes d'endettement.

Lorsque l'Alsace devient allemande en 1870, le mouvement Raiffeisen traverse le Rhin. Dès 1892, on compte 127 caisses en Alsace. Elles sont au nombre de 471 en 1914 ! Quand l'Alsace redevient française, ce réseau de banques autogérées est fortement inscrit dans le paysage, en particulier dans le monde rural. Elles changent de dénomination pour s'appeler désormais Caisses du Crédit mutuel. Ces caisses, que l'on trouve de nos jours sur tout le territoire national, sont aujourd'hui rassemblées dans un réseau, la Banque fédérative du Crédit mutuel, qui a toujours son siège à Strasbourg et qui occupe actuellement le troisième rang des banques françaises !

Pour la petite histoire : cette grande banque française issue du réseau mutualiste allemand vient de racheter la branche allemande d'une banque… américaine !

La surchauffe immobilière

Le dynamisme économique se traduit également de manière spectaculaire dans la pierre. Les villes connaissent un boom immobilier et construisent toutes leur « quartier allemand » ou leur édifice public de style germanique. Jamais on n'a construit autant en si peu de temps. Faites donc un tour au chapitre 7 pour en savoir un peu plus sur les quartiers wilhelminiens en Alsace !

De 1914 à 1945 : l'éternel recommencement d'après-guerre

Après chaque guerre, l'Alsace est l'une des régions les plus sinistrées de France. Après chaque guerre, le bilan ressemble à celui qu'on a fait au lendemain de la guerre précédente, l'économie ne redémarre pas à zéro, mais dans des conditions pires qu'avant le conflit, comme un éternel recommencement.

Les pertes de marchés

La perte des marchés allemands en 1918 est tout aussi catastrophique que la perte des marchés français en 1870. N'oublions pas qu'à l'époque, la circulation internationale des biens est soumise à des taxes d'importation de nature protectionniste, mises en place par tous les États d'Europe.

Après 1918, la Sarre toute proche, avec laquelle l'Alsace était en relations économiques intenses depuis le XIXe siècle, permet d'amortir quelque peu le choc, du fait de son régime fiscal particulier, jusqu'à son rattachement à l'Allemagne en 1935.

La ruine de l'appareil de production et des communications

Après chaque guerre, le bilan est désastreux au niveau des infrastructures. En 1945, 400 usines sont détruites…

D'ailleurs, dès le début des années 1930, le monde économique scrute avec inquiétude les nuages sombres qui s'accumulent outre-Rhin : aucun acteur économique extérieur à la région n'a plus idée d'investir à portée des canons allemands, les entreprises réfléchissent très tôt à des stratégies de repli en en cas de guerre, nombreuses sont celles qui créent des usines hors d'Alsace (comme de Dietrich en Algérie) ou qui rachètent des usines outre-Vosges.

Le grand chantier des années 1930 est… celui de la ligne Maginot. Les nazis savent que les industriels locaux sont restés très majoritairement francophiles durant la période du *Reichsland*. Ils veillent donc à contrôler l'économie alsacienne, en la mettant massivement au service de la production de guerre. Sans oublier de la piller avant le repli en 1944 !

Entre les deux guerres on assiste néanmoins à l'apparition d'industries au niveau technique élevé (électricité, chimie). Ces industries nouvelles viennent compenser une industrie textile qui commence à battre de l'aile, puisqu'elle ne représente plus que 30 % de l'emploi salarié dans le Haut-Rhin avant la crise de 1929.

Les villages détruits, les pénuries de main-d'œuvre

Nous l'avons constaté en nous promenant en Alsace dans la deuxième partie de l'ouvrage : dans différentes sous-régions, on traverse des villages qui ne sont pas typiques pour un sou, pas vraiment dignes de figurer sur une carte postale. C'est que ces villages ont été reconstruits après l'une des guerres du XXe siècle.

Après celle de 1914, 35 000 Alsaciens manquent à l'appel. Ce sont très majoritairement des hommes dans la force de l'âge, de même qu'après la Seconde Guerre mondiale, qui accuse un chiffre presque aussi élevé avec les Malgré-nous morts sur le front (voir chapitre 4).

Avant la guerre de 1870, il y avait trop de bras, ce qui impliquait salaires peu élevés et donc une production industrielle compétitive. La saignée des deux guerres inverse la situation. C'est pourquoi l'on fait appel, à partir des années 1920, à de la main-d'œuvre étrangère, en particulier polonaise, dans les mines de potasse.

La misère et le marché noir

Pénuries, disettes, marché noir : c'est le lot de toutes les guerres. En Alsace comme partout, il est bon d'avoir de la famille à la campagne. Car chacun est prêt à faire des dizaines de kilomètres pour une douzaine d'œufs ou un morceau de lard.

Cette activité a même donné naissance à un néologisme alsacien : *hamstera*, qui signifie se comporter comme un hamster, c'est-à-dire stocker des provisions !

Tendances et questions sur l'économie alsacienne depuis 1945

Enfin, la certitude d'une paix durable en 1945 ! L'Alsace pourra-t-elle dès lors profiter de sa position idéale au bord du Rhin ? Commençons par l'Alsace agricole avant de poursuivre par l'industrie. Dans un cas comme dans l'autre, nous assisterons à un virage à 180 degrés !

Agriculture : la fin d'un monde...

C'était écrit en rouge sur les dossiers du ministère de l'Agriculture à Paris : « Trop d'agriculteurs en Alsace au regard des surfaces cultivables, morcellement extrême des terres, rentabilité bien trop faible par rapport aux moyennes nationales ! »

On a donc, ici comme ailleurs, remembré, mécanisé, orienté vers l'industrie un grand nombre de fils d'agriculteurs. Et mobilisé le Crédit agricole !

Pourcentage de la population agricole par rapport à la population active en Alsace

- 1946 : 31 %
- 1954 : 21 %
- 1968 : 11 %
- 1975 : 4,7 %
- 2010 : 2 %

Mais où sont donc passées les oies de l'oncle Hansi ?

Dès le début des années 1960, les chevaux, bœufs et vaches de trait cèdent très rapidement la place aux tracteurs et aux moissonneuses-batteuses. En 1963, on compte encore 28 000 chevaux de trait, la moitié six ans plus tard, plus un seu en 1980... Même les oies, omniprésentes dans l'imagerie de

Hansi, disparaissent. Depuis plusieurs décennies, les foies gras d'Alsace sont fabriqués à partir de foies importés en Alsace !

L'augmentation des surfaces moyennes par exploitation va de pair avec un développement des coopératives dans les domaines viticole et laitier. Le niveau de vie des agriculteurs alsaciens s'améliore. Alors qu'en 1970, il était inférieur de 25 % à la moyenne française, il la dépasse à présent de près de 20 % !

Un modèle agricole en question ?

Durant les Trente Glorieuses, le devenir de l'agriculture en France et en Europe est l'affaire de technocrates, dont le critère premier est : combien à l'hectare ? Et, comme il est toujours possible de faire plus, on s'oriente, comme partout, vers une agriculture intensive, avec le soutien actif des industriels de la chimie.

Mais les temps changent... En Alsace comme ailleurs, des consommateurs s'interrogent sur le contenu de leurs assiettes. Des agriculteurs prennent le virage du bio. Des écologistes accusent un mode de production agricole, car, si depuis 2003, l'usage d'herbicides à base d'atrazine est interdit, tout le monde sait que ce produit chimique reste très présent dans le sol et que dans plusieurs villages du Sundgau l'eau est inutilisable car le seuil d'atrazine est largement dépassé !

Des pistes nouvelles pour l'agriculture locale

Dans les deux départements, on assiste à un développement spectaculaire des AMAP (Associations pour le maintien d'une agriculture paysanne) qui créent des rapports nouveaux entre cultivateurs et consommateurs.

L'agriculture biologique se développe avec le soutien de la Région Alsace qui a fixé un objectif de doublement de la surface cultivée en bio entre 2007 (3,5% des surfaces agricoles) et 2013. Les foires bio de la région, en particulier celles de Colmar et d'Obernai, sont très courues et au Lycée Agricole d'Obernai il est même possible de suivre une formation en agriculture biodynamique !

Industrie : les Trente Glorieuses et les suivantes

La réconciliation franco-allemande transforme en atouts ce qui a si souvent pénalisé l'économie alsacienne. Sa situation au cœur d'une Europe pacifiée, son positionnement sur la fameuse « banane bleue » réputée zone de prospérité, qui s'étend de Londres à Milan en passant par la vallée du Rhin, devient un avantage. Mais personne n'échappe à la crise, même pas la « banane bleue »…

Des déclins irréversibles

- Le déclin de l'industrie textile amorcé dans les années 1930 s'accentue de manière spectaculaire : le textile, qui employait encore 55 000 salariés en 1950, n'en emploie plus que 29 000 en 1970. Des cantons entiers sont frappés de plein fouet par cet effondrement. L'une des causes principales : l'indépendance des anciennes colonies, qui absorbaient près du tiers de la production textile de l'Est de la France ;
- Souvenez-vous qu'au XIXe siècle, une locomotive sur trois fabriquées en France sortait des usines d'Alsace, la dernière de l'usine de Graffenstaden en 1955. C'est une commande de l'Égypte, qui ne la paiera jamais, pour cause de crise de Suez !
- Les mines, anciennes pourvoyeuses d'emplois très importantes, vont, elles aussi, tirer le rideau : fin de l'extraction du pétrole à Pechelbronn en 1956, fermeture définitive des mines de potasse en 2002…

De nouvelles infrastructures

Malgré l'effondrement de ces industries traditionnelles, on aménage à grande échelle à partir des années 1950. Les Trente Glorieuses ne font que commencer. On ne doutait de rien en ce temps- là !

- L'oléoduc sud-européen amène la création des raffineries d'Herrlisheim et Reichstett ;
- Le Grand Canal d'Alsace est censé transformer la zone rhénane en boulevard industriel, projet qui ne se réalisera que très partiellement ;

- L'Alsace est reliée au Sud et à Paris par les autoroutes A36 et A4 ;
- L'aéroport de Bâle-Mulhouse est le seul aéroport international placé sous la tutelle de deux États. Il est complété par celui de Strasbourg-Entzheim depuis qu'il a été libéré par l'armée de l'air.

Une reconversion réussie

- En 1982, 40 % des emplois industriels sont créés par des entreprises nées après 1954 ;
- Au milieu des années 1960, c'est la pénurie de main-d'œuvre en Alsace ;
- La construction mécanique occupe désormais la première place comme pourvoyeur d'emplois ;
- On assiste à un déplacement des centres industriels des vallées, centres historiques de l'industrie textile, vers la plaine et les abords du Rhin et du Grand Canal d'Alsace.

L'internationalisation

Après 1955, un emploi sur trois créés en Alsace l'est par une entreprise étrangère, dont la moitié par des entreprises allemandes, suivies par des entreprises américaines. La part des établissements à participation étrangère en 2005 est de 51,7 % (35,9 % pour la France). Mais l'Alsace ne se contente pas d'être la région française qui reçoit le plus d'investissements étrangers ; elle est aussi celle qui exporte le plus gros pourcentage de sa production industrielle.

Des nuages sombres, très sombres...

Un jezt ? (« Et maintenant ? ») L'année 2010 aura été une année noire pour l'emploi en Alsace. Les gros nuages ne sont plus à l'horizon. Ils ont fait halte dans le ciel alsacien. Dans la presse régionale, les titres évoquant la mauvaise santé de l'économie se suivent de semaine en semaine. Et l'Insee-Alsace ne peut que confirmer : l'économie alsacienne traverse une mauvaise passe...

Les journalistes économiques ne chôment pas !

Chacun des deux quotidiens, les *Dernières Nouvelles d'Alsace* et *L'Alsace*, suit avec une grande attention l'évolution économique de la région. Citons quelques-uns des titres glanés au hasard de nos lectures durant l'année 2010, révélant qu'aucun secteur n'est épargné :

- **« Alsace, montée du chômage. Tous les bassins souffrent. »** Il est rappelé sous ce titre que le taux de chômage était, en 2000, de 6,4 %, soit inférieur de quatre points à la moyenne nationale et qu'il se rapproche « inexorablement de la médiocre performance nationale ». Au troisième trimestre 2009 le taux en France métropolitaine était de 9,1 % et en Alsace de 8,5 %. Au dernier trimestre 2009, le taux haut-rhinois a d'ailleurs dépassé le seuil des 9 %.
- **« La violence de la crise plus forte en Alsace qu'ailleurs : 22 500 emplois perdus en deux ans. »** En deux ans, l'emploi industriel a reculé de 4 % par an ! Certains secteurs, comme celui de Thann-Cernay, ont perdu jusqu'à un emploi sur dix…
- **« Chimie : l'année la plus noire. »** Dans ce secteur, on assiste à la fermeture de nombreux sites. Les plans sociaux alternent avec des phases de chômage partiel. Les chiffres d'affaires sont en chute libre.
- **« Électronique : le site de Sony à Ribeauvillé est à vendre. »** Cette usine, mise en service en 1986, a été la première implantation industrielle japonaise en Alsace. Elle a employé jusqu'à 1 600 personnes en 1999. Une partie de sa production est délocalisée en Chine.

Dans l'automobile, Peugeot-Citroën reste le premier employeur régional, mais la Région retient son souffle à chaque annonce de sortie d'un nouveau modèle : sera-t-il fabriqué en Alsace ou dans une usine du groupe à coût salarial plus faible ? Quant à l'usine General Motors de Strasbourg, qui emploie encore près de 1 200 salariés, elle était présentée comme un outil industriel très performant dans sa spécialité : les boîtes de vitesse automatiques. Elle se trouve à présent dans une situation très fragile du fait des difficultés de sa maison mère, qui reste cependant toujours le géant américain.

Dans les biens d'équipement, Steelcase, héritier de Strafor, a fermé son site de Marlenheim, où se fabriquaient des équipements de bureau. Ce secteur, qui emploie 35 000 personnes en Alsace, a vu son activité reculer de 19 %. Les responsables du secteur parlent de véritable « effondrement ».

Chiffres pour l'Alsace

C'est le titre d'une publication de l'Insee-Alsace. Les auteurs du numéro de juin 2010, Serge Auvray et Véronique Heili, situent la crise de l'économie alsacienne dans un contexte européen et mondial, en soulignant notamment que :

- La récession allemande, en particulier dans le *Land* voisin du Bade-Wurtemberg, a eu une incidence directe sur l'économie alsacienne, notamment dans le Nord de l'Alsace ;
- La précédente récession remonte à 1993. Elle n'est pas comparable à celle que l'Alsace traverse depuis 2008, car la crise de 1993 était plus brève et limitée à l'Europe, alors que la crise actuelle est mondiale ;
- L'économie alsacienne est une économie de production. Elle souffre donc plus directement d'un ralentissement économique que des régions à économie plus « présentielle », c'est-à-dire visant à satisfaire les besoins des populations locales et des touristes.
- « Entre début 2008 et fin 2009, l'industrie, puis la construction, connaissent les plus fortes diminutions d'emploi. Malgré le recours accru au chômage partiel, le nombre de demandeurs d'emploi augmente, particulièrement chez les jeunes et chez les hommes. La montée du chômage est plus sensible dans la quasi-totalité des zones d'emploi industrielles du Bas-Rhin. »

Chapitre 15

Les institutions européennes à Strasbourg

Dans ce chapitre :

- Comment fonctionne-t-elle, cette usine à gaz ?
- Au début, le Conseil de l'Europe
- Le Parlement européen, la fabrique des lois européennes
- L'honneur de l'Europe : les droits de l'homme et la Cour de Strasbourg

Avant de pénétrer dans les différentes enceintes des institutions européennes de Strasbourg, nous vous proposons une description sommaire de ces institutions dans leur globalité. Puis, nous nous rendrons au Conseil de l'Europe, le point de départ de la construction européenne. Étape suivante : le Parlement européen, où sont débattues et votées des lois qui s'appliqueront à l'ensemble des citoyens de l'Union européenne. Et, enfin, nous nous rendrons à la Cour européenne des droits de l'homme, organe judiciaire du Conseil de l'Europe chargé de garantir les droits de l'homme à tous les Européens.

L'usine à gaz des institutions européennes

Honnêtement, on peut aisément comprendre les reproches de confusion qui sont faits aux institutions européennes, car elles sont nombreuses et d'appellations souvent similaires pour des fonctions très diverses ! Nous avons tenté de mettre un peu d'ordre dans tout cela !

L'Europe : un drapeau et un hymne

Le drapeau : un cercle de douze étoiles d'or sur fond azur. Cet emblème a été adopté en décembre 1955, après maintes discussions, par le Comité des ministres du Conseil de l'Europe sur proposition de l'Assemblée parlementaire.

Le nombre 12 serait, dans de nombreuses traditions, symbole de perfection. Quant au cercle, il est symbole d'unité et de solidarité entre les peuples.

En 1983, le Parlement européen a opté pour cet emblème et, en 1985, les chefs d'État ou de gouvernement l'ont adopté comme drapeau de l'Union européenne. Depuis mai 1986, il unifie symboliquement toutes les institutions européennes.

L'hymne européen : il s'agit d'un arrangement musical sans paroles du prélude de l'*Ode à la joie*, de la Neuvième Symphonie de Beethoven, par Herbert von Karajan. Cet hymne a été adopté par le Conseil de l'Europe en 1972, puis par la Communauté européenne (devenue ensuite l'Union européenne) en 1986 en même temps que le drapeau européen.

Une image souvent confuse

LE SAVIEZ-VOUS ?

Cette confusion s'explique principalement par le fait que l'Europe n'avance pas comme un long fleuve tranquille, mais de manière pragmatique, pas à pas. La chute du mur de Berlin a joué un rôle d'accélérateur dans ce processus, sans pour autant simplifier les institutions !

Quelques constats

La construction européenne suscite souvent parmi les citoyens européens méfiance, scepticisme, voire rejet viscéral. L'Europe est pour beaucoup synonyme d'obscures directives émanant d'une bureaucratie lointaine et coupée de la « vraie vie » des Européens. Pour d'autres, partisans des « États-Unis d'Europe », pour reprendre la formule de Victor Hugo, l'histoire n'avance pas assez vite dans le sens d'un véritable fédéralisme européen.

Mais il est quelques constats qui s'imposent à tout un chacun la construction européenne a installé sur le continent un climat de paix durable (à l'exception de l'ex-Yougoslavie) dont des générations d'Européens qui nous ont précédés n'osaient rêver et dont les générations montantes ne sont peut-être plus conscientes. On s'habitue plus aisément à la paix qu'à la guerre...

Lentement mais sûrement...

Cette union de peuples qui se fait progressivement, sans guerres ni annexions, est unique dans l'histoire de l'humanité. Les Européens ne savent pas suffisamment à quel point leur modèle d'intégration est envié en Amérique latine ou en Afrique.

Lentement mais sûrement, en même temps que l'Europe progresse, les droits de l'homme et le droit tout court gagnent du terrain sur l'arbitraire, le non-droit, en particulier depuis l'effondrement du bloc communiste.

Doit-on vraiment s'étonner qu'une telle construction, qui s'est faite en quelques décennies (alors qu'il a fallu des siècles pour que la France devienne un pays), ait débouché sur des institutions qui ne sont pas toujours très lisibles de la part du grand public ? Ces institutions ne sont pas nées en un jour d'un simple coup de baguette magique. Elles sont la résultante d'avancées pragmatiques, de compromis historiques entre des pays autrefois opposés, à présent unis. Car les institutions naissent quand ceux qui les mettent au monde sont prêts pour l'accouchement et quand les citoyens sont à même de les faire vivre.

La doyennne !

La doyenne des institutions européennes, c'est la Commission centrale pour la navigation du Rhin (CCNR) créée en 1815.

Cet organisme interétatique est composé des cinq riverains du fleuve : la Suisse, l'Allemagne, la France, la Belgique, les Pays-Bas. Il a son siège au palais du Rhin (ancien *Kaiserpalast*) à Strasbourg. La commission est compétente pour toutes les questions et tous les conflits relatifs à la navigation rhénane.

Un peu d'ordre dans tout cela

Alors, commençons par mettre un peu d'ordre dans cet empilement de structures aux dénominations souvent ressemblantes, mais qui sont en réalité fort dissemblables dans leur histoire et leurs fonctions et qui siègent à Bruxelles, Strasbourg et au Luxembourg.

Conseils, comité, commission, unions...

- **Le Conseil de l'Europe :** organisation internationale dont le siège est à Strasbourg et qui rassemble 47 États démocratiques d'Europe. Son objectif principal est la défense des droits de l'homme et des libertés fondamentales.
- **L'Union européenne (UE) :** l'Union européenne est une association volontaire d'États européens (actuellement au nombre de 27), dans les domaines économique et politique, afin d'assurer le maintien de la paix en Europe et de favoriser le progrès économique et social.
- **Le Conseil européen :** institution située à Bruxelles, regroupant les 27 chefs d'État ou de gouvernement de l'Union européenne, le président du Conseil européen et le président de la Commission européenne. Le Conseil européen définit les orientations et les priorités politiques de l'Union européenne. Il est présidé, depuis l'entrée en vigueur du traité de Lisbonne (décembre 2009), par Herman Van Rompuy.
- **Le Conseil de l'Union européenne :** on l'appelle également Conseil des ministres. Il siège en dix formations différentes en fonction des sujets traités et réunit les ministres compétents des États membres de l'Union européenne. Ce conseil exerce, avec le Parlement européen, des fonctions législatives et budgétaires.
- **La Commission européenne :** organe exécutif de l'Union européenne situé à Bruxelles, qui veille à l'application correcte des dispositions des traités et des décisions prises par les institutions de l'Union. C'est également la Commission européenne qui rédige les nouveaux projets de lois communautaires.

- **L'Union économique et monétaire (UEM) :** elle regroupe les 16 États membres de l'Union européenne (17 à partir de janvier 2011) qui ont opté, le 1er janvier 2002, pour l'euro. À noter que tous les États membres de l'Union européenne ne sont pas membres de l'Union économique et monétaire, mais que les 12 États membres de l'Union européenne qui ont adhéré à l'Union depuis le 1er mai 2004 seront tenus d'adopter l'euro dès qu'ils auront rempli tous les critères…
- **Le Comité des ministres :** instance de décision du Conseil de l'Europe réunissant les 47 ministres des Affaires étrangères des États membres ou leurs représentants permanents.

Assemblées

- **L'Assemblée parlementaire :** organe délibérant du Conseil de l'Europe. Elle se compose de 318 représentants désignés par les parlements nationaux des États membres.
- **Le Parlement européen :** organe parlementaire de l'Union européenne, qui regroupe les 736 (et bientôt 754) députés européens des 27 pays membres, élus au suffrage universel tous les cinq ans par les habitants de l'Union européenne.

Cours de justice

- **La Cour européenne des droits de l'homme :** elle siège à Strasbourg. C'est la seule vraie juridiction créée par la Convention européenne des droits de l'homme, traité international du Conseil de l'Europe conclu en 1950 définissant les droits et les libertés fondamentales des citoyens européens. La cour est composée de 47 juges, qui vérifient, à travers les cas qui leur sont soumis, si les États appliquent bien les règles de la convention.
- **La Cour de justice de l'Union européenne :** elle siège au Luxembourg et assure le respect du droit communautaire, l'interprétation et l'application des traités instituant l'Union européenne.

- **La Cour internationale de justice :** attention, faux ami ! bien qu'ayant son siège en Europe, à La Haye aux Pays-Bas, elle n'est pas une institution européenne, mais l'organe judiciaire de l'Onu.

Quelques dates clés de l'histoire de la Construction européenne

5 mai 1949 : traité de Londres qui institue le Conseil de l'Europe.

Avril 1951 : l'Allemagne, la Belgique, la France, l'Italie, le Luxembourg et les Pays-Bas signent le traité de Paris, créant la CECA, la Communauté européenne du charbon et de l'acier.

Mars 1957 : ces six pays fondateurs signent le traité de Rome, qui institue la CEE (Communauté économique européenne), plus communément appelée Marché commun, qui entre en vigueur le 1er janvier 1958. L'« Europe des Six » est née !

Mars 1962 : l'Assemblée parlementaire européenne est rebaptisée Parlement européen.

Juin 1979 : premières élections au suffrage universel du Parlement européen. Les députés étaient jusque-là délégués par les parlements nationaux. En 1979, neuf pays élisent 410 députés.

Novembre 1989 : chute du mur de Berlin, fin de la guerre froide. L'ouverture de l'Europe vers l'Est devient possible.

Novembre 1993 : entrée en vigueur du traité dit de « Maastricht », qui institue une intégration plus forte dans de nombreux domaines et donne une vocation non seulement économique mais également politique à l'« Europe des Douze ». La Communauté européenne devient officiellement Union européenne.

Janvier 2002 : mise en circulation, dans douze pays de l'Union européenne, des billets et pièces en euros, remplaçant les monnaies nationales.

Décembre 2009 : entrée en vigueur du traité de Lisbonne, qui dote l'Union européenne d'un nouveau cadre de fonctionnement. Dans l'hémicycle du Parlement, les six États fondateurs du Marché commun deviennent, un peu plus de cinquante ans plus tard, les Vingt-Sept de l'Union européenne !

Le Conseil de l'Europe, première pierre de l'édifice

Maintenant que vous êtes en mesure de situer le Conseil de l'Europe dans la galaxie des institutions européennes, nous pouvons vous faire découvrir cette vénérable maison, qui vient de fêter son 60e anniversaire et qui a fini par devenir la maison européenne de l'Atlantique à l'Oural !

Bâtir une maison commune sur un champ de ruines

« Plus jamais ça ! », c'est ce que les fondateurs de l'Europe ont eu à l'esprit après la seconde catastrophe mondiale sur le continent. Et, avec le recul, on doit bien faire le constat suivant : les Européens n'ont pas perdu de temps !

« L'union des peuples d'Europe »

Au sortir de la guerre, tous les pays d'Europe font face à une importante crise économique. L'idée d'unir leur destinée, ou du moins de resserrer leurs liens, petit à petit, fait son chemin.

Le 19 septembre 1946, Winston Churchill appelle à la création d'une union des peuples d'Europe dans un discours prononcé à Zurich.

Et c'est dans la continuation de cet appel qu'est fondé, le 5 mai 1949, par le traité de Londres, le Conseil de l'Europe. Son siège sera à Strasbourg, « la grande cité qui avait été le témoin de la stupidité du genre humain et qui est appelée à devenir le symbole de l'unité de l'Europe », pour reprendre la formule de Lord Ernest Bevin, qui propose Strasbourg en sa qualité de ministre des Affaires étrangères du Royaume-Uni.

Strasbourg, la ville de la réconciliation

Même si l'Allemagne ne figure pas parmi les dix pays fondateurs du Conseil de l'Europe, la capitale alsacienne semble toute désignée pour symboliser une paix durable entre la France et l'Allemagne.

Le Conseil de l'Europe comptait dix États au moment de sa fondation. Il en compte aujourd'hui quarante-sept, ce qui représente une population de 800 millions d'Européens ! Ne peuvent y adhérer que les pays dont les institutions sont démocratiques et où les droits de l'homme sont respectés. Ainsi le Bélarus, candidat à l'adhésion depuis plusieurs années, ne peut-il pour le moment franchir la porte du Conseil de l'Europe, car ses institutions ne répondent pas à ces critères.

Une Europe « de l'Atlantique à l'Oural »

Le développement du Conseil de l'Europe et le rallongement progressif de la liste des pays membres sont révélateurs de l'évolution du continent depuis la fin du dernier conflit mondial, évolution certes chaotique et imparfaite, mais néanmoins réelle, vers des régimes démocratiques.

L'Espagne et le Portugal ne sont devenus membres qu'à la chute des dictatures de Franco et de Salazar. La Grèce en a été exclue entre 1969 et 1974, durant la dictature des colonels. Les pays de l'Europe centrale et orientale l'ont rejoint après l'effondrement du bloc communiste. Le Conseil de l'Europe est ainsi devenu, depuis le début des années 1990, la maison d'une Europe « de l'Atlantique à l'Oural », pour reprendre la formule du général de Gaulle.

À quoi peut-il bien servir, ce Conseil de l'Europe ?

C'est une question qui est souvent posée, surtout depuis la création et le développement du Parlement européen. Il est vrai que le Conseil n'a pas compétence pour voter des lois, mais les citoyens européens ignorent que beaucoup de dispositions qui les concernent sont des conséquences directes ou indirectes du travail du Conseil de l'Europe.

Une compétence très large

Le Conseil de l'Europe traite toutes les grandes questions de la société européenne, à l'exception des problèmes de défense. Ses objectifs s'articulent autour de quelques points forts :

- Défendre les droits de l'homme, la démocratie pluraliste et la prééminence du droit ;

- Favoriser la prise de conscience et la mise en valeur de l'identité culturelle de l'Europe et de sa diversité ;
- Rechercher des solutions communes aux problèmes de société en Europe : discriminations envers les minorités, xénophobie, intolérance, bioéthique et clonage, terrorisme, trafic des êtres humains, crime organisé et corruption, cybercriminalité, violence contre les enfants, etc. ;
- Développer la stabilité démocratique en Europe en soutenant les réformes politiques, législatives et constitutionnelles.

Un rôle très pragmatique

Ces objectifs peuvent paraître très généraux. Et, après tout, diront les sceptiques, ce conseil n'a ni pouvoir politique effectif, ni budget lui permettant d'intervenir de manière concrète, alors, à quoi bon, tous ces beaux principes ? Aux sceptiques, l'on peut répondre deux choses. La première, c'est que le Conseil de l'Europe est la seule maison qui rassemble une cinquantaine d'États qui ont passé une bonne partie du XXe siècle à se faire la guerre et qui étaient encore, il y a peu, divisés en deux mondes antagonistes.

LE SAVIEZ-VOUS ?

La seconde réponse est plus concrète. Même si les citoyens européens le savent peu, le Conseil de l'Europe participe de manière très pragmatique à la construction de l'Europe au quotidien. Ainsi ses travaux conduisent-ils fréquemment à l'élaboration de conventions et d'accords européens qui constitueront par la suite la base de modifications et d'harmonisations législatives au sein des différents États membres. Plus de 200 conventions et accords ont effectivement vu le jour depuis la naissance du Conseil de l'Europe en 1949.

Et concrètement, ça marche comment ?

Un secrétariat général

À la tête du Conseil de l'Europe se trouve un secrétaire général élu pour une durée de cinq ans par l'Assemblée parlementaire. C'est lui qui dirige et coordonne les activités de l'organisation.

Les fondateurs du Conseil de l'Europe ont souhaité que soient représentés les gouvernements (c'est le Comité des ministres), les parlements nationaux (c'est l'Assemblée parlementaire) et les collectivités locales et régionales (c'est le Congrès des pouvoirs locaux et régionaux).

Différents organes

- **Le Comité des ministres** est l'instance de décision du Conseil de l'Europe ; il est composé des ministres des Affaires étrangères des 47 États membres ou de leurs représentants permanents.
- **L'Assemblée parlementaire** est l'organe délibérant ; ses membres, au nombre de 318, sont désignés par les parlements nationaux.
- **Le Congrès des pouvoirs locaux et régionaux** est un organe consultatif, qui représente les collectivités locales des États membres du Conseil de l'Europe. Il faut préciser enfin que 400 ONG (organisations non gouvernementales) sont dotées du statut participatif à la **Conférence des OING** (organisations internationales non gouvernementales) du Conseil de l'Europe.

LE SAVIEZ-VOUS ?

2 000 fonctionnaires dans une mini tour de Babel

Les deux langues officielles du Conseil de l'Europe sont le français et l'anglais, mais l'allemand, l'italien et le russe sont également utilisés comme langues de travail. Par ailleurs, de nombreux textes existent dans d'autres versions linguistiques sur le site du Conseil de l'Europe.

LE SAVIEZ-VOUS ?

Un Turc, président de l'Assemblée parlementaire du Conseil de l'Europe

La Turquie fait partie du Conseil de l'Europe depuis sa création. Mais c'est en janvier 2010 seulement que son Assemblée parlementaire a élu pour la première fois un président turc, Mevlüt Çavusoglu. Il est membre du parti musulman AKP du président et du Premier ministre turcs au moment de son élection.

La parole des citoyens : le Parlement européen

Pour de nombreux européens, l'Europe, c'est Bruxelles et ses technocrates. Peut-être sous-estiment-ils encore l'importance du Parlement européen dans le processus de construction d'une Europe politique des peuples. Son siège est à Strasbourg, un siège qui fait débat, il est vrai…

Une institution unique au monde !

Rassembler sous un toit vingt-sept pays, sept groupes politiques constitués d'une centaine de partis, seul le Parlement européen est capable d'un tel exploit ! Le Parlement européen est la seule assemblée internationale élue au suffrage universel.

Organisation et fonctionnement

Organe représentatif des 500 millions d'habitants des vingt-sept États membres de l'Union européenne, il en constitue le socle démocratique.

Il compte 736 (bientôt 754) députés. Le nombre des députés représentant chaque État membre varie en fonction du nombre d'habitants. L'Allemagne, pays le plus peuplé en compte quatre-vingt-dix-neuf, Malte, pays le moins peuplé de l'Union européenne, cinq.

Le Parlement siège en session plénière douze fois par an à Strasbourg (pendant quatre jours une fois par mois) ; entre chaque session mensuelle, une semaine est consacrée aux commissions permanentes spécialisées, une autre aux réunions des groupes politiques et, durant une dernière semaine, le député se rend dans sa circonscription nationale. Ces séances et réunions ont lieu à Bruxelles. Quant au secrétariat général et à ses services, ils sont installés au Luxembourg.

Une maison de retraite pour recalés de la scène parisienne ?

C'est l'image que de nombreux Français se font du Parlement européen. Ils découvriront au fil des années à venir que ce parlement va jouer un rôle croissant depuis les pouvoirs qui lui sont accordés par le traité de Lisbonne.

Un exemple concret : l'accord Swift, qui permettait aux États-Unis, dans la lutte contre le terrorisme, d'avoir accès aux données bancaires des Européens. La Commission et le Conseil étaient partisans de cet accord. Le Parlement leur a purement et simplement retourné la copie au nom des libertés. Conclusion de cette affaire dans un journal du soir parisien à propos du Parlement européen : « C'est en son sein que l'on trouve encore un peu de souffle européen, de cette ambition de faire exister l'Europe que l'on ne trouve plus ailleurs. »

Des pouvoirs de plus en plus élargis

Le Parlement européen dispose de trois séries de pouvoirs :

- **Un pouvoir législatif :** le Parlement européen est certainement l'institution qui a le plus évolué depuis les débuts de la construction européenne, surtout dans ses attributions, par le renforcement constant de ses compétences en matière législative et budgétaire. Le traité de Lisbonne renforce ces pouvoirs, notamment en matière de justice et affaires intérieures, mais aussi en matière budgétaire, dans l'approbation des accords internationaux et dans sa fonction de contrôle politique de la Commission européenne. Avec le Conseil de l'Union, le Parlement européen devient ainsi le législateur principal de l'Union européenne.
- **Un pouvoir budgétaire :** le Parlement européen et le Conseil de l'Union se partagent la compétence budgétaire et votent les propositions de la Commission européenne.
- **Un pouvoir de contrôle politique des institutions européennes :**
  - Il élit le président de la Commission européenne ;
  - Il a la possibilité de censurer la commission par un vote de censure ;

- Il peut constituer une commission temporaire d'enquête ;
- Tout citoyen peut adresser au Parlement une pétition sur un sujet relevant de l'UE et le concernant directement.

Une bataille du siège ?

Des voix s'élèvent de plus en plus souvent pour demander que le Parlement européen ait un seul siège et un seul lieu de sessions : Bruxelles. Mais les pro-Strasbourg ne manquent pas d'arguments.

Les adversaires de Strasbourg

Ils sont de diverses nationalités (parmi eux, des Français) et font partie de plusieurs groupes politiques. Leurs arguments sont d'abord symboliques : il serait difficile de situer une institution qui siège dans trois villes différentes, si l'on inclut le Luxembourg, où est installé le secrétariat général.

Mais leurs arguments sont également pratiques : le double siège entraîne des complications pratiques, notamment au niveau du transport par camions entiers de documents entre les différentes sessions à Bruxelles et réunions plénières à Strasbourg.

À cela s'ajoute que les nouveaux membres, en particulier ceux de l'ex-bloc communiste, sont moins sensibles à la dimension symbolique de Strasbourg, haut lieu de la réconciliation franco allemande.

Les arguments des pro-Strasbourg

C'est à Strasbourg que l'histoire de la construction européenne a commencé à s'écrire. C'est à Strasbourg qu'œuvrent trois institutions fondamentales de la construction européenne. L'Europe a besoin de s'écrire une histoire, et celle-ci ne peut s'écrire que dans une ville symbole des déchirements du passé et des années de paix durable en Europe.

De plus, Strasbourg se trouve dans le pays de Schuman, de Monet et de Cassin ! Enfin, Strasbourg n'est pas une capitale nationale, ce qui est essentiel en ces temps de résurgence des nationalismes et des micronationalismes !

Strasbourg, une capitale pour l'Europe selon Catherine Trautmann, députée européenne, vice-présidente de la communauté urbaine de Strasbourg

« Le promeneur arpentant Strasbourg pour y chercher sa spécificité européenne aura compris qu'elle ne rivalise avec aucune capitale d'État par la taille ou la majesté de monuments nationaux. Elle s'est au contraire développée dans l'affirmation de la pensée en débat, spirituelle ou scientifique, et dans le risque récurrent de se voir envahie, détruite. De là viennent sans doute son goût profond de la liberté et un certain conservatisme, qui marquent durablement le caractère des Strasbourgeois. En provient aussi la tradition d'un pouvoir local fort, distancé du centralisme français. Le récit qui émane de cette ville est tout entier européen. S'y entremêlent les héritages français et germanique, mais aussi les traces de tous ceux qui sont venus s'y établir, d'Europe du Nord, du Sud, de l'Est et de plus loin !

Comme l'expriment les hémicycles parlementaires, Strasbourg est le symbole de l'Europe des peuples et des gens, qui se fonde sur les droits fondamentaux, respecte la diversité culturelle des langues et des idées, lieu « fabrique » de démocratie parlementaire, contrepoids décentralisé de Bruxelles, qui représente plus l'Europe de l'économie et de la bureaucratie.

Oui, le Parlement européen prend à Strasbourg de l'assurance et de l'autorité, car il y affirme son indépendance. L'Europe y a pris sa dimension continentale quand le Conseil de l'Europe s'est ouvert à toutes les nouvelles démocraties et les deux assemblées offrent la vision nouvelle d'une gouvernance mondiale légitimée par la représentation parlementaire. Strasbourg offre un accueil institutionnel, mais elle est aussi un laboratoire européen, pour le droit, grâce à la Cour européenne des droits de l'homme, pour la défense et la sécurité avec l'Eurocorps, pour l'Europe des savoirs avec son université unique associée aux universités du Rhin supérieur, et pour l'Eurodistrict. Tous exemples qui montrent que l'Europe se construit par la base et non uniquement par le sommet.

Alors, Strasbourg est capitale pour l'Europe, qui trouve là une racine politique durable, une authenticité issue de cet ancrage démocratique et populaire. Tout ce qui manque à sa crédibilité aujourd'hui ! Son avenir pourrait ainsi se décliner en trois capitales : Bruxelles, capitale exécutive, Luxembourg, capitale juridique, et Strasbourg, capitale parlementaire. Voilà qui réglerait définitivement la légende des cantines de dossiers circulant entre les trois villes et la querelle du coût, qui attribue injustement à notre cité la charge de l'inaccomplissement du projet politique européen. »

Sur un plan plus technique, il faut savoir ceci : pour modifier les traités en vigueur sur la localisation des sièges des institutions européennes, les vingt-sept membres de l'Union européenne (donc la France...) doivent être d'accord !

L'honneur de l'Europe : la Cour européenne des droits de l'homme

La Cour européenne des droits de l'homme (CEDH), organe judiciaire du Conseil de l'Europe créée en 1959, siège à Strasbourg dans le Palais des droits de l'homme conçu par l'architecte britannique Richard Rogers. Elle veille au respect des droits de l'homme des 800 millions d'Européens nationaux des quarante-sept États qui ont ratifié la Convention européenne des droits de l'homme. En presque un demi-siècle, la Cour a rendu près de 10 000 arrêts. Les arrêts de la Cour sont obligatoires pour les États membres.

La Convention garantit notamment le droit à la vie, le droit à un procès équitable, le droit au respect de la vie privée et familiale, la liberté d'expression, la liberté de pensée, de conscience et de religion, le droit au respect de ses biens. Elle interdit, entre autres, la torture et les peines ou traitements inhumains ou dégradants, l'esclavage et le travail forcé, la détention arbitraire et illégale et les discriminations dans la jouissance des droits et libertés reconnus par la convention.

Une juridiction atypique

Cette cour, dont les frais de fonctionnement sont à la charge du Conseil de l'Europe, ne ressemble à aucune autre juridiction, quel que soit l'angle par lequel on l'aborde.

Un fonctionnement original

- Ses juges, au nombre de quarante-sept, soit un juge par État membre, sont élus par l'Assemblée parlementaire du Conseil de l'Europe à partir de listes de trois noms proposés par chaque État ;

- Ils siègent à titre individuel et non en tant que représentants de « leur » État, auquel ils n'ont aucun compte à rendre ;
- La Cour peut examiner des requêtes d'un État contre un autre État. Mais ce type de recours est rarissime. La quasi-totalité des requêtes émanent de particuliers, de groupes de particuliers ou d'une organisation non gouvernementale, qui estiment que leurs droits ont été violés au regard de la Convention ;
- Une requête n'est recevable que si le requérant a épuisé toutes les voies de recours dans son propre pays. Concrètement, un citoyen français ne sera déclaré recevable à saisir la Cour de Strasbourg que s'il a au préalable obtenu un arrêt définitif auprès de la Cour de cassation (dans les affaires civiles et pénales) ou auprès du Conseil d'État (pour les affaires administratives).

Le monde bouge, la Cour européenne des droits de l'homme aussi !

« Nous avons à traiter de plus en plus d'affaires concernant les religions. Cela traduit un phénomène général : souvent, dans la société européenne, la religion a pris une plus grande importance qu'auparavant, et ce dans une dimension plus politique. Ce n'est pas la Cour qui devient politique, c'est la religion qui le devient, et ce d'autant plus qu'elle est de moins en moins pratiquée. »

Cette déclaration de Jean-Paul Costa, président de la Cour européenne des droits de l'homme a été faite à la suite d'un arrêt retentissant rendu en 2009, donnant gain de cause à une requérante italienne qui contestait la présence des crucifix dans les écoles publiques de son pays.

Depuis sa création, la Cour a été amenée à se prononcer sur de nombreux sujets de société, dont certains n'étaient même pas envisageables lors de la rédaction de la Convention : avortement, suicide assisté, fouilles à corps, esclavage domestique, droit pour une personne née sous X de connaître ses origines, adoption par les homosexuels, port du foulard islamique dans les établissements d'enseignement, protection des sources journalistiques, discriminations à l'encontre des Roms, questions environnementales…

Des États condamnés !

Quand la Cour donne gain de cause à un requérant, elle rend ce qu'elle qualifie d'un étrange néologisme juridique, un « arrêt de violation ». Et quand un tel arrêt est rendu contre un État, cela signifie que celui-ci a violé la Convention européenne des droits de l'homme.

Dans près de la moitié des arrêts de violation rendus depuis sa création, la Cour a sanctionné les États sur la manière inéquitable ou trop longue de rendre la justice. La violation des dispositions de la Convention portant sur le droit à la vie ou l'interdiction de la torture et les traitements inhumains ou dégradants a fait l'objet de 8 % des arrêts de violation.

La juridiction de la dernière chance

Le tribunal des grands principes

La Cour européenne des droits de l'homme représente très souvent pour le justiciable européen le recours ultime, le lieu judiciaire au-dessus de tout soupçon où l'on juge en vertu de grands principes humanistes et non de lois ou de pratiques nationales critiquées par les requérants.

Il faut dire que la Convention européenne des droits de l'homme, dans le mode prévu pour engager un recours, a tenu à faciliter le plus possible les recours. Ainsi un particulier peut saisir la Cour par simple requête, sans aucun frais, et sans un avocat ; un Européen résidant au fin fond de la Sibérie peut passer par la Cour de Strasbourg en lui adressant une simple lettre. Dès lors, comment s'étonner de son succès ? Près de 30 000 requêtes nouvelles sont introduites chaque année !

Un grand nombre de recours irrecevables

C'est cette facilité dans le mode de saisine de la juridiction qui explique que de nombreux recours soient d'emblée déclarés irrecevables, soit parce que le requérant n'a pas épuisé les voies de recours dans son pays, soit parce que les griefs allégués à l'encontre d'un État n'entrent pas dans le cadre de la Convention européenne des droits de l'homme.

Car, si la Cour de Strasbourg a la noble tâche d'être la sentinelle des droits de l'homme en Europe, elle n'en est pas moins une juridiction qui a pour mission de rendre la justice dans un cadre légal clairement délimité. On peut imaginer que cette réalité légale incontournable soit parfois difficile à admettre par tel ou tel justiciable jusqu'au-boutiste, persuadé de son bon droit et qui était certain qu'à Strasbourg, il serait enfin jugé par des magistrats au-dessus de tout soupçon…

Il faut ajouter qu'il n'est pas possible d'interjeter appel contre une décision de la Cour de Strasbourg. Mais lorsque la Cour condamne un État et constate que le requérant a subi un préjudice, elle condamne l'État à indemniser le requérant. C'est le Comité des ministres du Conseil de l'Europe qui veille à ce que l'État condamné s'exécute effectivement sur la base de l'arrêt rendu.

Europe Direct

Les citoyens de l'Union européenne peuvent se renseigner sur les institutions européennes dans les centres Europe Direct. Il en existe entre 400 et 500 dans tous les pays de l'Union européenne et plus de vingt en France.

À Strasbourg, Europe Direct s'intitule simplement Centre d'information sur les institutions européennes (CIIE). Son siège se trouve au 24, avenue de la Paix.

Pour ne rien vous cacher : si vous trouvez que ce chapitre, bien qu'ardu, n'est pas trop nul, sachez qu'Europe Direct Strasbourg y est pour beaucoup !

Cinquième partie

La partie des Dix

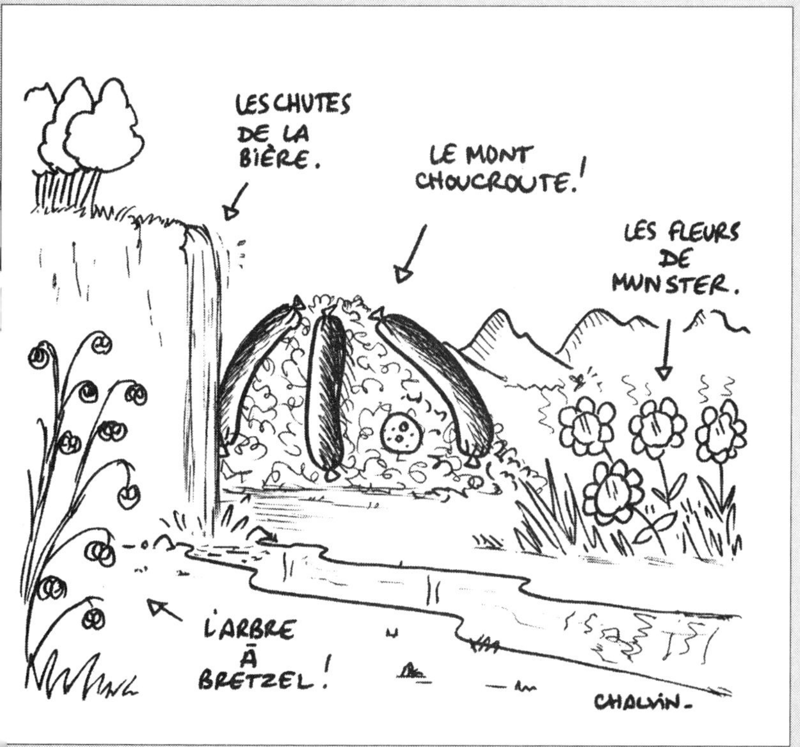

Dans cette partie…

Vous prévoyez un petit tour de découverte en Alsace ? Ici sont recensés les dix hauts lieux à découvrir absolument.

Le Rhin, la bière, le bretzel, la cigogne… Retrouvez également les symboles de l'Alsace, qui ne sont pas oubliés. Un chapitre est consacré à ces « alsaticônes », pour mieux comprendre d'où ils viennent et pourquoi ils nous font immédiatement penser à cette belle région.

Chapitre 16

Dix hauts lieux alsaciens

Dans ce chapitre :

- Retrouvez des lieux déjà connus, si vous avez bien lu cette *Alsace pour les Nuls* !
- Découvrez-en d'autres que vous brûlerez de voir lors de votre prochaine visite !
- Des sites mythiques qui racontent l'histoire de l'Alsace : magnificence et lieu de conflits territoriaux...

La cathédrale de Strasbourg

Le plus haut édifice de la chrétienté jusqu'à la fin du XIXe siècle (142 mètres !)

Elle est la fierté de toute l'Alsace ; chaque Alsacien la ressent comme sienne, peu ou prou. Chacun y a en dépôt un souvenir de jeunesse, une visite remarquable, une émotion fulgurante. Certains l'aiment en hiver, nimbée de brouillard, glaciale dans le vent qui tourne, d'autres en plein été, dans la lumière du soir, ou alors la nuit, sublimée par le déluge d'effets techniques, mettant en lumière tel ou tel détail de son architecture ou de sa statuaire débridée.

Sa construction s'est étalée du XIIe ou XVe siècle, sous la direction de plusieurs architectes, qui ont successivement modifié les plans... C'est finalement à un hasard non prémédité qu'elle doit son allure unique, reconnaissable entre toutes, qui concentre en une seule flèche la technicité, l'élégance, la fluidité de deux...

Sa construction est indissociable du musée de l'Œuvre-Notre-Dame, où sont exposés les originaux des statues, les plans, tout ce qui touche à l'avancement des travaux. C'est là aussi que l'on recueillait l'argent pour la construction (souvent extirpé en vendant des indulgences !). Là travaillaient les tailleurs de pierre inspirés, envoûtés, possédés par des visions tour à tour édifiantes et moralisatrices, ou fantasmatiques et effrayantes.

Il faut faire le tour de la cathédrale : commencer du côté nord, où s'élève la chapelle Saint-Laurent, aller vers les trois portails centraux, sur la façade ouest, sous la rosace, la longer sur le côté sud et regarder les successions de plans, la forêt de pinacles, les contreforts et les arcs-boutants. Et débusquer sur les corniches, aux endroits les plus dérobés, des gargouilles, animaux familiers ou monstres terrifiants, qui vous fixent dans un rictus de rire sardonique…

Les murs païens

Le plus connu est celui du mont Sainte-Odile ; c'est aussi le mieux préservé. Mais il en existe un autre au sommet d'une montagne magnifique, le Taennchel, qui relie la vallée de Sainte-Marie-aux-Mines à Ribeauvillé.

On les qualifie de païens à défaut de pouvoir les rattacher à une période précise de l'histoire. Et ils sont effectivement de véritables énigmes pour les archéologues. Les avis divergent sur leur datation : époque romaine, celtique, Moyen Âge ? Et quelle était la fonction de ces murs ? Avaient-ils une vocation défensive ou servaient-ils de parcs à bestiaux ?

Le mur païen du mont Saint-Odile constitue l'une des enceintes antiques les plus formidables d'Europe. Au nord des Alpes, il n'existe aucune fortification en énormes blocs de pierre d'une telle importance. Les blocs étaient liés entre eux par des tenons en bois en forme de queue d'aronde dont certains spécimens ont pu être conservés.

Nous leur avons trouvé, au mont Sainte-Odile comme au Taennchel, une fonction essentielle : celle de permettre au promeneur de rêver, de trouver son explication intime et personnelle à leur existence.

Et nos lecteurs ont aussi le droit de souffler, et d'échapper pour une fois à nos explications historiques, géographiques, culturelles et autres…

La bibliothèque humaniste

Elle est la fierté de Sélestat, en moyenne Alsace, qui peut s'enorgueillir également de ses deux magnifiques églises (l'église romane Sainte-Foy et l'église gothique Saint-Georges).

C'est la plus vieille bibliothèque publique d'Alsace, constituée principalement par la bibliothèque personnelle de Beatus Rhenanus, humaniste, qui a légué ses livres à sa mort (1547). Elle comprend 450 manuscrits, dont beaucoup sont enluminés, 530 incunables (livres imprimés avant le 1er janvier 1501) et plus de 2 000 imprimés postincunables. Elle accueille près de 20 000 visiteurs par an.

On peut y voir les premiers livres imprimés en Alsace par Jean Mentel, ou un document datant de 1521 qui confère à Sélestat le statut de berceau de l'arbre de Noël, ou encore la petite cosmographie, imprimée en 1507 à Saint-Dié-des-Vosges, où apparaît pour la première fois le mot « America » pour désigner le continent abordé par Christophe Colomb d'abord, Amerigo Vespucci ensuite ! Vous voyez, rien que des documents qui témoignent de faits importants !

La présentation de toutes ces merveilles est toutefois quelque peu obsolète… C'est une bibliothèque d'études et de recherches ; son fonds ancien important attire des chercheurs du monde entier !

Le musée Unterlinden

Le musée des musées… *Unterlinden* veut dire « sous les tilleuls ».
C'est l'un des musées des Beaux-Arts les plus fréquentés de France : plus de 200 000 visiteurs, venus essentiellement pour le retable !

Il se trouve dans l'ancien couvent des Dominicaines d'Unterlinden. L'église et le cloître ont été construits au XIIIe siècle. Les bâtiments ont été abandonnés par les moniales sous la Révolution, et sauvés par la société Schongauer à partir de 1847. Le musée ouvre ses portes en 1853. Il expose le fonds du séquestre révolutionnaire, dont le retable d'Issenheim, et d'autres sculptures et peintures exceptionnelles, représentatives de l'art religieux médiéval, qui étaient entreposées jusque-là dans l'ancien collège des jésuites de Colmar.

On peut y voir aussi des exemplaires de l'art décoratif et populaire de l'Alsace du XVIe au XIXe siècle, ainsi que des collections archéologiques et des exemples intéressants de la création artistique du XXe siècle. C'est un musée qui se présente comme encyclopédique.

Mais c'est vers le fameux retable de Grünewald (peint vers 1510-1516) que tous se pressent. On vit une véritable élévation spirituelle devant cette œuvre universelle…

À noter que le musée Unterlinden a eu des conservateurs prestigieux : la dynastie des Waltz, père (conservateur à partir de 1891) et fils, qui n'est rien d'autre que notre grand Hansi national !

Le musée Unterlinden, conjointement avec le musée de Karlsruhe (Staatliche Kunsthalle) et le musée des Beaux-Arts de Strasbourg, a organisé en 2008 une remarquable exposition intitulée « Grünewald et son temps », où se trouvaient réunies les œuvres des plus grands peintres, contemporains de Grünewald : Dürer, Holbein, Baldung Grien… Un bel exemple de synergie muséale transfrontalière !

Le Haut-Koenigsbourg

Ce château fort entièrement reconstitué attire les foules du monde entier ! Notez que c'est vraiment extraordinaire, pour petits et grands enfants, de faire un gigantesque bond dans le temps et de se retrouver, par la volonté de l'empereur Guillaume, en plein Moyen Âge ! Et tant pis pour les spécialistes du donjon de la seconde moitié du XIVe siècle, qui soutiennent *mordicus* que les donjons étaient ronds à cette époque, et non pas carrés, comme l'a imaginé Bodo Ebhardt, architecte de l'empereur !

Le repaire des Hohenstaufen et des Habsbourg, mentionné pour la première fois au XIIe siècle, a été détruit en 1462, puis incendié durant la guerre de Trente Ans et laissé à l'abandon.

La Ville de Sélestat l'acquiert en 1865, mais, ne pouvant assumer les frais de restauration, en fait don à l'empereur en 1899. Moins de dix ans plus tard (1908) a lieu la solennelle inauguration du château impérial, qui doit montrer la grandeur de la Prusse… Le moindre détail a été prévu pour que la fête soit éblouissante ! Hélas, elle se déroule sous une pluie diluvienne continue, qui gâche quelque peu la grandeur de la cérémonie, et peut-être la grandeur de l'empereur lui-même !

240 mètres de long, 60 mètres de large et 9 mètres d'épaisseur, un donjon carré, des fossés creusés dans le roc, des oubliettes… Et depuis le grand bastion, une vue saisissante sur la plaine des Vosges, les routes du blé, du vin, du sel et de l'argent, les ruines des châteaux de l'Ortenbourg et du Frankenbourg…

La Route des vins

Elle est un passage obligé pour tout visiteur de la région et de nombreux Alsaciens la « font » régulièrement. Il faut dire qu'il n'y a pas mieux pour découvrir ou redécouvrir les villes les plus pittoresques des collines sous-vosgiennes et les 115 communes qui forment comme un chapelet le long de ses 120 kilomètres.

Pour qui veut « sentir physiquement » la région et ses vibrations, rien de tel qu'un petit tour sur la Route des vins : à l'ouest, au-delà de la plaine, veille la masse sombre et silencieuse de la Forêt-Noire. À l'est, la forêt vosgienne démarre au centimètre près sur la « ligne de démarcation » de la zone d'appellation contrôlée des vins d'Alsace qui a tant contribué à la bonification et à la reconnaissance nationale et internationale des vins du terroir. Et à la prospérité de ses habitants…

Si vous « faites » la Route des vins d'Alsace avec des enfants un peu remuants, un petit truc : demandez-leur de compter les ruines médiévales qu'ils voient au sommet de la montagne. C'est un calmant aussi efficace que de leur demander de compter les tunnels lors d'une traversée de la Suisse ! Et s'ils sont vraiment très remuants et que cela ne suffit pas, racontez-leur la légende des géants du Nideck : résultat garanti, elle est inusable (voir chapitre 10) !

Et puis, de temps à autre, le voyageur croise un affluent de l'Ill, qui a mis des millénaires à creuser une vallée dans laquelle il peut alors s'engager si le cœur lui en dit, histoire de grimper au sommet des Vosges et de goûter un munster des Hautes-Chaumes avec un verre de Riesling.

La Route des crêtes

LE SAVIEZ-VOUS ?

S'il n'y avait pas eu la guerre de 1914, il n'y aurait pas de Route des crêtes ; vous en avez vu souvent des routes de montagne qui s'amusent à suivre une crête sur une longueur de 80 kilomètres, juste comme ça, pour le plaisir de l'automobiliste ? On l'a construite durant la Grande Guerre, dans un but purement stratégique, en vue d'acheminer hommes et matériel vers le front des Vosges.

La Route des crêtes est en partie fermée en hiver pour cause d'enneigement et, en été, pour éviter un excès de circulation automobile, on a mis en place un système de navettes par bus, fort apprécié des randonneurs et de tous les amis de la nature.

On en a pour son argent, sur la Route des crêtes : flore et paysages remarquables, chamois à profusion, lacs de toutes les couleurs (lac Noir, lac Blanc, lac Vert…), vestiges de la guerre de 1914, pâturages d'altitude, sans oublier le point culminant des Vosges : le Grand Ballon, tout fier de ses 1 424 mètres d'altitude !

Et, avant de redescendre dans une vallée, il ne faut pas oublier de s'arrêter dans l'une des nombreuses fermes auberges pour y déguster le fameux repas marcaire. Une dispense est accordée sur demande aux personnes suivant un régime, car en voici le menu unique : tourte à la viande, pommes de terre, viande de porc, fromage, tarte aux fruits (myrtilles de préférence !).

Le Linge

Le Linge se trouve sur le territoire de la commune d'Orbey. Il est, avec le Hartmannswillerkopf (encore appelé Vieil-Armand), qui se trouve au-dessus de Cernay, le site de la guerre de 1914-1918 le plus connu du Massif vosgien.

On peut y visiter un musée mémorial, où sont rassemblés de nombreuses munitions, divers objets trouvés sur place et documents en rapport avec la bataille du Linge. On peut également parcourir le champ de bataille proprement dit et relever la différence entre le solide système de défense allemand, qui est encore bien conservé, et ce qu'il reste des tranchées en terre meuble du côté français.

Et puis, il y a l'immense cimetière français avec ses milliers de croix blanches et, un peu plus loin, l'immense cimetière allemand avec ses milliers de croix noires. Et si vous avez la curiosité de jeter un œil sur les plaques des soldats morts qui ont pu être identifiés, vous serez bouleversé(e) de constater que beaucoup d'entre eux avaient tout juste 20 ans ! En fait, il y eut une grande bataille au Linge entre le 20 juillet et le 15 octobre 1915. 17 000 morts en un peu plus de trois mois, soit 200 morts par jour en moyenne. 200 morts pour rien. Car, une fois cette bataille achevée, les choses n'ont plus bougé jusqu'à la fin du conflit…

La ligne Maginot

Conçue à partir des années 1920 et réalisée principalement au cours de la décennie suivante, elle doit son nom à André Maginot, un Lorrain, grand blessé de la première guerre, ministre de la Guerre de 1922 à 1924, puis de 1929 à 1932.

La construction de cet ensemble d'ouvrages défensifs, qui s'étend en fait de la frontière belge à la frontière italienne, s'est accélérée au fur et à mesure que les discours de Mussolini et de Hitler se faisaient plus belliqueux.

On peut visiter de nombreux forts, grands ouvrages, casemates, installations souterraines de cette ligne de défense qui a considérablement grevé le budget de la France en pleine période de crise économique.

Maginot n'avait pas tort dans son intuition qu'*ils* reviendraient tôt ou tard. Ce qu'il n'avait pas prévu, c'est qu'*ils* arriveraient par le nord, que *sa* ligne serait prise de revers et deviendrait à la fois symbole d'inviolabilité et d'inutilité.

De nombreuses associations se sont créées pour veiller à l'entretien et à la préservation des ouvrages de la ligne Maginot. C'est cela aussi l'Alsace, les associations qui se créent pour défendre d'anciennes places fortes militaires et les faire découvrir aux visiteurs : châteaux du Moyen Âge, fortifications de Vauban, fortifications allemandes de l'époque du *Reichsland*, champs de bataille de la Grande Guerre…

Le Struthof

Nous vous en avons parlé longuement dans la partie historique. Mais ce n'est pas assez. Vous pouvez également visiter virtuellement le camp sur Internet. Mais cela n'est encore pas suffisant. Le Struthof, il faut y aller.

Il faut visiter le camp si l'on est simple touriste en Alsace. Il faut visiter le camp de temps à autre si l'on habite en Alsace. Il faut également visiter, en même temps que le camp proprement dit, le Centre européen du déporté et le musée du camp. Il faudrait aussi pouvoir y mener les négationnistes de tout poil et amateurs de jeux de mots sur les camps nazis et les chambres à gaz. Et pourquoi le *faudrait-il* absolument ? Parce que nous sommes tous attendus, là-haut, par des milliers d'ombres qui continuent de vivre parce que nous leur rendons visite de temps à autre.

Il est également vivement conseillé de lire (entre autres) deux auteurs essentiels pour la connaissance et la compréhension du camp : l'un s'appelle Robert Steegmann, il est historien et alsacien, l'autre s'appelle Boris Pahor, il est slovène et romancier, l'un de ses romans, *Pèlerin parmi les ombres*, est autobiographique et raconte la période de sa vie passée dans ce camp.

Chapitre 17

Dix alsaticônes

Dans ce chapitre :

- Découvrez les emblèmes les plus... emblématiques, les symboles les plus... symboliques, les icônes les plus... iconiques de l'Alsace !
- Vous verrez que, parmi les « cinq signes distinctifs de l'identité alsacienne » que sont la cathédrale, la coiffe, la choucroute, la cigogne, les colombages, nous n'en avons sélectionné que deux !
- Allez, courage, et vive les clichés !

La cigogne

Elle est de retour ! Elle nous avait quittés dans les années 1980 : la faute à l'assèchement des marécages du Ried, à la multiplication des lignes à haute tension, à l'emploi généralisé des pesticides... Mais les efforts des ornithologues et autres amoureux de la nature ont été payants ! Grâce à l'Aprecial (allez, ne piaffez pas d'impatience, on va vous le dire, ce que signifie ce sigle tout à fait prononçable : Association pour la réintroduction des cigognes en Alsace), on les élève, et on les lâche une fois adultes.

Comme hier, comme sur les tableaux de Hansi, elles nichent à nouveau sur les toits des églises, volent au-dessus des villages. Ce sont des oiseaux qui ne sont pas farouches, elles peuvent venir tout près de vous et attraper quelque denrée comestible presque à vos pieds.

Elles sont un des emblèmes de l'Alsace, célébrées pour leur capacité à livrer les nouveau-nés dans les foyers, une légende qui ne date que de l'époque de l'Annexion, mais qui a été adoptée par l'Alsace redevenue française. Sur les dessins ou aquarelles, on les voit portant dans leur bec un bébé enveloppé dans un tissu à carreaux...

Elles existent aussi dans leur variante en peluche, en bois, en céramique… Elles sont partout. Les magasins de souvenirs alsaciens regorgent de variétés de cigognes (*made in China* !), plus faciles à emporter que leur cousine vivante et encombrante !

LE SAVIEZ-VOUS ?

Mais certaines (la moitié à peu près) ont perdu leur caractère atavique migratoire. C'est à cause du réchauffement climatique : il fait bon vivre en Alsace aujourd'hui en hiver aussi… Et également parce qu'elles sont nourries sur place… Le problème, c'est qu'elles se fixent en hiver près des décharges, et que les cigogneaux n'ont pas été éduqués à distinguer un lombric d'un vulgaire élastique… Confusion souvent fatale… On déplore chaque année des morts par indigestion d'élastiques…

Le (ou la) bretzel

Quel est le sexe du bretzel ? En Alsace, on peut se le demander, masculin en français, féminin en allemand… Finalement, c'est tout simple : l'un ou l'autre se dit ou se disent !

Les bretzels font partie des emblèmes de l'Alsace, et c'est vrai qu'on en trouve partout : accrochés à leur tréteau à pics sur les comptoirs des bistrots, brasseries ou winstubs, rangés en file indienne dans les étalages des pâtissiers… C'est le petit en-cas idéal pour répondre à un petit creux, l'accompagnement obligé des apéritifs, avec son pote, le kugelhopf salé, et un verre de vin blanc ou une bière fraîche !

Son nom vient du latin *brachium* (« bras »), car le bretzel a une forme de bras croisés. On peut élucubrer sur les trois cavités que dessine cette pâte et le nœud qui réunit les trois bouts… Certains l'associent au rythme des saisons à l'époque celtique, d'autres au culte du soleil : sa forme originale permet de voir le soleil trois fois ! On dit aussi qu'il était symbole d'amour, qu'on l'offrait pour déclarer sa flamme, car on peut interpréter sa forme bizarre comme un entrelacement de deux cœurs…

Il doit sa texture particulière au bicarbonate de soude additionné à l'eau dans lequel on le fait pocher, avant de le saupoudrer de gros sel et de le faire cuire au four. Le meilleur moment pour le déguster est dans l'heure qui suit son refroidissement complet. Le lendemain, il ne vaut plus rien !

Notez qu'il existe aussi en variante sucrée, beaucoup plus grand, fabriqué pour Noël, le Nouvel An et l'Épiphanie.

Le fait est qu'il continue à inspirer, puisqu'un magicien alsacien, Dan Leclaire, a conçu un tour de magie à partir de deux bretzels, qui se nouent et se dénouent sous vos yeux ébaubis… Le tour a été vendu aux Japonais, qui en sont tout fous !

La (ou le) knack

Vous dites le ou la knack, vous ? Il serait plus juste de dire « les knacks », car ils (ou elles) se présentent toujours par deux, attaché(e)s par un mince fil, comme des sœurs (ou des frères !) siamois(es) ; mais ces saucisses se dégustent séparément, l'une après l'autre.

Elle est aussi appelée « saucisse de Strasbourg », à ne pas confondre avec sa cousine, la « frankfurter », ou saucisse de Francfort.

Le facétieux Roger Siffer a utilisé le sigle CNAC (en français dans le texte) pour désigner son association de diffusion de la culture alsacienne : Création Nouveauté Alsace Culture…

Encore un emblème de l'Alsace : on la trouve sur les choucroutes pas royales du tout, car elle est un peu fade comparée aux autres charcuteries de plus grande noblesse dont est dotée la « royale ». Mais, servie sur son petit carton, avec une bonne rasade de moutarde et un morceau de pain frais, elle est l'aliment idéal lors des fêtes champêtres, foires aux vins et autres divertissements populaires bien alsaciens… Dans certaines circonstances, elle est accompagnée de sa salade de pommes de terre.

Et vous savez pourquoi « knack » ? Parce que ce mot imite le bruit que fait la peau de la saucisse quand on mord dedans : elle a donc un nom d'onomatopée (allemande) !

Mais restons sérieux : il existe un concours annuel de la meilleure knack, décerné par la Foire européenne de Strasbourg. On y gratifie les heureux gagnants d'une Knack d'or pour le premier prix et d'une Knack d'argent pour le dauphin. Seuls les grands charcutiers participent au concours, et sont « enknackés » !

La ligne bleue

La « ligne bleue des Vosges » est un pur produit de l'imaginaire national : d'abord, les Vosges vues de loin ne sont jamais une ligne mais une succession de courbes et de creux et, ensuite, elles ne sont jamais bleues !

Mais, après 1870, il fallait bien rêver, digérer la défaite, entretenir la compassion avec ces pauvres Alsaciens livrés à ces sauvages de Prussiens et ces provinces perdues, arrachées sauvagement au corps de la mère patrie. Alors, rien de tel qu'une ligne imaginaire pour rêver, rêver de revanche en particulier.

Et puis, la fabrication de ce mythe fondateur permettra d'en inventer bien d'autres. Tout le monde s'y mettra, Maurice Barrès et René Bazin avec son roman *Les Oberlé* en tête. Mais le plus efficace en matière de fabrication d'images sera indiscutablement le dessinateur Hansi, qui a mis son génie de la ligne claire au service de l'imaginaire national de la ligne bleue, et fera de la coiffe alsacienne le symbole de la résistance au casque à pointe !

La coiffe alsacienne

Cette pauvre coiffe, considérée comme un symbole de l'Alsace… a disparu depuis les années 1920 ! Et, contrairement à la cigogne, impossible de la réintroduire !

L'origine de la coiffe est liée au mariage : la femme mariée cache ses cheveux à tout homme qui n'est pas le sien… Les cheveux ont depuis toujours symbolisé la féminité et la sensualité et, attention, ce n'est pas à partager avec n'importe qui ! Donc, la coiffe indique avant tout le statut marital de la femme. Mais les jeunes filles la portaient aussi, le dimanche et pour les grandes occasions. L'originalité de sa forme est totale : il n'y en a pas d'équivalent dans d'autres régions (et pourtant, il y a de la concurrence, dans les coiffes originales, entre les bretonnes, les auvergnates…).

À l'origine, c'est un mince ruban de soie fermé par un petit nœud. Puis, au fil du temps, ruban et nœuds ont grossi, grossi… Et voilà qu'on arrive à ce grand nœud noir démesuré… Elle existe en noir, mais elle est aussi rouge, écossaise, brodée de fleurs.

Pour en admirer un spécimen, il faut soit pousser la porte d'un musées (le Musée alsacien de Strasbourg par exemple), soit se rendre à une fête de village, de préférence dans le Nord de l'Alsace, ou alors les dimanches de juillet et d'août dans la cour du palais des Rohan à Strasbourg… Mais on en voit des reproductions dans les dessins de Hansi, sur la vaisselle signée Loux, sur les photos de Spindler, ou sur toute photo de l'Alsace jusqu'à la fin de la Seconde Guerre mondiale (les Alsaciennes en tenue traditionnelle posant avec les soldats français de la 2e DB devant la cathédrale !).

À la fin des années 1980, il y avait encore un magasin de costumes traditionnels à Strasbourg. Il a fermé, lui aussi. La page des coiffes est tournée…

La bière

« Bière d'Alsace ! » Tout est dit. Mais avec un « K » à Kronenbourg et un tréma sur le « u » de Mutzig. Quant à Fischer, qui s'appelait un temps « Bière du pêcheur », on a préféré lui rendre sont patronyme germanique d'origine !

La bière se fabrique en Alsace depuis le XIIIe siècle. La production brassicole alsacienne a connu un très fort développement avec la construction de la ligne de chemin de fer Paris-Strasbourg sous Napoléon III. Paris aimait déjà la bière alsacienne en ce temps-là, ce qui explique le succès des grandes brasseries alsaciennes de Paris après 1870. Aujourd'hui, plus de 60 % de la production nationale est alsacienne. Le secteur brassicole génère 2 350 emplois dans la région.

À la fin du XVIIIe siècle, on comptait pas moins de 2 000 brasseurs en Alsace ! De nos jours, Fischer et Kronenbourg sont aux mains de multinationales européennes. L'avant-dernière brasserie familiale, Schutzenberger, vient de déposer son bilan. Et s'il n'en reste qu'une, ce sera donc celle-là : la brasserie Meteor du village de Hochfelden ! Le défi qui la motive, selon son patron, c'est « d'être une brasserie alsacienne, familiale et indépendante ! » Tout un programme par les temps qui courent… Mais avec ses 530 000 hectolitres annuels (à comparer aux 8,6 millions d'hectolitres de Kronenbourg !), Meteor tient la route. Comment pourrait-il en être autrement avec le slogan de sa dernière campagne locale de marketing, qui annonce clairement la couleur : « Alsaciens nous sommes ! »

Depuis quelques années apparaissent dans le paysage des micro-brasseries. On assiste également à la volonté de faire revivre des marques de bière oubliées, comme la marque *Perle*.

Il faut enfin préciser que les Alsaciens sont de grands amateurs d'« *Amer seidel* » (demi d'amer) à l'apéritif. L'amer ressemble à s'y méprendre au Picon. Il se boit également « avec » ou « sans ». C'est à dire avec ou sans sirop de citron. La différence avec le Picon ? Il est légèrement plus… amer !

Les winstubs

Elle se définit par ce qu'elle n'est pas : ni bistrot, ni café, ni brasserie, ni restaurant !

À l'origine, comme son nom l'indique (*win*, *Wein* en allemand, « vin » en français), la *winstub* (ou wynstub, ou wistub) était un endroit où l'on passait « boire un verre » en sortant du travail. On y proposait des petits plats aux assoiffés. Plus tard, on a commencé à servir des plats plus élaborés, mais ce n'est pas le lieu de la grande gastronomie.

Certaines *winstubs* font partie du patrimoine depuis le XIVe siècle comme le Strissel à Strasbourg, qui servait de lieu de réunion à de nombreuses corporations au Moyen Âge… Il en a vu couler du vin, le « petit bouquet » ! C'est là que l'on cultive l'intimité, la simplicité, la frugalité, la convivialité… On y mange des nourritures simples : *Waedele* (« jarret de porc ») ou knacks avec leur inévitable salade de pommes de terre, tarte à l'oignon accompagnés d'un « petit edel » sans prétention…

On y trouve le *Stammtisch*, la table des habitués. C'est l'endroit où l'on se rencontre, où l'on peut rester des heures autour de son verre de blanc, posé sur une nappe à carreaux, à refaire le monde avec les copains ! Mais les « Français de l'intérieur » ne comprennent pas forcément le sens du mot *winstub*. Alors, on y adjoint le mot si plat de « restaurant », qui ne rend pas compte de toute l'histoire des hommes contenue dans *winstub* !

Les géraniums

L'Alsace fait pousser chaque année 3 millions de géraniums (soit 1,666 géranium par habitant), et concentre 15 % de la production nationale, mais elle est de plus en plus concurrencée par la Hollande et l'Allemagne.

Le géranium (qui, en fait, devrait s'appeler pélargonium) passe pour un cliché d'une certaine Alsace traditionnelle et rétrograde, mais il résiste à tout et… il est toujours là, même dans les lieux qui veulent donner une image plus universaliste et moderne ! Ne vous aventurez pas à dire que vous ne les aimez pas, ce serait mal vu !

Il orne les jardinières privées, municipales ou départementales. Il est souvent associé à d'autres espèces, mais trône en prince inégalé… Il y a de nombreux concours de maisons, rues, villages fleuris en Alsace, et, là, on le trouve en quantité, sous ses couleurs de prédilection : rouge et blanc, les couleurs de l'Alsace, mais aussi rose !

Un excellent groupe de musique traditionnelle, créé en 1975, qui a traversé les années, et que dirige toujours Daniel Muringer, a choisi ce nom pour situer sa recherche, autour d'une certaine idée de la musique traditionnelle régionale : authentique et imaginative…

Le Rhin

Il a donné son nom aux deux départements « du Rhin ». Il a représenté pour de nombreuses générations une frontière sous haute tension, une frontière dont le géographe Gérard Traband se demande dans quelle mesure elle est en train, aujourd'hui, de s'effacer…

Mais le Rhin ne traverse, par définition, aucune ville alsacienne. Et son histoire de fleuve sauvage qui n'a été dompté par Tulla qu'au XIXe siècle a une conséquence directe : aucune localité sur son rivage, aucun quai du Rhin sur lequel des amoureux se promèneraient en se jurant un amour éternel comme cela se pratique couramment le long de tant de fleuves européens. Strasbourg, pourtant deuxième port fluvial français, ne commence à s'approprier que depuis très peu la zone séparant son centre du fleuve proprement dit.

Ajoutez à cela que, dans le Sud de l'Alsace, le Rhin est doublé par le Grand Canal d'Alsace, qui n'a pas spécialement pour vocation de susciter des vocations poétiques comme le *Vater Rhein* (« Rhin paternel ») a pu le faire !

Mais les choses sont en train de bouger. Le Rhin a cessé d'être la « poubelle de l'Europe » comme on avait coutume de le nommer durant les années 1970. Il est même devenu le fleuve le plus propre du continent. La bande rhénane alsacienne a été retenue comme site Natura 2000, un programme *Rhin Vivant* a été mis en place par la Région Alsace, et certaines berges alsaciennes sont à nouveau inondées dans le but de redynamiser des milieux naturels. Les hautes forêts rhénanes, leur faune et leur flore sont à présent reconnues d'intérêt européen. Et, *last but not least* : le saumon est de retour dans le Rhin et des passes à poissons produisent leurs premiers effets : des saumons reviennent frayer dans les rivières vosgiennes ! À ce rythme là, les Alsaciens vont finir par se l'approprier et par l'aimer pour de bon !

Le Hans em Schnokeloch

D'r Hàns im Schnokeloch het àlles, wàs er will.
Un wàs er will, des het er nit, un wàs er het, des will er nit.
D'r Hàns im Schnokeloch het àlles, wàs er will.

En français dans le texte, ça donne :

« Jean du Schnokeloch a tout ce qu'il veut,
Mais ce qu'il veut il ne l'a pas et ce qu'il a il n'en veut pas,
Jean du Schnokeloch a tout ce qu'il veut. »

Le *Schnokeloch*, littéralement « trou à moustiques », se trouve à Koenigshoffen, un quartier ouest de Strasbourg, et la mélodie de cette « *Marseillaise* alsacienne » est connue de tous les Alsaciens. Elle a inspiré des poètes et musiciens de sensibilités aussi différentes que Adolf Stoeber ou Jacques Higelin en passant par Roger Siffer et René Schickelé. Il y aurait donc quelque chose de l'Alsacien des profondeurs dans ces strophes absurdes et tout en autodérision ?

Index

A

B

C

D

P

Q

R

S

T

U

V

W

Y

Z